全国旅游职业教育教学指导委员会

科研成果集 2017

RESEARCH ACHIEVEMENTS OF CHINA STEERING COMMITTEE FOR TOURISM VOCATIONAL EDUCATION AND TEACHING 2017

全国旅游职业教育教学指导委员会 主编

北京 · 旅游教育出版社

责任编辑：果凤双

图书在版编目（CIP）数据

全国旅游职业教育教学指导委员会科研成果集. 2017/全国旅游职业教育教学指导委员会主编. -- 北京 ：旅游教育出版社，2019.3

ISBN 978-7-5637-3898-4

Ⅰ. ①全… Ⅱ. ①全… Ⅲ. ①旅游教育－教学研究－中国－文集 Ⅳ. ①F590-4

中国版本图书馆CIP数据核字（2019）第032318号

全国旅游职业教育教学指导委员会科研成果集2017

全国旅游职业教育教学指导委员会　主编

出版单位	旅游教育出版社
地　　址	北京市朝阳区定福庄南里1号
邮　　编	100024
发行电话	（010）65778403　65728372　65767462（传真）
本社网址	www.tepcb.com
E - mail	tepfx@163.com
排版单位	北京旅教文化传播有限公司
印刷单位	北京虎彩文化传播有限公司
经销单位	新华书店
开　　本	787毫米 × 1092毫米　1/16
印　　张	18.875
字　　数	354千字
版　　次	2019年3月第1版
印　　次	2019年3月第1次印刷
定　　价	76.00元

（图书如有装订差错请与发行部联系）

《全国旅游职业教育教学指导委员会科研成果集 2017》

编委会

序

近年来，国务院相继出台了《国务院关于促进旅游业改革发展的若干意见》（国发［2014］31号）和《国务院关于加快发展现代职业教育的决定》（国发［2014］19号）等文件，从国家层面给予了旅游业和职业教育前所未有的重视。文化和旅游部将旅游职业教育发展列入重要议事日程，不断加大对旅游职业教育的支持力度，并于2015年与教育部联合出台了《关于促进现代旅游职业教育发展的指导意见》（旅发［2014］241号），更在《"十三五"旅游业发展规划》中强调了旅游职业教育发展的重要目标，良好的政策和制度环境为旅游职业教育改革发展带来了重大机遇。

旅游职业教育发展迄今已形成一定规模，截至2017年末，2017年全国旅游管理类高职专业共招生11.3万人，其中开设旅游管理专业的院校869所，中等职业学校947所，在校学生23.2万人。当前旅游职业教育的发展正处于由规模扩张转向全面提高质量的关键时期，旅游职业教育的功能和目的也正在从单纯注重传播知识和培养实践型人才向注重教书育人，培养德、智、体、美全面发展，适应行业需要的高层次、高素质、高技能人才转变。良师方能出高徒，从事旅游职业教育的教师肩负着培养高素质优秀旅游人才的重任，在旅游职业教育改革发展的重要时期，应当主动转变教育思想、改革教育方式，在提高自身教学能力的同时，重视提升理论水平和研究能力，主动开展对相关知识领域和旅游职业教育及其规律的科学研究，并将研究成果反哺教学。

全国旅游职业教育教学指导委员会（以下简称"旅游行指委"）作为推进旅游职业教育发展的专家组织，积极发挥行业指导作用，推动科研项目的研究工作，不仅牵头申请教育部发布的研究项目，还在研究过程中邀请行业及院校专家对项目进行专门指导，为从事旅游职业教育的教师创造了研究机会和科研平台，有助于提高职业院校教师的研究能力。

为促进科研成果的推广与交流，旅游行指委编辑出版了这本汇编。本书收录了旅游行指委2016年2个项目、2017年13个项目的研究成果，包含了旅游职业教育发展均衡度、"双师型"教师队伍建设，旅游院校学生的就业趋向、企业人才需求预测等旅游职业教育领域热点问题的研究成果。这些研究成果既有理论性又有实践性，可以帮助旅游职业院校教师结合实践更好地完成教学工作。

这是旅游行指委第四次发布科研项目成果，在之前经验积累的基础上，我们有了新的改进和突破。参与本项工作的有关负责人以认真的态度投入研究，所在学校给予了大力支持。参与项目评审的专家不仅认真评阅研究成果，更是悉心传授研究方法。在此，我们一并表示感谢！今后，旅游行指委将会把此变成我们的年度工作计划的重要组成部分，为我国旅游业发展积淀更多的智力成果。

全国旅游职业教育教学指导委员会

目　录

项目名称：需求引导型的旅游职业教育现代学徒制构建研究
项目编号：LZW201603
项目负责人：王忠林
项目负责人所在单位：浙江旅游职业学院

需求引导型的旅游职业教育现代学徒制构建研究

一、需求引导型的旅游职业教育现代学徒制烹饪工艺与营养专业企业调研与分析

浙江旅游职业学院是一所特色鲜明的旅游类高职院校，学院设有酒店管理系、旅行社管理系、旅游规划系、外语系、艺术系、烹饪系、工商管理系、千岛湖国际酒店管理学院、国际教育学院、继续教育学院等11个系（部、院），开设有酒店管理、导游、烹饪工艺与营养、空中乘务等27个与旅游业密切相关的专业，其中国家骨干重点建设专业8个，中央财政支持建设专业2个，世界旅游组织旅游教育质量认证专业6个，省级示范重点建设专业4个，省级优势专业3个，省级特色专业8个。我院烹饪工艺与营养专业2015级新生正式试点运行现代学徒制教学模式，并于2016年5月获得浙江省级现代学徒制试点单位（浙教办职成［2016］68号）。

（一）调研目的

了解行业以及企业对烹饪工艺与营养专业人才理论知识、专业技能、职业素质的基本要求、走向，以便进行课程体系重构、课程内容重构，调整专业培养目标和教学方法，决策专业的定位，探索并构建完善的高职现代学徒制人才培养模式。

（二）调研内容

◇ 餐饮企业发展现状

◇ 烹饪工艺与营养专业教育现状

◇ 餐饮企业厨师职业岗位情况

◇ 餐饮企业内厨房各岗位工作任务及其职业能力

◇ 杭州市餐饮企业人才需求情况

◇ 杭州市餐饮企业内厨房岗位类型分析

◇ 杭州市餐饮企业人才能力需求（专业知识、职业能力、职业素质、资格证书等）

（三）调研对象及调研方式

本次调研的主要是杭州市当地企业、周边企业，主要对象是企业人力资源部总经理、

行政总厨、厨师长、厨房各岗位主管、一线技术生产人员以及本专业毕业学生等。主要就岗位设置、岗位职责、工作过程、技能要求等进行调研，主要方式有行业人士访谈法、问卷调查法、现场观察法、毕业生反馈法、文献查阅等。具体调研企业如表 1 所示：

表 1　调研企业信息一览表

序号	单位名称	所在地
1	开元名都大酒店	杭州市
2	西湖国宾馆	杭州市
3	西子宾馆	杭州市
4	紫萱度假酒店	杭州市
5	国大雷迪森广场酒店	杭州市
6	黄龙饭店	杭州市
7	大华饭店	杭州市
8	友好饭店	杭州市
9	望湖宾馆	杭州市
10	浙旅机场酒店	杭州市
11	杭州世贸君澜大饭店	杭州市
12	宁波古林职业高级中学	宁波市

（四）调研数据汇总与分析

1. 企业发展趋势及人才需求分析

通过对餐饮企业的调研，相关人士对杭州市旅游及餐饮服务市场的发展前景均持乐观态度。杭州市烹饪协会专家也表示，由于杭州市旅游市场规模不断延伸和扩大，饭店企业对人才的需求也不断增加。

对于杭州市的餐饮业来说，现有的饭店烹饪人才远远不能满足市场的需求，特别是高素质、有创新能力的烹饪人才十分抢手。人才可以说是制约酒店餐饮企业发展的瓶颈问题。主要表现在以下几个方面：首先，餐饮从业人员缺乏“工匠精神”，流失率高。其次，高学历人员由于培养周期较长，在餐饮从业人员中比例偏低。在餐厅和厨房，整个学历层面上大部分员工为中职学历，还有部分的员工是初中学历，大学阶段的大专和本科员工比较少，我院毕业生就业具备较强的优势。餐饮企业人员学历比率如图 1 所示。

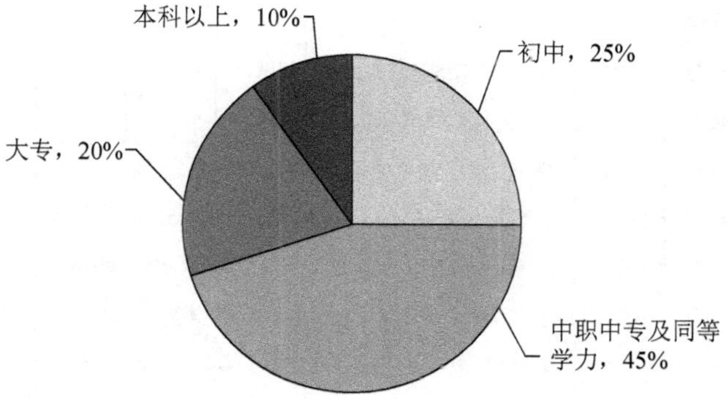

图 1　餐饮企业人员学历比率

从问卷调查分析来看，企业对烹饪工艺与营养专业的学生岗位需求主要集中在生产一线，其中主要分布在打荷、砧板、冷菜、面点和初加工岗位。具体所占比例见图 2 所示：

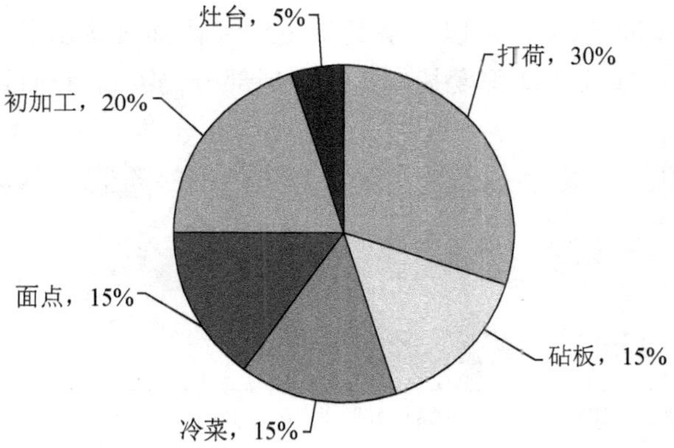

图 2　烹饪工艺与营养专业初次就业岗位分布

2. 毕业生认为应该具备的能力

本次毕业生调研对象主要是近 3 年的本专业的毕业生。通过对毕业生反馈的信息分析，及时了解毕业生在校学习的专业知识是否满足企业的要求，毕业生认为应该具备的能力如图 3 所示。具有良好的岗位适应能力、人际交往能力和独立工作能力是毕业生快速融入餐饮行业的必备条件。

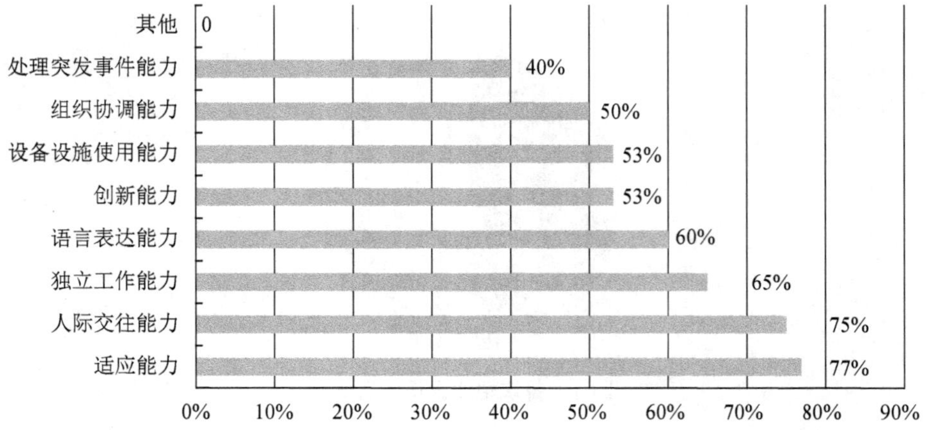

图 3　毕业生认为应当具备的能力

3. 学生意见分析

通过分析在校生调查问卷，可以了解到学生对专业师资队伍、专业课程设置的看法，通过问卷调查发现这两项的合理程度基本良好，但部分仍需要有所改进。如图 4 所示。

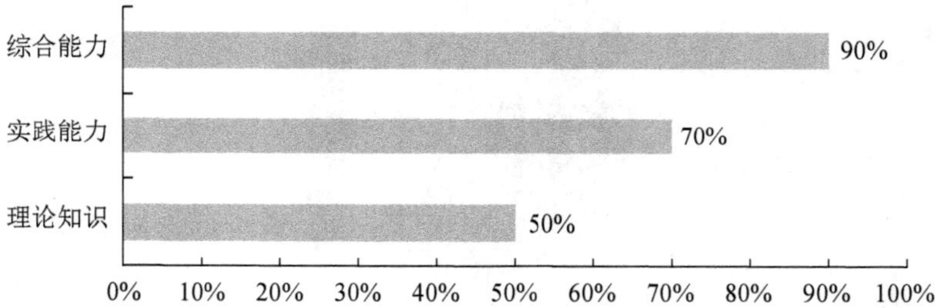

图 4　在校生认为自己还需要加强学习的地方

（五）调研归纳总结与建议

1. 人才需求方面

通过对当地餐饮企业的调研，发现目前企业普遍反映高职学生需要掌握基本的专业理论知识，掌握扎实的烹饪基本功，需要具备良好的工作态度，具有吃苦耐劳的精神，具备节约成本的意识及安全、卫生等职业素养。所以我院可以在后续人才培养方面加强职业素养的教育，强化基本功训练，并根据杭州市餐饮企业人才需求特点，开展“烹饪工艺与营养专业现代学徒制”的人才培养模式。

2. 校企合作方面

在校企合作方面将加大力度，争取建立更多的企业合作机制，加强校企合作，制订和优化培养方案；加强实习实训方面的合作，培养学生的实际技能；加强校企合作，共享人力资源，保证院校毕业学生的就业率。

3. 课程建设方面

学院应着重培养学生牢固的专业知识和实际动手能力。通过对企业的调研发现，餐饮企业用人主要是一线技术生产人员。企业要求员工具有基本的烹饪方面的知识和熟练的操作能力。但相对于学生以后的职业发展，企业所要求的一线操作工的基础知识显然是不够的，所以学院在培养学生的时候要因材施教，根据学生的职业生涯发展的轨迹，增加管理类课程，为学生日后的快速可持续发展打下良好的基础。同时，在安排实训误程时，要按照岗位技能安排实训课程，理论教学按照岗位技能的知识需求进行，结合实践讲理论，结合理论知识搞实训，重视新技术、新知识和新工艺的培训。

二、研究成果的主要内容和对策建议

（一）高职院校烹饪专业现代学徒制的课程体系顶层设计

1. 调整教学模式

高职院校烹饪专业核心课程的改革是传统教学模式向现代学徒制教学模式转变的重要体现，是深化产教融合、校企合作，推进工学交叉、知行合一的重要途径，因此，现代学徒制根据专业的理论与实践相结合的特点和工作场所学习的特点，对传统教学计划进行了调整。

学生的学习方式主要包括企业实训和课堂学习两种工学交替模式。以3年学制计算，新生第1学期在学校完成公共基础课程和部分专业基础课程学习，了解学徒制人才培养方案；第2至第6学期实施学徒制教学计划，选择高星级酒店作为现代学徒制实践教学基地。每学期采用两个月在校学习理论知识，3个月在企业跟师父学习专业技能；在这5个学期中，前两个学期为专业核心课程学习与训练，即将厨房所有岗位设置为专业核心课程，共10门课程。学生在这两个学期的6个月内轮岗认知学习这10门课程；在第四、五学期根据学生的特长和意愿在师父的指导下实行顶岗实习；第六个学期，学生参加毕业设计文本写作和毕业设计作品制作，以及资格证书考试。

2. 制订人才培养方案

现代学徒制是工学结合，工学相互交叉的创新式职业教育模式。其教学运行模式和专业核心课程体系顶层设计是对现有职业教育的一次深入改革。本项目立足于现代学徒制视角，对现有职教组织形式和传统的烹饪职业核心课程进行改革，探索和开发现代学徒制视角下的专业课程体系，建立学徒制模式下的校企教学协作机制。

专业核心课程是整个烹饪专业课程体系的重要内容，也是教学改革的重点。现代学徒制人才培养模式对传统的课堂培养方式、教学方法、课程体系、学分学时、考核方式等各个方面作了颠覆性改变，与之相对应的专业核心课程标准被视为本项目开发设计的主要内容。本项目由校内外教授和大师联合开发和执教。

这里节选人才培养方案中课程体系、教学进度表、企业轮岗课程描述等几个方面来展示现代学徒制是实际运行模式。

（1）教学体系

高职烹饪专业现代学徒制教学体系由专业理论教学体系、专业实践教学体系和学生社会实践体系构成。专业理论教学体系每学期两个月共八周时间在学校课堂完成，因此，也称为课堂教学体系，主要为专业理论课程和部分专业前瞻性拓展课程。专业实践教学体系以厨房岗位为分类的烹饪专业实践技能课程，由十个岗位课程组成，每学期三个月时间进入企业跟着师父（企业导师）学习专业实践操作。学生每学期在学校经过两个月的理论学习后，将刚学到的专业理论内容和要求带到企业，在师父（企业导师）的指导下完成烹饪基本功学习和专业技能学习。

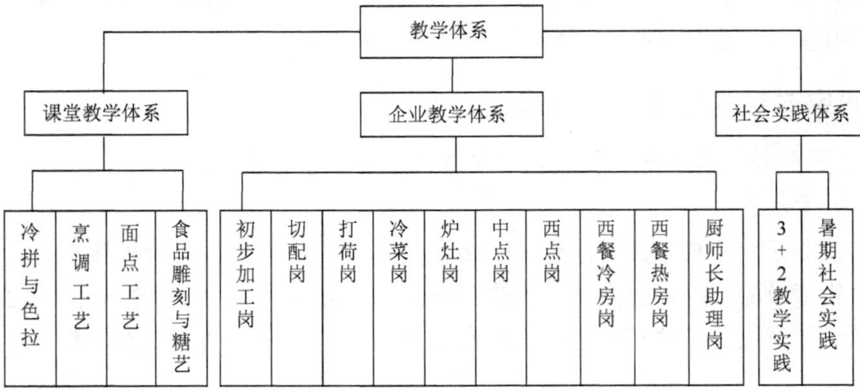

图 5　专业教学系统结构图

（2）教学周数的安排

现代学徒班在第二学期开始组建。第二、三、四、五学期，每学期在校内课堂学习 8 周专业理论学习（包括考查考试周），每学期在企业学习 10 周专业技能。

表 2　教学周数安排表

学年	学期	校内课堂教学	校外实践教学	毕业教学环节	军训始业教育	考查	考试	合计	备注
I	1	14			2	1	1	18	
	2	6	9		1	1	1	18	
II	3	6	10			1	1	18	
	4	6	10			1	1	18	
III	5	6	10			1	1	18	
	6	10		2				12	
合计		48	39	2	3	5	5	102	

（3）企业工作岗位技能课程体系

现代学徒制人才培养方案中，将十门企业工作岗位技能课程安排在第二、第三学期完成。在第四、第五学期，学生根据自己兴趣爱好和“师父”的建议，任选一个岗位进行顶岗实习。

表 3　十门基于现代师徒制的企业轮岗定岗课程安排表

序号	课程类别	课程名称	学分	学时			考核方式	学期、教学周、课时						上课场所
				合计	理论	实践		一	二	三	四	五	六	
								16周	18周	18周	18周	18周	10周	
24	企业岗位技能课	初步加工岗	1	36		36	考查		2周					企业
25		切配岗	1	54		54	考查		3周					企业
26		打荷岗	1	72		72	考查		4周					企业
27		冷菜岗	1	54		54	考查		3周					企业
28		中点岗	1	72		72	考查		4周					企业
29		炉灶岗	1	90		90	考查			5周				企业
30		西点岗	1	72		72	考查			4周				企业
31		西餐冷菜岗	1	36		36	考查			2周				企业
32		西餐热菜岗	1	90		90	考查			5周				企业
33		厨师长助理岗	1	36		36	考查			2周				企业
		小计	10	864		864			18	18				
34	企业定岗课程（6选1）	中餐热菜岗	18	324		324	考查				18	18		企业
		中餐冷菜岗	18	324		324	考查				18	18		企业
		中点岗	18	324		324	考查				18	18		企业
		西餐热房岗	18	324		324	考查				18	18		企业
		西餐冷房岗	18	324		324	考查				18	18		企业
		西点岗	18	324		324	考查				18	18		企业
		小计	18	324		324					18	18		

（二）设计评价体系

为满足现代学徒制实验班的教学需要，学校老师与企业导师围绕现代学徒制教学计划和课程标准，联合开发符合学生理论学习和企业实践特点的校本教材。在评价模式上也做相应调整。

1. 过程性评价

对于课程考核要改变原有的一次性考核决定学生成绩的方式，要结合学生的日常学习效果和学习过程中所表现出来的职业能力、职业态度、团队合作等综合职业素养，使评价的结果更具科学性。学生在企业的表现评价 70% 由企业导师全权负责，30% 由班主任负责。

2. 双形式评价

要将理论考核与实践考核两种形式并举，坚持高职教育理论够用、技能突出的原则，从而评价出学生的行动能力和创新能力。

3. 多主体评价

学生通过学习掌握从事专业领域实际工作所需的基本能力和基本技能，其评价主体不能只是教师，应该呈现“教师、学生、企业、社会”的多元主体。

专业技能的要求和实训内容均由校企双方共同确定，学生毕业采用毕业设计（即在“双主体”导师的指导下完成一桌宴席设计，包括宴席设计书和作品展示）和撰写调研报告（一篇 800 字内的烹饪类调研报告）形式来代替传统的毕业论文。

（三）制订实施管理方案

根据高职院校烹饪专业学徒制实施性教学计划的要求，参照岗位职业能力标准，遵循“试点起步、创新驱动、边试边改、稳步推进”原则，打破现有全日制在校学习状态，打通中西烹饪专业学习界限，体现高等教育人才的综合性，又能培养烹饪人才的专门性。

1. 校企双方共建教学管理机构

校企双方共建教学管理机构——现代学徒制教学管理委员会，人员由企业管理层、厨房员工、学校领导、专业教师代表、烹饪协会、学生代表组成。负责现代学徒制探索工作的重大事项决策，任命企业实践教学、学生管理和课堂基础理论教学及学生管理负责人，审定实施性教学计划、教学内容及考核方案；拟定教学内容，组织实施教学。

2. 改革专业核心课程授课方式

以适应职业岗位需求为导向，改革教学方法，加强实践教学，着力促进知识传授与生产实践的紧密衔接，构建现代学徒制。推行工学结合，实施双导师制，学校确定专业教师作导师，指导学生理论学习；餐饮企业选派优秀技术人员（省级大师以上）作为师父，负责学徒岗位技能传授。

在校期间的学习过程中，穿插邀请浙江非物质饮食文化传承者和浙江餐饮行业代表到校讲学，拓展学生的知识面。

（四）聘任企业导师（师父）

按照学校的教学理念，学生学习起点和层次必须要高，因此学生学习的企业必须具备以下条件：国内外一线品牌酒店、具有科学规范的管理制度、愿意与学校合作并能提供对应的岗位来培养学生。

高职院校烹饪专业现代学徒制的人才培养目标定位为高星级酒店厨房管理人才，因此，带徒弟的“师父”即企业导师也必须具备高星级酒店厨房部门厨师长及以上职务，并且具有良好厨德、厨艺，具有技师及以上技术等级的高技能人才，也愿意为培养高素质的烹饪传承人做出贡献。

（五）高职院校烹饪专业现代学徒制的学习条件

1. 制定专业核心课程标准

现代学徒制教学模式的专业核心课程主要为企业岗位技能课程，属于创新性教学改革。专业核心课程是实施现代学徒制教学改革的重要依据，烹饪专业现代学徒制专业核心课程标准已经通过国家旅游局旅游标准技术委员会的专家评审。

2. 编写符合现代学徒制工作岗位学习的教材

工作岗位学习内容的实施将可能受到企业营业状况的影响，也会受到企业导师（即师父）一些主观因素的影响。通过企业工作岗位课程标准《旅游类烹饪专业学生实习规范》和教材《烹饪工艺》，使校内授课的专业理论知识内容在短时间内与校外的企业工作岗位课程内容实现无缝对接。

教材《烹饪工艺》是学校导师与企业导师共同根据高星级酒店厨房岗位分类和岗位内容进行编写的，符合高职院校烹饪专业现代学徒制使用的教材。教材的章节也是按照岗位进行分类。

（六）项目成果成效

现代学徒制要求将学校的理论知识学习与企业的技能学习相整合，学徒学习内容包括国家职业标准和企业岗位课程。学徒一方面在学校学习专业系统的知识，一方面在企业学习企业师父的企业标准内容，通过学习，保证所学所做既满足国家职业标准，也满足企业标准流程。工学“交替”，学徒的职业素养与职业技能同步提升。

1. 深化现代学徒制试点，创新人才培养模式

烹饪专业现代学徒制人才培养模式为“四联动”运行机制下的校企“双主体”共育人才培养模式，即企业骨干与专业教师相联动、企业设备与实训设施相联动、企业研发与智力输出相联动、企业文化与校园文化相联动，培养具有国际视野、符合烹饪行业职业规范要求的“专业技能强、创新素质高、有可持续发展技术潜力”的高素质型人才。

2. 践行现代工匠精神，培养烹饪传承人才

践行专业文化“匠心”精神，开设“匠心讲堂”，借助学院烹饪系“戴桂宝大师厨艺工作室”的优势，邀请行业名师、大师等进校开坛论讲，培育一批多才多艺的“匠人”；借助杭州餐饮的产业优势，将企业文化对人才要求的价值规范、行为方式等体现在学院的文化结构中，真正形成以物质文化为基础，制度文化为保障，行动文化为动力，精神文化为核心的校企文化一体的校园文化特色。发挥学校实训基地优势，鼓励企业投资学生创新创业项目，完善学生创新创业载体，让学生创新有路、创业有门；加强 7S 管理，注重学生核心素养的提升。

3. 人才培养不断夯实，比赛实习成绩斐然

通过“双主体”校企合作共育人才的人才培养模式和“四联动”运行机制，学徒制在人才培养上成绩斐然，在各级各类技能大赛中也成绩优异，成绩含金量高。

表 4　学生获奖情况一览表

<table>
<tr><th>时间</th><th>比赛名称</th><th>赛事级别</th><th>获奖学生</th><th>获奖情况</th></tr>
<tr><td rowspan="5">2016年</td><td>2016年全国职业院校技能大赛高职组烹饪赛项</td><td>国家级</td><td>金雨亭</td><td>团体二等奖</td></tr>
<tr><td rowspan="4">2016年浙江省高职高专院校烹饪技能大赛暨全国职业院校技能大赛选拔赛</td><td rowspan="4">省级</td><td>金雨亭</td><td rowspan="4">团体二等奖</td></tr>
<tr><td>王仁梼</td></tr>
<tr><td>徐峰</td></tr>
<tr><td>丁琳茜</td></tr>
</table>

续表

时间	比赛名称	赛事级别	获奖学生	获奖情况
2016年	2016年全国高校餐旅类专业大学生创业大赛	国家级	宣秀芬	二等奖
			李文浩	
			王翔	
			陈仕杰	
			李文浩	创业之星
2017年	2017法国Escoffier厨皇国际名厨协会青年人才奖杭州赛区预选赛	省级	陈敬卫	亚军
			许睿	冠军
	2017年浙江省高职高专院校烹饪技能大赛	省级	徐棉	团体一等奖
			田和斌	
			吴茶花	
			孙建时	
			徐锋	中式雕刻项目一等奖
			葛斌	中式冷菜项目三等奖
			丁琳茜	中式面点项目一等奖
			蒋杭城	中式冷菜项目二等奖
			孙宇斌	中式热菜项目一等奖
			王仁构	中式热菜项目二等奖
			宋俊龙	中式雕刻项目三等奖
	2017中国——东盟职业院校学生烹饪技能大赛	省级	孙建时	特色创新烹调面点银奖
			孙建时	特色创新烹调冷菜金奖
			王仁构	中式烹调热菜铜奖
			王仁构	中式烹调热菜金奖
			徐棉	特色创新烹调热菜铜奖
			徐棉	特色创新烹调热菜金奖
			吴茶花	中式烹调面点金奖
			吴茶花	中式烹调冷拼铜奖
	第十九届FHC中国国际烹饪艺术比赛	国际级	祖丛慧	比目鱼烹饪银奖
			王玉陶	比目鱼烹饪铜奖
			陈敬卫	鸡胸烹饪铜奖

续表

时间	比赛名称	赛事级别	获奖学生	获奖情况
2018年	2018中国——东盟职业院校学生烹饪技能大赛	省级	田和彬	中式烹调热菜金奖
			吴茶花	中式烹调面点金奖
			吴茶花	中式烹调冷拼银奖
			赵黠翔	特色创新烹调面点
			赵黠翔	特色创新烹调冷菜
			闫柏冰	西式烹调冷菜铜奖
			闫柏冰	西式烹调热菜银奖
			田左	西式烹调面点银奖
			田左	西式烹调热菜金奖
	第十九届FHC中国国际烹饪艺术比赛	国际级	李巍	银奖
			田左	银奖
			闫柏冰	银奖
			钱臣泸	银奖

4. 强化师资队伍建设，科研能力持续增强

通过现代学徒制教学模式的推进，加强了学校与行业企业的紧密结合，学院推行校企互聘互用，聘请了一大批行业知名专家作为烹饪专业的兼职教师、客座教授为学生授课、开设讲座；在长期的教学实践中烹饪系形成了一支高素质的师资队伍，现有专职老师25名。其中，具有正教授2人，副教授10人，硕士12人，高级技师11人，双师型比例为100%。现有“中国烹饪大师”6人，“中国烹饪名师”3人，省151人才1人，省技术能手4人，浙江省劳动厅授予的浙江省首席技师称号1人，浙江省级高职高专专业带头人2人。专业教师技艺出众，在行业享有盛誉，被政府聘请参与省外办欧洲烹饪技艺传授活动3人、G20峰会餐饮核心制作3人、省市政府赴台湾举办美食节3人次，在全国同类专业教师中名列前茅。受聘全国兄弟专业客座教授8人次，到全国兄弟专业开设讲座、传授技能100余人次，在全国同类专业教师中名列前茅。此外，烹饪专业现代学徒制建设成果丰硕，部分成果如下：

表5　现代学徒制建设成果

序号	成果形式	名称	时间
1	浙江省首批试点单位	浙江省教育厅 浙江省发改委浙江省经信委 浙江省财政厅 浙江省人力社保厅浙江省 国资委关于开展现代学徒制试点工作的通知	2016.2
2	教育部第二批试点单位	教育部办公厅关于做好2017年度现代学徒制试点工作的通知	2017.5
3	全国旅游职业教育教学指导委员会	基于需求导向的旅游职业教育现代学徒制	2017.11

续表

序号	成果形式	名称	时间
4	国家旅游局“万名旅游英才计划”	基于现代学徒制的高职院校烹饪专业课程改革研究	2015.12
5	2016年浙江省教育厅一般科研项目	现代学徒制视域下烹饪专业学生“工匠精神”的培育研究	2016.12
6	浙江旅游职业学院2017年高职教育研究专项课题重点项目	现代学徒制视域下高职烹饪专业“职业培训包”建设研究	2017.4
7	论文	基于需求导向的旅游职业教育现代学徒制利益均衡机制研究.大陆桥视野	2017.7
8	论文	基于现代学徒制的高职烹饪专业实习评价体系的研究与实践.语文学刊	2016.11
9	论文	基于现代学徒制的高职烹饪专业课程设置建设研究.经营管理者	2017.7
10	论文	基于现代学徒制的高职烹饪专业定向轮岗实习模式探析.经营管理者	2017.2
11	论文	现代学徒制视域下烹饪专业学生“工匠精神”的培育研究.现代食品	2018.2

附件：

浙江旅游职业学院
2016 级烹饪工艺专业现代学徒制人才培养方案

一、专业名称

烹调工艺与营养专业

二、教育类型及学历层次

教育类型：高等职业教育

学历层次：专科（高职）

三、招生对象及学制

招生对象：普通高中毕业生、中职毕业生等

学　　制：基本学制 3 年

四、职业岗位

（一）职业领域

根据餐饮企业厨房岗位需求和国家标准《职业分类与代码》中的职业分类规范，考虑到餐饮行业的就业领域，确定本专业的职业领域如下表。

序号	职业类	职业名称	资格证书
1	商业、服务业人员	中式烹调师	中式烹调师
2	商业、服务业人员	中式面点师	中式面点师
3	商业、服务业人员	西式烹调师	西式烹调师
4	商业、服务业人员	西式面点师	西式面点师
5	教学人员	中职学校烹饪专业实践指导教师	中职学校实践指导教师资格证

（二）工作岗位

根据现代旅游饭店和餐饮企业厨房内部的岗位设置，通过毕业生跟踪调查，确定以中餐厨房、西餐厨房、中点厨房、西点厨房等为主的就业岗位群，确定本专业学生主要就业岗位群如下：

1. 中餐厨房一线操作及管理岗位

初次就业岗位群为初步加工岗、切配岗、打荷岗、炉灶岗、蒸灶岗及冷菜岗，主要为中式菜肴的一线操作。近期目标为中餐厨房各岗位群的基层管理人员；远期目标位中餐厨房厨师长。

2. 中点厨房一线操作及管理岗位

初次就业岗位主要为中式面点的一线操作。近期目标为中点厨房基层管理人员；远期目标位中点厨房厨师长。

3. 西餐厨房一线操作及管理岗位

初次就业岗位群为热菜房、冷菜房等，主要为西餐菜肴的一线操作。近期目标为西餐厨房各岗位群的基层管理人员；远期目标位西餐厨房厨师长。

4. 西点厨房一线操作及管理岗位

初次就业岗位主要为西式包饼房的一线操作。近期目标为西点厨房各岗位基层管理人员；远期目标位西点厨房厨师长。

5. 餐饮部管理岗位

毕业生精英的远期目标可以定位为餐饮企业的餐饮部经理（总监）和行政总厨。

6. 中职学校烹饪专业实践指导教师

根据《浙江省中小学和幼儿园教师资格考试改革试点工作政策》，本专业毕业生可以取得“中职学校实践指导教师资格证书”，以担任中职学校烹饪专业实践指导教师；远期目标可以取得“专业教师资格证书”，以担任中职学校烹饪专业“双师型”教师。

（三）工作任务与职业能力分解表

依据厨房的工作流程以及厨房经营管理的要素构成，进行工作任务与职业能力分析。确定工作领域、工作任务和职业能力结果如下。

工作领域	工作任务	职业能力	相关课程	考证考级要求
1.烹饪原料初步加工	1.1鲜活原料的初步加工	按菜肴要求能对常用鲜活原料进行正确熟练地初步加工。	烹调工艺 烹饪原料	中、西式烹调师资格证书
	1.2出肉加工	（1）能正确出骨动物性原料，做好肉中无骨，骨上无肉； （2）能正确对烹饪原料进行分档取料。		
	1.3干料涨发	（1）能熟练使用水发、碱发、油发等方法对常用干料进行涨发； （2）能够合理使用原料，最大限度地提高涨发率。		
	1.4原料鉴别及选用	能鉴别烹饪原料的质量，并正确选用。	烹饪原料	
2.烹饪原料切配工艺	2.1刀工处理	（1）操作姿势正确，符合要领； （2）能够合理运用刀法，整齐均匀； （3）统筹用料，物尽其用； （4）能熟练正确加工各种原料的基本成形及工艺花刀。	烹调工艺	中、西式烹调师资格证书
	2.2配制菜肴	能熟练按要求合理配制本菜系的菜肴。	烹调工艺 烹饪营养	
	2.3切配筵席	能根据筵席的规格、特点，以及客人的要求组配筵席菜肴。		
	2.4菜肴装饰	能熟练雕刻简易花形、小型动物，对菜肴作点缀装饰。	烹调工艺	
3.菜肴制作	3.1初步熟处理	能正确运用初步熟处理方法。	烹调工艺	中、西式烹调师资格证书
	3.2烹制本菜系风味	（1）数量掌握翻锅技巧，操作姿势自然； （2）能准确、熟练地对原料挂糊、上浆； （3）能恰当掌握火候； （4）菜肴芡汁使用得当； （5）能准确掌握调味，富有本菜系的特色。	烹调工艺	
	3.3烹制筵席菜肴	（1）能准确把握菜肴的色香味形符合质量要求； （2）能根据筵席要求统筹安排菜肴烹制时间和顺序。	烹调工艺 食品雕刻	
	3.4制作汤及热少司	能制作一般烹调用汤，也会制作高质量的清汤、奶汤和热少司。	烹调工艺	
	3.5制作各种西式主菜及配菜	（1）正确使用和保养炉灶等设备的能力； （2）熟知西餐热房菜品的英文名称； （3）能准确掌握原料调味、火候控制和主配菜肴制作方法。	烹调工艺	

续表

工作领域	工作任务	职业能力	相关课程	考证考级要求
4.冷菜制作	4.1冷菜（色拉）制作	（1）能准确把握冷菜（色拉）的色、香、味、质符合质量要求； （2）能熟练制作常用冷少司。	冷菜工艺	中、西式烹调师资格证书
	4.2冷菜（色拉）拼摆	（1）造型完美，刀工精细； （2）拼摆造型形象逼真。		
5.面点制作	5.1中式点心制作 5.2西式点心制作	（1）鉴别与有效利用中西点原料的能力； （2）制作各种中、西点心的能力； （3）正确使用和保养烤箱等设备的能力； （4）熟知中、西点心常见品种的英文名称。	面点工艺	中、西式面点师资格证书
6.厨房管理	6.1人员管理	能合理分布厨房各部门人员。	餐饮管理	
	6.2参与经营管理	能全面指导厨房各岗位的工作。		
	6.3协调餐厅、厨房的关系	（1）厨房工作的计划、组织与协调 （2）能够使用计算机查询相关信息，并进行厨房管理。		
	6.4原材料管理	把好本部门进货质量和菜品质量关，能节约用料，降低成本。		
	6.5安全管理	安全操作，防止各类事故发生。		
	6.6菜点质量管理	（1）宴会菜点设计； （2）菜点质量控制。		
	6.7新菜点开发	（1）市场调研能力； （2）菜点质量评价能力； （3）菜点质量控制的能力； （4）菜点工艺改进的能力； （5）菜点创新开发的能力。	菜点创新与制作	

五、培养目标及规格

（一）培养目标

基于烹饪专业的特点、岗位需求及学生职业能力养成规律，通过“双主体”校企合作共育人才的现代学徒制培养模式，培养具备良好的职业道德和敬业精神、符合烹饪行业职业规范要求的、能适应旅游饭店或餐饮企业的、具备行业理论与实践要求的高素质技能型人才。

（二）人才规格

该专业核心能力为：专业操作技能和餐饮经营管理能力。其知识、技能结构与态度要求如下。

1. 知识结构

（1）具有中西餐烹饪基础理论、技术理论，具备现代烹饪理念和整个烹饪工艺流程知识。

（2）具有中西餐烹饪原料的分类和对烹饪原料进行鉴定及必要的保管知识等方面的烹饪原料知识。

（3）具有人体所需要的六大类营养素的基本知识，了解烹饪原料所含的营养价值，烹饪加工对营养价值的影响。

（4）具有烹饪卫生与安全的基础知识，了解食品安全法规及卫生管理制度。

（5）具有餐饮企业经营管理的基本知识。

2. 技能结构

（1）专业基础能力，包括鉴别与有效利用烹饪原料的能力、营养分析和营养配餐能力、工艺美术在烹饪中的应用能力、专业英语阅读能力和简单会话能力以及熟练的计算机应用能力，利用各种途径获取信息和新知识的能力。

（2）专业操作技能，包括中西餐岗位实践操作能力、冷菜（色拉）制作和拼摆技能、食品雕刻技能、糖艺制作技能、中西面点制作技能。

（3）餐饮经营管理能力，包括餐饮发展趋势的分析能力、厨房规划能力、菜单设计能力、餐饮成本核算能力、专业创新能力，以及原料采购、保管和厨房生产的管理能力。

3. 态度要求

（1）热爱党，热爱祖国，热爱社会主义，拥护党的路线方针政策，拥护宪法，具有民主法制观念和公民意识，遵纪守法。

（2）认真学习马列主义、毛泽东思想、邓小平理论和“三个代表”重要思想，深入贯彻落实科学发展观，掌握中国特色社会主义理论体系，自觉践行社会主义核心价值观，有良好的社会公德和职业道德。

（3）树立科学的世界观和方法论，有正确的人生观和价值观，具有敬业精神、团队精神和创业精神，具有现代服务意识。

（4）自立自强、自信自爱、团队精神；吃苦耐劳、谦虚上进、兼容并蓄。

六、毕业资格与要求

（一）修完规定课程数

	公共基础课	职业基础课	职业技术课	企业轮训岗位课	企业定岗实训课	职业技能训练课	合计
门数	8	6	9	10	6	2	41

（二）职业资格证书

普高生必须取得中级中式烹调师、中级中式面点师、中级西式烹调师或中级西式面点师资格证书（四级）之一；中职生必须取得高级中式烹调师、高级中式面点师、高级西式烹调师或高级西式面点师资格证书（三级）之一，鼓励一专多能。

七、人才培养模式

烹饪工艺专业现代学徒制人才培养模式为校企“双主体”共育人才培养模式，培养具备良好的职业道德和敬业精神、符合烹饪行业职业规范要求的、能适应旅游饭店或餐饮企业的、具备行业理论与实践要求的高素质技术型人才。

八、课程体系

（一）专业课程体系结构图

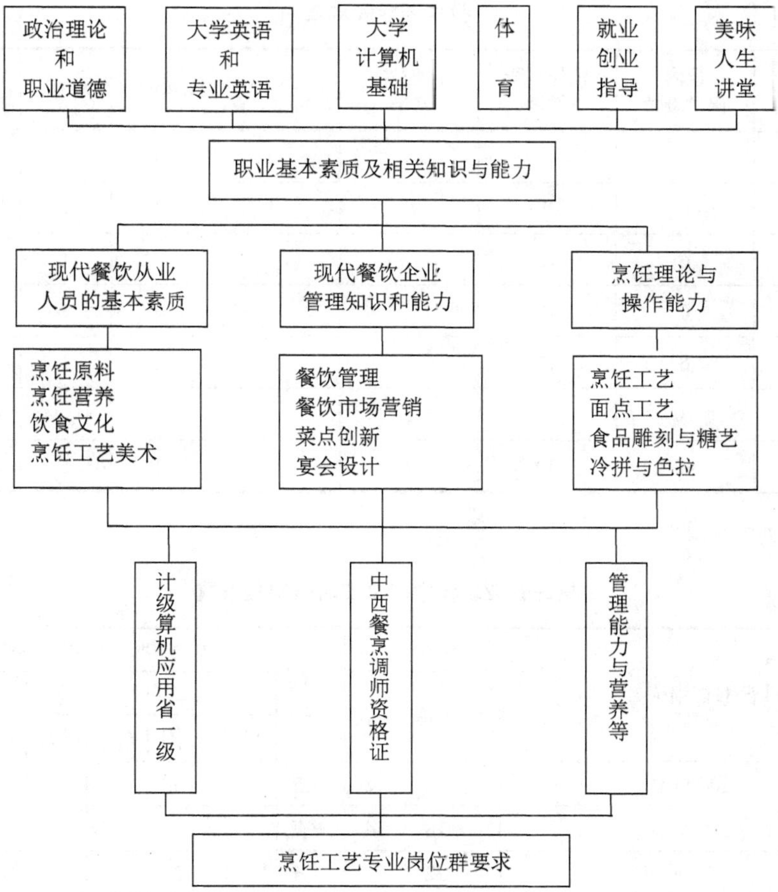

（二）专业实践教学系统结构图

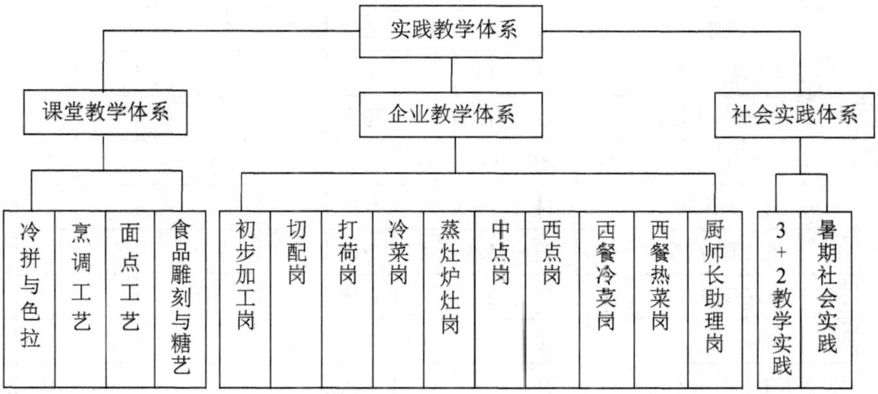

九、教学进程安排

（一）教学周数安排

教学周数安排表

学年	学期	校内 课堂教学	校外实践 教学	毕业教学 环节	军训 始业教育	考查	考试	合计	备注
I	1	14			2	1	1	18	
	2	6	9		1	1	1	18	
II	3	6	10			1	1	18	
	4	6	10			1	1	18	
III	5	6	10			1	1	18	
	6	10		2				12	
合计		48	39	2	3	5	5	102	

（二）按学期安排课程

烹饪专业现代学徒制实验班课程设置

序号	课程类别	课程/技能训练名称	学分	学时			考核方式	学期、教学周、课时						备注
				共计	理论	实践		一	二	三	四	五	六	
								14周	6周	6周	6周	6周	10周	
1	公共基础课	思政概论	4	24	12	12	考查		4					
2		思政基础	3	42	28	14	考查	3						
3		形势与政策	1	12	12		考查		2					
4		大学英语	8	80	80		考试	4	4					
5		大学计算机基础	2	24	18	6	考试			4				
6		体育（选项）	6	76	10	66	考试	2	2	2	2	2		
7		就业创业指导	1	15	15		考查	0.5	0.5				0.5	
8		大学生心理健康教育	1	12	12		考查			2				
		小计	26	285	187	98		9.5	12.5	8	2	2	0.5	
9	职业基础课	烹饪英语	4	24	24		考试			4				
10		烹饪原料	4	56	52	4	考试	4						
11		烹饪营养	3	24	24		考试				4			
12		饮食文化	2	28	28		考试	2						
13		烹饪卫生与安全	2	24	24		考试					4		
14		烹饪工艺美术	2	24	12	12	考试				4			
		小计	17	188	172	16		6	0	4	8	4		

续表

序号	课程类别	课程/技能训练名称	学分	学时			考核方式	学期、教学周、课时						备注
				共计	理论	实践		一	二	三	四	五	六	
								14周	6周	6周	6周	6周	10周	
15	职业技术课	中餐烹调工艺	20	372	200	172	考试	12	6	6	6	6	6	
16		西餐烹调工艺	10	136	68	68	考试		4	4	4	4	4	
17		面点工艺（中、西点）	8	112	56	56	考试			4	4	4	4	
18		食品雕刻与糖艺	4	104	52	52	考试	4	4		4			
19		冷拼与色拉	4	52	26	26	考试					2	4	
20		餐饮管理	2	24	24		考试					4		
21		餐饮市场营销	2	40	40		考查						4	
22		菜点创新	2	40	40		考查						4	
23		宴会设计	2	24	24		考查					4		
		小计	54	896	522	374		16	14	14	18	24	26	
24	企业轮训岗位课	中餐初步加工岗位	1				考查		1周					企业
25		中餐切配岗位	2				考查		2周					企业
26		中餐打荷岗位	2				考查		2周					企业
27		中餐冷菜岗位	2				考查		2周					企业
28		中点岗位	2				考查		2周					企业
29		中餐蒸灶、炉灶岗位	2				考查			2周				企业
30		西点岗位	2				考查			2周				企业
31		西餐冷菜岗位	2				考查			2周				企业
32		西餐热菜岗位	2				考查			2周				企业
33		厨师长助理岗位	2				考查			2周				企业
		小计	19	570		570			9周	10周				
34	企业定岗实训（选修1个岗位）	中餐蒸灶、炉灶岗位	20				考查				10周	10周		企业
35		中餐冷菜岗位	20				考查				10周	10周		企业
36		中点岗位	20				考查				10周	10周		企业
37		西餐热房岗位	20				考查				10周	10周		企业
38		西餐冷房岗位	20				考查				10周	10周		企业
39		西点岗位	20				考查				10周	10周		企业
		小计	20	600		600					10周	10周		

续表

序号	课程类别	课程/技能训练名称	学分	学时			考核方式	学期、教学周、课时						备注
				共计	理论	实践		一	二	三	四	五	六	
								14周	6周	6周	6周	6周	10周	
40	职业技能训练课	始业教育	5	30	30		考查		1周					
41		毕业设计	10	60		60	考查						2周	
		小计	15	90	30	60								
课时总计			151	2629	911	1718								
开设课程总数								8	8	7	7	7	7	
校内周课时								31.5	26.5	26	28	30	26.5	

注：1. 企业轮训岗位课为 2、3 两学期在 10 个岗位上按模块轮岗实训，可以根据企业的实际情况，顺序由企业师傅灵活调配。

2. 企业定岗实训是学生在轮训岗位考核合格后，提出申请，再根据企业提供的岗位，经企业考核后，定人定岗，在固定工作岗位上进一步熟练技能，达到独立操作的要求，学时为 4、5 两学期。

3. 第 3、4 两学期需参加学院网络公选课的学习。

（三）各类课程学时分配

各类课程学时分配表

课程类别	学时数	占专业总学时比例	实践学时	
			学时数	占比
公共基础课	285	10.8%	98	34.4%
职业基础课	188	7.2%	16	8.5%
职业技术课	896	34.1%	374	41.7%
企业轮训岗位课	570	21.7%	570	100.0%
企业定岗实训课	600	22.8%	600	100.0%
职业技能训练课	90	3.4%	60	66.7%
合　计	2629	100.0%	1718	65.3%

十、企业轮训岗位课程描述

（一）中餐炉灶岗位

学时：90 学时

1. 课程定位

《中餐炉灶岗位》是烹饪工艺专业现代学徒制实验班企业轮训岗位课程中一门必修岗位课，是一门具有较强实践性的应用学科。

通过本岗位课程的学习，使学生掌握中餐烹饪的开档与收档以及热菜制作位的实践操作能力。

2. 能力目标

（1）具备整个烹调工艺流程知识；

（2）熟练掌握烹调工艺各环节的基本流程和操作规范。

3. 教学内容

本岗位课程的主要内容有：

（1）开档与收档

①炒锅工作岗位设备、工具的使用与保养方法，操作规程；

②餐具与各种菜品的搭配方法；

③各种调味料的性能、特点和制作方法，菜肴的味型标准和风味要求；

④常用动、植物等烹饪原料的性质和特点；

⑤按照菜品要求对原料进行焯水、过油、走红初步熟处理；

⑥按照菜品要求运用挂糊的方法和技术，对菜肴进行挂糊；

⑦对剩余原料进行妥善保管；

⑧清理工作区域，清洁设备、工具；

⑨配合厨师长开列申购单。

（2）热菜制作

①掌握勺工技术及灶前基本操作方法；

②掌握油烹法：运用炸、煎、炒、熘、烤、爆的相关技法，按照操作要领制作典型菜肴；

③运用热菜装盘知识和方法，完成炸菜、煎菜、炒菜、爆菜、熘菜、烤菜的装盘；

④掌握水烹法：运用汆、煮、蒸、焖、烩、烧的相关技法，按照操作要领制作典型菜肴；

⑤运用热菜装盘知识和方法，完成汆制菜、煮制菜、蒸菜、焖菜、烩菜、烧菜的装盘；

⑥在烹制菜肴过程中初步掌握火候、火力、油温的鉴别。

（二）中餐打荷岗位

学时：72 学时

1. 课程定位

《中餐打荷岗位》是烹饪工艺专业现代学徒制实验班企业轮训岗位课程中一门业必修岗位课，是一门具有较强实践性的应用学科。

通过本岗位课程的学习，使学生掌握打荷准备、跟单指挥、菜肴整形装饰、划单出菜、收档等实践操作能力。

2. 能力目标

①具备整个打荷岗位工作流程知识；

②熟练掌握打荷岗位各环节的基本流程和操作规范。

3. 教学内容

本岗位课程的主要内容有：

①打荷准备。学习菜品所需调香原料的使用和加工方法；菜肴汁、酱的调制方法和使用范围；菜肴装饰原料的应用范围；餐具的使用范围和注意事项；能协助炒锅调制各种糊；对原料进行调配和预制加工。

②跟单指挥。熟悉厨房工作流程，掌握菜肴的上菜程序；依据点菜单和炒锅厨师技术特长，分派组配好的菜肴原料，安排菜肴制作，提供餐具。

③菜肴整形装饰。了解菜肴盛装的基本要求和菜肴的盛装方法；按照成菜要求，结合烹饪美学常识，整理菜肴，进行菜肴装饰。

④划单出菜。依据点菜单，合理安排出菜时间和上菜顺序；划单出菜，做好与传菜员的菜品交接工作。

⑤收档。运用汁、酱保管方法，保管剩余的汁、酱；按照厨房设备与工具的清洁、维护方法，清理工作区域。

十一、专业教师要求

（一）专任教师要求

1. 专业教师中具有高级技术职称的教师人数≥ 25%。

2.45 岁以下的中青年教师具有硕士（及以上）学位的比例≥ 15%。

3. 除了“两课”、公共课教师及助教外，具有“双师型素质”的专业教师的比例≥ 80%。

4. 由高级技术职称教师担任主讲的主干课程比例≥ 50%。

5. 实践教学指导教师的能力和数量满足实践教学的要求。实践指导人员中具有中级职称或高级技工的人数≥ 40%。

（二）企业导师要求

1. 具有良好的厨德、厨艺，培养学生养成良好的职业习惯。

2. 认真做好对学徒的日常考勤和管理，加强职业道德、劳动纪律和企业文化等教育，培养学徒文明、守纪的良好习惯。

3. 负责指导学徒熟悉实训工作环境和防护设施，提高学徒的自我保护能力，采取有效措施防止学生在实训中受到伤害和发生安全事故。

4. 认真做好对学徒技能训练的指导和各技术环节的示范，使学徒尽快掌握实际操作技能，严格要求学徒，并经常进行提问、讲解与指导。

5. 认真听取学校和实习指导教师的意见，采取措施及时解决实训指导中存在的问题，不断提高实训质量。

6. 督促学徒及时填写学徒手册，对学徒小结填写评语并签名。

7. 实行学徒信息通报制度，定期向学校、学生家长通报交流学徒情况。

8. 配合学校和第三方评价机构，对学徒进行岗位评价考核。

十二、基本实训条件

（一）校内基地具备条件

根据专业教学计划、教学大纲的要求（实践教学课时不得低于总教学时数的 55%），设置与本专业所开设课程相适应的烹饪演示室、中式烹调实训室、西式烹调实训室、刀工实训室、冷菜和雕刻实训室、中面实训室、西点实训室、糖艺实训室等教学实验室，购置必要的设施设备。实验设备的总值不少于 160 万元，并根据学校五年规划本专业招生总数，生均不少于 0.4 万元。按 25 人为自然班。

（二）校外基地具备条件

1. 有相对稳定的校外实训基地，并与实训基地签订保障性现代学徒制协议。

2. 实训基地要求：具有饭店四星级及以上，或国家级五钻级及以上，或具有相应档次的酒店。

3 实训基地人力资源部应有专人负责学徒管理工作。

十三、教学建议

1. 教学资源：

建议充分将校内外各项资源应用于专业教学。校内资源包括：专业课程的网站、图书馆、旅苑酒店、校内生产性实训基地（榴园西餐厅和美味教室）、标本室等；校外资源包括：合作企业、酒店、专业展会、行业比赛等。

2. 教学组织：

建议有序组织专业教师、兼职教师、客座教授、实习指导教师和企业导师对各项课程进行教学分配。

专业技能的要求和实训内容均由校企双方共同确定，学生毕业采用毕业设计（在企业师父的指导下完成一个作品设计制作或学生自由组合完成一桌宴席设计等）和撰写调研报告（一篇 800 字内的餐饮类调研报告）形式来代替传统的毕业论文。

十四、说明

本方案由浙江旅游职业学院烹饪系与合作企业（杭州西湖国宾馆、浙江西子宾馆、杭州黄龙饭店、杭州洲际酒店、杭州西溪喜来登度假酒店、杭州萧山国际机场浙旅大酒店等）共同研讨，经过调研（同类院校调研、企业人才需求调研和毕业生调研）、行业专家咨询、企业与毕业生的意见反馈、专任教师与兼职教师商讨等过程，于 2016 年 12 月制订 / 修订完成，并经专业指导委员会论证。

【附】执笔人：王玉宝　　审核人：金晓阳　　修订时间：2016 年 12 月 2 日

项目名称：创新旅游人才培养模式的理论探索与实践——以沈阳市旅游学校导游服务专业为例
项目编号：LZW201605
项目负责人：仲涛
项目负责人所在单位：沈阳市旅游学校

创新旅游人才培养模式的理论探索与实践

——以沈阳市旅游学校导游服务专业为例

一、绪论

中职教育是我国中等教育的重要组成部分。中职导游服务专业作为培养和输送技术技能型旅游人才的重要组成部分，必须全面贯彻《国务院关于加快发展现代职业教育的决定》(国发（2014）31号)、《现代职业教育体系建设规划（2014—2020年)》等职业教育政策文件的精神，依据最新版的《导游服务专业教学标准》和《沈阳市旅游学校五年发展规划（2014—2018)》，紧密结合旅游产业发展现状和需求，密切校企合作，全面改革和创新导游服务专业的人才培养模式和课程体系。

《创新旅游人才培养模式的理论探索与实践——以沈阳市旅游学校导游服务专业为例》课题依托自身国家级重点中等职业学校、全国旅游行业指导委员会理事单位、中国旅游协会旅游教育分会理事单位、中国旅游中职教育七金联合体成员单位、全国中等职业学校《导游服务专业教学标准》制定的牵头单位、辽宁省示范中等职业教育改革发展示范校、沈阳旅游职教集团等30多年办学优势和办学成果，根据对旅游企业、旅游院校的调研论证，按照企业人才需求和岗位技能标准，对原有校企合作、工学结合的人才培养模式理念进行探索和创新，构建具有自身特色的“职场演练、岗学对接”的人才培养模式，努力实现该专业双证率、专业对口率、就业稳定率逐年稳步提高的目标，进而提升本专业社会辐射力和影响力，把本专业建成资源优质、特色鲜明、服务有力、对接产业集群的国家级示范专业，加大对旅游人才培养模式改革的研究，为其他全国同类学校旅游职业教育提供借鉴和重要的实用价值。

（一）研究背景

我国旅游业飞速发展，旅游已经成为国人重要的生活方式之一。《中国旅游发展现状分析》指出：中国旅游业将进入强国旅游时代、全民旅游时代、休闲旅游时代、品质旅游时代。旅游业的发展对旅游服务类中职院校及其导游服务专业提出了新挑战。旅游行业对人才的需求日益增加，这就要求学校立足长远，走在旅游业发展的前列，培养适应岗位需求的高素质、高技能型人才。课题在调研中发现：人才的需求不再是简单的体力劳动者，而是素质和技能兼具的脑力劳动者。我国以往的中职旅游专业口径窄，往往直接对应某一职业和岗位。十分狭窄的专业面向已经很难适应产业发展的新态势。这就对导游服务专业的人才培养目标提出了严峻挑战。2014 年 11 月，《中等职业学校专业教学标准（试行）》（旅游服务类）已正式下发。这些因素势必亟须中等职业学校深化改革，加快发展，提高质量，办出特色，为区域社会经济发展提供强大的旅游服务人力支撑。

鉴于此，本课题立足于职业教育人才培养模式相关理论，在对旅游行业进行调研论证的基础上，反思目前旅游类人才培养模式存在的问题，结合政府职能部门的工作实际、旅游产业人才新要求以及沈阳职业院校旅游类专业实践，积极推进旅游人才培养模式改革，创新旅游与服务管理专业人才培养模式，力求为旅游类专业院校提供一种新的发展思路。

（二）研究意义

1. 理论意义

丰富了旅游职业教育相关的理论。本文研究了人才培养模式的内涵、构建以及如何从目标、课程、教师、实习实训等方面创新旅游人才培养模式方案，以本校的人才培养模式发展为研究内容，梳理现有关于旅游人才培养模式以及职业教育理论的相关研究，为中职旅游服务类专业人才培养模式的研究提供可借鉴的理论材料，从而制订和深化具体的方案，为创新旅游人才培养模式在职业教育领域的进一步发展提供理论参考的依据。

2. 实践意义

创新旅游人才培养模式改革研究，发挥学校在辽宁及全国的引领、骨干和辐射作用，带动其他学校积极开展专业人才培养模式改革创新的系统化，实现导游服务专业带头人和骨干教师的培养，推广专业人才培养模式改革创新的成功经验及优秀成果，在政策上提出可行的意见和建议，对教育行政部门加强宏观指导和调控、中职学校进行旅游服务类各专业建设与发展等具有重要的理论意义和现实指导价值，进而充分发挥示范引领作用，带动全国中等职业学校导游服务专业及相关专业健康迅速发展。

（三）核心概念界定

1. 职业教育

职业教育（vocational education）是指让受教育者获得某种职业或生产劳动所需要的职业知识、技能和职业道德的教育。如对职工的就业前培训、对下岗职工的再就业培训等各种职业培训以及各种职业高中、中专、技校等职业学校教育等都属于职业教育。职业教育的目的是培养应用人才和具有一定文化水平和专业知识技能的劳动者，与普通教育和成人教育相比较，职业教育侧重于实践技能和实际工作能力的培养。

2. 人才培养模式

人才培养模式是指在一定的现代教育理论、教育思想指导下，按照特定的培养目标和人才规格，以相对稳定的教学内容和课程体系，管理制度和评估方式，实施人才教育的过程的总和。本研究中人才培养模式是指在教育理论指导下，为实现导游服务专业的培养目标而设计的课程计划、教学活动总体结构及运行机制等，探寻相对适宜的，符合实际的专业人才培养途径。

3. 职业教育旅游人才培养模式

职业教育旅游人才培养模式是指按照国家对职业教育旅游人才培养的目标和人才规格要求，依据职业院校自身的发展实际，从人才目标、[①]课程教学、教师、数据库资源建设等若干个方面进行探索和改革，实现适应旅游行业发展人才的总目标。

（四）研究综述

近年来，我国旅游职业教育取得较快的发展，在中国知网 CNKI 数据库中通过高级检索的方式，以“旅游人才培养模式”为主题词并含职业教育进行模糊检索，其中包括报纸评论、会议通知、广告等非研究性文献，最终获得有效文献 316 篇，如图 1 所示。在结果中以“中等职业教育旅游人才培养模式”为主题词不设时间段进行模糊检索，其中包括报纸评论、会议通知、广告等非研究性文献，最终获得有效文献 32 篇，如图 2 所示。

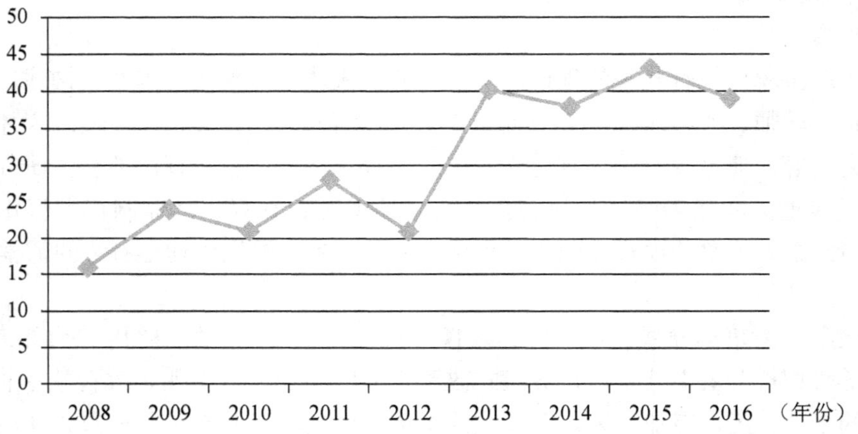

图 1　2008—2016 年职业教育人才培养模式研究成果分布

由图 1 可以看出，从 2009 年开始，文献数量就呈现出了一定的规律性，每隔两年呈现一次增长，在四次增长中，2012—2013 年增长尤为明显。相反中间年份则呈现下降趋势，但总体文献数量依旧呈增长趋势。从总文献数量可以看出：对职业教育人才培养模式研究时间短，研究主要集中在 2013 年人才培养模式创新的热点，研究者对职业教育的人才培养模式关注度越来越高。

由图 2 可以看出，文献数量自 2006—2010 年呈逐渐平稳趋势，2011—2013 年研究成果呈直线形上升趋势，增长幅度尤为明显。2014 年至现在呈逐渐下降趋势。虽然研究有高峰期，但从总文献数量可以看出：对职业教育人才培养模式研究时间短，研究主要集中在 2013 年人才培养模式创新的热点上，研究者对职业教育的人才培养模式关注度越来越低。因此，本课题在一定程度上带动了中等职业教育院校对旅游人才培养模式的研究，

① 姜大源．当代德国职业教育主流教学思想研究［M］．北京：清华大学出版社，2011.

更为其他院校提供了一种借鉴。

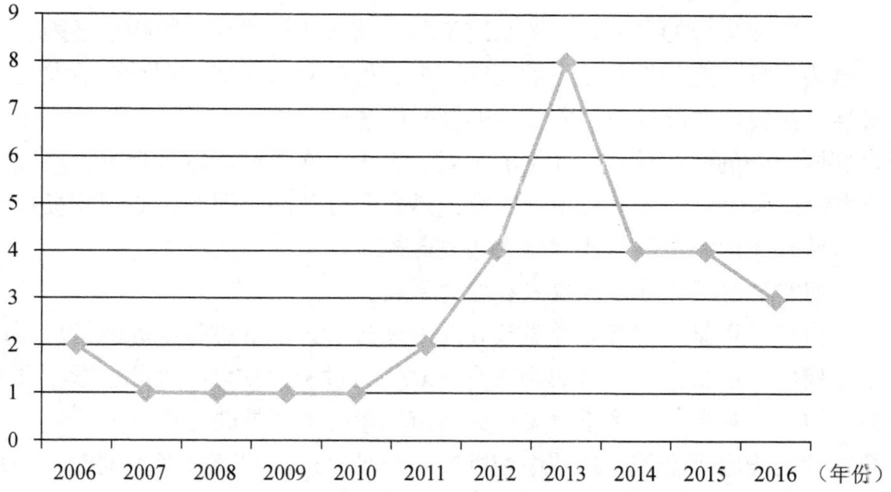

图 2　2006—2016 年职业教育旅游人才培养模式研究成果分布

1. 国内中职旅游人才培养模式研究综述

以张龙为代表提出了以行业需求为目标，以行业实际应用技术为主线，知识、能力、素质——“三位一体”结构为基础框架结构的人才培养模式，将企业和课堂结合起来，实现边学边做，形成专业布局合理的旅游专业人才培养的专业群。① 以广东省旅游职业技术学校为代表提出了“岗学对接四级递进”的旅游人才培养模式，以学生为本位，使学生由应试教育的失落者变为一个对人生有信心找回乐趣的旅游工作者，将实现学生发展为核心价值目标。“岗学对接”是指实现岗位与课程的无缝对接。四级递进主要是以时间维度为序，分别为：“旅游实践考察一日”“校内模拟职业实训一周”“职业技能实训一月”“职业素质顶岗实习一年”，通过此种模式，系统地改变学生，适应旅游行业的发展。② 武汉商学院刘勤教授率先提出的“循环 AB 岗”的淡旺季工学交替人才培养模式，通过学生单机回学校、旺季进企业的循环交替模式，安排学生参加两个以上工作岗位循环轮岗，提升学生的岗位适应能力，实现在真实的工作岗位上培养旅游专业人才。③

2. 国外职业教育人才培养模式的启示

双元制模式、CBE 模式、MES 模式是国外三种最为典型的职业教育人才培养模式，有着广泛的国际影响力，其共同的特点是注重实践，能力为本，企业与学校紧密合作。

启示之一：职业教育尤其要处理好与企业的关系，必须立足企业的需求，依托企业，广泛而深入地开展工学结合、校企合作。

启示之二：虽然国外人才培养模式各有差异，但其核心是着重人才能力的培养，注重

① 张龙 . 中职旅游专业人才培养模式的探究［J］. 科技资讯，2011（36）.

② 董家彪，黄伟钊 . 岗学对接，四级递进：基于厚实认知论的中职旅游人才培养模式构建［J］. 职业教育，2014（6）：28.

③ 卢瑞 . 基于“旅游 +”的旅游类专业人才培养模式创新实践研究［J］. 南方职业教育学刊 . 2017，1（1）：27.

按职业分类和能力类型构建模块化课程和进行技能训练，重视学生在企业真实环境或模拟职业情景中进行实训实践。

启示之三：职业教育的发展是一个系统工程，其人才培养模式的构建必须以“大职业教育”的思想为指导，充分发挥政府的宏观调控和行政立法职能，调动企业参与技能人才培养的积极性，激发职业院校创新人才培养模式的热情。

学习借鉴国内外的职业教育人才培养模式，是十分必要的，取其精华，吸收“合理内核”，对于构建我国的职业教育人才培养模式是非常有益的。因此，必须积极探索，大胆实践，努力构建有中国特色的职业教育人才培养模式。

3. 目前中职旅游院校人才培养模式存在的问题

（1）专业设置不科学。中等职业学校在对专业进行设置的过程中，经常出现内容重复的现象，学生所学习的知识，大多数都没有针对性，过于大众化，因此，学生在毕业之后进入社会中，很多都是专业水平不够突出，在市场竞争中更是缺乏竞争力。①

（2）教学计划确定不合理。目前中职院校教学计划的设置存在两点问题：一是目标较低，不利于激发学生的学习积极性；二是目标较高，会挫伤学生的学习热情。为了提高学生的学习效率和积极性，专业计划的确定必须趋于合理和规范。

（3）教学团队不成熟。从“双师型”结构上看，“双师型”教师比例低，很多从事导游专业课教学的教师却没有全国导游证。从师资队伍的职称结构来看，初中级职称的教师比例相对较高，而高级职称的教师比例相对较少。从师资力量上来看，专业课教师的理论化程度远高于实践操作化水平。从师资的培养方式上来看，专业教师的培训主要是入职后。对在职教师的培训，是一种补偿性培养，这种培训时间短、目标性强、效果差，缺乏系统性和长远的规划。

（4）课程设置不合理。很多中职院校缺乏对旅游人才市场状况的调查，对本专业到底培养什么样的人才认识不清。在培养目标和培养模式上，盲目跟从高职院校的课程设置“理论学时安排多，理论课程设置多，实训实践课设置较少”。学生毕业后到了工作岗位后，最明显的反应就是：学校里学的东西，在工作中能用上的怎么这么少？这就导致中职生理论水平不如高职生，实践技能又不如高职生，专业不专、动手能力不强，培养的人才难以适应旅游行业相关岗位的任职要求，也难以满足市场需求。②

（5）教学设施较落后。一些地方性高职院校由于资金受限制等原因，导游专业硬件教学设施相对落后，无法满足新的教学模式与教学理念的需求，教师有心无力，很多好的教学模式和方法无法得到落实。

总体而言，目前在我国中职旅游服务类学校人才培养模式大多是在一地或一校施行，真正能被广泛接受并推而广之的非常少，至今还没有产生像德国“双元制”模式或洛桑模式那样，具有鲜明特征和可识别度的模式。现有的这些人才培养模式也还存在着一些不容忽视的问题。因此，十分有必要继续开展关于职业教育人才培养模式的理论研究和实践改

① 褚铃钰 . 关于旅游管理专业人才培养模式的探究［J］. 考试周刊，2017（50）.

② 钱伟 . 基于“岗位技能”理念下高职导游专业人才培养对策研究［J］. 太原城市职业技术学院学报，2015（4）.

革探索，完善我国职业教育人才培养模式，以期进一步提高职业教育技能人才培养质量，更好地服务于区域经济社会发展。

（五）研究内容、研究目标

1. 研究内容

（1）人才培养模式的内涵。对人才培养模式、职业教育旅游人才培养模式的内涵进行文献查询，综述国内外旅游人才培养模式改革创新有益经验。

（2）旅游产业岗位需求及人才培养模式影响因素。学校制定针对旅游企业、旅游院校专家问卷及访谈提纲，对学校与企业进行调研访谈，了解旅游新背景下，旅游产业岗位需求变化以及影响创新人才培养模式的因素。

（3）沈阳市旅游学校导游服务专业人才培养模式的改革与构建。对沈阳市旅游学校导游服务专业近年来在与行业企业合作过程中人才培养模式方面的改革进行梳理和研究，特别是对“职场演练岗学对接”人才培养模式的形成（包括目标、内容、方法、双师型教师队伍建设、实训基地）进行深入系统的研究。

（4）“职场演练岗学对接”人才培养模式的保障措施。从实训教学、教师队伍建设、校企合作等多个方面研究如何推动“职场演练岗学对接”人才培养模式的实施。

2. 研究目标

（1）基于职业教育人才培养计划的相关理论，通过对毕业生和企业的人才需求调研，制订合理的对接计划，校企深度合作，构建教学过程对接导游典型工作过程、教学标准对接导游职业标准、共同搭建“职场演练”平台的机制。

（2）探索新的基于中职学校旅游类专业实际的人才培养模式，凸显出政府、企业以及学校等各方的力量，逐步形成稳定的、适合中职旅游服务类专业的人才培养模式，实现真正意义上的“岗学对接”。

（六）研究思路、过程和方法

1. 研究思路

全面贯彻国家职业教育政策文件的精神，依据最新版的《导游服务专业教学标准》和《沈阳市旅游学校五年发展规划（2014—2018）》，紧密结合旅游产业发展现状和需求，全面改革和优化导游服务专业的人才培养模式和课程体系。努力做到以专业主干课程为核心，全面改革文化课、专业基础课和专业技能课，优化课程结构和设置，更新课程内容，突出实践教学环节，创新教学组织形式，完善课程管理与评价机制，实现专业培养模式更加先进、课程结构更加优良，课程内容更加与产业最新发展良性互动，课程学习更加与企业需求无缝对接的目标，提升专业人才培养质量。

2. 研究过程

本课题研究时间为：2016 年 6 月—2017 年 8 月，总体分为三个阶段实施。具体实施步骤如下：

（1）前期准备阶段（2016 年 7 月—2016 年 8 月）

确定项目组成员，成立课题组；确定研究方向，制订课题研究计划；落实分工和研究内容；广泛收集整理省内外相关资料，开展理论学习与研究，创建课题研究 QQ 群、微信群，便于大家信息沟通交流。

（2）课题研究阶段（2016 年 8 月—2017 年 3 月）

①初期研究阶段（2016 年 8 月—2016 年 9 月）：各成员收集相关研究资料；撰写开题报告。

②中期研究阶段（2016 年 10 月—2017 年 2 月）：实施课题研究内容；开展相关实践与研究；汇总课题研究成果，如：导游服务专业人才培养方案；课程改革方案；2 门精品课建设；3 本校本教材出版；教学资源库应用等研究成果。

③后期研究阶段（2017 年 1 月—2017 年 2 月）：做好阶段性总结。研究成果进入实施、应用、推广阶段，总结经验和不足；进行修改和完善研究成果。

（3）总结成果阶段（2017 年 4 月—2017 年 8 月）

研究讨论课题报告；准备结题的各项工作；形成课题研究的总结报告；报请有关部门进行成果鉴定。

3. 研究方法

主要使用文献研究法、调查研究法、政策分析法、个案研究法。

二、沈阳市旅游学校导游服务专业人才培养模式构建与改革实践

（一）理论基础

1. 基于能力本位的教育观

树立能力本位的教育观，强调的是学习主体通过行动实现能力的内化、运用和转化，也就是当职业岗位转变时，有能力和信心获得新知识和新技能。这就要求基于能力本位的职业教育观要以培养综合职业能力为主要教育目标，在课程开发和实施的过程中全面培育学生职业能力。综合职业能力培养的基础理论是建构主义，它是学生个体规划建构的主动过程，是可以学习的，一定要和职业紧密相连、以项目课程为主体、采取工学结合模式进行，作为“才能、方法、知识、观点、价值观的发展涉及在人的整个一生中对其的学习和使用”[①]，可见，培养综合职业能力是中职教育最重要的思想基础。如何培育学生的综合职业能力？著名心理学家奥苏贝尔认为，“认知结构是学习者知识更新的最最重要因素”[②]，由此，中职教育课程不仅要关注学生学到了哪些知识，而且要科学设计这些知识获取的结构，因为课程结构是影响学生综合职业能力形成的重要变量，这就要求在课程中实现工作任务之间的联系，这也是“职场演练，岗学对接”的旅游类人才培养模式。

2. 基于工作过程的课程观

工作过程导向的职业教育的理论有其深厚哲学与学习心理学基础，实用主义技术哲学是工作过程导向的职业教育的哲学基础；建构主义、情境学习理论和体验学习理论为工作过程导向的职业教育提供了学习心理学基础。

① 姜大源．当代德国职业教育主流教学思想研究［M］．北京：清华大学出版社，2011.

② 徐涵．工作过程为导向的职业教育理论与实证研究［M］．北京：商务印书馆，2013（7）：23-29.

3. 职业能力结构论

职业能力结构论，主要是涉及联系论以及职业成长阶段的理论。基于此理论，创设了职业能力递进式“四模块”课程体系和具体时间具体岗位的做法。

（1）联系论。心理学和教育学认为，能力的形成是知识、技能和态度的类化迁移和整合。强调学生职业能力的形成和发展，需要通过参与特定的职业活动或模拟的职业情境，通过对已有的知识、技能、态度等的类化迁移，并得到特殊的发展与整合，才能形成职业能力。

（2）成长论。从“新手”到“专家”的一个长期的过程。中等职业教育作为职业教育类型中的第一层次，其教育教学手段、形式、方法等不仅要反映企业岗位需要，还必须遵循中职学生的学习规律、职业成长和职业生涯发展规律。德国职业教育学家劳耐尔教授创立了著名的从新手到专家的“职业能力发展阶段及学习范围理论”，如图 3 所示。[①]。中职教育工作者要深刻理解该理论，精准判断每一阶段学生的能力特征，和寻找建立“职场演练”的契机，确定和落实每一个阶段与之对应的教育教学行动，使学生具备能够在旅游企业多个工作岗位能力，达到多岗通、一岗精，把握向更高职业能力阶段发展的契机。总的来说，中等职业教育的任务就是要通过科学的方法，让中职学生职业能力从低一级阶段向高一级阶段发展，成为本行业的“工匠”人才。

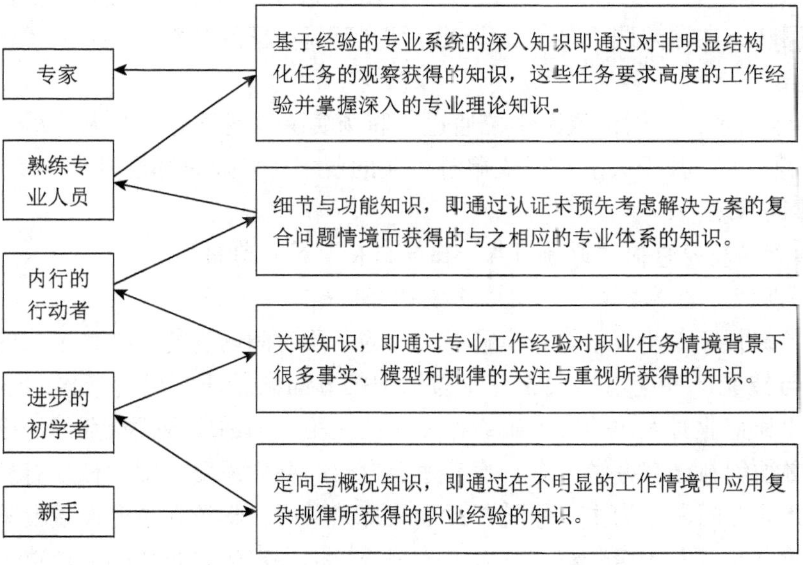

图 3　职业能力发展阶段及学习范围理论

（二）实践基础

学校 2014 年获批为辽宁省中等职业改革发展示范学校。这为学校的发展带来了良好的契机，学校专业建设紧紧围绕辽宁省“十二五”“十三五”规划战略部署，对接现代旅游业，紧密结合产业发展需求，密切校企合作、实行校企“双主体”育人模式；通过对旅

① 姜大源．当代德国职业教育主流教学思想研究［M］．北京：清华大学出版社，2011.

游行业、企业的调研和对毕业生的跟踪调查，按照职业标准和岗位标准，结合导游、旅行社接待、旅行社计调、旅行社外联、旅游企业管理等核心岗位对人才的需求，与专业建设指导委员会专家共同研讨，建立了独具特色的“职场演练、岗学对接”的人才培养模式。

（三）“职场演练、岗学对接”模式的形成过程

“职场演练、岗学对接”人才培养模式的提出和形成是一个实践和理论相结合的探索过程。

自 1986 年学校开设导游服务专业以来，沈阳市旅游学校针对职业教育和导游服务专业的特质，提出和落实实习期为一年的做法。1995 年后，随着沈阳景点的建设和旅游活动的大众化，学校为了让学生切身体验游客的感受和导游服务的全过程，感受旅游业动态与脉搏，提出组织学生每年一次为期三天的旅游景点考察的做法。2008 年学校先后与沈阳好运旅行社、北国旅行社等多家旅游企业签订协议，成立旅行社订单班，让学生在理论学习的过程中，分时段地在旅游企业顶岗见习。2013 年学校成为全国中等职业学校导游服务专业教学标准制定的牵头单位和辽宁省示范中等职业教育改革发展示范校建设单位，学校领导班子将学校该专业教学的特质总结为“‘职场演练、岗学对接’人才培养模式”。

为了对这一模式进行系统研究，建立学生职业能力培养的长效机制，学校成立以校长为首的研发团队，在深入调研访谈、广泛咨询和反复论证的基础上，开展了该项目的理论探索与实践。

自 2017 年以来，沈阳市旅游学校通过“职场演练、岗学对接”人才培养模式培养了数以千计的毕业生，其中大多数适应旅游行业的要求，毕业时即能胜任一个或多个岗位，初步实现“岗学对接”。

（四）具有学校特色的“职场演练、岗学对接”模式的构建

1.“职场演练、岗学对接”人才培养模式的目标

我校的导游服务专业人才培养模式在较长的一段时间内受传统教育模式的影响，没能解决好知识与技能、理论与实践、专业与基础等方面的矛盾，尽管培养的学生大多能就业，但与行业和企业对人才的要求始终存在一些差距。为适应现代社会经济迅速发展对人才的需求，必须创新已有办学理念，找准适合自己的办学思路，即我校原有旅游专业以培养旅游、餐饮业专门人才为主，伴随着社会经济的发展，学校在专业设置上不断明确针对性，明确就业方向。人才培养模式是由人才培养目标决定的。企业的需求决定了职业院校的专业人才培养目标。职业岗位人才培养目标要求培养具有综合职业能力的人才，综合职业能力由专业能力、方法能力、社会能力构成，方法能力由处理信息能力、学习能力、分析解决问题能力和创新能力等构成，社会能力由组织协作能力、适应承受能力、交流能力、竞争能力和职业道德能力等构成，如图 4 所示。职业能力的形成与发展必须结合特定的职业活动或模拟的职业情境。因此，学校积极与企业合作，制订人才培养方案，开发课程，通过工学交替的教学模式，使学生获得知识和技能类化迁移，使相关的一般能力得到特殊的发展和整合，形成较为稳定的综合能力，从而使学生能够可持续发展，推动学校和企业的共同发展，达到学生、企业、学校三赢。

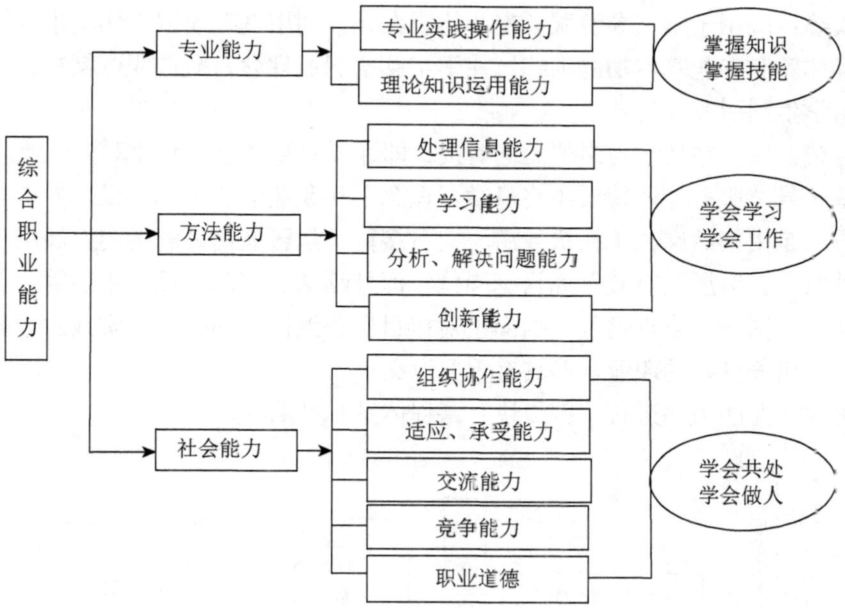

图 4　综合职业能力图

2.“职场演练、岗学对接”人才培养模式的内容

（1）“职场演练、岗学对接”的内涵界定

学校不断进行创新旅游人才培养模式改革研究，并通过对旅游行业、企业的调研和对毕业生的跟踪调查，按照职业标准和岗位标准，结合导游、旅行社接待、旅行社计调、旅行社外联、景区讲解等核心岗位对人才的需求，与专业建设指导委员会专家共同研讨，建立了独具特色的“职场演练、岗学对接”的人才培养模式。如图 5 所示：

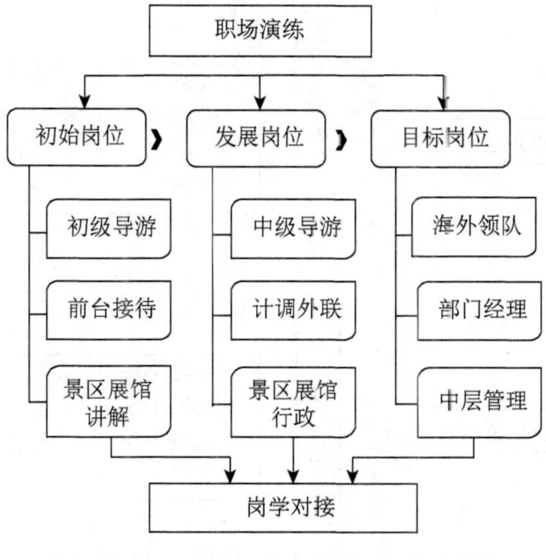

图 5　沈阳市旅游学校导游服务专业人才培养模式示意图

职场演练：应用于学校导游服务专业体现在充分利用具有模拟工作场景的校内实训基地进行职场体验和专业基本功的训练，使学生感悟职业理念，塑造职业精神，练就职业技能，实现由学生到职业人的转变。

岗学对接：体现在教学与岗位无缝对接，即课程对接技能，专业对接行业。

学校基于导游服务专业特质（终身学习理念）和职业成长规律，设定导游服务专业学生的发展方向是由初始岗位（初级导游、前台接待、景区展馆讲解）向发展岗位（中级导游、计调外联、景区展馆行政）和目标岗位（海外领队、部门经理、中层管理）递进，实现“多岗通，一岗精，合理定位”的岗位对接目标，该模式的探索与实践对于培养学生综合职业能力，培养良好的职业素养具有重要意义。

（2）构建职业能力递进式“四模块”课程体系（见图 6）

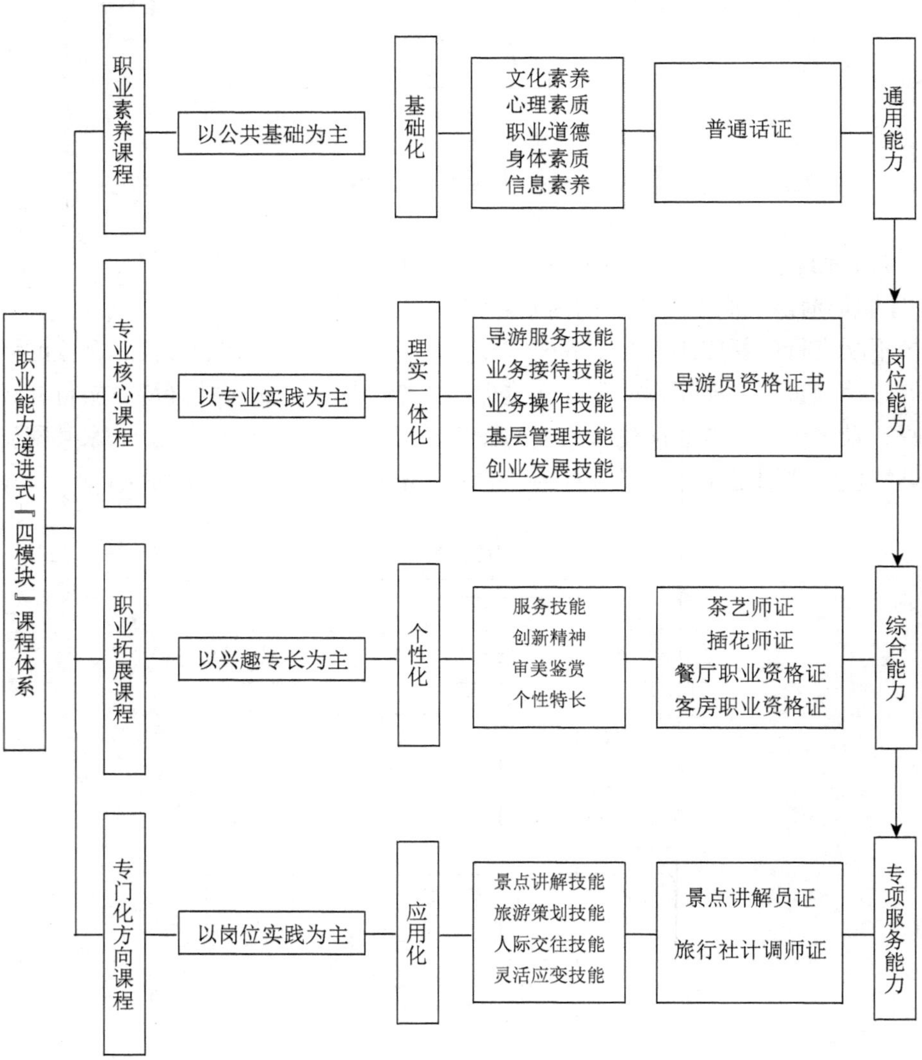

图 6　职业能力递进式“四模块”课程体系

人才培养模式必须通过相对应的课程体系彰显。能力递进是当前职业教育界比较流行的一种课程构建方法。我们进行专业调研，通过对旅游市场、旅游行业、“订单式培养”合作企业——沈阳好运旅行社、北国旅行社及专业毕业生等各方充分调研的基础上，确定导游服务专业主要面向的职业岗位（群），继而召开实践专家研讨会，与企业实践专家、学校课程专家一起进行职业岗位（群）分析、工作任务分析，然后对其典型工作任务进行归纳和提炼，并对完成工作任务的知识、能力和素质进行解构，继而进行职业行动领域归纳，从而确定与职业行动领域对应的学习领域。按照学生认知规律和职业成长规律，以学生获得职业行动能力为目标，教学设计分层递进，教学内容编排由简到繁，从而构建本专业工作过程系统化的课程体系。

课证融通。学校是辽宁省旅游局、沈阳市旅游委在中职学校中唯一指定的导游员培训定点单位。因此学校非常重视职业资格考证中的指导性作用，依据“课证融通”理念，借鉴职业资格标准和行业企业标准，合理设置专业和课程，把学生的专业素养与实践能力相结合，将与职业资格证书相关的课程按照考证的时间和要求进行调整，按照职业资格证的内容标准制定课程标准和确定课堂教学内容，把职业资格证书对技能的要求融入到课堂教学中去，并将可持续发展能力放在第一位，实现课程标准与职业技能标准的无缝对接。

（3）整合课程开发资源

为配合课程体系改革，学校围绕导游服务专业人才培养目标和培养规格，进行课程建设和教学资源开发，自主开发课程和教材，对原有课程进行整合、筛选，倡导课程内容与岗位工作内容相联系学校配套开发基于工作过程的“工作过程 + 学习任务”1 门课程、4 本教材，即《辽宁景点导游实训》校本课程;《导游业务》《导游语言技巧》《辽宁景点导游实训》《导游技能考核实训与模拟》校本教材，并融入职业资格考试标准，与导游真实工作内容有效对接，形成了以工作过程为载体，“教学做”相结合、理实一体化、校企合作开发的教学资源。课程和教材的开发按照精品课程标准开发，兼有资源丰富的课程网络平台。不仅能够满足教师教学的需要，也能够作为专业教学资源库的有力支撑，满足学生自主学习的需要。

3.“职场演练、岗学对接”人才培养模式的方法

“职场演练、岗学对接”人才培养模式的操作方法是在传统的、“规范化”的教学模式基础上，借鉴国内外的职业教育人才培养模式，融入具有沈阳市旅游学校典型特征的“职场演练”形式。我们以时间维度为序，阐述如下：

第一学期、第二学期学生在校内实训基地进行“兴趣性学习”，完成第一个循环的实践。学生根据兴趣分成实践小组，参与上一个年级的“过程性学习”小组，按照工作过程进行“兴趣性学习”，目的是增加感性认识，具备基本操作能力，提高求知欲望，培养学习能力、认知能力、计划能力、协调能力等方法能力和社会能力。第三学期、第四学期开设专业核心课程，学生以工作过程为主线进行工作过程学习，以工作任务为驱动，“教学做”相结合，理论与实践一体化，完成理论知识与实践技能的学习，工作过程即为完整的学习过程。第五学期、第六学期学生到企业顶岗工作，以员工身份参加工作，在真实的企业环境中进行工作性学习，学习企业的工作、管理、经营知识和经验，在企业完成第三个

循环的工作性学习，提高专业能力、社会能力和方法能力，使专业素质获得全面提高。由此形成“2+2+1”（即兴趣性学习＋过程性学习＋工作性学习）模式，实现了课程与岗位一体化、教学与工作一体化、理论与实践一体化、学校与企业一体化、学生与员工一体化、学习与工作一体化、学习与创新一体化，从而提高学生的综合职业能力，实现知识体系的重构，形成学校依托企业、企业需要学校的格局，实现职业教育“面向企业，为企业服务”的宗旨，使学校充分发挥教育基地的功能，为企业做好人才培养工作。

4.“职场演练、岗学对接”人才培养模式的评价

“职场演练、岗学对接”人才培养模式的评价是指对通过该模式的学习，如何检验其学习成果的方法。

针对“职场演练、岗位对接”人才培养模式改革需求，学校基于职业岗位人才培养目标，建立“专家—教师—学生—企业—社会”五位一体的人才培养评价体系，并建设与之相配套的制度，形成与“职场演练，岗学对接”人才培养模式相适应的质量评价和监控体系。特别是针对参加实训、实习学生，学业考评应体现评价主体、评价方式、评价过程的多元化，即教师评价、行业师傅评价、家长评价、游客评价、同学互评与自我评价相结合，注重过程性评价与结果性评价相结合。同时，建立毕业生跟踪机制。进行毕业生跟踪调查，企业对毕业生满意度调查，建立优秀毕业生信息资源库等。

5. 推进“能上讲台、能下企业”的双师型教师队伍建设

教师是课程的实施者，教师的素质是决定学校教学质量的关键因素，要实现人才培养模式转型，构建新型课程体系，建设“双师型”教师队伍是必由之路。学校具体通过以下三方面进行：一是加大教育培训力度，提高教师的专业知识水平和满足知识不断更新的要求。学校制定师资培训规划，积极组织教师参加各类培训，注重鼓励教师继续深造，提高学历层次；鼓励教师“一专多能”；鼓励教师在教学手段、教学方法等方面不断进行探索并撰写专业论文。经常选派专业教师参加省、市旅游局组织的景点考察与调研活动；每年以校企合作为平台、以校内外实训基地为依托，建设“教师工作站”，有计划地组织教师到企业挂职锻炼，了解旅游企业最新的发展动态和实际需要，并在实践中增加感性认识、提高专业素质，从而深化教学内容，使教学更具有活力、吸引力及实用性，为学校开设新课程提供素材。二是学校在重视师资队伍建设的同时，重视外聘教师的引进，进而形成优势互补，互相促进，共同提高的良性运行机制。如聘请旅行社经理、明星导游、行业精英讲授相应的专业课程。被聘的兼职教师的课往往很有特色，言之有物，生动形象，实用性强，且可以把行业中新发展、新动态、新问题带进课堂中，引进案例教学。三是整合校外资源。学校成立了导游服务专业建设指导委员会。通过开展一系列交流学习活动，逐步提高师生对职业能力的认识，强化与学校相关联的行业、企业合作，实现“双师”“双栖”教师队伍的形成，进而形成结构合理、层次分明、技能过硬、品牌响亮、“能上讲台，能下企业”的双师型教师队伍。

6. 建设“三位一体”实习实训基地

校内外实训基地的建设是保证人才培养计划的落实和质量提高的重要因素。它能够将专业理论课堂教学与专业技能实训及职场实践交互共融，给学生创造真实的职业岗位实践

环境，让学生在真实的职场环境中完成“准职业人”的职业素养培养与技能训练。

（1）加强校内实训基地建设

专业技能的训练和提高必须要有实训设施的支撑。近几年，学校投入近2000万元，对“三位一体”（即技能实训室、创新型实训基地、校内生产性实训基地）校内实训基地进行全面升级改造，将多功能、专业性、开放性集于一体，切实满足了导游服务专业学生实训教学、技能鉴定及社会职业培训的要求。在行业专家的指导下，学校采用最新的计算机网络信息技术，开发了“旅游资源数据库与场景式导游教学平台”教学辅助软件，用于导游演示教室的多媒体教学和模拟实训。其中多媒体旅游资源数据库以《导游基础知识》《导游业务》和《模拟导游》三门课程教学和实习为基础，建立起了中国历史文化名城和世界文化遗产的多媒体声像数据库。教师和学生可以根据教学或学习需要随意点击查询下载相关资料，并且将个人手中收集整理的各种信息汇集于此，不断发展丰富资源库，实现了资源共享。

（2）建立产学研结合的校外实训基地

校外实训基地是产学研合作教育的重要依托，学校通过多种途径与企业建立合作关系。校、企双方紧密结合，形成全方位的校外实训网络，为学生掌握职业技能开辟广阔而有效的第二课堂。学生在顶岗实习期间，通过与企业员工不断交流，对旅游企业的经营和旅游工作的认识会更深刻、更直观；学生能受到优秀员工的熏陶，学习他们爱岗敬业、无私奉献的职业道德，培养诚信经营、客户至上的服务理念，追求卓越、争创一流的价值取向。学校抓住学生实习这一契机，利用现场教育直观的特点，由实习指导教师对学生进行优秀思想品质的养成教育，塑造学生吃苦耐劳精神、诚信品质和团队意识，使学生在职业道德、职业意识和职业情感方面都得到培养和提升。

（3）完善“识岗、跟岗、顶岗”的实习实训管理制度

我校的顶岗实习工作已经有30年的实践与探索。目前，学校已构建了立足沈阳，以“珠三角”地区的广州、深圳，“长三角”地区的上海，“京津冀环渤海”地区的北京、天津、北戴河等城市的数十家企业和国际上的日本若干家企业为一体的稳定的校企合作基地体系。根据《职业院校管理水平提升行动计划（2015—2018年）》《职业学校学生实习管理规定》等文件，围绕导游服务专业人才培养目标，立足实际情况，以校企合作为平台、以“职场演练，岗学对接”的人才培养模式为指导、建设完善“导游服务专业学生识岗、跟岗、顶岗”实习实训管理制度，切实保障学生的合法权益，提高职业学校人才培养质量，增强学生社会责任感、创新精神和实践能力，更好服务产业转型升级需要。

（4）采用“订单式”培养

学校积极采用“订单教育”的培养模式，加强校企合作。学校根据企业的需要开设专业、设置课程、训练技能，培养学生的职业能力，使学校教学、学生培训与企业需求相适应，使学生走上工作岗位后很快便能进入职业环境，适应技能要求，安心岗位工作并能在岗位上有所作为。

三、“职场演练、岗学对接”人才培养模式的保障措施

“职场演练、岗学对接”人才培养模式是沈阳市旅游学校在多年的改革中形成的行之有效的模式。这一人才培养模式的有效实施需要多个方面的保障措施。

（一）持续加大实训教学的力度

一是增加实训设备，利用多媒体、导游模拟室等一些先进的教学设备进行教学，通过图片、声音、影像让学生真实地感受山川河流、风土人情。二是把课堂搬到景区景点进行，这种“实景式”的教学更能激发学生学习的热情，起到较好的学习效果。

（二）“以赛促学”的全程贯穿

通过参加技能大赛，学生会有一种紧迫感和压力感；通过对比赛要求的了解和比赛内容的训练，学生的知识面会得到拓展，学生讲解能力会得到提高，学生的就业竞争力会得到提升；同时通过举行技能大赛，对提升教师的专业能力、深化教育教学改革也具有巨大的促进作用。

（三）设置实用性强的理论教学课程

一是教材的选取要适合旅游专业学生的特点，浅显易懂、操作性强。针对信息技术变革这一市场特点，加强对旅游电子商务及相关课程的设置，避免与社会的脱节。二是课程设置以实用性为主，处理好专业基础课、专业技能课、专业拓展课之间的关系，将内容重叠率比较多的课程进行优化整合，并考虑到中高职衔接的课程设置问题。三是由于学生考取全国导游资格证的需要，考证的相关课程应纳入到课程设置当中来，处理好应试考证与素质学习的关系。在课程设置上，学习国外一些国家的经验，如德国、美国、瑞士、澳大利亚等国会开设相关课程，注意培养学生的商业道德、沟通技巧及分析能力。

（四）继续加强师资队伍建设

由于专业教师日常教学、竞赛辅导等任务繁重，企业实践经验不足，年轻教师较多，参与校企合作的能力与企业的要求还有一定的差距。因此，学校应重视加强师资队伍建设，充分利用旅游专家工作室、教师工作站等，让教师多多参与企业实际工作，提高教师的工作参与度和社会技术服务能力。

（五）校企合作深度需要进一步加强

切实激发学校与企业双方合作积极性的长效机制，提高校企合作的成效。例如，学校与旅游企业进一步探讨学生每学期进入企业见习的对策、安排更多教师深入企业顶岗实践的方案等问题。围绕企业需求，开发和收集企业需要技术资料、经验和案例，扩大服务范围，为企业解决实际问题，促进企业发展，提升面向企业技术服务的能力和水平。加强和省市旅游委、旅游协会等机构的紧密联系，最大限度地利用社会资源，及时了解行业最新发展进程和成果。

（六）全域旅游下培养学生“旅游+”思维

全域旅游作为全国试点推进的重要旅游产业战略，通过多规合一，实现时时有景、处处是景，以满足广大游客对旅游资源和休闲体验的需求。这就需要我们在培养旅游从业人员时，需要从人才培养体系、课程内容、岗位学习过程中培养学生的“旅游+”思维，在

人才培养体系中关注学生成长多一点，关注旅游服务意识构建多一点，在课程教学内容中，将“旅游+”思维贯穿到每一门课程，将“旅游+”是什么、“旅游+”“+”什么和“旅游+”为什么的相关内容贯穿到每一门课程中，将相关的案例同教学内容相结合，让学生形成初步的“旅游+”思维。

（七）以“技能+素养”为核心，培养学生的“工匠精神”

适应旅游行业的特殊特点，培养旅游专业人才情感服务等重要的核心能力培养，需要通过培养学生的“工匠精神”来培养学生的职业精神。旅游专业人才培养的目标，不仅使学生获得工作岗位所需的知识与技能，也要增强学生服务意识，促进工作态度、职业价值观等个性品质的形成与完善。因此，在加强学生技能训练中培养学生的“工匠精神”，注意塑造学生的精神品质，可以极大地提高人力资本的附加价值。提升职业精神和敬业态度，对于完成教学任务，实现人才培养目标也是必不可少的。

四、研究结论与展望

（一）研究结论

1. 通过对当前旅游专业的学生以及旅游一线专家的调查发现，工作过程导向理论和职业能力结构论契合技能型旅游人才培养规律，适用于导游服务专业课程设计。

2. 工作过程导向理论和职业能力结构论的引入恢复了学生在课堂上的地位，提升了学生的理论素养和技能水平，拓宽了学生职业能力发展的途径。为了使工作过程导向理论得到有效运用，需要在采用课程内容中选取工作任务、树立校企合作关系、打造“双师型”教师教学团队等方法以确保人才培养模式的最终使用效果。

3. 近年来，沈阳市旅游学校导游服务专业人才培养模式——“职场演练、岗学对接”的实施成效显著，有效地提高了导游服务专业人才培养质量，是一种值得推广的、较为成熟的导游服务专业人才培养模式。旅游教育应该构建一个“职场演练、教学与岗位无缝对接”的人才培养模式。

4. “职场演练、岗学对接”人才培养模式的实施需要从实训教学、技能比赛、师资队伍建设等多个方面的保障措施。

（二）今后的设想

为了适应“全域旅游”背景下旅游人才培养质量的新要求，作为人才培养的主体，无论是政府主管部门、职业院校、企业，还是相关行业机构，都必须要更新理念，积极吸取世界职业教育领域中科学的教学观念和思想，采取更加及时有效的举措，施行更加符合“全域旅游”发展需求的人才培养模式。同时，由于课题研究持续时间较短，存在一些不足之处。今后，我们将大力加强理论研究，强化实践总结与提炼，学习借鉴国内外的先进经验，继续围绕“把学生培养成复合型、开放型、创新型的旅游人才”的首要目标，做进一步的研究和探索。

参考文献

[1] 姜大源.当代德国职业教育主流教学思想研究[M].北京：清华大学出版社，2011.
[2] 徐国庆.职业教育项目课程的内涵、原理与开发[J].职业技术教育，2008(19).
[3] 徐涵.工作过程为导向的职业教育理论与实证研究[M].商务印书馆，2013.
[4] 唐正玲.基于生产组织方式变革的职业教育课程模式研究[J].职教通讯，2014(36)：14-16.
[5] 肖称萍.企业参与校企合作的动因分析与激励机制探究[J].职教论坛，2012.
[6] 余昌国.新旅游业态呼唤新型旅游专业人才[N].中国教育报，2013-05-07(5).
[7] 钱伟.基于“岗位技能”理念下高职导游专业人才培养对策研究[J].太原城市职业技术学院学报，2015(4).
[8] 褚铃钰.关于旅游管理专业人才培养模式的探究[J].考试周刊，2017(50).
[9] 黄丽娜.浅谈中职旅游专业“多岗通、一岗精、合理定位”的人才培养模式[J].教育现代化，2017(5).
[10] 董家彪，黄伟钊.岗学对接，四级递进：基于厚实认知论的中职旅游人才培养模式构建[J].职业教育，2014(6).
[11] 张龙.中职旅游专业人才培养模式的探究[J].科技资讯，2011(36).
[12] 卢瑞.基于“旅游+”的旅游类专业人才培养模式创新实践研究[J].南方职业教育学刊，2017(1).

项目名称：以赛促教、以赛促学、以赛促训练，立体化教学资源开发探究
项目编号：LZW201703
项目负责人：匡家庆
项目负责人所在单位：南京旅游职业学院

以赛促教、以赛促学、以赛促训练，立体化教学资源开发探究

一、课题研究目标

一年一度的全国职业技能大赛历经10年，规模不断扩大，已经成为展示职业教育改革发展成果、检验职业院校教学成果的重要平台。其中，酒店服务技能项目一亮相，就得到了全国职业院校的广泛响应。然而，技能大赛对于职业教育的根本意义究竟是什么？教育部职成司司长葛道凯在2012年职业技能大赛的总结中说，办赛本身不是目的，是以大赛为引领推动职业教育教学改革，力争使得大赛更加反映经济社会的需求，更能服务于社会。因此，我国职业院校的酒店管理专业应充分依托技能大赛这一抓手，全面提高我国酒店职业教育质量，提升其对行业的服务能力。

同时，随着社会、企业及用人单位对专业型及创新型人才的强烈需求，职业院校技能比赛体现出其独特的优势。职业院校技能比赛能对接产业需求、充分考虑企业岗位需求，以提高学生理论素养水平、实践操作水平为目标促进教学成果的巩固和提升。

本项目课题组自2012年以来，每年代表江苏参加全国职业院校技能大赛，在4届“中餐主题宴会设计”赛项和3届“西式宴会服务”赛项中，23位选手全部获奖，其中一等奖23个。在这些竞赛中，无论以学校，还是以专业统计，该专业学生获奖总数和一等奖数量均位居全国同类院校该专业第一，为江苏获得全国职业院校技能大赛“六连冠”做出了突出贡献。因此，基于参加全国职业院校技能大赛的成绩，本课题以全国职业院校技能大赛酒店服务赛项为依托，针对技能比赛在推动教育教学改革、提升教学质量、促进学生技能型、创新性人才培养、促进教师教科研及巩固理论教学成果等方面进行了研究。对大赛在筹备和进行过程中的体会、经验和启示进行整理、总结和归纳，实现大赛成果的转化，服务院校教学和行业培训。

二、国内外研究现状

技能大赛最早起源于 1947 年在西班牙举办的全国技能大赛，旨在证明职业培训的有效性。1950 年，葡萄牙加入西班牙的大赛，形成世界技能大赛（World Skills Competition，WSC）的萌芽。1953 年，德国、法国、英国等欧洲国家应邀参加比赛，德国双元制职业教育的优越性在比赛中得以体现（洪淼、史旦旦，2012）。我国的职业技能大赛始于 1993 年，但一直到 2008 年才开始举行首届全国职业院校技能大赛（黄旭升、董桂玲，2012），并吸引了全国各省市的中高职院校的积极参与，引发了职业教育研究者对职业技能大赛对我国职业教育发展作用的广泛关注。

本课题组以"职业技能大赛"作为主题搜索关键词，在 Cnki 数据库中一共搜到 6000 多篇相关文献。其中探讨职业技能大赛与我国职业教育关系的文献大约有近 1000 篇，研究的主要内容是技能大赛对我国职业教育的指导意义。概括起来主要包括以下几个方面。

（一）技能大赛对职业教育专业建设的影响

技能大赛对职业教育专业建设的影响主要体现在专业设置、目标定位等方面。李名梁、李媛媛（2012）认为全国职业技能大赛的项目设置都经过了充分论证，并适应了国家产业结构的布局，这也促使了高职教育以大赛项目作为参考，增设跟上产业技术发展前沿的专业。刘焰（2010）认为技能大赛评价标准的综合性考察了选手对专业标准、专业内容、安全知识、环保节能、企业文化、团队合作、创新思维等综合职业素质的掌握情况，这对各院校明确专业建设的内涵目标具有重要的意义。而世界技能大赛对技术精度和质量的要求，督促我国在职业人才培养过程中要重视质量意识的培养（刘东菊，2012）。

（二）技能大赛对职业院校课程建设和教学方法的影响

职业技能大赛对课程建设最直接的作用体现在竞赛内容、规则、评价标准可以直接被专业指导教师选用在教学大纲及课程标准中（李名梁、李媛媛，2012）。聂章龙、张静（2012）以大赛中的"机器人"项目为例，指出大赛中的每个考核项目都有详细而具体的考核内容及要求，其考核内容符合岗位职业活动流程，评分标准符合职业活动规范，因此技能大赛为我们找到了项目化教学改革的切入点。靳润成（2011）认为，职业技能大赛中对团队协作的重视使得职业院校以赛项相关问题为中心，组建学生技能学习团队，实行师徒制教学，鲜明体现出"做中教""教中学"的职业教育特点。

（三）技能大赛职业院校学生培育的作用

参赛学生是技能大赛的直接获益者。在进行比赛的准备过程中，参赛学生可以受到技能、职业素养等方面的专门训练，获奖的选手还成为企业争相聘用的对象（李名梁、李媛媛，2012）。高洋（2014）对天津职业大学 200 多名在校生针对职业技能大赛的相关问题进行了调研，结果发现大多数学生对职业技能大赛并不热衷，大赛对学生的动手能力和心理素质有积极的影响，而在理论课学习、专业认知等方面并没有显著的作用。张维津（2013）则指出目前职业技能大赛的获奖学生只占在校学生的 0.1%，我们应通过技能大赛和课程教育的融合，使得技能大赛从"精英教育"变为"全员受益"。

（四）酒店职业技能大赛对酒店职业教育的引领作用和启示

酒店服务技能是职业技能大赛中为数不多的服务类项目。不同于其他的比赛项目，酒店服务技能大赛除了要考察选手的技能之外，更注重测试其综合职业能力。目前，全国职业技能大赛中酒店技能比赛项目主要包括：中餐主题宴会台面设计、西式宴会比赛以及中职的酒店服务大赛。为了迎合行业的需求，酒店职业技能大赛的赛项设置从2012年起有了新的元素。如山东省职业院校技能大赛自2012年以后，赛项设置不再是完成单独的“中式铺床”“中餐摆台”“西餐摆台”，而是完成“××VIP客人接待方案设计”，实现了由技能大赛向服务大赛的转型（赵迁远、谢旻，2013）。

马开良（2013）对比了比赛中对中职和高职的不同要求，并在此基础上对中职和高职的餐饮职业教学提出有效建议。胡霞露（2013）认为，酒店职业技能大赛为师生提供了一个学习和提高的平台，拓展了师生的眼界，达到了以赛促教和以赛促学的目的。马开良（2013）通过对酒店职业技能大赛的项目和比赛结果进行分析，对高职院校旅游专业实践教学的师资配备、考核方式和实训基地建设都提出了建议。

（五）简要评述

从现有的相关文献来看，职业教育研究者对职业技能大赛的意义都持正面评价，而且对职业技能大赛对职业教育的专业建设、课程建设、师资培训、实训基地建设等方面的作用已经有了深入的研究。但是从酒店职业技能大赛的引领作用的研究成果来看，还有以下不足：第一，已有的研究成果没有突出酒店职业技能大赛的服务大赛导向给职业教育带来的影响；第二，研究成果忽略了酒店职业技能大赛的根本出发点——服务行业，而仅仅局限于其对职业院校的教学改革带来的启示。这些不足正是本项目的研究出发点。

三、课题研究的目的和意义

（一）研究目的

本项目主旨是研究在技能大赛的现有成果上，通过一系列的立体式资源转化，来提升及解决学生及教师实践教学、服务行业能力的问题，具体而言，即为全国职业院校技能大赛给专业建设、课程改革、实训条件建设、师资队伍建设提供了很好的载体，因此本课题是在详细分析技能大赛如何通过创新酒店职业教育模式来服务行业以外，提出酒店职业院校通过对大赛的研究，依托高职技能大赛平台，在专业建设与改革、课程建设与教学模式、实践教学、教材建设等方面开展一系列的立体式改革，将对大赛的研究成果直接转化为教学资源，明晰技能大赛的引领及风向标作用。

（二）研究意义

全国职业院校技能大赛办赛本身的目的是“以赛促学、以赛促教、以赛促训、以赛促改”，即以大赛为引领，推动职业教育教学改革，使得大赛更加反映经济社会新需求，更能服务于社会。课题组围绕酒店服务赛项的竞赛内容，结合酒店管理专业教学现状和实际需求，开发和研制了一套涵盖专业实践教学标准、实践教学教材、可视化教学视频等在内的操作性强、贴近行业需求的立体化成果。这些成果规范严谨，符合高职酒店管理专业实践教学实际，技术规范和标准也符合酒店行业实际需要，对高职酒店管理专业实践教学具有较强的引领和指导作用，为高职院校酒店管理专业培养符合行业需要的高技能技术型人才提供了教学资源保障。此外，该成果教材部分图文并茂，通俗易懂；视频教材言简意赅，关键技术和关键环节增加了特别提示，有利于鼓励学生自主学习，自主训练，具有较好的示范和引领作用。

四、课题主要研究思路

教育部举办了多届全国职业技能大赛，关于酒店服务赛项，各高职院校尚未形成全面的酒店服务技能竞赛资源转化成果，而国内外文献中也未见这方面的资料，陈鹏在《职业技能大赛促进职业学校教学的实践与思考》中提出，职业技能大赛能改革教学模式、教学观念、教学内容、教学方法，推动职业学校教学实践工作，提高技能教学质量和职业学校的办学质量，强调了大赛的重要影响。刘克勇在《技能大赛是提升职业教育的最有效抓手》中提出，技能大赛是实施课程改革的“参照系”，与课程改革是相辅相成的；要以技能大赛引导、推进和检验课程改革，课程改革要充分反映技能大赛对教学的要求，要将比赛内容提炼转化为课程教学改革项目，反映到教学中去，充分强调了“以赛促教、以赛促学”。于永华强调，利用技能大赛资源营造职业教育的软环境，提出渗透人文素质教育和改进教学质量的评价办法，以及一些利用技能大赛资源提升学生职业素质的具体思考与做法，综上所述，各研究都提出大赛源于教学，通过竞赛形式的培训促进能促进教学改革，但没有提出真正将大赛资源成果呈现出来，转化到教学中，推动高职院校酒店管理专业的发展。

因此，本课题的主要思路，是对全国职业院校技能大赛酒店服务赛项各项比赛项目进行提炼、整合、创新，形成一套系统的、有创新性和拓展新的酒店服务技能大赛资源转化成果。该资源成果主要包括技能介绍、训练方案、技能要点、评价指标等，以及按任务模块设置的实训教材、教学方案、实训资源等多方面多角度的教学资源，从教师备课、学生上课、课后练习、大赛训练等多角度形成立体化的教学资源整合，结合我校酒店服务资源优势，重点研究酒店服务技能大赛资源转化成果，旨在促进高职酒店服务专业人才培养。

本项目旨在利用该资源成果在理论教学中转化应用，全方位立体化优化教学理念；在实训教学中转化应用，丰富实训资源，培养学生课上及课后的动手能力，自学能力，提高创新能力；在考核评价中转化应用，完善评价手段；在学院对外交流中转化应用，展现学员风采。并且利用全国职业院校技能大赛中取得的现有成果，完成资源转化，促进酒店管理专业的可持续发展，打造特色专业，为学院发展赢得良好的社会效益。

五、课题成果的核心观点

本课题以全国职业院校技能大赛酒店服务赛项为依托，对比赛项目进行提炼、整合、创新，形成一套系统的、有创新性和拓展性的立体化酒店服务技能大赛资源转化成果。在推动教育教学改革、提升教学质量、促进学生技能型、创新性人才培养、促进教师教科研及巩固理论教学成果、服务行业、服务社会等方面取得了一定成效。概括起来，研究成果主要包括以下几个方面：

1. 以赛促教，完成实践教学课程标准与教材建设；

2. 以赛促学，创新实践教学及人才培养模式；

3. 以赛促改，将大赛与教学改革相融合，提升教学质量；

4. 成果转化，服务社会与行业，发挥大赛辐射作用。

课题组不但很好地完成了立项时设定的基本任务，还结合教学实际和要求，超额完成了视频化教学材料录制，并将研究成果运用于行业、院校竞赛，较好地完成了课题研究和建设任务。

六、课题研究条件保障

（一）现有的研究工作基础

1. 目前已搜集国内外技能大赛的相关文献资料，并对世界技能大赛、全国以及各省市职业技能大赛中的酒店服务技能相关项目进行了充分的研究。

2. 本课题组所在的南京旅游职业学院在全国职业技能大赛中多次获得酒店服务技能项目的金奖。在比赛过程中，课题组成员重视对选手选拔、培训、教学内容整合、教学模式创新等方面的不断总结和研究，且已经就技能大赛对酒店职业教育教学改革进行了深入的探讨，目前已在省级以上期刊发表3篇相关论文。

3. 课题组成员前期承担了多项关于酒店职业教育发展相关课题，为本课题的研究奠定深厚的理论基础。

（二）项目研究的外部条件

1. 南京旅游职业学院是江苏省旅游职业教育集团理事长单位，全国知名的旅游职教领域的五星联盟院校之一，在组织江苏省职教集团中高职成员单位、省外兄弟旅游职业院校和知名旅游企业参与相关研讨等方面有得天独厚的优势。

2. 南京旅游职业学院具有多次承办酒店技能大赛和承担大赛集训的经历，可为本项目的研究提供经验简介。我院分别于2008年、2010年承担了全国旅游行业职工技能大赛江苏队的集训，并于2013—2016年成功承办三届全国职业院校技能大赛西式宴会服务赛项的比赛。

3. 南京旅游职业学院与洲际酒店集团、希尔顿全球酒店集团具有多年良好的校企合作关系，其中与洲际酒店集团合作的“洲际英才班”的办学质量在全国名列前茅。密切的校企协作关系可为本项目的行业调研提供行业资源的保障。

4. 除了校内设施完备的实训基地以外，南京旅游职业学院校内全额投资了教学酒店——御冠酒店，可以本项目的实践提供便利场所。

（三）课题组人员结构

本课题组人员结构安排合理，课题负责人具有30多年的行业实践和教学经验，并长期担任各类技能大赛的裁判长，指导学生参赛集训，并担任全国职业院校技能大赛酒店服务类赛项项目设计专家组组长，参与赛项设计工作。课题组其他成员均为行业经验丰富、长期担任专业教学工作的双师型教师，在酒店管理、教育学方面具有多年的理论研究和实践经验，且多年担任大赛集训指导教师，具有丰富的带队参赛和指导大赛集训的经验，多名成员多的教育部、省教育厅大赛办命名的全国、省级大赛的“优秀指导教师”，部分成员担任过省级以上职业技能大赛的评委。

七、研究的理论价值和实践价值

2014 年国家颁布的《国务院关于加快发展现代职业教育的决定》中明确写到，“服务需求，就业导向”是我国加快发展现代职业教育的基本原则之一。因此，研究酒店类职业技能大赛对职业院校提升其服务行业能力具有重要的理论价值和实践意义。

（一）本项目研究的理论价值

酒店职业教育服务行业的能力应包括两个方面：一是间接服务能力，即酒店职业教育通过提高教学质量，培养符合行业需求的人才为行业带来的贡献；二是直接服务能力，即职业院校对行业服务规律进行研究，并将其研究成果转化为酒店生产力而带来的贡献。本项目的研究具有以下理论价值。

1. 让酒店类职业技能大赛对职业教育的价值研究回归大赛的初衷。正如前文所述，目前的理论研究大多局限于职业教育如何适应大赛的要求，而忽略了酒店职业教育服务于酒店行业的真正意义。本项目研究的着力点是以大赛作为抓手，提升酒店职业教育服务行业的能力，这也是技能大赛诞生之时的初衷。

2. 引导职业院校以参加技能大赛为契机，展开对技能服务的理论研究，并将其研究成果直接服务于酒店行业，转化为酒店行业生产力。酒店职业院校除了人才培养职能以外，还应利用其和行业的合作关系，以大赛为契机，研究如何提高员工的服务技能，提高顾客感知价值，实现其对行业的研究价值。

（二）本项目研究的实践价值

1. 实现职业院校参加职业技能大赛目的的理性回归。目前很多职业院校参加酒店服务技能大赛的目的只为了多拿奖牌，提高学校的知名度。为了这样的目标，这些院校往往投入很多的人力、物力集中培训选手，过分追求台面的精美、摆台的精确度，忽略了技能大赛对酒店服务的真正意义。课题组通过本项目的研究，旨在引导职业院校理性对待大赛，真正实现大赛对职业教育服务行业能力的提升作用。

2. 创新酒店职业教育的人才培养体系，发挥技能大赛的引导作用。技能大赛的赛项设置在一定程度上反映了行业的现实需求，课题组通过对国际和国内酒店服务技能大赛赛制进行研究，可为“现有的酒店职业教育的人才培养体系如何更好地满足行业需求”这一问题找到更好的答案。

八、项目执行步骤

1. 2017 年 8 月——2017 年 9 月：完成资料搜集，并制订成果转化计划；

2. 2017 年 10 月——2017 年 11 月：完成大赛调研及数据归纳分析；

3. 2017 年 12 月——2018 年 3 月：完成酒店服务赛项中主要赛项的实训教材建设；

4. 2018 年 4 月：在对往年技能大赛酒店服务赛项总结的基础上，出版资源转化教材；

5. 2018 年 5 月——2018 年 6 月：在对往年技能大赛酒店服务赛项分析的基础上，完成各项实训技能介绍、技能要点、训练方案、评价指标的相关制定，并运用于教学领域；

6. 2018 年 7 月——2018 年 9 月：完成项目结项。

九、项目建立教学资源库的过程

1. 课题组成员通过搜集国内外技能大赛的相关文献资料，并对世界技能大赛、全国以及各省市职业技能大赛中的酒店服务技能比赛相关项目进行了系统的分析和研究。

2. 根据专业建设要求，制定相应课程标准，将技能大赛与常规教学融合，提升职业教学质量。教师在现有的课程教学中，将职业习惯、职业养成融入到每一次的实践课程中，以促进高职学生职业素养的培养。加强实践教学体系中理论知识的融合。从“精英教育”变为“全员受益”，从而让每一个学生都受益。

3. 形成完善的立体式实训教材，实现以技能大赛为平台，进一步完善理实一体化教学模式。专业教师们结合了多年指导技能大赛的经验和教训，利用技能大赛成果转化的契机，分析大赛的赛项规程，更新教学理念，总结出相关知识点和技能点，进行任务化、模块化的教学改革。建立完善的实训教学教材，从课上到课后，提供完整的全方位立体式的实训辅导，借鉴并引入模块化理念，进行以课程设置模块化为切入点、开放式教学创新为基础保障的授课，从而对学生的能力培养起到了较好的作用。

4. 形成详细的技能介绍、训练方案、指标汇编。在授课时，鲜明体现出“做中教”“教中学”的职业教育特点。

十、研究主要内容

全国职业院校技能大赛的赛项内容与设计与企业生产实际保持高度一致，学校、企业专家深度合作、共同设计的赛项载体和竞赛环境，集中反映了学校教学、企业生产的职业标准和岗位要求，因此职业院校按照赛项序列，及时将技能大赛的赛项内容、技术、素质素养等要求纳入专业教学，嵌入课程体系，构建综合实践教学模块，引导专业基础课、专业核心课程的协同配套与改革，将竞赛考核点分解为专业教学的知识点、技能点、素养点，完善人才培养方案工作和专业教学标准，强化酒店服务实践与职业素养。

本课题主旨是研究在技能大赛的现有成果上，通过一系列的立体式资源转化，来提升及解决学生及教师服务行业能力的问题。具体而言，即通过对全国职业院校技能大赛各方面内容的研究，为酒店管理专业在专业建设、课程改革、实训条件建设、师资队伍建设等方面提供较好的载体。因此，课题组在详细分析技能大赛如何通过创新酒店职业教育模式来服务行业以外，提出酒店职业院校通过对大赛的研究，依托高职技能大赛平台，在专业建设与改革、课程建设与教学模式、实践教学、教材建设等方面开展一系列的立体式改革，将对大赛的研究成果直接转化为教学资源，明晰技能大赛的引领及风向标作用。

课题组主要研究内容如下：

1. 制定相应课程标准，将技能大赛与常规教学融合，提升职业教学质量。

将全国职业院校技能大赛酒店服务类竞赛内容与相关课程结合，制定相应课程的标准，促进教学质量的提升。从大赛的成果转化中，树立“以赛促教、以赛促学、以赛促改”的教学活动观，并将职业素养、创新实践的内容融合于日常的教学中。当前，职业教育经过长期发展，在教育理论和学生培养等方面都取得一定成绩，但在对高职学生职业素养的培养教育过程中还存在诸多问题。我们在现有的课程教学中，将职业习惯、职业养成融入到每一次的实践课程中，以促进高职学生职业素养的培养。加强实践教学体系中理论知识的融合。从“精英教育”变为“全员受益”，从而让每一个学生都受益。

2. 形成完善的立体式实训教材，实现以技能大赛为平台，进一步完善理实一体化教学模式。

高职理实一体化教学模式是专业课程教学探索、创新的一种教学模式，课题组专业教师结合多年指导技能大赛的经验，很好地将全国职业院校技能大赛作为 这一教学模式完善、发展的重要平台，利用技能大赛成果转化的契机，更新教学理念，分析大赛的赛项规程，进行任务化、模块化的教学改革。建立完善的实训教学教材指引，从课上到课后，提供完整的全方位立体式的实训辅导，借鉴并引入模块化理念，探索进行以课程设置模块化为切入点和开放式教学创新为基础保障，从而对学生的能力培养起到了较好的作用。

3. 形成详细的技能介绍、训练方案、指标汇编。

课题组在课题研究中，通过对酒店服务类项目的研究，完成了竞赛中技能介绍、训练方案、技能要点、评价指标等的编制，并将这些技能要点和评价体系按任务模块形成实训教材、教学方案、实训资源等多方面多角度的教学资源，从教师备课、学生上课、课后练习、大赛训练等多角度形成立体化的教学资源整合，旨在指导高职酒店管理专业的实践教学。

4. 借技能大赛资源转化，助推酒店管理专业教学改革。

技能大赛在实现对高校专业办学效果进行检验的同时，还折射出行业发展对人才需求的新动态。近几年来酒店服务类技能大赛内容不断与行业需求对接，促使职业院校不得不主动去思考如何培养社会需求的酒店管理人才。因此，课题组通过总结大赛成果和资源转化，对教学内容的选择、实训方式的改革、课程模式的更新、育人理念的确立等方面提出相应改革建议，助推酒店管理专业教学改革。提出实行师徒制教学，体现出“做中教”“教中学”的职业教育特点。并结合当前行业新特点和新需求，以及高职院校师资和学生情况，建议通过“师徒制”项目教学等教学模式改革，使学生能够迅速地适应企业的要求，充分发挥学生特点。

十一、研究主要成果

课题立项后，课题组全体成员在以往研究内容和成果的基础上，进一步制订研究计划，定期召开工作会议，检查研究工作进展，提出工作要求，项目研究工作有条不紊地开展。一年来，在课题组全体成员共同努力下，超额完成了各项研究任务，基本达到了预期研究目标，符合结题要求。

除课题预期成果出版中餐服务、西餐服务、调酒与酒吧服务 3 本实训教材、完成相应技能训练指导方案、出版 2016、2017 年教育部全国职业院校技能大赛高职组西餐宴会服务赛项成果展示资源转化材料外，课题组成员结合自身专业特长，制作了《西餐宴会服务——操作规范》《大赛鸡尾酒调制规范》等视频教材、完成了《鸡尾酒调制及创新》“十三五”江苏省高等学校在线开放课程、《餐饮运营与管理》校级在线课程、制定了“巽震杯”第九届全国旅游院校服务技能（饭店服务）大赛比赛规则与评分标准、拟定了2019 年全国高职组酒店服务赛项申报书，获得了江苏省高校微课比赛一等奖等项目成果。

（一）以赛促教，完成实践教学课程标准与教材建设

课题组总结大赛经验，凝练大赛成果，结合行业人才需求，完善酒店管理专业实践教学标准，将职业素养、创新实践等内容融于专业实践教学中。2017 年课题组负责人主持并组织课题组成员参与教育部《高等职业学校酒店管理专业教学标准》的制定工作，将大赛成果较好地融入到了专业教学标准中，使专业教学标准中实践教学的目标更清晰，更符合专业教学和行业发展需求。

南京旅游职业学院 2017 年酒店管理专业人才培养方案修订过程中，课题组较好地将研究成果融入人才培养方案，较好地突出了实践教学的内容。

此外，课题组总结历年全国职业院校技能大赛中“中餐主题宴会设计赛项”“西餐宴会服务赛项”的竞赛内容，完成了《中餐服务》《西餐服务》《调酒》等三本实践教学校本教材。3 本实践教学教材围绕中餐、西餐、调酒服务的基本技能训练，操作规范等要求，充分结合行业最新发展动态和需求，采用模块化、项目化方式组织教材的编写，并制订了完整的项目训练计划，指导学生进行课堂训练和课外训练练习。该教材已有两届学生使用，取得了较好的效果。目前，3 本教材正准备修改完善，正式出版。

（二）以赛促学，创新实践教学及人才培养模式，开设在线开放课程

“以赛促学”就是要通过技能竞赛调动学习主动学习、自我学习的积极性。课题组认真分析了当前高职教育特点，进一步完善理实一体的实践教学理念和模式，将职业习惯、职业素养充分融入实践教学中，不断完善竞赛训练计划，并将训练计划与日常教学有机结合，充分体现“做中教、教中学”的职教理念。将实践教学与“成才杯”技能比赛、技能证书、能力测试等考核方式结合，从“精英教育”变为“全员收益”，极大提高了实践教学效果。

此外，结合大赛竞赛项目，课题组成员将《鸡尾酒调制及创新》成功申报为“十三五”江苏省高等学校在线开放课程，鼓励学生自主学习。该课程为实训课程，除1课时为鸡尾酒基础知识为理论知识教学以外，其余课时皆为实际操作环节。该课程内容根据知识与技能层次结构，被划分为鸡尾酒基础知识（1课时）、鸡尾酒调制用具及其使用规范（1课时）、传统鸡尾酒调制技术与操作示范（2课时）、不同基酒的经典鸡尾酒调制示范与赏析（4课时）、鸡尾酒装饰物制作（1课时）以及鸡尾酒自创和改良（3课时）五个项目，作为酒店管理学院创新创业课程，课程脉络清晰，结构完整，从基本知识到操作运用，知识技能层次逐步提高，循序渐进。开放以来，在线学习的学生人数超过2000人。

《餐饮运营与管理》作为南京旅游职业学院校级开放课程之一，面向全校学生开放学习。《餐饮服务与管理》课程的教学是以餐饮服务与经营管理的具体实际工作任务为路径，通过不同模块的开展与实施，使学生掌握现代餐饮服务与经营管理的基本理论和基础知识，熟悉餐饮运行与管理的基本程序和方法，具有熟练的中餐、西餐、酒水及宴会服务技能，并能胜任饭店的餐饮服务与管理工作，达到国家职业标准餐饮服务中、高级的水平。同时培养学生爱岗敬业、乐于奉献、诚实守信、沟通合作的品质，并能在对个人、组织与社会进行正确的分析基础之上，具有正确的就业观，制定自身的事业发展目标和行动计划，有意识、有目的地进行职业生涯的规划。

（三）以赛促改，将大赛与教学改革相融合，提升教学质量

高职理实一体化教学模式是专业课程教学探索、创新的一种教学模式，课题组结合多年指导大赛的经验和教训，利用技能大赛成果转化契机，更新教学理念，分析大赛规程，进行实践教学任务化、模块化教学改革，探索以课程模块化为切入点和开放式实践教学创新为基础保障的教学模式，有针对性地组织教学，从课上到课后，提供完整的全方位立体化的实训辅导，对学生能力培养起到了积极作用，有效提高了实践教学质量，同时也为选拔大赛选手打下了良好的基础。目前，我院涉及餐饮、客房、前厅、调酒等实践课程的教学均已采用了模块化、项目化的教学模式，整体教学质量和教学效果均得到极大提高，学生对教学的满意度均超过96%。

（四）成果转化，服务社会与行业，发挥大赛辐射作用

近年来，本课题负责人和部分课题组成员一直参与全国职业院校技能大赛中、西餐赛项规程的制定，并作为西餐宴会服务赛项成果转化的主要参与人，参与了西餐宴会服务赛项成果转化的编撰工作。2017 年参与完成了“《固本培元　卓越引领》全国职业院校技能大赛高职组西餐宴会服务赛项成果展示 2016”的编撰出版。该书共包括七个模块：通识篇、竞技篇、裁判篇、策划篇、赏析篇、主题台面集锦以及总结与展望。该书结合竞赛内容，图文并茂、系统翔实地介绍了西餐服务操作的规范和标准，弥补了很多院校西餐教学的空白，很好地体现了“以赛促教”的目的，体现以教助产的理论联系实际的办学方向，对参赛院校教学起到了很好的示范作用。书中的“裁判篇”通过竞赛评判解析，针对各赛项评分表中的评分内容，详细解析评判的标准和要求，指出比赛中的常见错误和误区，指导师生正确训练和备赛，给参赛院校的选手训练提供了帮助和指导。2017 年赛项成果样稿已经编撰完成，并交由出版社编辑出版。

在完成大赛成果转化教材编撰的基础上，课题组结合教材，完成了《西餐宴会服务——操作规范》《大赛鸡尾酒调制规范》教学视频的制作，一并成为全国旅游院校技能训练的可视化教材。

课题组成员积极将研究成果服务于社会和行业，主要包括：

1. 主持完成了 2019 年全国职业院校技能大赛酒店餐饮服务赛项申报书编制工作，并已上报教育部大赛办。

2. 课题组成员负责了由江苏省总工会、江苏省人力资源和社会保障厅、江苏省国有资产监督管理委员会主办的首届“金陵饭店杯”省属企业酒店职业技能大赛赛项规程的制定工作。并应邀担任该赛项的总裁判长和裁判。

3. 参与“巽震杯”第九届全国旅游院校服务技能（饭店服务）大赛比赛规则和评分标

准的制定。

4. 主持江苏省“第 45 届世界技能大赛选拔赛餐厅服务项目”技术文件的制定，并主持江苏省选拔赛的比赛工作。

5. 代表江苏省参加“第 45 届世界技能大赛选拔赛餐厅服务项目”的裁判工作。

（五）以研促教，提升教师教科研能力

课题组在研究大赛内容，转化大赛成果的同时，也促进了教师自身教学和科研能力的提升。

王天辰、徐斌老师的《传统鸡尾酒调制技术之摇和法》《法国葡萄酒酒标识别》微课视频，参加全国高校（高职高专）微课教学比赛，均获得一等奖。

袁欢老师撰写的“翻转课堂在餐饮课程教学中的应用”一文在《现代经济信息》发表，文章分析了酒店管理人才的需求和定位，描述了专业的特点和教学现状。指出了传统教学方法存在的不足，分析了翻转课堂方法应用于餐饮教学的可行性，结合大赛经验阐述了具体的教学实施方法，制定相应课程标准，将技能大赛与常规教学融合，提升职业教学质量。

田园老师指导训练的学生获得江苏省第 45 届世界技能大赛选拔赛第一名，获得参加全国选拔赛的资格，并在全国第 45 届世界技能大赛选拔赛中获得佳绩，入选国家队。田园老师也获得“江苏省技术能手”称号。

十二、项目学术价值、应用价值及社会影响和效益

《固本培元　卓越引领》的出版，逐步从基础知识和技能的普及到服务创新，始终引领着高职院校酒店管理专业的技能训练和实践教学，发挥了很好的引领和辐射作用，推动了酒店管理专业师生技能水平的提升，收到了广泛好评。调酒和西餐摆台的视频教材更直观地进行了操作技能的演示，有利于广发师生加深对操作过程的理解和认知，具有很好的示范作用。此外，一年来，课题组先后与近百所来访院校的师生进行深入的探讨和交流，对提高专业师生的整体水平起到了较好的促进作用。

充分依托技能大赛，对接行业、企业专业型、创新型人才需求，全面提高酒店管理专业人才培养质量，提升旅游院校服务同行、社会、行业企业能力。

十三、研究对策建议

本课题主要通过对国际和国内酒店职业技能大赛赛制的分析，辨别其与行业需求的契合程度，就如何以参加酒店职业技能大赛为契机，提升我国酒店职业教育服务行业的能力进行研究。同时，依托我国职业教育的实践，为优化全国职业院校技能大赛酒店类技能大

赛赛项提供可行的建议。

围绕以上研究目标，本项目的研究内容包括：第一，国内外酒店类职业技能大赛的基本概况研究。第二，酒店类职业技能大赛对提升我国职业教育服务行业能力的途径研究。第三，提升酒店职业教育服务行业能力的保障研究。第四，依托职业教育实践，优化酒店类职业技能大赛内容。

在研究过程中，项目组认为应该延长对参赛选手的跟踪时间；进一步挖掘教学资源，形成更全面的立体化教学资源库；增加更深层次的理论研究，结合各类大赛的共通点，进一步奠定大赛效应理论基础，提高大赛课题理论研究高度；拓展对国内外大赛制度的考察深度等方式方法，可以更好地依托高职技能大赛平台，在专业建设与改革、课程建设与教学模式、实践教学、教材建设等方面开展一系列的立体式改革，将对大赛的研究成果直接转化为教学资源，明晰技能大赛的引领及风向标作用。

十四、总结

近年来，技能大赛在实现对高校专业办学进行效果检验的同时，还折射出行业发展对人才需求的新动态。借技能大赛资源转化成果，助推酒店管理专业教学改革，使培养出来的学生更加适应酒店行业的需求。因此，通过总结大赛成果，对教学内容的选择、实训方式的改革、课程模式的更新、育人理念的确立等方面进行有效教学改革，有利于培养更符合行业要求的人才。

参考文献

[1] 李名梁，李媛媛．我国职业技能大赛对职业教育吸引力的影响分析 [J]．职教论坛，2012（24）．

[2] 赵迁远，谢旻．借技能大赛助推酒店管理专业教学改革 [J]．青岛职业技术学院学报，2013（10）．

[3] 张宇．关于提高职业教育服务能力的研究 [J]．中国职业技术教育，2013（15）．

[4] 靳润成．全国职业院校技能大赛促进职业教育发展的战略思考 [J]．教育研究，2011（9）．

[5] 刘东菊．世界技能大赛对我国职业院校人才培养启示 [J]．中国职业技术教育，2012（36）．

[6] 马开良．高职院校旅游专业实践教学革新探索——全国职业技能大赛引发的教改思考 [J]．教育探索，2013（7）．

[7] 马开良．技能大赛对旅游餐饮职业教学的指向探析 [J]．四川烹饪高等专科学校学报，2013（3）．

[8] 魏芬．职业技能大赛对酒店管理专业人才培养的影响研究 [J]．黄山学院学报，2013（2）．

项目名称：贫困地区高职旅游专业校企合作的困境与机制创新研究
项目编号：LZW201704
项目负责人：张志敏
项目负责人所在单位：重庆旅游职业学院

贫困地区高职旅游专业校企合作的困境与机制创新研究

《“十三五”旅游人才发展规划纲要》指出“对接产业、服务发展是旅游人才工作的根本点和出发点”。2010 年《全国主体功能区规划》将 11 个集中连片特困地区中相当部分划定为限制和禁止开发区域。这就决定了我国绝大部分贫困地区，只能选择以旅游业为主导的绿色经济道路。根据调查，贫困地区高职的生源约 88% 来自于本省或本地，超过 90% 的毕业生在省内就业。但是，满足贫困地区旅游产业发展的高质素专业人才严重匮乏，人才质量并不适应产业发展需求。其中，教学过程与生产过程不能无缝对接，校企缺乏深度合作已成为当地专业服务产业的一个重要问题。为此，加强对贫困地区旅游专业的校企合作研究，对增强当地高职院校的社会服务能力与人才培养水平具有重要的理论价值和意义。

一、研究背景

（一）核心概念

1. 贫困地区

根据《中国农村扶贫开发纲要（2011—2020 年）》精神，国务院按照“集中连片、突出重点、全国统筹、区划完整”的原则，以 2007—2009 年 3 年的人均县域国内生产总值、人均县域财政一般预算收入、县域农民人均纯收入等与贫困程度高度相关的指标为基本依据，国家在全国共划分了 11 个集中连片特殊困难地区，即六盘山区、秦巴山区、武陵山区、乌蒙山区、滇桂黔石漠化区、滇西边境山区、大兴安岭南麓山区、燕山—太行山区、吕梁山区、大别山区和罗霄山区。

2. 高职旅游专业

根据普通高等学校高等职业教育（专科）专业目录（2015 年），旅游类主要包括旅游管理、导游、旅行社经营管理、景区开发与管理、酒店管理、休闲服务与管理等六个专业。

3. 校企合作

校企合作是教育部门与产业部门或行业机构、职业学校与企业或其他职业教育机构共同举办职业教育的一种教育模式，在双主体育人中实行共建机构、共定决策、共商责任、合作研究、风险分担的运行机制，实现职业教育的资源互补、互惠互利、合作双赢。

4. 机制

在《辞海》中，“机制”是事物的内在工作方式，包括有关组成部分的相互关系以及各种变化的相互联系，泛指一个系统中，各元素之间的相互作用的过程和功能。本文对职业教育校企合作的“机制”研究主要定位在运行协调机制，重在事物内部各部分的机理即相互关系，涉及法规、资源、信息、保障和监督等要素，主要研究政策支撑、法律保障、运行模式、经费筹措和监督评价机制等方面。

（二）国内外研究现状综述

国外对校企合作的研究起步较早，关于校企合作的理论研究和实践探索都取得了丰硕成就。一是校企合作的理论研究。1906 年，美国辛辛那提大学的赫尔曼·施奈德创建了合作教育，他认为把教育与生产劳动有效结合，在一定的环境下为学生做好理论教育和生产实践的准备；1965 年，福斯特提出“产学合作”理论，提出职业教育需要从以学校为本位向以产学研为本位转变；1997 年，英国的弗里曼总结日本“产学官”校企合作模式的成功经验，提出了相关的校企合作理论，即校企合作不仅是产学结合，更是一种政府行为，在一定程度上对社会经济发展乃至其他方面都具有推动作用。二是校企合作的具体实施。主要有德国的“双元制”模式、英国的“三明治式工学交替”模式、美国的“产学研合作教育”模式、澳大利亚的“行业主导”和“技术与继续教育”模式、日本的“厚基础 宽口径”和“产学官结合”模式、瑞士的“4+1”二元模式、新加坡的“教学工厂”模式等。

与国外发达国家相比，我国对校企合作研究起步较晚，从 20 世纪中叶开始才逐渐兴起。首先是关于校企合作模式的研究。陈启强（2008）以学校、企业两个主导方为切入点，概括为以学校为主体的校企合作模式和以企业为主体的校企合作模式。张俊英（2009）把高职院校校企合作模式主要分为两类，一是校企双方合作模式，主要包括“订单”培养、“冠名班”培养、“企业引入”培养、“职教集团”培养和“股份制实训基地”培养等；二是学校、政府、企业三方共同参与的合作模式，这种模式主要是在教育主管部门指导下，学校和企业资源共享，共同承担学生培养的责任和义务。另外还有学者从经济和社会发展角度对校企合作模式进行了探索，创新校企合作模式的同时，达到参与各方互利共赢的目的。其次是关于校企合作的体制机制研究。李祥富（2009）针对校企合作提出了创建多种条件的保障机制，提供校企合作经费保障和建立合理高效的校企合作运行管理机制。徐建平（2010）针对校企合作中存在的问题，提出的建议有：创新办学体制，理顺合作关系，提供组织保障，建立校企合作长效机制，建立健全校企合作的政策或制度，重视校企合作推进办学质量评估和监督等。再次是关于国家集中连片特困地区高职院校校企合作的研究。杨敏、许锋华（2013）从利益相关者视角出发，将连片特困地区职业教育校企合作的利益相关者分为确定型、预期性、潜在型三类，通过对不同利益相关者在校企合作中的诉求分析、博弈探讨，找到问题出现的原因，提出建立利益相关者共同治理的模式。许锋华、王祖山

（2013）对连片特困地区职业教育发展的背景、困境与对策进行了研究，提出连片特困地区职业教育未来的发展，需要加大财政转移支付力度、增强职业教育吸引力、创新人才培养模式、统筹职教资源等。最后是关于高职旅游专业校企合作研究。陈静（2010）运用案例法介绍了三所国内比较著名的高职旅游学校的校企合作现状，分析了其成功经验，同时找出高职旅游教育校企合作普遍存在的问题，并针对高职旅游教育校企合作动力机制体系构建提出了对策和建议；张晓彬（2013）以聊城为例，对高职旅游专业校企合作动力机制的研究，提出了完善政府导向机制和建立校企双方利益驱动机制的建议等。

综上所述，国内外校企合作的研究主要集中在校企合作模式的改革和创新，强调理论与实践相结合，注重学生实践技能的培养，也注意到了校企合作中存在的问题并提出了相应的对策建议。但是以前研究主要是针对群体和共性，忽视了针对区域和具体专业的研究，尤其针对贫困地区高职旅游专业的校企合作现象缺乏专门研究；以前对校企合作的机制体制研究不够系统全面，缺少与政、校、企、行和国外等多方联动办学的机制体制探索。

（三）研究的理论基础

1. 教育与生产劳动相结合理论

教育与生产劳动相结合是马克思主义教育学说的重要理论，强调了教育与生产劳动相互依存、互为条件、共同发展的关系。针对职业教育而言，校企合作是教育与生产劳动相结合这一教育理论的具体表现，教育和生产劳动相结合理论是职业教育校企合作的思想源泉，并作为一项教育制度在我国职业教育中不断实践和深化。

2. 利益相关者理论

利益相关者理论是关于企业本质的一项理论，是新经济时代下企业本质的理论创新。通过利益相关者理论，人们对企业的认识以及企业对自身的认识都发生了不同程度改变。这一理论产生了不少重要影响：一方面企业不再是单纯追求股东利润最大化，而是实现所有利益相关者权益主张的载体；另一方面企业的经营需要利益相关者的参与和投入，企业需要关注利益相关者的利益。

3. 公共治理理论

公共治理理论是治理理论在公共管理领域的具体应用，主要形成于 20 世纪 70 年代中后期，90 年代后不断运用于许多公共管理领域的行政改革。公共治理理论所关注的主要问题是如何在日益多样化的政府组织形式下保护公共利益，如何在有限的财政资源下以灵活多样的手段来回应社会的公共需求。该理论强调社会公共事务应以治理的方式，保障各种民间组织或机构享有参与的权利，重视发挥政府功能的同时，纳入社会组织参与管理，形成政府部门与社会组织之间相互合作、相互依赖和共同管理的局面。

二、贫困地区高职旅游类专业发展概况

（一）贫困地区高职旅游类专业的分布与学生规模

1. 专业分布特征

根据 2012 年国务院扶贫办《关于公布全国连片特困地区分县名单的说明》，11 个连片特困地区拥有 4 个及以上贫困区县的地级市中高职院校现有 89 所，其中 47 所开设有旅

游类专业，占高职总数的 59.49%。在具体的专业设置上，82% 的高职开设有旅游管理专业，78.7% 的高职开设有酒店管理专业，19.14% 的高职开设有导游专业，6.38% 的高职开设有景区开发与管理，8.5% 的高职开设有旅行社经营与管理，4.25% 的高职开设有休闲服务与管理。

在具体的开设方向上，主要集中在旅游管理专业和酒店管理专业，其中前者细分为高铁服务、旅行社计调、旅游电子商务、涉外旅游、硒旅游、红色旅游资源与市场开发等 6 个方向，后者细分为茶艺、星级饭店连锁、涉外酒店管理和国际邮轮等 4 个方向。

在区域上，各片区专业开设的侧重点不一样，旅游类专业覆盖率，六盘山为 50%，秦巴山区为 83.3%，武陵山区为 100%，滇桂黔片区为 50%，滇西边境片区为 50%，大兴安岭南麓片区为 50%，燕山—太行山片区为 16.7%，吕梁地区为 50%，乌蒙山区为 33.3%，大别山片区为 50%，罗霄山片区为 33.3%。

从旅游类专业所在的教学部门命名来看，47 所高职下设二级学院的有 19 所。将旅游类专业划归到旅游管理系或旅游学院的有 9 所（占 19.15%），“+ 旅游”的有 8 所（占 17.02%），经济管理系（或管理系）的有 15 所（31.91%），财经商务系（学院）的有 6 所（占 12.77%），其他的归类到艺术教育系、文化传媒学院、师范学院和社会事业系等。

从专业的品牌建设来看，仅有 2 个列入中央财政支持重点建设专业，列入省级教学试点（重点）专业、省级特色专业、省级品牌建设专业、省级骨干专业共有 7 个，占高职总数的 14.89%，列入校级特色（骨干）专业的有 5 个，占高职总数的 10.64%。

2. 专业人数规模

为了相对客观地把握专业人数的总体情况，但在调查中遇到数据不全的问题，对专业人数的分析以当年的招生计划数为基准。从招生的形式来看，当前各校的招生方式主要有三种，包括统招计划、单招计划和五年一贯制。其中，五年一贯制仅有 3 所学校（占 6.38%）、实行单招计划的有 13 所院校（27.66%）。从招生的计划数来看，纵观各高职院校近三年招生数据，2016 年 35 所高职院校的招生计划总数为 5275 人，平均每校 150.71 人；2017 年 26 所学校招生计划总数为 3460 人，平均每校为 133.07 人；2018 年 27 所学校的招生计划总数为 4579 人，平均每校为 159.59 人。

表 1　2016—2018 年贫困地区高职旅游专业招生计划数

学校	2016	2017	2018	学校	2016	2017	2018
甘肃工业职业技术学院	624	223	260	黔东南民族职业技术学院	190	283	310
庆阳职业技术学院	80	160	50	贵州电子信息职业技术学院	63	0	135
洛阳职业技术学院	0	0	0	黔南民族职业技术学院	343	106	369
南阳职业学院	220	93	30	云南热带作物职业学院	115	0	0
湖北工业职业技术学院	120	0	0	云南现代职业技术学院	100	0	0
长江艺术工程职业学院	0	0	0	兴安职业技术学院	195	0	123

续表

学校	2016	2017	2018	学校	2016	2017	2018
四川信息职业技术学院	140	55	60	黑龙江农垦科技职业学院	94	78	117
巴中职业技术学院	145	160	150	保定职业技术学院	50	40	35
汉中职业技术学院	207	109	165	冀中职业学院	48	0	0
陕西航空职业技术学院	60	73	60	宣化科技职业学院	27	39	0
安康职业技术学院	100	60	40	忻州职业技术学院	0	185	0
恩施职业技术学院	113	28	225	临汾职业技术学院	220	130	150
邵阳职业技术学院	0	87	80	信阳职业技术学院	107	209	0
怀化职业技术学院	0	40	80	信阳涉外职业技术学院	60	0	0
湘西民族职业技术学院	100	150	225	周口职业技术学院	176	316	140
重庆旅游职业学院	1080	940	1042	周口科技职业学院	75	0	0
遵义职业技术学院	50	0	230	黄冈职业技术学院	133	0	0
铜仁职业技术学院	195	128	68	黄冈科技职业学院	161	0	0
四川应用技术职业学院	510	305	240	安庆职业技术学院	320	260	330
毕节职业技术学院	167	161	220	江西应用技术职业学院	0	0	0
广西工程职业学院	0	0	0	江西环境工程职业学院	77	0	0
广西现代职业技术学院	103	50	40	吉安职业技术学院	0	0	110
广西城市职业学院	0	0	580	郴州职业技术学院	0	0	138
安顺职业技术学院	205	153	0				

数据来源：经整理各校官方网站、招生简章所得

从统计数据看，47 所院校中仅有 1 所以“旅游”命名的院校，其招生计划数近 3 年平均为 1020 人，2017 年减少在于景区开发与管理、旅行社经营管理两个专业停招。另外的 46 所院校中，近 3 年均招生计划数超过 200 人的有 6 所（占 13.04%），在 100~200 人之间的有 12 所（占比 26.08%），50~100 人之间的有 11 所（23.91%），50 人以下的有 17 所（占 36.96%）。总体来看，约四成高校招生计划数超过了 100 人，有 6 成多的旅游类专业学生规模较小。

（二）旅游类专业人才培养方案的设计比较

人才培养方案是专业人才培养的纲领性文件。由于资料的可获取性比较困难，找到了 3 所院校的《旅游管理人才培养方案》进行比较。首先，在人才培养目标定位上，有 1 所学院定位为适应产业发展的“高端人才”，1 所学院定位为“高素质技能型人才”，1 所定位为“高素质技术技能人才”。但在对人才的培养标准上则有比较大的差异，有的确定为“复合型、创新型、发展型”，与高等职业教育的精神有一定偏离。

表 2　贫困地区高职旅游管理专业人才培养目标及学制

学校	培养目标	培养模式
A	胜任导游、营销业务、旅行社计调及景区服务与管理岗位的高端人才	“0.5+1.5+0.5+0.5”工学结合双循环
B	具备旅行社、景区、旅游集团公司、饭店服务与管理的高素质技能型人才	实境镶嵌，分段循环
C	具备酒店、旅行社、景区和旅游电子商务企业的服务、营销、管理等工作的复合型、创新型、发展型高素质技术技能人才	“2+0.5+0.5”分段进行

注：三所院校分别以 A、B、C 指代

其次，在学时的设计上，均值为 2610 学时，最高的 2798 学时，最低的 2146 学时，高低相差 600 多学时。而在课时的结构上，理论课与实践课的平均比例约为 0.4∶0.6，理论课时比例最高的 46%，最低的 34.8%。

最后，在师资队伍的配置上，主要还是校内专任教师为主。三所院校的专兼职教师平均占比为 0.56∶0.44。A 院校的兼职教师比例最大，高达 55.6%，这从另外一个侧面也体现了该校校企合作的深度。

表 3　贫困地区高校旅游管理专业人才培养方案对比表

学校	毕业学分	总学时	理论教学学时（占比）	实践教学学时（占比）	教师总数	校内数量（占比）	兼职数量（占比）
A	160	2586	985（38.1%）	1601（61.9%）	9	4（44.4%）	5（55.6%）
B	138	2798	1288（46%）	1410（54%）	21	14（66.7%）	7（33.3%）
C	142	2146	746（34.8%）	1400（65.2%）	46	25（54.3%）	21（45.7%）
均值	146.7	2610	1006（39.6%）	1469（60.4%）	25	14（56%）	11（44%）

注：数据经整理所得

在课程开设方面，三校平均数为 40.3 门，最多的为 45 门，最少的为 37 门，课程体系主要由“公共基础课程＋专业基础课程＋专业核心课程＋素质拓展课程”四个板块构成。很明显，三校在课程体系建构方面呈现出差异，尤其是 C 校的公共基础课程几乎是其他两校的 1 倍。而在教材的开发上，有两所院校比较注重民俗民风教育，突出当地旅游特色。

表 4　贫困地区高校旅游管理专业课程体系对比表

学校	课程总数	专业核心课程	公共基础课程	专业基础课程	拓展课程
A	37	5	8	21（限选）	3
B	39	17	8	7	7
C	45	6	15	17	7（选修）

数据来源：各校人才培养方案汇总

三、贫困地区高职旅游专业校企合作现状调查

(一)校企合作的主要内容

1. 共同培养学生

(1)订单班是当前重要的合作模式。贫困地区旅游类专业开设订单班的高职院校有12所,占比为25.5%,共开设班级32个。就联合培养的专业而言,集中在旅游管理和酒店管理两个专业;就合作的企业属地来看,院校所在省内的企业22家(占比68.8%)、省外的企业10家(占比31.2%);从获取的订单班培养人数来看,旅游类专业订单班学生人数平均为59人。而关于订单班的培养费用方面,主要表现为三种形式,其中全免费的有4家、部分免费或提供额外奖助学金的有6家、不免费的有22家;订单班成立最早的时间为2007年,最晚的时间为2018年。订单班学生在顶岗实习期间的工资待遇在一定的范围内浮动,即1800~4000元不等。

表5 贫困地区旅游专业订单班列表

学校	专业	合作企业	订单班名称	开设年份
甘肃工业职业技术学院	酒店管理	山东蓝海酒店集团	蓝海酒店班	2018
	旅游管理	甘肃观天下国际旅行社	观天下国旅班	2018
湖北工业职业技术学院	旅游管理	武当山景区	武当山景区订单班	2011
	酒店管理	希尔顿酒店	希尔顿班	2015
		凯宾斯基酒店	凯宾斯基班	2015
汉中职业技术学院	酒店管理	汉中古月实业有限公司	古月集团订单班	2016
恩施职业技术学院	酒店管理	武汉万达嘉华大酒店	武汉万达嘉华班	—
		浙江诸暨开元名都酒店	开元班	—
		武汉亚洲大酒店	武汉亚酒班	—
	旅游管理	恩施旅游集团	恩施旅游集团班	—
邵阳职业技术学院	旅游管理	南岳衡山景区	南岳衡山班	—
		崀山自然遗产保护区	崀山班	—
重庆旅游职业学院	酒店管理	彭水九黎城集团	九黎集团订单班	2016
		张家界京武铂尔曼酒店	京武铂尔曼订单班	2014
	旅游管理	黔江旅投集团	黔江旅投集团订单班	2016
	旅游管理	远洲集团	远洲班、东方文化园班	2014
	旅游类专业	重庆市扶贫办	雨露计划职教扶贫专项	2012
广西工程职业学院	酒店管理	南宁沃顿国际大酒店	沃顿酒店订单班	—
		平果国际大酒店	平果酒店订单班	—

续表

学校	专业	合作企业	订单班名称	开设年份
黄冈职业技术学院	旅游管理	武汉欢乐谷	欢乐谷景区订单班	2016
	酒店管理	武汉六合宴饮有限公司	武汉六合订单班	2012
		新世界国际大酒店	新世界酒店订单班	2011
黄冈科技职业学院	酒店管理	远洲集团	远洲酒店管理订单班	2014
江西应用技术职业学院	酒店管理	广东永顺实业集团	翔丰班	2007
		赣江宾馆	赣江宾馆班	2014
江西环境工程职业学院	酒店管理	石狮绿岛国际酒店	绿岛酒管班	2011
	旅游管理	广州香江集团	香江集团订单班	2016
吉安职业技术学院	旅游管理	南昌洲际酒店集团	洲际酒店订单班	—
		康辉旅行社	康辉订单班	—
	酒店管理	岭南集团	岭南集团订单班	—
		文山国际	文山国际订单班	—
		希尔顿酒店	希尔顿订单班	—

资料来源：经整理所得

（2）产业学院开始起步。贫困地区目前只有1所高职成立了旅游类专业的混合所有制二级学院，2015年黔东南民族职业学院与港中旅集团联合成立了港中旅旅游学院。香港港中旅集团是香港四大驻港中资企业之一，是国务院国资委直接管理的国有重要骨干企业。校企双方深度融合，以优势互补、发展共赢为目标，以体制机制创新为突破口，探索了混合所有制职业院校法人产权制度，为贫困地区高等职业教育综合改革试点提供了样本。

2. 资源共享互用

（1）企业为学生提供顶岗实习机会。连片特困地区高职旅游类专业均与多家企业签订了校企合作协议。从获取的数据显示，37所高职共与372家企业签订了校企合作的框架协议，平均每所学校的数量为10.05个，每个专业平均的数量为5.79个。专业平均数量最多的为17个，最少的为1.5个。从年生均校外实习时间角度来看，高职院校年生均校外实习时间平均值为39.9天/生，时间长短参差不齐，最长的为330天/生，最少的为0.42天/生，其中低于10天/生的学校数量较多，占比近六成。

（2）企业建立校中厂或实训室。企业充分发挥财力和资源优势，为高职院校提供实训设施设备。如北京时代易商国际信息技术有限公司和网巢阳光（北京）科技有限公司在保定职业技术学院建立“校中厂”，安顺职业技术学院与企业共建实训室—尚福会（上海厅），重庆旅游职业学院与珍珠兰茶叶公司共建茶艺实训室，郴州职业技术学院旅游管理专业与港中旅湖南分公司合作成立了“港中旅郴州职业技术学院旅行社”，湘西民族职业技术学院旅游管理专业与湖南省新康辉旅行社合作，创办了湘西职院新康辉旅行社，保定职业技术学院与企业在校内共建了锦程酒店等。

（3）互派人员兼职。学校聘请旅游企业一线的精英到校担任专业带头人、开展讲座、主讲课程和参与学生管理等。获取的数据显示，企业兼职教师占高职院校专业课课时比例的平均值为28.87%，占比最低的为0.17%，占比最高的为51.65%。其中占比低于10%的学校有10所，占了近1/3的比例。学校教师到企业开展培训、技术服务、指导实习和挂职锻炼等。连片贫困地区高职双师比平均值为49.74%，占比最高的为91.1%，占比最低的为8.97%，双师比高于80%的院校只有4所，占比约为1/10；专任教师人均企业实践时间平均值为24.37天，时间最多的为112.48天，时间最少的为3.41天，人均企业实践时间低于10天的学校有9所，占比约为1/3。

（4）联合申报项目。连片特困地区高职院校不断强化与企业在科学研究、项目申报和科技创新等领域的合作。如甘肃工业职业技术学院、庆阳职业技术学院、黔东南民族职业技术学院、保定职业技术学院、周口职业技术学院、安庆职业技术学院、重庆旅游职业学院等7所院校，在校企校地联合培养旅游人才基地建设、文化遗存保护与开发、旅游人才培养岗位模型研究、旅游专业校企深度合作模式等方面，与企业联合成功申报了项目。

（5）共同制订人才培养方案和开发教学资源。为了增强学生岗位适应能力，提升职业技能和专业素养，校企联合共同制订和优化人才培养方案。如甘肃工业职业技术学院连同甘肃丝绸之路旅行社、甘肃观天下国际旅游有限公司，对旅游管理专业人才培养方案进行了修订；湘西民族职业技术学院邀请相关企业参与专业建设，共同确定人才培养方案、教学大纲，共同开发《旅游服务礼仪》《湘西民俗》《民俗歌舞》《形体训练》等课程；安庆职业技术学院和江西应用技术职业学院与企业合作共同开发课程门数占开设课程总门数比例分别为7.95%和6.13%；宣化职业技术学院聘任相关企业负责人，组建了游管理专业建设指导委员会；重庆旅游职业学院与重庆导游协会共同对导游专业人才培养方案进行了修订。

（二）校企合作的机制

1. 政府引导机制

政府是校企合作的引导者，通过建立法规、政策、制度和奖惩措施，对高职院校和相关企业这两个人才培养主体所拥有的资源进行有效配置。在组织体制方面，湖北省和贵州省教育厅成立了专门的校企合作指导委员会，为多方参与校企合作起到了组织协调作用。连片特困地区主要包括18个省份107个地级市中的498个县，但是在省市级层面制定了校企合作指导意见的地方偏少，所占比例较小，不利于校企合作规范有序运转。

在制度层面，2018年教育部等六部门《关于印发〈职业学校校企合作促进办法〉的通知》（教职成〔2018〕1号），从宏观层面加快推进校企合作、产教融合。在此之前，国内有不少省份进行了探索，如湖北、江西、河北、广西、河南、重庆、宁夏等；而在地级市，有邯郸、苏州、宁波、沈阳、芜湖、中山、唐山、焦作、珠海、成都10个城市制定了相关实施意见，对校企合作范围、办学模式、运行机制、保障机制、督导评估和责任追究等做出了具体规范和引导。

在配套扶持文件方面，国家层面出台了《财政部、国家税务总局关于企业支付学生实习报酬有关所得税政策问题的通知》和《国家税务总局关于印发〈企业支付师生实习报酬税前扣除管理办法〉的通知》，在省级层面，湖南省出台了《省财政厅 省国家税务局 省地方税务局 省教育厅关于支持发展现代职业教育加强校企合作有关税收政策的通知》，针对积极参与校企合作并有突出贡献的企业，制定了明确的税收优惠政策。

表 6　地方校企合作政策列表

地方	文号	文件名称
河南	豫政〔2012〕48号	河南省职业教育校企合作促进办法（试行）
江西	赣教发〔2015〕11号	江西省职业教育校企合作促进办法
广西	桂政办发〔2015〕42号	广西职业教育校企合作促进办法（试行）
重庆	渝府办发〔2015〕145号	重庆市人民政府办公厅关于促进职业教育校企合作的通知
湖北	鄂财教发〔2016〕85号	湖北省关于支持发展现代职业教育加强校企合作有关税收政策的通知
湖北	鄂教职成〔2017〕8号	湖北省教育厅关于进一步规范高等学校校企合作办学有关工作的通知
宁夏	—	宁夏回族自治区职业教育校企合作促进条例
河北	冀教职成〔2018〕9号	河北省职业教育校企合作促进办法（试行）
宁波	甬政发〔2011〕140号	宁波市职业教育校企合作促进条例
焦作	焦政文〔2012〕78号	焦作市职业教育校企合作促进办法（试行）
唐山	唐政发〔2012〕12号	唐山市职业教育校企合作促进办法
沈阳	沈政令〔2013〕39号	沈阳市职业教育校企合作促进办法
成都	成教办〔2014〕27号	成都市职业教育校企合作鼓励办法（试行）
邯郸	—	邯郸市职业教育校企合作促进条例
珠海	珠府〔2015〕46号	珠海市人民政府关于深入推进职业教育校企合作的意见
中山	—	中山市职业教育校企合作促进办法（暂行）
苏州	苏教高职〔2017〕56号	苏州市职业教育校企合作管理办法（试行）
芜湖	芜政办秘〔2017〕374号	芜湖市职业教育校企合作促进办法（试行）
长垣县	长政办〔2013〕130号	长垣县人民政府办公室关于促进职业教育校企合作工作的意见
曲沃县	曲政发〔2017〕48号	曲沃县职业教育校企合作促进办法（试行）

资料来源：经整理所得

2. 企业参与机制

旅游类企业参与校企合作的动力因素主要是人力储备和战略发展。项目组走访10多家相关企业，包括酒店、旅行社和景区等，通过访谈和问卷调查的方式，得到以下结论：

企业参与校企合作总体意愿比较强烈，在“企业参与校企合作的意愿程度”选项中，选择“非常愿意”的企业达 5 家，占比 55.6%，选择“比较愿意”的企业有 2 家，占比 22.2%，愿意参与校企合作的企业比例高达 77.6%，表明大部分企业还是愿意参与到校企合作中来；从校企合作动机来看，主要是为了企业长期战略发展，其中核心要素是人力资源的长期储备，其他动机包括企业未来的发展战略、塑造良好的企业品牌与形象、与院校之间保持良好关系、在职员工培训和短期用工需求等方面。

企业最希望的合作形式是顶岗实习和员工培训。通过问卷调查，合作方式的意愿由高到低依次为：学生顶岗实习、员工培训和技能鉴定、合作建设实训基地、接受教师企业实践、开展订单班和冠名班、派遣员工参与教学、参与专业建设和课程开发、技术研发和技术服务、参与职教集团、合作举办二级学院、以企业为主体的独立院校等。

企业参与校企合作的影响因素体现在学校、企业内部和政府作为等方面。影响校企合作积极性的原因主要有高职院校合作效能低下，企业内部的障碍、政府政策力度不够等；校企合作过程中，企业意见比较大的几个具体因素：学生能力无法满足企业用工需求，与学校的沟通协调机制不畅，政府税收支持力度不够等。

3. 行业监督机制

贫困地区高职院校旅游类专业校企合作监督评价机制近乎缺失。政府、学校、企业、行业在校企合作中的职能职责没有完全厘清，校企合作中很少有行业协会的影子，行业协会的监督评价作用比较弱化。所以企业参与校企合作的成绩没有得到有效评价，校企合作的成果也没有得到社会各界的广泛认可，参与校企合作没有获得太多实质性的经济回报，导致企业参与校企合作的热情不高。

4. 学校保障机制

组织是有效推动校企合作的专门机构。调查结果显示，有 13 所院校（占样本数的 27.66%）设置了校企合作委员会、办公室或校企合作处，加强了组织保障，强化了校企合作工作的指导和协调；同时，有 9 所（占比 18.15%）院校出台了专门的管理制度，如《铜仁职业技术学院关于深化工学结合人才培养模式改革的实施意见》《信阳职业技术学院关于进一步加强校企合作工作的实施意见》《恩施职业技术学院校企合作办学管理办法》《黄冈职业技术学院校内外实训基地共建共享制度》《郴州职业技术学院校企合作管理办法》《江西应用技术职业学院校企合作项目管理办法》《江西应用技术职业学院校企合作目标管理考核办法》《安康职业技术学院校企合作实施方案》《云南热带作物职业学院校企合作管理办法》《黔东南民族职业技术学院校企深度合作实施办法》等。

表 7　建立校企合作机构的学校

学校	校企合作机构名称	学校	校企合作机构名称
甘肃工业职业技术学院	校企合作办公室	郴州职业技术学院	校企合作领导小组
遵义职业技术学院	对外合作处	吉安职业技术学院	产学研促进处
黔南民族职业技术学院	院和系均有校企合作机构	陕西航空职业技术学院	校企合作委员会

续表

学校	校企合作机构名称	学校	校企合作机构名称
洛阳职业技术学院	校企合作委员会	湖北工业职业技术学院	校企合作委员会
信阳涉外职业技术学院	校企合作管理办公室	广西城市职业学院	校企合作办公室
周口职业技术学院	校企合作办公室	江西应用技术职业学院	校企合作发展处
黄冈职业技术学院	校企合作理事会		

资料来源：经整理所得

四、贫困地区高职旅游类专业校企合作的困境与原因分析

（一）主要困境

1. 成本过高抑制东部旅游类企业合作动力

交通未根本改变时空的转换，时间成本、机会成本过高严重约束校企双方的沟通、协议、合作。近3年年均招生计划数超过100人的19所院校区位优势并不明显，平均离所在省的省会城市距离为362.25公里，高速行程大约为5个小时。最远的距离在1149公里，高速行程约19个小时；而这些院校所在地仅有5个地方通航班，9个地方通高铁。

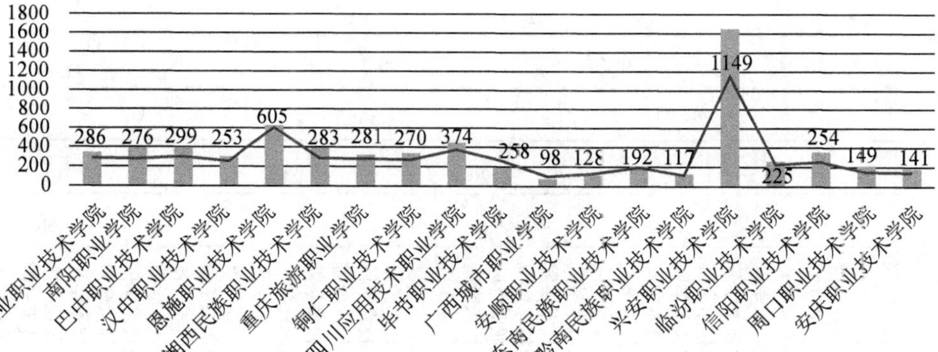

图1　主要旅游类招生院校空间距离及耗时

2. 当地相关产业欠发达抑制参与能力

职业教育是与经济联系最直接也最紧密的一种教育类型。2016年，贫困地区高职所在地的34个城市人均旅游接待及收入显示，有16个城市（占比47.05%）的常住人口人均接待人次超过10人次；有13个城市（占比38.23%）的常住人口人均旅游收入高出10 000元；从旅游资源来看，40个地级市有4A及以上景区349个、星级酒店2984个，平均值分别为8.725个、74.6个。但是，各地的高端景区、酒店却不多，5A级景区仅有29个，5星级酒店有204个。也就是说，能吸纳高级旅游人才的平台并不多，与院校的合

作动力自然不足。

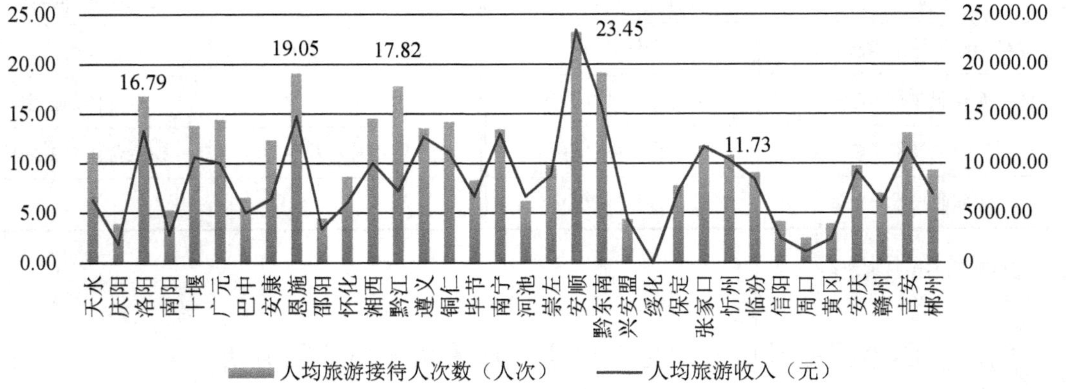

图 2　2016 年 34 个城市人均旅游接待次数及收入

同时，从各地毕业生留在当地的数据可以得到进一步证实。2016 年，37 所高职院校毕业生留在当地就业平均比例为 48.69%，有多半的毕业生不在当地就业。

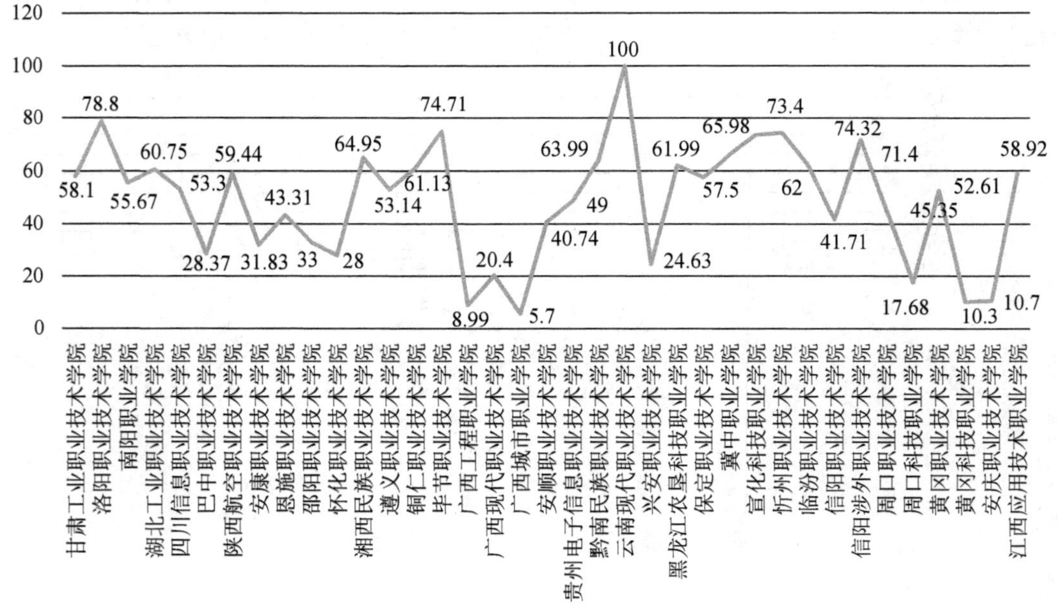

图 3　2016 年 37 所高职院校留在当地就业比例（%）

3. 学校自身能力缺乏合作吸引力

合作讲究双方主体的对等。如前所述，贫困地区高职 2000 年前成立的有 6 所，2000—2010 年新成立的有 48 所（期间 2000—2004 年 31 所新成立），2011—2016 年新成立的有 25 所；也就是说，占 92.4% 的高职办学历史不到 20 年，其沉淀不厚尤其在基础条件上尤为薄弱。2016 年 78 所高职中，生均教学用房面积低于 20 平方米的有 40 所（占

51.28%），生均占地面积低于 60 平方米的有 36 所（占 46.15%）。在半数左右的高职院校连基本办学条件都未能充分保障的情况下，这对校企合作的企业而言，无疑是一种需要慎重考虑的因素。

4. 旅游类行业协会弱势监督导致合作效能低

从调查来看，20 所（占总数的 41.67%）高职参与了旅游类有关教学或相关学术团体。具体而言，一是学会类，有 2 所高职加入了学会下设的旅游专业委员会；二是职教集团类，有 4 所高职牵头组建或加入了旅游职业教育集团；三是行业协会类，有 5 所高职分别加入了旅游行业协会；四是专业建设指导委员会，有 3 所；四是行业评定委员会、旅游标准委员会，有 2 所。由此可见，总体上，行业协会介入旅游类专业教育教学的比例偏低，在各校校企合作中还没有充分发挥出应有的功能。

表 8　部分院校加入行业组织情况

洛阳职业技术学院	40名教师担任省市级学术团体主任委员、副主任委员职务
安庆职业技术学院	安庆职业教育联盟文化旅游类专业产业群产教融合协作委员会
四川信息职业技术学院	广元市旅游星级饭店评定委员会
遵义职业技术学院	贵州省旅游职业教育集团
汉中职业技术学院	陕西省旅游与农业类专业委员会副主任委员
南阳职业学院	河南省民办教育研究会高等教育专业委员会常务理事单位
黄冈职业技术学院	黄冈市旅游行业协会副理事长单位
江西应用技术职业学院	江西省地质学会旅游地学专业委员会
吉安职业技术学院	旅游服务与管理专业产学研指导委员会
郴州职业技术学院	旅游酒店管理专业指导委员会
江西环境工程职业学院	旅游与外语学院旅游管理（森林旅游方向）专业建设指导委员会
贵州电子信息职业技术学院	黔东南州旅游标准化技术委员会
黔南民族职业技术学院	黔南州旅游协会
湖北工业职业技术学院	十堰市旅行社人才培训基地（十堰市旅行社协会）
湘西民族职业技术学院	湘西现代职业教育集团
忻州职业技术学院	中国高等教育协会西部教育顾问单位
恩施职业技术学院	中国职教学会少数民族职教专门委员会常务理事单位、武陵山经济社会发展协作区高职高专校际协作会长单位
重庆旅游职业学院	中国自然资源学会旅游资源研究专业委员会理事单位、重庆市餐饮行业协会常务副会长单位、重庆酒店行业协会会员单位
安康职业技术学院	安康职业教育集团、安康职业教育集团理事长单位
甘肃工业职业技术学院	天水旅游职业教育集团

资料来源：经整理所得

（二）原因分析

1. 教育的公益性与企业的营利性矛盾

高职院校从成立之日起，就注定了公益性的性质。《中华人民共和国教育法》强调“教育活动必须符合国家和社会公共利益。”“以财政性经费、捐赠资产举办或者参与举办的学校及其他教育机构不得设立为营利性组织。”企业一般是以营利为目的，运用各种生产要素（土地、劳动力、资本、技术和企业家才能等），向市场提供商品或服务，实行自主经营、自负盈亏和独立核算的法人或其他社会经济组织。

从校企合作来看，职业院校由于实施设备、实习条件等限制，必须需求企业来合作办学，但是学校的公益性决定了在校企合作中无法投入太多经费。企业参与校企合作，为学校大力提供教育资源，但从中获得的回报有限，各级地方政府层面关于企业参与校企合作奖惩的实施办法缺乏，难以提升企业参与校企合作的积极性和敬畏心。

2. 教育服务供给与需求非均衡的错位

首先是地方经济发展对旅游人才吸纳能力不足。连片特困地区经济欠发达，主导产业较为单一，尤其是经济结构转型缓慢、产业就业人口吸纳能力不足。根据各地国民经济统计公报显示，贫困地区产业结构呈现“二、三、一”格局，2016 年 12 个地级市（州）三产平均比为 14.6∶45.1∶40.3，较 2010 年一、二产比降低 2、2.2 个百分点，三产增长 4.2 个百分点。但根据经济普查数据显示，当地法人单位就业的行业主要集中在制造业、公共管理、社会保障和社会组织、教育、建筑业、采矿业、批发和零售业，而有证个体户从业人员排名前三的行业则集中在批发和零售业、交通运输、仓储和邮政业、住宿和餐饮业。以上行业的进入门槛要么较高、要么不需要太强的技术技能，导致当地的产业结构和就业结构对接度偏低，导致高职旅游类专业需要借助东部发达地区的企业来开展校企合作。

表 9　贫困地市州产业结构和就业结构（单位：%）

片区	市州	2016年			2010年			2013年
		一产	二产	三产	一产	二产	三产	法人单位行业就业前三位人数占比
六盘山区	平凉	28	24.8	47.2	21.82	46.91	31.27	E22%、A19.98%、C12.8%
	海东	13	50.1	36.9	20.7	38.9	40.4	A26.7%、C23.5%、D12%
秦巴山区	十堰	12.1	47.7	40.2	10.6	54.6	34.8	C35.9%、E15.6%、F10.3%
	安康	11.8	54.8	33.4	20.5	39.6	39.9	A18.1%、C17.2%、E14.7%
武陵山区	恩施	20.7	36	43.3	30.7	28.7	40.6	C15.9%、A14.96%、F11.49%
	怀化	14.4	39.1	46.5	14.4	42.8	42.8	C20.9%、A19.7%、D10.5%
滇桂黔石漠化区	百色	16.4	53.4	30.3	18.6	54.1	27.3	C24%、A18.1%、D12.1%
	黔西南	20.3	32.1	47.6	18.2	36.1	45.7	A19.8%、B17.3%、D16%

续表

片区	市州	2016年			2010年			2013年
		一产	二产	三产	一产	二产	三产	法人单位行业就业前三位人数占比
吕梁山区	临汾	8	46.5	45.5	7.5	58.4	34.1	C21.27%、A18%、B15.91%
	榆林	5.9	60.6	33.5	5.3	68.6	26.1	A20%、C15.9%、B13.1%
罗霄山区	赣州	14.6	42.7	42.7	18.9	44.4	36.7	C38.39%、A1[illegible].56%、D9%
	郴州	9.9	52.9	37.2	11.7	54.9	33.4	C24.9%、E10.7%、F10%

注：1. 根据各地国民经济社会公报和第三次全国经济普查主要数据公报整理；2. 行业代码说明：A：公共管理、社会保障和社会组织；B：采矿业；C：制造业；D：教育；E：建筑业；F：批发和零售业

其次是高职院校培养的学生质量还没有达到企业用工的要求。原因有：一是专业定位不高。连片特困地区高职专门成立以旅游大类专业命名的二级学院只占 32%，大部分高职对旅游类专业发展重视不够。二是重点或特色品牌专业较少。旅游类专业是校级或以上重点（特色）专业的平均值是 24.9%，大部分高职院校旅游专业建设成果不明显，专业的影响力较低。三是人才培养方案不尽科学。从连片特困地区高职院校总的课程体系来看，理论课程的比例较高。在课程结构比例方面，纯理论课（A 类）门数平均占比 19.5%、理论 + 实践课（B 类）门数平均占比 60.4%、纯实践课（C 类）门数平均占比 20.1%；在课时比例方面，A 类平均为 17.1%、B 类平均为 55.7%、C 类平均为 27.2%。四是生源质量不高。高职院校旅游类专业的学生分数线低于本科控制线几十分，导致生源质量较差，学生文化基础薄弱，学习能力一般。从另一方面看，通过企业走访调查，“院校作为”成为影响企业参与校企合作的首要因素，企业最为不满的是“学生能力无法满足企业用工需求”。所以贫困地区高职在人才培养理念、人才培养模式、人才培养方案和课程体系等方面还有待完善和优化，培养的旅游人才才能满足实际工作岗位的需求。

3. 贫困地区行业监督功能缺失

全国行业职业教育教学指导委员会是受教育部委托，由行业主管部门或行业组织牵头组建和管理，对相关行业（专业）职业教育教学工作进行研究、咨询、指导和服务的专家组织，同时也是指导本行业职业教育与培训工作的专家组织。2010 年，教育部为贯彻落实全国教育工作会议精神和《国家中长期教育改革和发展规划纲要（2010—2020 年）》，进一步发挥行业主管部门和行业组织在职业教育发展中的重要作用，推动职业教育改革创新，批准成立了包括旅游职业教育教学指导委员会在内的 43 个委员会。2017 年 8 月成立了第一届全国旅游职业教育教学指导委员会专业委员会，涵盖了导游、休闲服务与管理、会展等 7 个专业委员会，但组成的成员单位中却极少有专家是贫困地区高职院校的。在高职教育方面，主要以郑州旅游职业学院、山东旅游职业学院、桂林旅游学院等为平台；在省级层面，2016 年、2017 年分别成立了福建省旅游行业职业教育指导委员会、河南省旅游行业职业教育校企合作指导委员会、广西旅游职业教育教学指导委员会、山东

省旅游职业教育专业建设指导委员会。即使成立了专门的委员会，重视程度也有所不同。而且在贫困地区，还没有建立起完整的“国家—省级—市级”三级旅游职业教育指导委员会。

五、贫困地区高职旅游专业校企合作的机制创新与建议

（一）凸显贫困地区高职价值的公益性

连片贫困区域是国家十三五期间“脱贫攻坚的主战场”，2010 年 11 个贫困区域总人口达到 2.4 亿人，平均贫困发生率为 11.68%（若按 2300 元的标准则为 27.5%），居民平均受教育年限 8.14 年。由于自然地理、生态环境、历史进程、民族文化、经济区位等原因，贫困地区与生态脆弱区、限制或禁止开发区、少数民族集聚区、边境地区和革命老区呈现空间上的高度叠合（王瑜、汪三贵，2015）。因此，旅游业成为贫困区域产业扶贫的重要路径。而职业教育作为专业人才培养的机构，是确保片区旅游业持续健康发展的基础支撑。

理论上，职业教育之所以具备公益性，是因为从实施主体来看，职业教育主要是由政府公共财政支持；从实施目的来看，职业教育的使命在于，使社会成员获得某种职业能力和职业的发展潜能，进而为产业转型提供必需的劳动力；从实施内容来看，主要培养社会所需的技能型人才，提供符合岗位所需技能的训练。2014 年，习近平总书记关于职业教育的重要批示为我国职业教育确定了新的价值追求。他指出，“要加大对农村地区、民族地区、贫困地区职业教育支持力度，努力让每个人都有人生出彩的机会”。

习近平总书记的重要批示和党的十八大、十九大精神，为“大力发展农村和民族地区职业教育”“在连片特困地区实施教育扶贫工程”奠定了坚实的理论基础、思想基础和政策基础，为职业教育与产业布局、扶贫攻坚的统筹推进提出了明确的国家理念、国家意识和国家战略。因此，在贫困地区的政府、企业、院校、行业都应树立起职业教育公益性的价值理念。

（二）创新机制深化高职旅游类专业校企合作

1. 加强组织机制

职业教育校企合作主体是指与职业教育校企合作的组织、管理、协调、监督和评估相关的组织或个人。按主体参与方式分为管理主体、实施主体、协作主体。管理主体主要是指政府，主要包括与职业教育校企合作相关的各级行政部门，如教育部门、产业部门、财政部门、税务部门等与校企合作密切相关的管理部门；实施主体是指企业和职业学校等；协作主体是指参与职业教育校企合作决策参谋、监督、评估工作的组织或个人，如行业协会、学术团体、科研机构、信息机构等。因此在管理主体内部，应当建立起校企合作的联席会议制度，定期召开相关会议研究相关问题；而在实施主体内部，学校和企业应当设立职能相当的部门或机构；在协作主体，则应有多层级的旅游行业协会、学会或指导委员会等。

2. 强化运行机制

校企合作、产教融合是新时代我国职业教育改革发展的趋势，建立良好的运行格局是

其关键。在校企一体关系的组织结构框架下，要建立校企合作的长效机制，就必须形成“政校行企”四位一体的运行格局。在此系统中，分为两层，外层为社会环境，内层为以院校为中心的四大主体。

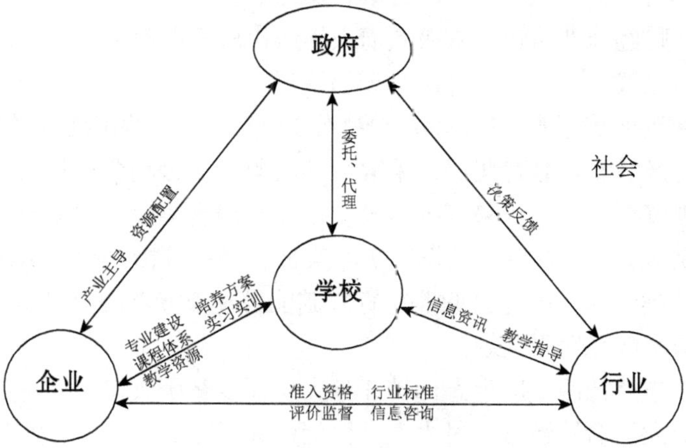

图 4　政行校企四位一体运行机制

政府与学校之间是一种“委托—代理”关系，运行机制在于互动；在行业与企业之间是一种监督评价机制；在企业和学校之间是一种互利互惠的机制；在企业和政府之间是一种产业主导与资源配置的服务关系。

3. 健全保障机制

职业教育法规是校企合作的法律保障。《中华人民共和国职业教育法》第七条“国家采取措施，发展农村职业教育，扶持少数民族地区、边远贫困地区职业教育的发展”。可以在此基础上，制定职业教育校企合作的单项法规和规章，明确教育部门和产业部门、职业学校和企业的关系，确定校企合作概念、组织结构和运行机制，规定教育部门和产业部门、职业学校和企业的相关职能职责等。在政府主导下，改革国家财政收入分配体制、理顺各级政府间财政关系，形成职业教育校企合作多元化筹措机制。中央财政的转移支付职业教育应专列发展职业教育校企合作项目，以集中解决职业教育的基础能力建设问题；中央应采取区别性的财政投入政策对贫困区域实施重点支持，以促进区域职业教育均衡发展。

4. 建立监督机制

制定校企合作统一评价标准，构建第三方评价机制。从政策层面规定行业协会在校企合作中的功能，政府实施放管服改革，把校企合作的沟通组织、考核评价功能还给行业协会，让行业协会在校企合作中充分发挥应有作用。同时鼓励有条件的企业成立校企合作考核评价机构，通过第三方对校企合作进行独立客观考核，形成评价结论。政府部门加大对校企合作考核结论的运用，作为学校绩效考核和企业补贴奖励的重要依据。

（三）对策建议

1. 宏观层面：强化贫困地区职业教育支持政策落地

2013 年，尽管国务院扶贫办会同国家发改委出台了 11 个片区区域发展与扶贫攻坚规划，已经明确提出要“大力发展职业教育”，围绕旅游等产业加强专业建设，重点支持办学条件改善、实训基地建设、“双师”队伍培育三大方面，鼓励或支持院校面向贫困区域实施旅游类专业定向招生计划。

但现实层面，由于贫困地区高校的行政管理体制差异，有的高校隶属于省政府、有的隶属于地市州，其财经经费渠道由省级政府或地级市政府财政供给，进而难以有效保障教学的运行。因此，建议：

一是以国务院已明确了的 13 个部委分别作为 11 个连片特困地区的联系单位为主导，统筹各片区，构建区域职业教育集团，采取大学联盟等非营利合作的组织形式，整合、重组教育资源，实现资源共享、优势互补、校企双赢，促进毕业生的就业。同时制定“连片特困地区职教扶贫规划”，就招生工作、实习实训、经费筹措、师资队伍建设、技能培训等进行详细规划；制订“贫困地区职业教育基础能力建设专项提升计划”，将职业教育基础能力建设纳入国家区域发展规划。

二是充分考虑连片特困地区生态保护任务大、深度贫困人口多、少数民族分布广等特殊困难，进一步加大均衡性转移支付力度，取消中央财政支持的实习实训建设项目、骨干师资提升计划的地方或学校经费配套的要求。在充分利用好国家和地方对职业教育项目投入资金的同时，提升连片特困地区高职院校推行生均拨款标准，达到与本科院校同等或更高的投入水平。探索社会投资融资机制，特别是建立和完善沿海发达地区和本土企业制度化投入机制。

三是建立校企合作专项经费，强化经费保障。贫困高职院校持续提升内生动力，同时争取地方财政更大支持，多措并举筹集职业教育办学经费，加大在校企合作方面的投入，条件成熟的地区可以成立职业教育校企合作发展基金，促进校企高效合作高质量运行。

2. 中观层面：提高贫困地区产业—城市—教育的协同能力

一是围绕绿色经济，加快地方产业结构调整，促进产业转型升级，重点发展旅游、文化创意、物流等现代服务业、现代农业，科学引导高校专业设置对接地方产业发展需要。

二是加大贫困地区政府制度供给，明确企业参与校企合作的奖励补贴制度和申报程序，尤其是省级层面可以颁布明晰的税费减免办法；开展校企合作地方督导，制定惩罚措施；加快各省市（区）旅游行业职业教育指导委员会的建设。同时，建议全国旅游职业教育教学指导委员会设置的 7 个专委会扩大会员单位，尤其拿出一定指标对贫困地区高职的旅游专业予以倾斜和支持。

三是组建贫困地区区域性的旅游类专业产教融合职教集团。以国家或省级示范高职院校和骨干重点企业为依托，带动职业学校和中小企业参与，推行一体化运作模式。促进资源优化配置，推动旅游教学资源库建设，通过优质教学资源的共享和推广，加大职教集团内部旅游专业建设力度。旅游专业形成合力组团发展，提升旅游专业建设水平，增强校企合作吸引力。

四是开展贫困地区旅游专业定向人才培养工程。2016 年，国家 12 部门共同制订《乡村旅游扶贫工程行动方案》，确定了乡村旅游扶贫工程的五大任务和实施乡村旅游扶贫八大行动，这为贫困地区高职院校培养旅游人才注入了强大动力，为定向培养旅游人才提供了契机。高职院校与省级或地方政府扶贫部门签订定向旅游人才培养协议，强化与当地企业或全国乡村旅游扶贫重点村的联系，为贫困地区乡村旅游培养专业人才。整合扶贫资源，在贫困地区推广“雨露计划 职教扶贫”模式。

3. 微观层面：增强政行校企四大利益主体的参与能力

一是强化地级市政府对校企合作的领导，组建领导小组，建立旅游教育校企合作联席会制度，定期召开会议解决校企合作中存在的问题。对接文化和旅游部“企业校企合作示范基地”条件，在市级组织评选；开展贫困地区旅游企业参与旅游职业教育的考核评价，将其纳入成为地方政府税收减免、金融扶持政策的一项重要指标。

二是强化旅游类行业协会的监督评价功能。深化“放管服”改革，建立健全地方旅游行业指导委员会机构，赋予第三方更多的职责和权限，在行业标准制定、职业资格的企业准入、员工的职业培训等方面应当发挥更大的作用；参与院校的人才培养方案、课程体系、实训实习等方面的建设。

三是加强职业院校旅游类专业自身建设，扩大开放办学格局。学校加强对旅游类专业的投入，引进高水平师资，改革人才培养方案，探索旅游类专业“淡旺互补”校企合作模式。即：学生淡季在学校进行理论教育和校内实训，旺季在企业进行顶岗实习，优先考虑企业的用人需求，为企业节约运行成本，避免出现“用工荒”，多措并举提升旅游专业人才培养水平，提高校企合作吸引力。加强校企合作机构的职能职责，强化对旅游行业、产业的基础研究，构建信息平台及时跟踪企业用人标准，提高市场反应能力，促进旅游人才培养更加切合市场岗位的需求。

四是高职院校旅游专业在政府旅游部门和相关企业设立产学研工作站。学校在政府部门建立教师工作站，为旅游专业教师提供更多挂职锻炼机会，提升育人水平；在旅游企业广泛建立产学研工作站，与企业联合申报项目，并加大科技成果转化力度，不断提高相关企业在校企合作中的获得感。

五是推进东部旅游类企业与贫困地区高职深度合作。2001 年 6 月，教育部启动《对口支援西部地区高等学校计划》，标志着我国高校对口支援政策正式出台，随后在 2006 年和 2010 年发布相应的政策大力推进。2016 年，为发挥职业教育助力脱贫攻坚的重要作用，出台《教育部 国务院扶贫办关于印发〈职业教育东西协作行动计划（2016—2020 年）〉的通知》（教发〔2016〕15 号），并制订了教育部办公厅、国务院扶贫办综合司关于印发《贯彻落实〈职业教育东西协作行动计划（2016—2020 年）〉实施方案的通知》（教职成厅〔2017〕3 号），提出“东西职业院校协作全覆盖行动”，重点开展“互派挂职干部、共建特色专业和实训基地、师生交流等协作，探索委托管理、共建分校、组建职教集团或学校联盟等”。但梳理贫困地区高职院校的新闻报道，该项行动计划尚处于初步实施阶段，而且东部地区的旅游类企业参与度不高。为此，可以将东部地区旅游职教集团对接贫困地区高职旅游专业发展，纳入各对口帮扶地区的计划中。在举国推进“脱贫攻坚”战略背景下，发挥成熟旅游职教集团的优势，如浙江旅游职教集团、上海旅游职教集团、广东旅游职教集团等，加大对贫困地区高职院校旅游专业校企合作的帮扶力度。

参考文献

[1] 陈静 . 高职旅游教育校企合作动力机制研究 [D]. 辽宁师范大学，2010.

[2] 耿洁 . 职业教育校企合作体制机制研究 [D]. 天津大学，2011.

[3] 许锋华，王祖山 . 连片特困地区职业教育发展的背景、困境与对策研究 [J]. 职教论坛，2013（16）.

[4] 张志敏 . 连片特困地区高职院校人才培养现状调查分析 [J]. 教育与职业，2018（15）.

[5] 文化和旅游部官网 [EB/OL]. https：//www.mct.gov.cn/.

[6] 国家统计局官网 [EB/OL]. http：//www.stats.gov.cn/.

项目名称：现代学徒制下酒店英才培养模式探索——以浙江商职院“工作室”培养为例
项目编号：LZW201705
项目负责人：姜国华
项目负责人所在单位：浙江商业职业技术学院

现代学徒制下酒店英才培养模式探索

——以浙江商职院“工作室”培养为例

关于酒店英才的概念没有明确的定义，一般认为是酒店行业的高端人才。结合高职高专酒店管理专业人才培养定位，本研究将酒店英才概括为两类：

一是酒店岗位精英，主要指经过学校的培养，学生走出校门能够直接承担酒店相应岗位的基层管理工作，享受相应基层管理岗位待遇的专业人才；这里的岗位包括餐厅领班/主管、客房领班/主管、前厅领班/主管、酒店销售、酒店人事、酒店财务、酒店工程等部门相应领班/主管层级的员工等，他们是受到酒店企业雇主认可的酒店英才。

二是金牌技术能手，主要指在校期间，通过自身努力和学校培养，参加省级及以上酒店相关技能比赛，并且获得省级及以上奖项的同学。他们是全省乃至全国的佼佼者，在酒店行业的某一领域拥有出类拔萃的专业技术技能；这里的比赛名称包括全国/全省高职高专中餐主题宴会设计大赛、全国/全省高职高专西式宴会服务大赛、全国/全省省高职高专技能大赛“中华茶艺”竞赛、全国/全省高职高专咖啡技能竞赛、全国/全省高职高专技能大赛烹饪技能大赛等；他们是受到行业认可的酒店英才。

我院“双元工作室”建设以来，很好地承载了学院酒店英才的培养，推动了在现代学徒制培养高技能人才的探索与实践，形成了酒店英才现代学徒制培养的雏形。初步成效主要有三个方面。第一是校企合作建设了一批运行良好的校内实训基地；第二是工作室开展了面向市场的运作并提供了开放性的职业环境，体现了职业教育职业性、实践性、开放性的本质特征；第三是初步探索了具有学徒制特色的“工作室”酒店英才培养模式，包括酒店基层管理者和酒店金牌能手的培养模式。

一、研究背景

（一）高职学生的就业现状倒逼人才培养模式改革

近年来，酒店在各类高职院校招聘的酒店管理专业学生，绝大多数只能从事前厅、餐饮以及客房等对技术要求并不高的一线工作，难以胜任高素质高技能的二线部门或者基层管理者工作。可见，单纯的学校教育教学模式无法彻底根除职业教育脱离实际的弊病，职业能力只能在真实的工作情境和整体化的工作过程中获得，而这恰恰是现代学徒制最核心的内容，高职酒店管理专业推行现代学徒制有利于为酒店行业培养更多的高素质技能型人才。

（二）传统学徒制已经无法适应新形式的需求

传统的学徒制可能更多的是用于某些手艺的传承，而现代学徒制不仅仅是在教育形式上强调“师傅”教“徒弟”，而且对职业教育在既定教育目标下的课程、评价和培养环境等诸多方面做了革新，它是一种全新的人才培养模式。现代学徒制将师傅带徒弟的企业实践方式与职业教育人才培养相结合，是职业教育的本质回归，是学徒制在深化产教融合新形式下的必然产物，能够解决学生在真实的工作情景和整体化工作过程中获得职业能力的问题，减少了再培养成本，真正实现企业用人、学生就业与学校培养的三方共赢。

（三）政府大力支持，政策利好不断

2014 年 9 月，教育部印发了《关于开展新型学徒制试点工作的意见》，要求深化产教融合、校企合作，进一步完善校企合作育人机制，创新技术技能人才培养模式。2015 年发文《高等职业教育创新发展行动计划（2015—2018）》明确鼓励现代学徒制，提出“校企共同制订和实施人才培养方案，试点学校主要负责理论课程教学、学生日常管理等工作，合作企业主要负责选派技术人员（能工巧匠）承担实践教学任务、组织实习实训”。2015 年 7 月，人社部、财政部联合印发了《关于开展企业新型学徒制试点工作的通知》，要求改革传统的学徒培养方式，推行以“招工即招生、入企即入校、企校双师联合培养”为主要内容的企业新型学徒制，进一步发挥企业的培训主体作用，通过企校合作等方式，探索企业职工培训新模式。2017 年 12 月《国务院办公厅关于深化产教融合的若干意见》更是强调：全面推行现代学徒制和企业新型学徒制，推动学校招生与企业招工相衔接，校企育人“双重主体”，学生学徒“双重身份”。可以发现，基于现代学徒制的校企合作人才培养模式是国务院、教育部、人社部、财政部等共同认为解决学校人才培养、企业职业职工培训的有效方式。

（四）现代学徒制在国内外已经具有丰富的成功实践经验

欧美发达国家已经有运行多年的学徒制职业人才培养体制，值得我国高等职业教育研究与借鉴。德国双元制是学徒制的“典范”之作，培养出了大批可以“直接上岗”的综合性人才，这种学徒制的教育模式迅速为西方各国所效仿和采用，成为西方国家培养技能人才的主要教育培训方式[1]。瑞士“三元制”模式在此基础上，增加了每学期 1~2 周在行业培训中心进行专业的跨行业课程的培训安排以突出行业的引导作用[2]。澳大利亚在“双元制”的现代学徒制基础上，将“职业化”做得更为极致，学徒一般有 80% 的时间进行工作本位学习，剩余 20% 的时间则进行学校本位学习[3]。英国[4]、美国[5]、法国[6]、爱尔兰[7]等国家现代学徒制的开展则更多地采用分阶段的工学交替模式。

德、澳、美、法、英、爱尔兰等国家在现代学徒制的实践探索已经有了较为成功的实践经验。在中国酒店行业，高等职业院校和酒店企业合作比较普遍，目前已经形成了包括二阶段（“2+1”或“1.5+1.5”）、四阶段（“1+0.5+0.5+1”或“1+0.5+1+0.5”）、六阶段（理论教学和实践教学按学期交替推进）等不同的培养模式[8]，具体包括订单式人才培养模式、2+1人才培养模式、实训基地模式等，这些成功经验的总结为现代学徒制进一步的应用和探索提供了扎实的基础。

但是，随着现代学徒制开展的深入，我们发现由于现代学徒制班级人数较多，人员素质和兴趣也差异较大，企业投入的精力也十分有限，现代学徒制的深化发展，高精尖匠心人才的培养瓶颈逐渐显现，更小范围，更加专注性的工作室“师傅带徒弟”模式应运而生。

二、研究目的和意义

（一）优化“现代学徒制”人才培养模式，真正实现高技能英才培养

自2014年9月教育部印发《关于开展新型学徒制试点工作的意见》以来，我国现代学徒制发展如火如荼，但是尚处于基础阶段，主要表现在以下几个方面：第一，虽然国家和地方政府高度重视职业教育，但还没有明确完善的法律、政策和制度支持，缺乏根本性的保障，而且国家层面尚未形成实施现代学徒制的顶层设计。第二，没有真正实现学徒的“双重身份”。第三，没有准确把握人才市场的需求与发展规律，没有真正找到企业参与现代学徒制的核心利益点和学徒的个人利益平衡点，没有调动起企业联合实施现代学徒制的积极性。以双元工作室的方式牵起校企桥梁，工作室成员校企双方共同组成，以解决企业实际内容为主要出发点，引领“现代学徒制”培养，真正实现高技能英才培养。

（二）以工作室推动提升校内实训基地的职业化运营水平

“双元工作室”的建设以校内实训基地为基础，与企业的实际运营相接轨，一方面工作室引进企业的经理师傅和有经验的专业员工，可以更好地帮助我们做好实训基地的职业化运营水平；另一方面，工作室的学生和老师成员直接对接实训基地的职业化运营，无缝对接市场环境，能够更快更好地提升职业化技能和素养，从而再次提升实训基地的职业化运营水平。

（三）有助于提高企业利益点，提高企业合作参与积极性

企业与学校不同，是以追求利润最大化为最终目的，因此对于现代学徒制的合作更多的在于节约企业的用人成本，因此会出现目前现代学徒制普遍存在的“不愿投入、只想用人”的现象。通过工作室的推动，完成企业希望完成的各类课题项目研究或技术攻关，从而提升企业经营和管理效率，提升经济效益，会对企业产生较大的吸引力，同时也是学生和老师极好的锻炼机会。酒店从现代学徒制班级的组建开始介入，挑选符合岗位需求的学生进入学徒梯队，进行见习、实习，明确定向的师徒制，让每位师傅建立对徒弟的管教帮带责任，融入企业文化，培养酒店职业认同感。在学生实习阶段每三个月一次对学生进行全面评估，遴选优秀学生作为领班候选人，学生一毕业就已经为酒店储备了多名领班或主管等基层管理者岗位人员，大大节约酒店基层管理者的招聘和培训成本。

（四）有助于深化酒店管理专业产教融合的校企合作模式

本项目的实施包括企业导师进学校和学校导师进企业两个重要组成部分，学生从进入班级开始就有针对性的校内外导师团队，企业导师参与到学校的专业课授课过程之中。学生到酒店见习、实习期间，学校导师深入到学生见习或实习岗位指导，对见习日志和实习周记进行全方位指导，并结合酒店企业实际进行毕业设计选题和撰写，由双方导师共同指导完成。这种融入式的现代学徒制工作室的培养模式有助于深化酒店管理专业产教融合的校企合作模式，有助于解决实习实训条件不足、教师实践教学能力不强、教学内容与企业实际需求脱节等关键问题。

三、国内外研究现状概述

（一）双元制教学模式概述

1. 双元制教学模式的形成与发展

德国现行的双元制教学模式是经过几百年的职业教学实践，总结教育经验后逐步形成。企业作为双元制的“一元”参与职业教育，其雏形可追溯到中世纪的同业工会对师傅的培养。19 世纪 70 年代，德国基本完成工业革命进入机器大工业时期，工人要想完成生产工作就需要掌握新的技能，原本的学徒制培训不能满足教育的新要求。在这个时候，职业院校作为“双元制”的另一元，逐渐发展成为培养技术工人的子弟学校。

“双元制”这一名称最早出现在 1948 年的德国教育委员会的《对历史和现今的职业培训和职业学校教育的鉴定》中。1969 年，德国政府在《职业教育法》中对“双元制”作了相关的法律规定，在之后的《青年劳动保护法》《职业教育促进法》《实训教师资格条例》等职业教育法律中又做了进一步的完善。20 世纪 70 年代以后，“双元制”职业教育向高等教育领域延伸，进入了一个新的发展时期。

2. 双元制教学模式的内涵与特点

德国的双元制职业教育是在 100 多年来传统的学徒培训制度基础上发展而形成的。其“一元”指职业院校，另“一元”指企业，学校的主要职能是传授学生与职业有关的专业知识，而企业则承担职业技能培训，两元相结合共同完成教育任务，所以谓之“双元制”。双元制教学模式表现形式如图 1 所示。

简而言之，双元制教学模式具体表现为：受教育者在企业和职业学校这两个基本培训场所接受实训教师与理论教师关于职业技能培训和专业理论教学的培训，具有学生与学徒的双重身份，采用实训教材与理论教材两种教材，《职业培训条例》与《理论教学大纲》两种指导文件，以实训技能考试与专业知识考试的考试方式，获得考试证书与培训和毕业证书。

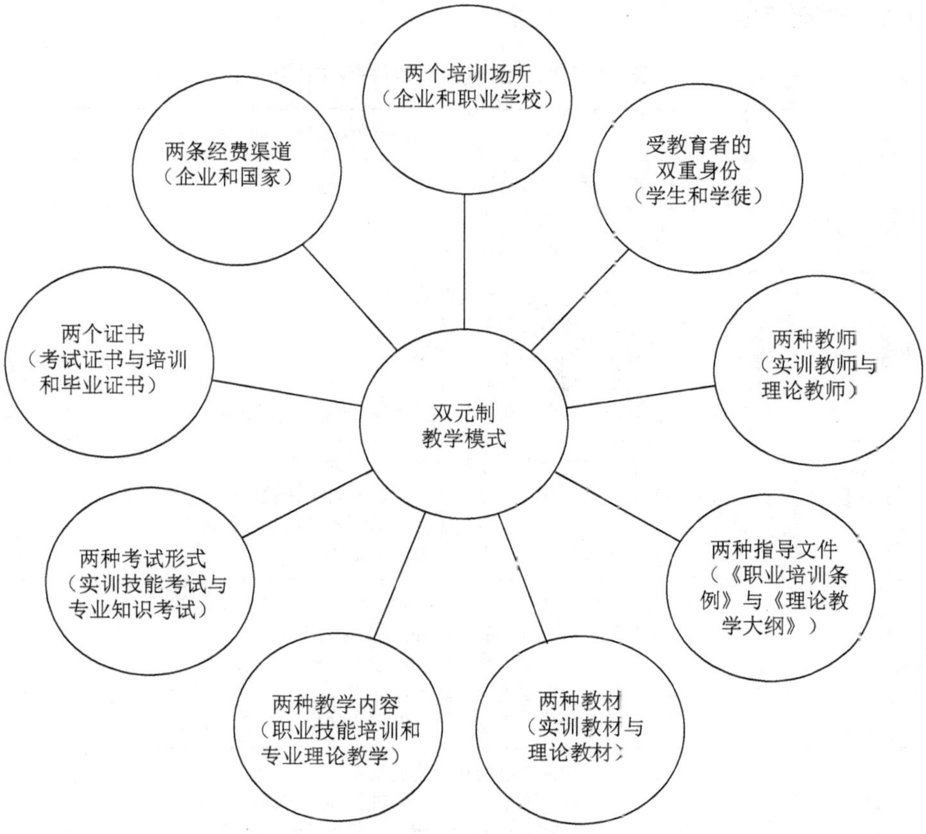

图 1　双元制教学模式表现形式

（二）工作室教学模式概述

1. 工作室教学模式的定义和内涵

到目前为止，国内对工作室教学模式的定义并没有完全统一，不同的学者根据自己的理解和实践给出了不同的定义，但是“以工作室团队为核心开展教学活动”的内核是一致。比如石利平[9]就强调模块化教学开展，认为工作室教学模式就是将教学内容模块化后让学生完成相应设计。赵红玉[10]则更关注工作室团队的依托，认为工作室制的教学模式是以导师（专家或教授）为核心组成一个相对稳定的团队进行教学和科研实践。本文所指的工作室教学模式主要是依托于专业，由本专业教师及企业的行家里手共同组建而成，并以此为依托进行模块化教学和生产化实训的教学过程。工作室类似于注册公司，学生除了完成校内的基础课程学习外，其余的实践学习都将在工作室完成，工作室就是学生校内的职训场所。工作室主要通过进行基于企业岗位的、任务驱动的生产性实训锻炼提高学生[11]。

2. 工作室教学模式的特点和优势

通过对文献进行研究分析发现，关于工作室教学模式的特点和优势，各个学者都进行总结和概括，也是大同小异，概括起来主要包括师生关系紧密、教学效果优良、专业建设提升、就业优势明显四个方面，如表 1 所示。

表 1 工作室教学模式的特点和优势

研究者	工作室教学模式特点和优势分析
石利平（2013）[9]	（1）增强学生团队意识 （2）提高学生就业能力 （3）提高学生创新设计能力
楼玮、何征（2013）[11]	（1）打破传统的专业结构教育模式 （2）有利于提高教师的能力 （3）有利于提高学生的实践能力 （4）有利于师生之间的交流 （5）有利于学生对所学掌握的理论知识进行融会贯通
刘娜、王花（2014）[12]	（1）工作室教学模式使教师与学生双方的专业技术能力均获得提高 （2）工作室教学模式可以将理论教学与实践教学很好地结合在一起 （3）工作室教学模式改变了传统的课程结构和考核标准 （4）工作室教学模式带动了专业的整体发展
吴希艳（2013）[13]	（1）有利于提升学生的实践意识 （2）有利于提升学生的专业知识综合运用能力 （3）有利于缩短学生毕业后的职业适应期 （4）有利于激发学生的实践创新能力 （5）有利于培养一支专兼结合的“双师型”教师队伍
英浩（2010）[14]	（1）改变了知识传授的片段化的状态 （2）实现了从教到学的转变，促进了学生的自主学习 （3）促进了教师本身的专业成长，便于教学团队的产生
徐强（2012）[15]	（1）教学课程融合化（2）教学内容多样化 （3）教学模式自由化（4）职业精神团队化
贺雷（2018）[16]	（1）有利于专业方向和市场需求的接轨 （2）打破了理论教学和实践教学的界限 （3）拉近师生之间的距离，激发学生主动学习的积极性 （4）有利于培养一支双师型队伍 （5）促进高校设计教育的全面改革

3. 工作室教学模式的内容

目前国内工作室教学模式应用研究的关注点主要集中在这种教学模式在不同专业的应用及实施效果，包括项目化课程体系的构建、教学活动的安排、教学评价三个方面。

（1）项目化课程体系的构建

工作室教学模式的核心就是将教学内容转化为项目，楼玮和何征[11]提出了采取项目化教学及“递进 + 循环式”的内容设计，包括“典型工作任务”的“递进式”以及工作流程和技能训练的“循环式”，从而推进学生的专业实践能力将会获得不断提升。蔡军南[17]在工作室中完成讲解、分析、策划与研发，从而做到教学与实践操作、教学与行业需求的紧密相结合。吴希艳[13]将工作室承接的企业实际项目引入教学中，设置具有项目开发性质的课程，把工作室的项目内容贯穿到整个课程当中。可以发现项目化课程体系的构建是工作室教学模式的核心内容，在这个体系的生态系统下进行整合优化，实现整体和协同效应[18]，达到教学效果提升。

（2）教学活动安排

在教学活动安排上，国内学者大部分都没有做详细的说明。研究者主要从两个维度进行说明，一是横向教学活动内容的说明，包括延伸行业内容、参赛训练、完成科研项目、专业个性发展[19]等方面。二是纵向按教学实施过程进行描述，一般包括专业理论知识的学习阶段、项目实施的分块阶段、制订设计方案阶段、项目实施阶段、项目完成及考核阶段等[13]。

（3）教学评价

教学评价是工作室教学模式研究的重要方面，包括学生成绩评价和工作室成绩评价两个方面。工作室教学如何对学生进行评价的办法探讨，大多是采取综合评估的方式，如采取行为习惯考核、商业项目考核以及工作规范考核相结合的办法进行（综合成绩 = 行为习惯（10%）+ 商业项目（70%）+ 工作规范（20%））[12]。工作室成绩的评价提倡评价主体要多元，用个性化指标去评估实践教学，评估手段要多样化，比如运用问卷调查法、抽样调查法、座谈会、抽查访问法等[11]。无论工作室还是学生，笔者都比较赞成这些综合性的评价方式，能够更有效地反映工作室教学模式的过程性和全面性。

四、酒店英才培养的实施条件与探索思路

（一）酒店英才双元制培养的实施条件

在我国职业院校酒店管理专业的教学改革过程中，我们可以吸取德国职业教育上采用的是双元制教育模式的经验。酒店行业属于服务行业，本专业学生应具有较强的实践能力，行业特点要求从业人员必须从基层干起，经过经验的积累和磨炼，成长为酒店的初、中级管理人员，这既是酒店所急需的人才也是我们职业院校酒店管理专业的培养目标。这就要求我们的毕业生不仅要有扎实的专业知识和管理知识，更重要的是在一线工作所表现出的沟通能力、团结协作能力、人际关系能力、应变能力和自我控制能力等综合素质能力。鉴于此，我们在制订专业人才培养方案时，在课程设置和课程教学模式上就应针对学生的弱点和长处，设置适合学生职业发展需要的、适合酒店发展需要的课程。这正是实施双元制教学模式的基础。

1. 师资的可行性

双元制教学模式的实施可以使职业院校的教师能与酒店行业的一线专家密切接触，了解新的行业动态，也能为其提供实践的机会。酒店管理专业的教师愿意通过双元制教学模式的实施为其提供了实践的机会和场所，可以很好地改变职业院校的师资现状，将酒店管理的专业教师成功变身成为真正的双师型教师，进而能够更好地提高教学质量。

2. 实训条件的可行性

职业院校酒店管理专业的教学需要依托良好的实训场所。除了在教室和实训室以外，实习酒店是不可缺少的。以我就职的浙江商业职业技术学院为例，目前已建有自己的酒店实训中心，能够满足酒店管理专业校内实训要求，同时，也立足本地，与本市星级酒店合

作，又因地处杭州，毗邻上海，地理环境优越，有很多杭州、上海、北京、海南的高星级酒店主动与学校联系建立合作关系。

3. 校企双方合作的可行性

目前酒店行业存在人员流动率高、“用工难”的问题，很多酒店企业的管理者都为招聘不到优秀的员工而苦恼；而职业院校也希望提高毕业生的就业率，尤其是对口就业率。这种人才培养与市场需求不符的现状，也更加强了校企双方合作意愿。实施校企合作才能保证双元制教学模式的推广，真正培养出适合行业和企业需要的高素质人才。

（二）酒店英才培养双元工作室的探索思路

1. 人才培养分析及培养目标定位

邀请企业领导、专家、技术能手等人员，座谈讨论，在现代学徒制人才培养定位的基础上，对优秀学生的精英培养重新定位，形成双元工作室人才培养的定位目标。

2. 以校内实训室为依托，组建专题式工作室

目前酒店管理专业的中的中餐服务与管理、西餐服务与管理、调酒技艺与酒吧管理、大堂吧运营技巧、咖啡调制技巧、插花技巧与品鉴、客房服务与管理等都已经形成较好的团队基础，并有明确的实训室依托，计划在此基础上，选择 1~2 代表性主题分别形成专题式工作室。

3. 组建团队，校企共建新型教学模式

团队包括校内校外师资团队和优秀学生团队，以实训室的正常运营服务为基础开展教学工作。

4. 双师共导定制化课程体系开发

基于学校企业双元，定岗位、定师傅、定教师、定企业的四定教育，由企业师傅和校内教师共同合作培养酒店精英，改革课程体系，定制化课程。

5. 评价体系标准和制度建设

对学生进行了两次专业测试，第一次是人才硬件和态度测试，鉴定是否符合从业要求；第二次是管理潜能测试，分析是否具备管理潜力。对工作室进行双重考核，一是工作室人才培养质量，二是实训室经营效益。

6. 归纳总结“双元工作室制”的酒店英才培养模式

梳理双元工作室制的实践经验，归纳总结酒店英才培养的相关教学模式、课程体系、实践安排、学分认定、教学效果评价等方面，与原有人才培养模式对接，形成基于“双元工作室制”高职酒店管理现代学徒制酒店英才培养模式。

（三）双元工作室实施要求

1. 企业文化融入

目前的酒店专业课程教学，注重对学生进行道德规范的简单灌输和行为约束，不善于回答学生因关注生存问题而产生的各种迷惑和疑虑。尤其是当代大学生成长在经济全球化和社会转型时期，随着我国就业方式、利益关系和分配方式的多样化发展，各种思想文化相互碰撞，大学生的思想观念受到很大影响，他们不仅关注国家的发展壮大，也关注自己的成长、成才。利用双元工作室的潜在优势，融入优秀企业的企业文化，将是创新酒店人

才培养模式的一条行之有效的途径。

第一，企业文化融入课程体系，有助于推动酒店课程体系的改革。企业文化是一个企业在生产经营实践中逐步形成的全体员工所认同和信守的带有本企业特点的使命、精神、价值观和管理制度的总和。所以，将企业文化融入课程教学，将教学向企业延伸，围绕企业文化调整课程体系，可以促进酒店课程体系的创新改革。第二，企业文化融入教学，有助于提高教学的时效性和针对性。高职院校人才培养的目标是面向行业的，作为企业文化所倡导的企业精神则成为企业的灵魂。在教学过程中，作为教育工作者应主动适应企业的要求，将企业精神进一步具体化，体现在酒店专业教学过程中。第三，企业文化融入校园文化，有助于培养学生良好的职业综合素质。现在企业选择人才，不仅看重的是学生的文凭和职业资格证书，更看重的是学生综合素质，即更看重学生个人基本素质、职业精神和职业技能。在酒店人才培养中，应注重企业对学生综合素质的全面考察，培养学生在竞争中求生存、求发展的职业意识，团队协作职业能力，爱岗敬业、诚实守信的职业道德品质等。

2. 合作优势共享

以双元工作室为基础的校企合作首要原则是实现企业和学校双方的优势资源共享，共同培养社会和市场需要的人才。酒店企业方面的优势资源在于，拥有学校所欠缺的真实情境的实训场地、具有一线服务和管理经验的企业师资和广阔的职业发展平台；学校方面则拥有人才资源、社会影响力、学术科研和教学资源等方面的优势。通过优势共享，企业和学校可获得互惠共赢的合作效果。首先，基于企业的合作利益，一是获得符合企业需要的技能型人才；二是利用高职院校的教学资源对企业员工进行培训；三是树立良好的社会形象并提高知名度；四是利于企业长期发展战略的形成、企业优秀文化的塑造和学习型企业的建设。其次，基于学校的合作利益，一是获取企业的资助，进而改进教学设备、改善教学条件、提高学校效益；二是通过校企合作提高学校办学水平和人才培养质量，方便学生就业；三是获得真实的现场教育环境，这对学生实践能力、创新能力、职业素质的培养具有重要意义；四是使部分学生通过工学结合获得合理报酬；五是通过校企合作，能够及时了解并把握酒店行业最新动向，为科研和教学提供素材和社会意义，反过来促进工作室的发展提升。

3. 市场需求导向

校企合作模式是一种以市场需求为导向的运行机制，这种模式主要以培养高校学生的综合素质、实际能力和市场竞争力为重点，利用校企双方两种不同的环境和资源，采用实践和教学的有机结合，培养适合市场需求的应用性人才。酒店业的服务性质，决定了酒店工作压力大，强度高，所以酒店所需要的人才是能吃苦耐劳的技能型人才，而学校对人才的培养往往是重知识、轻技能，再者，由于目前的大学毕业生基本上是95后群体，吃苦耐劳方面的锻炼本就较少，职业素养也相对较差，导致严重的“供需错位”。校企合作培养酒店人才应致力于培养酒店行业所需的专门技能型人才，并在吃苦耐劳和职业素养方面给予一定的培养和锻炼，尽量减小供需之间的差距。

4. 模式操作性强

目前的酒店人才培养存在培养模式落后、教育理念滞后、课程体系不合理、教学方法单一等问题，导致酒店人才培养跟不上市场需求。校企合作模式的构建应当遵循创新原则。从合作形式培养目标、教学模式、课程体系、教学方式和评价体系等各方面进行创新，创建具有特色的校企合作模式。酒店管理专业创新人才应具备立足于服务的创新精神、着力于管理的创新能力和贯穿于终身的创新意识。

目前引导和促进校企合作的政策、法规以及相关配套措施不够健全。虽然政府出台了一些鼓励合作教育的政策和法律条文，但不够具体化，可操作性不强，这无疑在很大程度上制约了我国合作教育的发展。“双元工作室”制的校企合作模式的创建是为企业和学校服务的，必须具有可操作性，也就是说，模式在现实中能够具体实现，这也是对模式构建的基本要求。校企合作是人才供需双方的自身要求，但由于当前校企双方过多受经济利益的制约，导致许多合作流于形式，操作性不强。在校企合作中，应坚持市场化运作，努力培育互利双赢的利益驱动，这是校企双方合作的内在动力，这样的合作才会具有可操作性。

五、双元工作室酒店英才培养模式构建

（一）全球视野下酒店英才培养定位

随着旅游产业全球化的发展，中国的酒店业正积极与国际接轨。一方面，我国加入WTO（世界旅游组织）后，国际著名的酒店集团纷纷进入中国并实施人才本土化的用人战略，从而使适应国际化市场需要的高素质人才大量空缺；另一方面，国内品牌的酒店企业也正在向国际标准努力，同样需要能够适应激烈国际竞争环境的国际化人才。在酒店业全球化的时代特征下，要培养出适销对路的酒店人才，不可忽视全球视野的战略目标定位。

高等教育国际化是各国高校共同关注的趋势性问题，面对全球化背景下日益激烈的国际人才竞争，高校探索人才培养模式的改革，不能闭门造车，也不可能自说白话，必须有国际视野。强调国际化重要的是办学理念、视野和战略，也是大学人才培养的思想和思维方式，意味着我们要站在国际高等教育发展的平台上去思考问题、考量事物、评价活动。具体而言，我们应创新思维，走出国门，放眼全球，瞄准世界，与国际旅游教育接轨，引进国外先进的教育理念，从观念上和行为上指导我国旅游教育的发展。真正地做到走出去，引进来，以促进中国旅游教育健康全面的发展，早日实现中国旅游教育的合理化、科学化和国际化。我们应具有全球视野战略高度，站在国际教育发展平台上去定位培养目标，培养具有国际视野、思想和思维方式的高素质技能应用型酒店人才。

（二）实施“一二三四”职业导师制订单培养模式

针对初级经理人的知识架构与业务技能要求，从管理层阶、工作内容、能力要求，进行了认真剖析，制订教学方案，精心组织教学内容，合理安排教学力量，严格执行评价体系。根据人才培养的进阶规律和企业经营的实际情况，我们提出“一二三四”职业导师制订单培养模式，即“一个目标、二个层次、三个教学阶段（或SM-LP）和四定养成教育”的人才培养方案。

“一个目标”即酒店基层管理者；“两个层面”即高级服务层面与初级管理者层面；“三个教学阶段”即学徒预备期、准学徒期和学徒期。“四定养成教育”即学生在校的三年期间，定岗位、定企业、定教师、定师傅，由教师、企业师傅共同培育，分校内学习、校外

短期实践、校内再学习和企业顶岗实习多个阶段，实施全方位、全过程的职业养成教育。

经过学生和酒店的双向选择，全班39名同学确定9名校内专业导师和8名酒店企业导师作为现代学徒制班的师傅团队，学校为17名导师颁发导师聘书。

图2　现代学徒制企业导师聘任

学校与企业签订现代学徒制培养协议，承诺双元工作室学徒培养后，经过考核和选拔，至少将全班20%以上的学生培养成为基层管理者，真正实现管理岗位初就业的酒店英才。

图3　现代学徒制班启动暨签约仪式

（三）以校内实训室为依托，组建专题式工作室

课程架构由原来强调“以职业能力为核心”的“123”课程体系建设思路调整为立足“工匠精神”，把职业技术、思维、道德有机统一，把职业素养与职业能力相结合的“双本位”课程导向，将素质教育和职业能力培养贯穿于通识课、专业课、创新创业课、校内

实训、校外实习、第二课堂等各个环节。

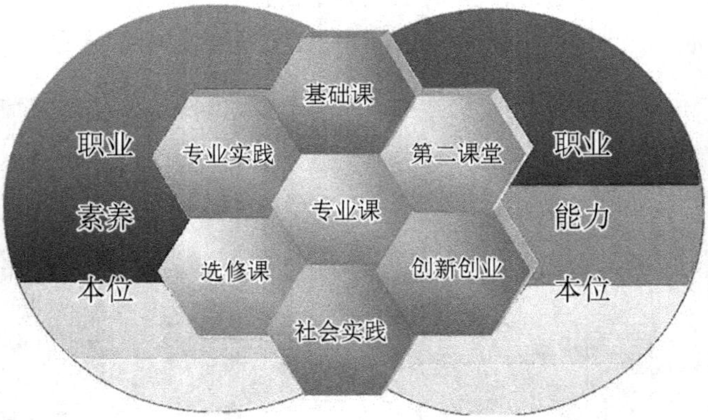

图 4　职业素养与职业能力“双体位”课程架构

如开设通识课“人文素养”“浙商文化”“酒店美学”等，专业核心课程增加了创新创业教学模块，毕业班增开了创新创业实践课程教学包，专业课与创新创业课程延伸到第二课堂，培育出“大堂吧运营”“会议服务队”“花艺服务”等以学生为主体，以工作室为依托的全真实践项目。

（四）设计学徒制三阶段教学过程安排

该项目主要采取三阶段，按照三年学制，每年分别为学徒预备期、准学徒期和学徒期，具体教学过程如图 5 所示。预备期主要以基本技能和基本素养的培养为主，以企业参观学习为主要形式。准学徒期以专业技能和工作经验的培养为主，以订单班选拔为载体，由教师和师傅合作开展企业专项培训为主。学徒期则以职业岗位从业能力培养为主，以企业教学实习，见习领班实习为主，此时，学生已经完全成为学徒。

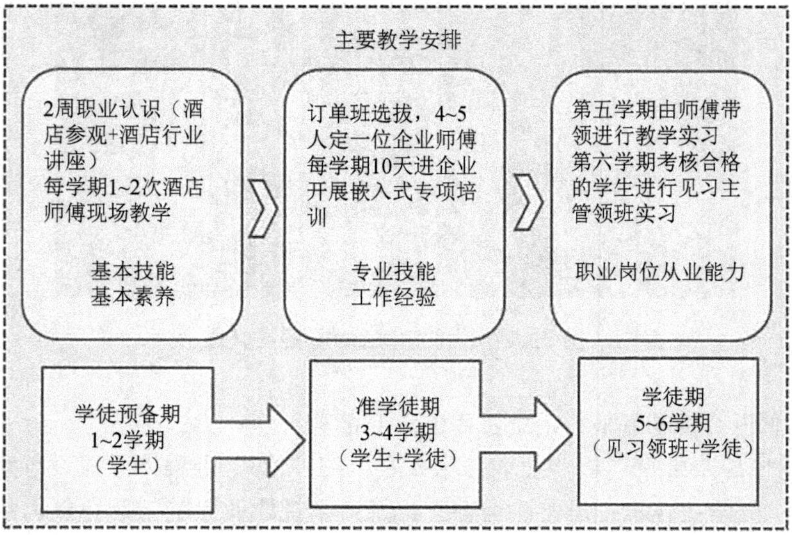

图 5　三阶段主要教学安排

（五）开发双师共导三阶段定制化课程体系

基于定岗位、定师傅、定教师、定企业的四定教育，由企业师傅和校内教师共同合作培养主管和领班，因此学校改革课程体系，提出三阶段定制化课程，分三个模块：核心能力课程、支持能力课程和拓展能力课程，见图6。其中，核心能力课程由技能操作课程和企业专项课程两种类型组成，其教学场地分校内实训和企业短训及顶岗实习三个环节，教师包括学校教师和企业师傅。

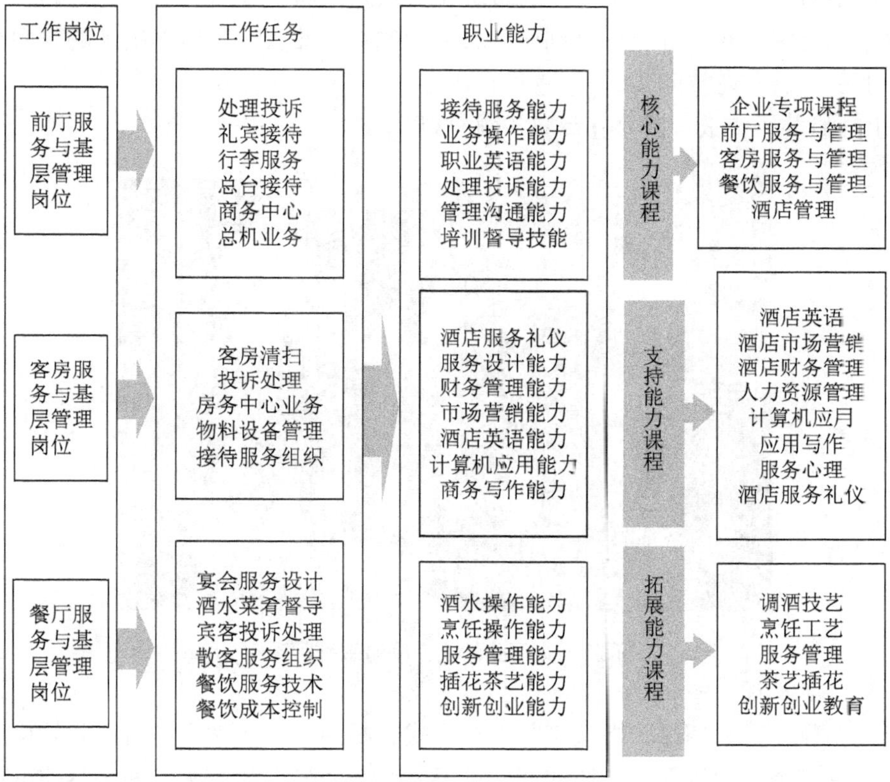

图6 现代学徒制班专业课程体系构建图

（六）创新教学手段，校企共建新型教学模式

在整个教学组织过程中，我们坚持完成国家教委规定的课程，积极探索课程体系的改革，学校各部门也密切配合二级学院的教学改革。在充分坚持理论与实践“够用和实用”的原则上，科学划分课程比例，精心组织教学力量，充分发挥校企优势，最大限度地实现教学效益。

第一，教学组织与教学团队的有机整合。打破了常规的学期制，完全取决于企业的经营需要，组织实施教学过程。在教学团队力量的分布上，理论知识课程由工作室学院教师承担，专业课程由学院教师和酒店中高级管理层共同完成。其中学院教师承担专业课程的理论教学部分，酒店中高级管理层承担实践教学部分。分工明确，各司其职，学生经过在学院的基本认知教育和实务操作后，分别两次到酒店进行为期半个月的专业见习。

第二，以管理工具和管理案例为主要实训内容。酒店的人流、物流、现金流都很大，是非常复杂的综合性服务场所，管理的难度大，普遍采用各种软件和信息管理系统，提升管理的效率和精准性。我们将一些酒店常用管理工具作为实训模块，开发相应的实训包，融入工作室中，在校内强化实训，有效地解决了学生在酒店基层管理岗位难着手，难切入的问题。

第三，提供更多的职业体验机会。通过第一层面的服务实习，学生基本掌握酒店的业务知识和操作技能，再经过一个提高升华的跨越阶段，即回校一个学期的工作室专业深化和管理知识学习。它的学习有别于普通班级没有实践经验，实习之后上课，是回炉式提升教学，学生感受深，互动好，理解到位，教学相融。因此，这样培养出来的学生企业意识强，服务上手快、专业技能实。

（七）身临其境，嵌入式企业专项实训见习

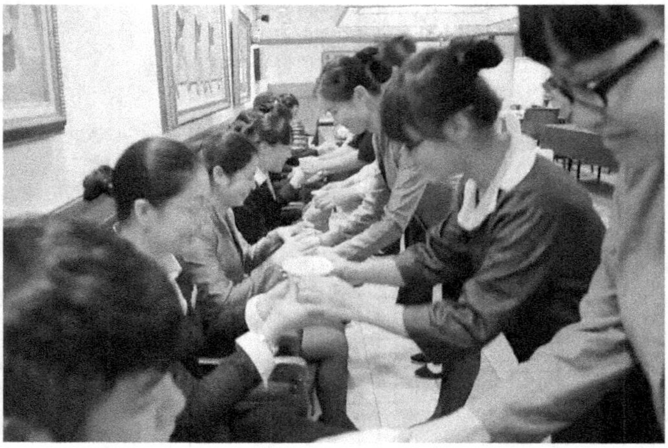

图 7　见习生给企业师傅敬拜师茶

企业培训环节，采用每个岗位定师傅的方式，师傅不变，学生进行有效轮岗，根据岗位学徒可以有多个师傅指导。学徒初期，需要熟悉企业各岗位情况，便于行使选择权。按照现代学徒制班的实施方案，根据酒店方淡旺季的服务特点，利用 5 月中旬和 10 月中旬每次半个月时间，由专业教师带领学生到相应酒店师傅所在部门实训，完成企业专项实训课程教学任务。实训采用见习方式，在前期双向选择的基础，与企业师傅进行 1 对 1 结对，每位见习生都在师傅的指导下为自己未来 2 周的见习体验制定了一个小目标，比如分到西餐岗位的骆珂跟张师傅沟通后，制定了一个“独立为客人满意的调制一杯咖啡”的小目标，分到大堂吧的沈怡郡要求自己两周内学会调制莫吉托鸡尾酒、冲泡卡布奇诺和拿铁咖啡等。这些小目标由师傅落实责任目标进行考核监督。

六、酒店英才培养的实施流程

（一）酒店基层管理者培养实施流程

1. 签订校企合作框架协议

签署浙江商业职业技术学院旅游烹饪学院酒店管理专业现代学徒制试点合作框架协

议，根据协议，按照1年学生、1年准学徒、1年学徒进行合作培养，优秀学徒毕业签订劳动合同，享受领班及以上待遇，优秀学徒比例不低于学徒总数20%。即学生能有20%以上的优秀学生实习时认定为基层管理者候选人（毕业时成为领班或主管）。

2. 形成酒店基层管理者培养模式实施流程

浙江商业职业技术学院旅游系采取大类招生方式，为了吸引真正热爱酒店行业、未来致力于酒店服务或管理的学生进入现代学徒制试点班，9月初，聘请行业企业专家进行始业教育，并利用部分课程时间，带学生参观考察酒店，让学生对酒店行业有感性认识。与此同时，通过与合作酒店的详细沟通，召开3次专题会议，由合作酒店的人力资源总监和教师们一起对方案进行逐一细化，并对下学期工作提出具体可操作性的方案，确定15级普高班为现代学徒制试点班，形成酒店基层管理者培养实施流程，如图8所示。

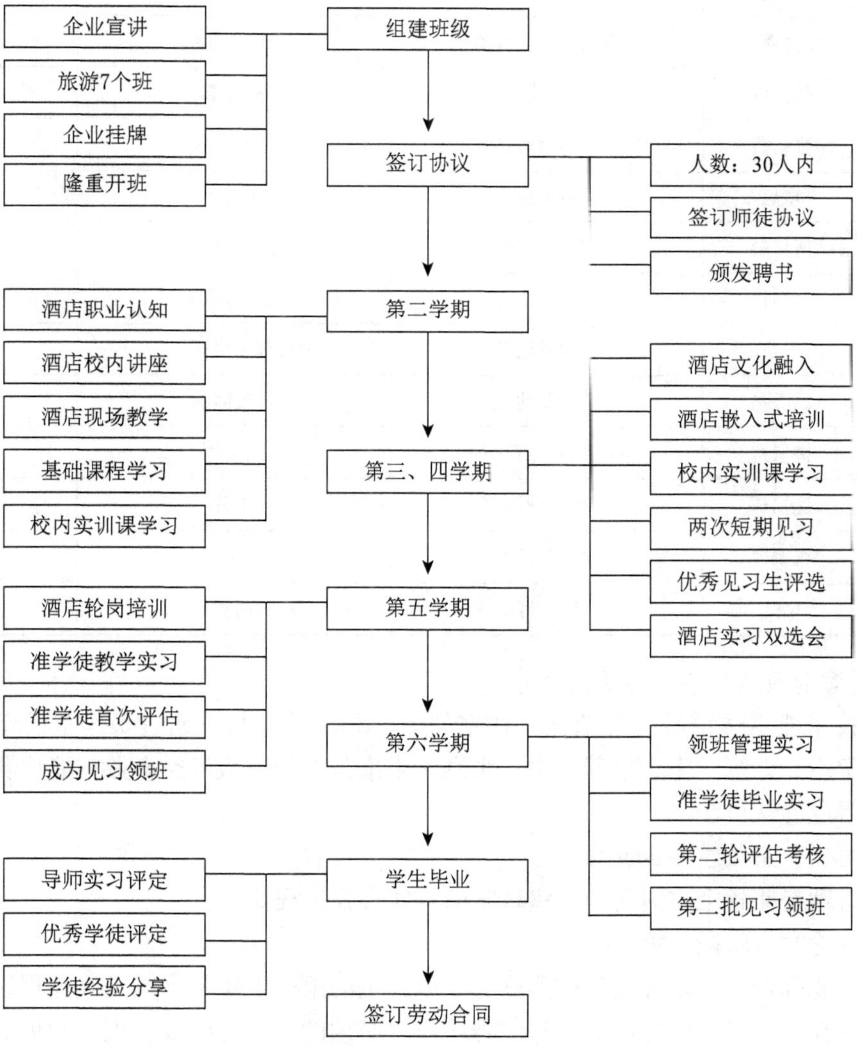

图8　酒店基层管理者培养模式方案流程图

3. 开发酒店基层管理者人才培养方案

在原有教学计划的基础上，根据现代学徒制实施方案的要求，对部分课程进行适当调整，尤其是企业专项课程，采用校内教学和企业实践相结合的方式，并对教学形式进行改革，特别是五一、十一期间共一个月的酒店短期见习安排等，并在此基础上形成《现代学徒制校企联合招生办法》《现代学徒制实岗育人管理办法》《酒店基层管理者现代学徒制班——人才培养方案》《酒店基层管理者人才培养管理办法》《现代学徒制师傅选拔与考核制度》《酒店基层管理者现代学徒制管理培训生薪酬制度》等一系列方案配套制度文件。基层管理者名录如表 2 所示。

表 2　2018 届基层管理者名录（12 人）

序号	姓名	实习酒店	部门/岗位	就业层级
1	俞潇	雷迪森旅业集团	庄园事业部	主管
2	林贝琪	龙井庄园	前厅部	领班
3	张萌霞	天台雷迪森	中餐厅	领班
4	童燕	天台雷迪森	西餐厅	领班
5	傅佳晨	国大雷迪森	宴会部	领班
6	兰昕	国大雷迪森	人力资源部	主管
7	冯京	国大雷迪森	销售部（预订处）	领班
8	冯心怡	宁波雷迪森	行政酒廊	领班
9	钟素素	国际假日	西餐厅	领班
10	沈怡郡	杭州洲际	中餐	领班
11	祝飘萍	杭州洲际	客房部	领班
12	金莹	杭州洲际	西餐	领班

（二）金牌技术能手培养实施流程

金牌技术能手的培养主要依托工作室的教学和培养进行，通过工作室的专业团队建设，选拔学生、训练学生、培养学生，帮助学生准备参加各级各类专业技能比赛，将自身技能得到行业的认可。

1. 双元工作室教学实施流程

酒店管理专业各个方向的工作室教学的具体实施过程如下：

（1）理论学习阶段：第一学年

结合高职院校人才培养方案的实际，一般新生的第一学年基本以公共课程、双思课程为主，因此在进入工作室之前的理论学习阶段是必须的。在此阶段，理论知识的学习并没有太大的变化，专业课程的教师只需在此阶段指导学生了解课余资源范围和获得优良学习资源的方法和途径，让学生找到学习的方法和兴趣即可。这阶段任务就是在掌握基础专业知识，为工作室的选择做好准备。这个阶段专业课的学习时长和课程安排可由工作室领办人与专业负责人商定并经校教务处批准。一般时间设置在新生的第一学年，专业课程主要设置在第二学期。

（2）工作室学徒预备期：第三学期

酒店管理专业根据专业方向的不同，目前主要形成了7个专业服务工作室，学生可根据自己的专业特长和兴趣选择适合自身学习发展的工作室。在此阶段，主要以学生的选修课程来实现，各个专业服务工作室根据工作室的专业特色开始1~2门专业选修课供学生选择，比如调酒工作室可以开设《调酒技艺》《酒吧管理》等选修课。学生根据自己兴趣选择1~4门课程进行学习，学习期间通过与工作室老师、学长的接触相互了解，并最终根据课程成绩、学生兴趣、教师意见等多方面双向选择确定工作室发展方向。当然，学生可以只选择一个工作室，也可同时选择2~3个工作室进行准备。这个阶段一般设置在第三学期。

（3）工作室准学徒期：第四学期

每个工作室的指导老师一般既包括学校专业教师，同时还包括行业的资深专家。在本阶段，工作室教学的实施主要通过专业选修课和工作室项目两个方面开展教学。专业选修课主要是在第三学期的基础上，深化专业知识技能的课程。比如在第三学期《调酒技艺》的基础上，第四学期可以开设《花式调酒》《酒水品鉴》等课程进行深化。一般工作室的成员都会选修本工作室的深化课程，非本工作室的学生也可根据兴趣选修相应课程。工作室项目，主要是由工作室领办人或其他指导老师与企业合作建立的课题项目，这些项目或者是企业的需求项目，或者是教师的横向课题，也可能是学校运营模块（比如大堂吧）任务等，教师根据本期项目任务，遴选工作室成员全程参与项目的开展实施。学生加入工作室，具备遴选资格，根据各自能力水平确定项目任务中的主管、领办、助理等不同的工作任务岗位，模仿企业形式建立部门，开展项目工作。

（4）工作室岗位学徒期：第五学期

每个工作室一般对应酒店的相应部门或者工作岗位。本阶段工作室教学的实施主要在企业进行，与顶岗实习相对应。在第四学期专业深化学习和开展专业项目任务的基础上，进行相应专业岗位的实践锻炼。可以由工作室自行推荐组织，也可由专业负责人统筹安排进行实习招聘，学生根据工作室经历做好相应的应聘简历，经过双向面试选择后确定顶岗实习岗位和实习酒店。由酒店岗位主管担任学徒的师傅，由工作室的领办人或指导老师担任实习的校内导师，进行岗位实践。酒店师傅和专业教师负责整个服务阶段的指导工作，应考虑学生的操作能力差，重点培养学生的实际操作能力，以现代企业的理念和先进技能贯穿于项目教学中，激发学生的创新能力。

（5）学徒评价及工作室考核阶段：第六学期

经过半年的岗位实操训练，学生再次回到学校，此阶段主要通过酒店实习报告和毕业论文两个环节进行工作室教学，并对学生（学徒）进行考核评价，同时也对工作室教学做出考核总结。工作室师傅和指导老师对学生的实习工作报告和毕业论文进行指导和答辩，同时结合岗位特点，由工作室专家结合实习酒店实际提出酒店的难点和所需创新点，由学生根据工作经验和所需的理论知识提出解决方案。答辩和考核标准侧重于考察学生的实际操作能力，知识的综合运用能力，创新能力、设计能力、组织能力以及团队协作组织能力。工作室的考核主要侧重培养学生的数量和质量、工作室课程评价、酒店对于学生工作实习的反馈以及工作室成员酒店对口就业比例等方面。本阶段主要放在第六学期。

2. 金牌技术能手的培养与成果

金牌技术能手的培养是在工作室教学的基础上进行的提升，一般结合全国 / 全省高职高专中餐主题宴会设计大赛、全国 / 全省高职高专西式宴会服务大赛、全国 / 全省省高职高专技能大赛“中华茶艺”竞赛、全国 / 全省高职高专咖啡技能竞赛、全国 / 全省高职高专技能大赛烹饪技能大赛等比赛要求，首先进行学校技能节的初选，然后进入省赛训练梯队，通过 1 个月左右的省赛集训，经过选拔测试遴选参加全国比赛。金牌技术能手培养成果如表 3 所示。

表 3　金牌技术能手名录

序号	姓名	参加赛项	获奖情况
1	张倩倩	浙江省高职高专院校中餐主题宴会设计大赛	一等奖
2	丁优丽	浙江省高职高专院校中餐主题宴会设计大赛	二等奖
3	茹扬	浙江省高职高专院校中餐主题宴会设计大赛	二等奖
4	王晓鸣	2018年“建德苞茶杯”浙江省高职高专院校技能大赛中华茶艺竞赛	一等奖
5	潘越	2018年“建德苞茶杯”浙江省高职高专院校技能大赛中华茶艺竞赛	二等奖
6	李佳玉	2018年“建德苞茶杯”浙江省高职高专院校技能大赛中华茶艺竞赛	二等奖
7	刘羽杰	2018年“建德苞茶杯”浙江省高职高专院校技能大赛中华茶艺竞赛	三等奖
8	盛逸轩	2018年浙江省高职高专烹饪比赛（西餐团体赛）	团体二等奖
9	陈激扬	2018年浙江省高职高专烹饪比赛（西餐团体赛）	团体二等奖
10	缪钟琴	2018年浙江省高职高专烹饪比赛（西餐团体赛）	团体二等奖
11	顾燕青	2017年浙江省高职高专院校中餐主题宴会设计大赛	团体二等奖
12	兰昕	2017年浙江省高职高专院校中餐主题宴会设计大赛	团体二等奖
13	邱则名	2017年浙江省高职高专院校中餐主题宴会设计大赛	团体二等奖
14	顾燕青	2017年全国高职高专院校中餐主题宴会设计大赛	团体二等奖
15	兰昕	2017年全国高职高专院校中餐主题宴会设计大赛	团体二等奖
16	邱则名	2017年全国高职高专院校中餐主题宴会设计大赛	团体二等奖
17	徐圣超	2017年浙江省高职高专院校西式宴会服务大赛	一等奖
18	徐圣超	2017年全国高职高专院校西式宴会服务大赛	三等奖
19	陈远帆	2017年中国技能大赛全国烹饪及餐厅服务职业技能竞赛（中式烹调）	二等奖

续表

序号	姓名	参加赛项	获奖情况
20	傅江杨	2017年中国技能大赛全国烹饪及餐厅服务职业技能竞赛（中式烹调）	二等奖
21	李铭洋	2017年中国技能大赛全国烹饪及餐厅服务职业技能竞赛（中式烹调）	二等奖
22	文民宏	2017年中国技能大赛全国烹饪及餐厅服务职业技能竞赛（中式烹调）	二等奖

七、双元工作室酒店英才培养的机制、问题与对策

（一）双元工作室的运行机制

1. 师承效应机制：实现“名师出高徒”

师承效应，是指在人才培养的进程中，采用“师傅带徒弟”的方式，继承优良传统、实现创新发展，从而达到名师出高徒的效果。当前，工作室的师承具体体现在两个方面：一是显性师承即学习文化知识、实操能力等校企双元师傅的知识与理念，二是隐性师承即继承师傅的职业意识与职业道德。一般来说，显性师承的效果比较容易体现，而隐性师承的效果却很难得到评估或量化，但这些隐性的理念与价值观对学生的发展有着更加深远的影响。

2. 互惠共享机制：工作室推进共享知识

互惠共享是知识双向交流的过程，是获得知识的过程也是分享知识的过程。通过互惠共享机制能够实现知识效用的最大化，不仅能促进成员的有效学习，还能促进知识的创新，更能促进工作室实践基地的建设。

首先，成员通过工作室内部的互惠共享促进有效学习。一方面，成员通过与师傅之间的共享获取知识。成员与师傅之间的互惠共享属于低位势知识个体与高位势知识个体之间共享。由于成员与师傅之间知识数量和质量差距较大，对于高位势知识个体而言，共享需要耗费大量的人力物力。随着知识在工作室中的分享，知识的重要程度将会减弱，一定程度上牺牲了知识的未来收益。[20]

其次，成员通过工作室之间的互惠共享促进知识的创新。成员通过工作室之间的学科交叉、互惠共享促进了知识的创新，既开阔了成员的视野，也为教师的专业发展提供了更多的机会、更广泛的平台。

最后，工作室的互惠共享机制促进了实践基地的建设。企业教师带来的实践基地开展的各类共享活动，促进了成员之间见识和机会，也提升了成员对工作室的信任与组织认同感，促进了工作室实践基地的发展，为酒店企业服务。

3. 凝聚力机制：工作室引领成员凝聚力量

凝聚力是存在于组织成员中的一种力量。这种力量是在共同目标之下，学生通过紧密合作所产生的。工作室的老师与学生之间、校内老师与企业教师之间分享信息、建立关系，其紧密程度是衡量组织凝聚力强弱的重要标准。在工作室理想的运行状态下，工作室的领办人一般都是网络核心，他们在网络化的组织中处于核心位置，激励成员工作，促进

成员之间的人际协作。所有成员都建立起网络联通，通过成员之间的相互联系以及相互作用提升组织的凝聚力。工作室的凝聚力能够提升成员的价值信念以及组织认同感，帮助成员树立更加明确的目标，使学生更加主动地参与到工作室的学习中。在促进学生的个人专业能力提升的同时，能够更加有效地实现工作室知识的交流、分享和创新。

4. 知识转移机制：工作室实现知识转移

知识转移是工作室知识交流、共享、创新的基本途径。有效的知识转移能让知识变得更有价值，更具竞争力[21]。工作室的成员在知识转移的过程中能实现知识的获取、能力的提升以及个人专业发展。老师在总结反思过程中将个人经验总结成系统的文化知识、学科知识以及教学理论知识，使隐性知识外化为个人显性知识。通过老师课堂教学示范、实践操作等以师傅引领为基本形式的活动将个人显性知识转移给成员。工作室成员将活动中所获的集体显性知识内化于心，逐渐形成工作室实践基地的特色文化与知识，形成独特风格的共同规范和价值。这种规范与价值对成员起着潜移默化的影响，使成员产生深刻的归属感与认同感，并对工作室的工作产生广泛的共鸣。

工作室的成员不但是知识的消费者，更是知识的创造者。工作室通过知识转移实现了知识的交流、共享与创新，提升了成员独立解决问题的能力和思维创新能力，同时也增强了工作室的综合竞争力。

（二）双元工作室存在问题分析

1. “心有余而力不足”——工作室教师精力有限

酒店管理专业工作室的领办人一般都是专业课的教师，他们普遍工作量大、任务繁重。很多老师除了日常教学以及科研工作外，有些要担任班主任的工作，还有些要担任企业服务的相关职务。在调查访谈的过程中，教师的个人空余时间非常有限，而真正用于工作室之中的时间更是少之又少。

> 我觉得工作室最主要的问题是名师的时间精力过于有限。一般来说，教师每天都有非常大的工作量，只能利用空余时间开展工作室的工作。因此，开展工作室工作的时间、精力就十分有限。（工作室领办人访谈摘录）

双元教师是工作室教育者、管理者，也是领导者。教师的个人精力决定了其对专业工作室的投入程度。由于教师的个人精力有限，工作室的未来发展也会受到极大的影响。

2. “苍白无力的考核”——工作室评估方式乏力

双元工作室是酒店管理专业人才培养的改革新尝试。这种新尝试运行至今也产生了一些问题，诸如目标定位不清，方向不明；成员个体性强，团队性弱；活动参与度低，成效参差不齐；评估手段欠缺，体系不完善等。从目前酒店管理专业工作室发展建设的现状来看，整体缺少明确的目标性、计划性和标准性，仍然停留在兴趣小组的初步阶段，部分老师甚至并不认为这是一个完整的工作室组织，似乎只是一个项目团队，只是这个项目团队同时承担几个相关项目任务而已，比如实训室管理、实训室专业接待展示、专业课程教学、技能大赛辅导、专业团队校企合作等等。这样的认识不利于工作室持续发展，需要一定行政认可、相应的奖励措施以及合理评估考核体系。

3. “重数量不重质量”——工作室资源严重浪费

工作室作为促进酒店管理学生专业发展的重要平台，经过近一年的运行，已经形成一定的资源，但利用率却并不高。第一，工作室的资源的质量偏低。由于优质资源创建需要耗费大量的时间与精力，许多工作室只能上传质量较低的资源以满足上级行政部分的数量要求。第二，工作室的资源利用率不高。工作室汇集了大量的资源，但是实际上绝大多数资源利用率不高。第三，工作室的原创资源较少。由于时间较短，绝大多数的资源都是教师从网络中转载而来的。真正属于工作室的原创资源少之又少，而这些原创资源才是教学过程中真正需要的。可以说，工作室对于资源的创造能力有待提升。

4. “多种因素的局限”——工作室活动效果不佳

工作室的活动是学生实现学习成长的重要途径。但是，工作室的总体活动量相对较少，企业的积极性调动不足，学校对于工作室活动的开展的重视和保障力度均不足，各个部门活动与工作室的衔接几乎没有。有的专业活动也缺乏特色，导致活动辐射面小，影响力弱。

（三）双元工作室发展对策建议

1. 发挥名师引领实现角色重建

当前，许多工作室都处于教师单独作战的困境之中。教师除了日常基本教学工作、科研工作、行政管理工作外，还需独自负责起工作室的运行。然而，一个人的时间、精力都是有限的。教师作为工作室的核心，一旦停止工作，那么整个工作室都会停止发展。因此，教师应从工作室的事务性工作中跳出，充分发挥教师的引领作用，实现教师的角色重建。首先，教师应成为工作室的目标制造者。其次，教师应成为工作室的文化建造者。最后，教师应成为工作室的变革促进者。

2. 注重过程评价完善评价体系

评估是检验工作室成效的重要手段，是工作室不可或缺的重要部分。双元工作室需要对成员进行多方面、多层次的综合评判，不能只注重结果，工作室应尽可能采取过程性评价。应关注成员的学习过程，给予成员更多的改进时间和机会。采取过程性评价使目标与过程并重，对成员学习的动机态度、效果、过程以及与学习密切相关的非智力因素进行全面的评价。

3. 提高资源质量，强化资源利用

当前，工作室在原有课程的基础上，已经具有了较多的相关资源；同时由于企业师傅的参与，也有较多酒店企业的专业资源和实践平台可以利用，但是目前来看只重数量不重质量，造成了资源质量偏低、资源利用率不高、原创资源较少等问题。因此，在工作室的未来运行中，应实现资源转型，提高资源质量，提升资源利用率，努力打造工作室的品牌活动。通过打造品牌活动，充分调动成员的积极性，从而吸引更多成员参与到工作室的相关活动中。工作室可以把每年学校的技能节、全国全省各类技能大赛作为工作室的活动品牌项目进行打造。

参考文献

[1] 陈红，李雪琴．西方现代学徒制研究综述［J］．武汉公安干部学院学报，2014，28（3）：69-73.

[2] 谌莲莲．高职酒店管理专业现代学徒制人才培养模式研究与实践［J］．吉林省教育学院学报旬刊，2014（8）：92-93.

[3] 张南南．澳大利亚新学徒制的特点及发展趋势［J］．景德镇高专学报，2010，25（3）：44-46.

[4] 黄日强，张霞．英国学徒制度的新形式［J］．河北师范大学学报（教育科学版），2006，8（1）：103-108.

[5] 徐平．美国合作教育的基本模式［J］．外国教育研究，2003（8）：3-6.

[6] 关晶．法国现代学徒制改革述评［J］．全球教育展望，2013，42（4）：104-111.

[7] 张常洁，王慧．国家资格框架下爱尔兰现代学徒制研究［J］．教育与职业，2014（21）：21-23.

[8] 姜国华．高职酒店管理专业现代学徒制培养模式述论［J］．江苏商论，2017（1）：8-10.

[9] 石利平 .Photoshop 图形图像处理课程工作室教学模式初探［J］．职业技术，2013（10）：19

[10] 赵红玉．对视觉传达设计专业设立工作室制的探究［D］．北京：首都师范大学，2009.

[11] 楼玮，何征．初探艺术设计专业工作室制教学模式的构建和现实意义［J］．包装世界，2013（8）：66.

[12] 刘娜，王花．多媒体技术专业推行工作室教学模式的探讨［J］．职教通讯，2014（21）：68.

[13] 吴希艳．工作室教学模式在高校广告专业的实践与探索［J］．湖北经济学院学报（人文社会科学版），2013（10）：167.

[14] 英浩．工作室模式的现代教学意义及开展——兼议环境艺术设计学科的教学改革［J］．艺术教育，2010（6）：52+55.

[15] 徐强．基于工作室教学模式的服装设计专业教育探讨［J］．艺术教育，2012（3）：151.

[16] 贺雷．独立学院艺术设计类专业应用型教学模式的探索与研究［J］．美术教育研究，2018（2）：133-134.

[17] 蔡军南．高职院校项目化教学工作室教学模式新探索——以惠州经济职业技术学院文焰工作室实践教学模式为例［J］．轻纺工业与技术，2014（3）：125.

[18] 荆雷．基于生态系统构建的工作室制设计人才培养模式探究［J］．艺术设计研究，2018（2）：125-128.

[19] 储艳洁，任磊．工作室教学模式：环境艺术设计教学探索［J］．上海商学院学报，2009（6）：67.

[20] 陶厚永，刘洪．知识共享机制对群体绩效的影响研究［J］．科研管理，2008（2）：52-60.

[21] Nicolette Michels.Innovation through Knowledge Transfer［M］. Berlin：Springer，2010（9）：43-61.

项目编号：LZW201707
项目名称：基于国赛酒店服务赛项成果转化线上平台构建的实践性研究
项目负责人：刘泓
项目负责人所在单位：苏州旅游与财经高等职业技术学校

基于国赛酒店服务赛项成果转化线上平台构建的实践性研究

一、绪论

（一）研究背景

全国职业院校技能大赛开赛10年来，已经成为中国职教发展的航标。全国范围内形成的国、省、市、校四级赛事，取得了精彩纷呈的竞赛成果。全国职业院校技能大赛酒店服务（中职组）赛项（以下简称“赛项”）作为2012年新增赛项，是国家旅游局作为大赛主办方后，旅游类职业院校以旅游专业立项参赛的赛项。经全国旅游职业教育教学指导委员会推荐，教育部审定增加，该项目至今已成功举办七年。

在2016年职教活动周启动仪式暨全国职业院校技能大赛开幕式上，国务院副总理刘延东强调弘扬工匠精神，打造技能强国。强调指出，要全面贯彻党中央、国务院关于加快发展现代职业教育的决策部署，更加注重技术技能人才培养，大力弘扬工匠精神，办好中国特色、世界水平的现代职业教育，为全面建成小康社会提供充足的技术技能人才支撑。全国职业院校技能大赛作为促进学生成长成才的重要平台，得到了各级政府和院校的极高重视。由于每年一届的职业院校技能大赛准备时间长、技能要求高，而且来自各个层面的大赛越来越多，每项赛事都需经过市、省级层层选拔才能进入最终环节，因此学校在积极组织集训备赛的同时，如何妥善处理好比赛与教学两者之间的关系，将技能大赛与专业教学有效融合，将赛项成果融入专业课程中去，已经成为职业学校面临的一项重要课题。

（二）研究目的和意义

2015年国赛酒店服务（中职组）赛项举行了第二期研讨活动——“酒店人才培养问题”。校企双方就如何解决酒店行业人才培养问题坦诚交换了意见。并提出若干问题：怎样体现以大赛为引领，统一赛项比赛内容标准？怎样校企共育终生职业理想的酒店优秀人才？怎样体现“以赛促学、以赛促教、以赛促改”等。其实这些问题也就是近几年我国旅游中职教育改革触碰到的几个实质性问题：即如何推动职业教育的专业设置与产业需求对接、课程内容与职业标准对接、教学过程与生产过程对接，提高酒店行业所需高素质技能型人才的培养质量。

在 2016 年 10 月的全国职业院校技能大赛总结会上，教育部领导再次强调指出，要想提高技能大赛的举办效果，不仅要转变竞赛组织方法与思路，还要学会全面进行赛项资源转换，把竞赛成果转化为教学资源，服务职业学校专业建设及教学改革，惠及更多学生、教师，培养更多的高素质、高技能人才。

基于“技能大赛是引领和示范，只是检验和激励的一种手段，不是职业教育终结目标”的认识，如何把该赛项的成果转化为适合中职教育的教学资源，如何将培养精干选手的模式带到课程改革中去，都是我们要研究解决的问题。多年来，苏州旅游与财经高等职业技术学校通过技能大赛的磨炼，不断探索、实践、总结和改进，不仅在历年省赛、国赛上都取得了优异的成绩，而且进一步通过校企融合，推动了学校专业课程改革的进程，提升了专业建设水平，促进了教学质量的提高。鉴于现有文献资料对赛项成果转化内容方面研究的匮乏，开展基于国赛赛项成果转化的实践研究，无疑丰富了目前中职高星级饭店运营与管理专业技能训练及教学内容方面的研究应用。本课题重点研究如何把赛项竞赛资源进行全面转化，并通过赛项成果转化线上平台的实践，共享给全国旅游学校高星级饭店运营与管理专业的师生。本项目研究成果可为技能大赛成果转化、职业学校赛教融合的资源共享等提供参考和借鉴。

（三）研究内容

1. 调查研究，通过对酒店行业的问卷调查以及赛项技术文件的汇总，梳理并获取赛项成果转化的思路与内容；

2. 技能教学标准研究。基于中职高星级饭店运营与管理专业，对近几年大赛赛项技术文件的研究汇总，结合“以赛促改、以赛促学、以赛促教”的赛教结合的大赛办赛理念，起草适用于该专业的“技能教学标准”（试行稿）。形成规范职业学校专业技能教学以及教学质量评价的指导性文件；

3. 技能教学考试大纲（初稿）研究；

4. 赛项成果转化线上平台的实践性研究；

5. 总结提炼赛项成果转化线上平台实践的方法与推广辐射。

（四）研究方法

1. 文献研究法

借助数据库和网络资源，查阅近年来关于赛项成果转化方面有关文件以及相关研究成果，得出一般性结论，发现问题，寻找思路。

2. 调查研究法

进行问卷设计，对酒店需要的人才技能要求进行统计分析；总结赛项技术文件，归纳指导实践。

3. 案例研究法

理论与实践相结合，以苏州旅游与财经高等职业技术学校基于国赛赛项成果转化线上平台实践进行研究，总结经验教训，分析问题及原因，探索今后发展性思路。

（五）研究步骤

1. 准备阶段

2017 年 12 月，查阅数据库和网络资料，进行归纳分析。

2. 调研阶段

2018 年 1 月—5 月，进行问卷调查、实地调研，分析数据。

3. 实施阶段

2018 年 7 月—10 月，组素材，选手段，搭平台，根据成果转化及技能教学标准进行技能教学设计并实时录屏，制作微课等，用以搭建线上平台，资源共享。

4. 结题阶段

2018 年 10 月—11 月，撰写研究报告，分类归纳整理课题组资料，装订成册；聘请专家，进行鉴定。

（六）关键术语界定

1. 全国职业院校技能大赛

全国职业院校技能大赛是由中华人民共和国教育部发起，联合国务院有关部门、行业和地方共同举办的一项年度全国性职业教育学生的竞赛活动，专业覆盖面最广、参赛选手最多、社会影响最大、联合主办部门最全的国家级职业院校技能赛事，是一个切磋技能、展现职教魅力的窗口，是一场中国职教界的年度盛会。大赛分为中职学生组和高职学生组两大组别，赛项内容大都由理论部分、操作部分组成。2018 年大赛比赛项目常规赛项涵盖 75 个大项，其中中职组 30 个大项，高职组 45 个大项；行业特色赛项共 8 个项目。大赛至今已举办 10 年，深刻影响并推动职业院校的专业教育教学改革的思路和实践。

2. 中职组酒店服务赛项成果

中职组酒店服务赛项是从 2012 年开赛，至今已举办了七届，本赛项紧贴酒店服务业的动态发展，也经历了从“中餐宴会摆台＋客房中式铺床”到“中餐宴会摆台与服务＋客房中式铺床＋英语口语＋理论口试”的不断变化完善的过程，本课题研究的赛项成果主要分为基本资源和拓展资源两部分。基本资源包括赛项申报方案、赛项规程、试题库、评分标准及细则、赛项技术分析等直观内容；拓展资源包括行业动态、企业文化、赛事过程、选手风采、标准化操作视频等过程性影音资料。

3. 线上平台

线上平台是数字化资源的承载体，具备开放性、包容性、综合性、便捷性等特点。本课题所研究的线上平台开发主要是指将酒店服务（中职组）赛项的成果转化成数字化资源，通过微课、视频、文字和图像等形式呈现于平台上，实现成果共享、平台共用。

二、国内外相关研究概况

（一）国内相关文献研究概况

1. 相关论题的期刊论文及选题情况

通过在中国知网查阅相关信息，分别检索标题、主题和关键词为全国职业院校技能大赛、酒店服务赛项、成果转化、线上平台构建等的期刊论文，检索情况如下：

关于全国职业院校技能大赛的期刊论文。“标题”含“全国职业院校技能大赛”的期刊论文共有 428 篇，但“标题”含“全国职业院校技能大赛 + 中职组”的期刊论文仅 27 篇。“关键词”为“全国职业院校技能大赛”的期刊论文共有 669 篇，但“关键词”为“全国职业院校技能大赛 + 中职组”的期刊论文 0 篇。“主题”为“全国职业院校技能大赛”的期刊论文共有 1820 篇，但“主题”为“全国职业院校技能大赛 + 中职组”的期刊论文仅 58 篇（见表 1），其中近五年发表的 31 篇。

表 1　关于“全国职业院校技能大赛”的期刊论文

检索情况	标题		关键词		主题	
	“全国职业院校技能大赛”	“全国职业院校技能大赛+中职组”	“全国职业院校技能大赛”	“全国职业院校技能大赛+中职组”	“全国职业院校技能大赛”	“全国职业院校技能大赛+中职组”
期刊论文数量	428	27	669	0	1820	58

从选题来看，关于“全国职业院校技能大赛”的期刊论文多从国赛对职业院校专业建设的角度，探讨教学改革、人才培养机制改革、教学模式创新、教学内涵建设，有从教师教学的角度探讨教师专业教学能力的提升、学校师生技能水平的整体提高，有从校企合作角度探讨产教研的引领，还有从大赛实施的视角，探讨实践中的问题与对策、赛项开发与运作、获奖分布以及数据分析过程等。

关于成果转化的期刊论文。“标题”含“成果转化”的期刊论文共有 10 360 篇，但“标题”含“成果转化 + 酒店服务赛项”的期刊论文 0 篇。“关键词”为“成果转化”的期刊论文共有 3315 篇，但“关键词”为“成果转化 + 酒店服务赛项”的期刊论文 0 篇。“主题”为“成果转化”的期刊论文共有 22 804 篇，但“主题”为“成果转化 + 酒店服务赛项”的期刊论文 0 篇（见表 2）。

表 2　关于“成果转化”的期刊论文

检索情况	标题		关键词		主题	
	“成果转化”	“成果转化+酒店服务赛项”	“成果转化”	“成果转化+酒店服务赛项”	“成果转化”	“成果转化+酒店服务赛项”
期刊论文数量	10 360	0	3315	0	22 804	0

从选题来看，关于“成果转化”的期刊论文所涉及范围广，既有关于农业、牧业、科技、水利、人文、医药的，也有知识产权、石油科技、银行内审、军民科技、高校科技等的，内容多为成果转化的实施、数据、现状分析方面。探讨酒店服务赛项成果转化的没有。

关于“线上平台”的期刊论文。“标题”含“线上平台”的期刊论文共有 1073 篇，但“标题”含“线上平台 + 成果转化”的期刊论文 0 篇。“关键词”为“成果转化”的期刊论文共有 59 篇，但“关键词”为“线上平台 + 成果转化”的期刊论文 0 篇。“主题”为“线上平台”的期刊论文共有 628 篇，但“主题”为“线上平台 + 成果转化”的期刊论文 0 篇

（见表3）。

表3 关于"线上平台"的期刊论文

检索情况	标题		关键词		主题	
	"线上平台"	"线上平台+成果转化"	"线上平台"	"线上平台+成果转化"	"线上平台"	"线上平台+成果转化"
期刊论文数量	1073	0	59	0	628	0

从选题上看，探讨线上平台的期刊论文主要涉及线上资讯平台、线上服务平台、线上销售平台、线上定制平台等，也有少数线上教育平台，但对成果转化线上平台的研究至今没有。

2. 相关论题的学位论文及选题情况

"标题"含"全国职业院校技能大赛"的学位论文仅1篇。"关键词"为"全国职业院校技能大赛"的学位论文0篇。"主题"为"全国职业院校技能大赛"的学位论文共有25篇。

"标题"含"成果转化"的学位论文386篇。"主题"为"成果转化"的学位论文共有2819篇，其中"主题"为"成果转化+酒店服务赛项"的学位论文0篇。"关键词"为"成果转化"的学位论文有109篇，"关键词"为"成果转化+酒店服务赛项"的学位论文0篇。关于"成果转化"的学位论文所涉学科较广，但以科技类居多，酒店服务赛项成果转化方面的学位论文还没有。

"标题"含"线上平台"的学位论文18篇，其中涉及酒店业的有1篇。"关键词"为"线上平台"的学位论文仅有1篇。"主题"为"线上平台"的学位论文共有221篇，其中"主题"为"线上平台+成果转化"的学位论文0篇。关于"线上平台"的学位论文绝大多数都是关注商业运行平台的研究，基于酒店行业相关的有7篇，基于教育领域相关的有17篇，但是成果转化类的线上平台研究的内容为零。

（二）国外相关文献研究概况

课题组使用国际流行的springer（https：//link.springer.com/）学术资源搜索引擎，进行英文文献的查询。在该引擎中，使用关键词进行搜索，如以"Vocational College Skill Competition"检索，可以得到207篇文献，如果再加"China"为关键词，则只能检索到87篇文献。通读文献后，发现文献多集中于宏观研究，或者集中于比较教育研究，如我国台湾、香港与内地之间的比较教育，或聚焦于职业教育的地域特点，并且以专业育人为主要研究方向。所涉及的专业，也多集中于传统制造业。没有一篇英文文献，着力于研究酒店服务业的技能培训与技能比赛。可见，国际上对于技能比赛，特别是酒店服务业的技能比赛的研究，还基本处于空白阶段。

若以"World Skills"做关键词进行检索，可以得到319个检索结果。通读以后，发现除去报纸新闻以外，具体研究世界技能大赛（World Skills）影响、作用等的学术文献也为零。

（三）国内外相关文献研究综述

现有的期刊、学位论文的论文选题、研究方向呈现几个明显反差。

1. 就中职组国赛方面，提出国赛背后的问题热，解析中职赛项问题反思冷。因为从选题来看，关于“全国职业院校技能大赛”的期刊论文多从大赛实施的视角，探讨实践中的问题与对策，从校企合作角度探讨产教研的引领等，对全国职业院校技能大赛中职组酒店服务赛项的大赛作用分析不够；而关于“成果转化”的论文的选题，所涉学科较广，以科技类居多。

2. 在“酒店服务赛项成果转化”研究方面，科技类的研究多，教育类的研究少，理论性的模型研究热，实证性的资源建设类的研究冷，而酒店服务赛项成果转化方面的学位论文还没有。

3. 在“线上平台构建”研究方面，关注商业运行平台的研究热，基于行业和教育领域的研究冷，这种较冷态势的呈现，说明在酒店职教中的应用还不够广泛，而酒店服务赛项成果转化类的线上平台研究的内容为零。

以上的这些“冷”与“热”的反差，说明在职业教育中，赛项成果转化以及线上平台开发缺位，而且这种缺位是急需解决的现象。

可见，本课题如能顺利进行，将可以填补中职教育赛项成果转化线上平台开发的缺位，如果能在实践中提炼出赛项成果转化的内容，为中职高星级饭店运营与管理专业技能教学搭建线上平台提供重要资源，则对中职该专业技能教学领域具有现实意义和推广价值。同时，正是由于文献资料中相关研究匮乏、材料欠缺，开发成果转化线上平台构建的过程就需要依赖实证研究，紧贴行业以及职业教育实际，用事实来说话。

三、课题研究过程

（一）研究团队框架构成

研究基于国赛视角酒店服务赛项成果转化源泉、制定赛后资源转化工作路径、开展数据分析与教学试点并最终通过线上平台构建落实到日常教学中，是一项系统化、工程化的研究，需要配备专门的人员、形成专门的运行机制。为此，学校在 2017 年 11 月设立了“酒店技能人才培养工作室”（以下简称“工作室”）和“信息化教学资源与推广办公室”，开展酒店技能人才培养研究。该工作室由一名专职研究员组织该专业的教研室主任与院校专家、行业专家、教练和选手担任兼职研究员，从而形成了一支专兼结合的研究队伍。工作室在院校专家、行业专家的指导下负责对参赛团队所采用的技术标准、选手培养路径进行分析，在分析研究的基础上形成相应的成果转化资源，并提交教研室作为专业建设的重要参考依据。在教研室组织专业带头人和课程负责人开展技能教学体系的编制工作，这些建议将作为专业建设的组成部分被融合到技能教学标准方案中，并将技能教学标准的教学资源通过信息化教学资源与推广办公室进行线上平台的构建，从而使大赛成果转化的线上平台资源应用到学生日常教学培养中。在此过程中，教务处起到督导与评价的作用，以确保试行的技能教学标准得到落实。

（二）课题调研分析

1. 问卷调查

（1）样本选取

课题组采用定向抽样法，对苏州旅游与财经高等职业技术学校高星级饭店运营与管理专业毕业生进行了问卷调查，并对苏州万豪酒店、苏州洲际酒店、上海华尔道夫酒店、三亚半山半岛洲际酒店、厦门磐基皇冠假日酒店等65家用人单位人力资源主管进行了问卷调查。

（2）调查内容及问卷设计

问卷分为两类。一类是针对该专业毕业生的，即《酒店员工调查问卷》；另一类是针对人力资源主管的，即《酒店人力资源主管调查问卷》。其调查内容涉及三个部分：第一，被调查者的基本情况，包括性别、年龄、学历、所在部门、工作级别、所在酒店星级、在目前酒店工作时间、目前工作酒店的家数等；第二，被调查者对学校人才培养在实训条件或师资方面的建议；第三，被调查者认为影响毕业生酒店工作生涯发展因素的重要性，包括餐厅技能、前厅技能、客房技能、专项技能、英语表达能力、营销能力、自学能力、创新意识、沟通能力、业务管理知识、办公自动化能力、遵规守纪、职业素质、公文写作能力、人力资源管理能力、财务管理能力等，目的在于根据相同因素从不同被调查者的角度总结出共性。

（3）问卷调查实施

2018年1月—3月，课题组采用定向抽样法，对苏州旅游与财经高等职业技术学校高星级饭店运营与管理专业毕业生进行了问卷调查，以了解毕业生对学校该专业人才培养的看法，并对苏州万豪酒店、无锡日航大饭店、三亚半山半岛洲际酒店、厦门磐基皇冠假日酒店等65家酒店管理高技能人才用人单位人力资源主管进行了问卷调查，以了解酒店对学校技能型人才培养的看法，在此基础上重新审视该专业高质量技能型人才培养的要求。

2. 专家访谈

课题组个别访谈了该专业校外专家委员会成员，就国赛视角的技能人才培养现状和人才建设的需求、中等职业教育培养目标、教学体系等问题进行了咨询。

3. 实地考察

课题组成员分别于2018年3月至2018年5月赴北京、上海、三亚、深圳、杭州、厦门、南京、无锡和苏州等地20余家五星级酒店进行实地考察和调研，先后和部门领导以及一线服务员进行交流，为本文研究积累了丰富的一手资料。

4. 调查数据统计结果与分析

（1）《酒店员工调查问卷》统计结果与分析

课题组针对中澳合作项目毕业生共发放《酒店员工调查问卷》103份，回收问卷98份，回收率为95.1%，有效问卷97份，有效回收率为94.2%。

一方面，针对问卷第二部分进行分析发现，该专业毕业生普遍认为教学过程中使用的软硬件设施设备特别是前厅的软件需要更新、师资水平有待进一步提高。

另一方面，针对问卷第三部分内容进行统计分析，影响毕业生酒店工作职业生涯发展的因素的重要性分析具体描述统计量见表 4。

表 4 影响毕业生酒店工作职业生涯发展的因素的描述统计量

	N	极小值	极大值	均值	标准差
职业素质	97	2	5	3.78	.892
遵规守纪	97	2	5	4.02	.692
前厅技能	97	3	5	4.59	.554
客房技能	97	3	5	4.45	.559
餐厅技能	97	3	5	4.66	.538
专项技能	97	3	5	4.55	.559
营销能力	97	2	5	3.84	.886
沟通能力	97	2	5	3.84	.786
英语表达能力	97	3	5	4.56	.645
公文写作能力	97	2	5	3.85	.768
创新意识	97	2	5	4.09	.830
自学能力	97	3	5	4.19	.682
财务管理能力	97	1	5	3.54	.791
业务管理知识	97	3	5	4.27	.715
人力资源管理	97	1	5	4.01	.810
有效的 N（列表状态）	97				

根据以上调查和分析的结果，学校毕业生认为影响酒店员工未来发展的各个因素的重要性排序如下：①餐厅技能②前厅技能③英语表达能力④专项技能⑤客房技能⑥业务管理知识⑦自学能力⑧创新意识⑨遵规守纪⑩人力资源管理能力 ⑪ 公文写作能力 ⑫ 沟通能力 ⑬ 营销能力 ⑭ 职业素质和财务管理能力。

分析可见，从我校该专业毕业生的角度出发，在目前经济发达地区高星级酒店业对从业人员所要求的知识、技能与素质中，除去年龄、工作经验的要求以外，用人单位最看重的是大多数一线员工服务能力，这些技能是员工胜任岗位的基本要求。同样看重的是良好的沟通能力和自学创新能力。高星级酒店行业作为服务业，客人的需求具有多变性和随机性，这使酒店服务的难度比一般的物质生产行业更高，因此，良好的国际化沟通能力和创新能力也就显得尤为重要。此外，酒店是劳动密集型企业，大量员工聚集，做的也是对人的服务，所以遵规守纪和职业素质也很重要。

第三方面，针对问卷第三部分内容进行学校毕业生认为影响酒店员工职业生涯发展的因素分析。经相关系数检验可知各因子之间有一定的相关性；变量间偏相关性的 KMO 统计量为 0.802，因此各变量间的相关程度无太大差异，数据非常适合做因素分析；通过球形假设被拒绝，表示变量间并非独立，取值是有关系的（见表 5）。

表 5　KMO 和 Bartlett 的检验

取样足够度的 Kaiser-Meyer-Olkin 度量		.802
Bartlett 的球形度检验	近似卡方	1203.460
	df	105
	Sig.	.000

对该部分的 15 个题目进行因素分析，采用主成分法抽取因子，进行正交旋转，结果特征值大于 1 以上的共 4 个因子。这一点在碎石图（见图 1）中可以更清楚地体现。

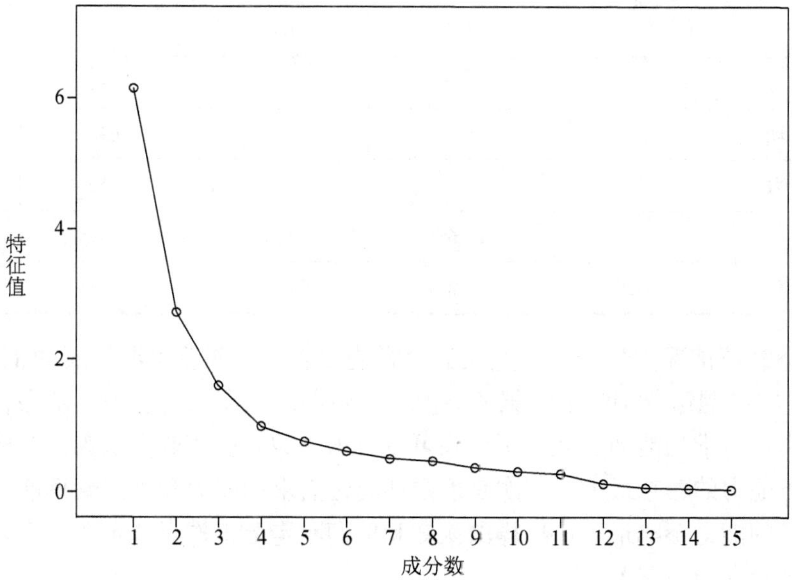

图 1　碎石图

各因素的因子负载、共同度、贡献率、累计贡献率见表 6。

表 6　毕业生认为影响酒店员工职业生涯发展的因素分析

因子 变量名	f1	f2	f3	f4	共同度
前厅技能	.941				.921
专项技能	.917				.869
餐厅技能	.884				.839

续表

因子 变量名	f1	f2	f3	f4	共同度
客房技能	.838				.757
营销能力		.943			.915
职业素质		.925			.888
沟通能力		.791			.727
遵规守纪		.626			.565
业务管理知识			.922		.900
自学能力			.890		.863
英语表达能力			.745		.650
创新意识			.630		.616
公文写作能力				.831	.744
人力资源管理				.698	.618
财务管理能力				.550	.522
贡献率	23.211	20.656	19.694	12.394	
累计贡献率	23.211	43.867	63.561	75.955	

根据变量载荷情况，学校毕业生认为，影响酒店员工职业生涯发展的 15 个因素分为 4 个公因子，本课题组分别归纳为服务能力、近中期岗位需求的能力、基层管理能力、远期高级管理岗位需求的能力。从分析结果可以看出，该专业毕业生认为，对他们的职业生涯而言，服务能力的影响最大，其次是近中期岗位需求的能力和基层管理能力，远期高级管理岗位需求的能力影响最小。这样的认知和他们刚走上工作岗位不久，大多数尚处于一线操作或初级管理岗位有关。

（2）《酒店人力资源主管调查问卷》统计结果与分析

课题组针对毕业生相关用人单位人力资源主管共发放《酒店人力资源主管调查问卷》70 份，回收问卷 68 份，回收率为 97.1%，有效问卷 65 份，有效回收率为 92.9%。

一方面，针对问卷第二部分进行分析发现，酒店人力资源主管对学校人才培养实训建设上的改进建议为该专业教学过程中知识讲授的深度、设施设备和师资水平还有待提高。这是因为教学大楼运行已近 8 年，部分设施设备已跟不上行业发展的最新要求，前厅的软件有待于后期维护升级运行。除此以外，由于学校为公立学校，碍于人事招聘体制的限制，目前教师均为从高校应届毕业生中招录，虽然学历均达到了硕士研究生，也全部在国外进修、在酒店实习过，但是技能水平、行业经验等仍然有待于进一步提高。

另一方面，针对问卷第三部分进行酒店人力资源主管对酒店员工所需的知识、能力与素质要求的重要性分析，具体描述统计量见表 7。

表 7　酒店人力资源主管对酒店员工所需的知识、能力与素质要求的描述统计量

	N	极小值	极大值	均值	标准差
前厅技能	65	3	5	4.72	.484
专项技能	65	3	5	4.68	.503
沟通能力	65	2	5	3.95	.818
创新意识	65	2	5	4.03	.865
自学能力	65	2	5	4.23	.745
营销能力	65	2	5	3.89	.904
客房技能	65	3	5	4.69	.528
公文写作能力	65	3	5	4.05	.799
餐厅技能	65	3	5	4.72	.484
职业素质	65	3	5	4.77	.460
英语表达能力	65	2	5	4.15	.712
业务管理知识	65	3	5	4.14	.827
财务管理能力	65	1	5	3.58	.900
人力资源管理能力	65	2	5	4.08	.777
遵规守纪	65	3	5	4.83	.417
有效的 N（列表状态）	65				

根据以上调查和分析的结果，酒店人力资源主管认为影响酒店员工未来发展的各个属性的重要性排序如下：①遵规守纪和职业素质②餐厅技能③前厅技能④客房技能⑤专项技能⑥自学能力⑦英语表达能力⑧业务管理知识⑨人力资源管理能力⑩公文写作能力 ⑪ 创新意识 ⑫ 沟通能力 ⑬ 营销能力 ⑭ 财务管理能力。

分析可见从酒店人力资源主管的角度出发，与毕业生不同的是，在目前经济发达地区高星级酒店业对从业人员所要求的知识、能力与素质中，除去年龄、工作经验的要求以外，用人单位最看重的是遵规守纪、职业品德和职业精神，这非常明显地体现出酒店管理人员对一线员工的基本要求。

第三方面，针对问卷第三部分进行酒店人力资源主管认为影响酒店员工职业生涯发展的因素分析。

经相关系数检验可知各因子之间有一定的相关性；变量间偏相关性的 KMO 统计量为 0.757，因此各变量间的相关程度无太大差异，数据非常适合做因子分析；通过球形假设被拒绝，表示变量间并非独立，取值是有关系的（见表 8）。

表 8　KMO 和 Bartlett 的检验

取样足够度的 Kaiser-Meyer-Olkin 度量		.757
Bartlett 的球形度检验	近似卡方	1123.002
	df	105
	Sig.	.000

对该部分的 15 个题目进行因素分析，采用主成分法抽取因子，进行正交旋转，结果特征值大于 1 以上的共 3 个因素。这一点在碎石图（见图 2）中可以更清楚地体现。

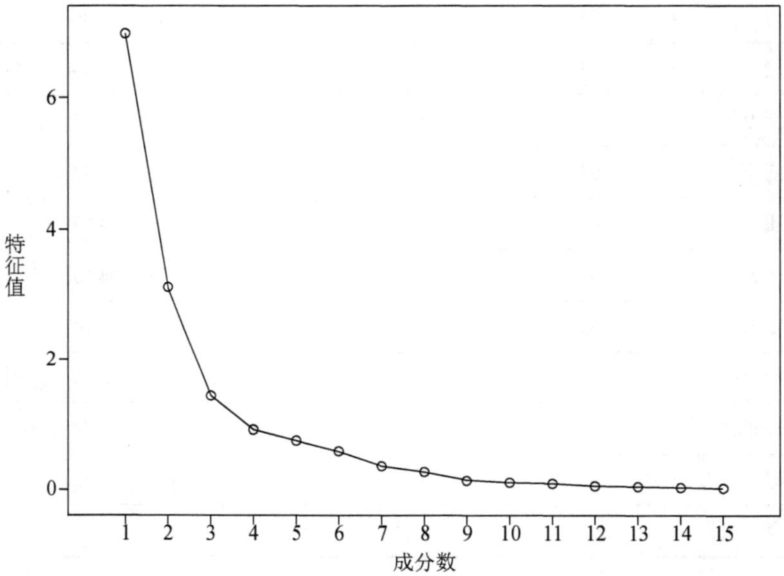

图 2　碎石图

各因素的因子负载、共同度、贡献率、累计贡献率见表 9。

表 9　酒店人力资源主管对影响酒店员工职业生涯发展的因素分析

因子 / 变量名	f1	f2	f3	共同度
职业素养	.937			.908
遵规守纪	.906			.844
餐厅技能	.889			.868
专项技能	.860			.789
前厅技能	.803			.701

续表

变量名＼因子	f1	f2	f3	共同度
客房技能	.686			.617
沟通能力		.897		.859
营销能力		.886		.838
自学能力		.877		.830
创新意识		.866		.776
英语表达能力		.809		.743
业务管理知识			.876	.891
公文写作能力			.851	.816
财务管理能力			.730	.609
人力资源管理			.538	.459
贡献率	30.646	28.141	18.197	
累计贡献率	30.646	58.786	76.984	

根据变量载荷情况，酒店人力资源主管对影响酒店员工职业生涯发展的15个因素分为3个公因子，本课题组分别归纳为基本素质与技能、创新学习能力、管理能力。从分析结果可以看出，酒店人力资源主管认为，对酒店员工的职业生涯而言，基本素质与技能的影响最大，其次是个人的创新学习能力，管理能力的影响稍小。这样的认知反映出酒店管理方认为，对大多数一线员工来说，做好自己的本职服务工作是首要的，各核心岗位的操作技能显得最为重要。酒店岗位的晋升受到很多其他因素的影响，目前阶段，一线员工要迅速晋升到高层管理极为困难，很多中层管理岗位也是酒店管理集团从别的酒店抽调的。就其职业生涯发展来讲，在现如今概念时代的要求下是否具有可持续的学习能力、创新能力以及行业经验都是制约因素。

（三）赛项技术文件分析

1. 赛项成果转化内容的分类

该赛项技术文件中的成果资源总体体现为两大类：基本资源和拓展资源。其中，基本资源包括赛项申报方案、赛项规程、试题库、评分标准及细则、赛项技术分析等直观内容；拓展资源包括行业动态、企业文化、赛事过程、选手风采等过程性影音资料。针对这两类宝贵成果进行资源转化时，分别可以转化提升为不同类型的技能教学内容或教学手段，服务于专业课堂，推动教学改革。基本资源可以直接转化为对应技能的培养目标、教学项目、典型案例、教学任务等教学内容，使课程体现出行业化、标准化、工作过程系统化的特色，满足技能教学需要；拓展资源中的竞赛过程、选手风采等人文资源，可以转化为技能之星、工匠精神等影音宣传材料，对学生进行职业素养、工匠精神等方面的培育和校园文化宣传，都是非常生动的职业教育教学资料。

2. 赛项成果转化内容的基础

经过多年的大赛实践，我们进一步认识到，技能大赛在促进职业教育人才培养模式的转变中发挥着重要的作用。当下许多职业学校片面、被动地围绕着职业技能大赛来组织教学、突击训练，将大众化的职业教育逐渐演化为个别化的“精英”教育，显然违背了举办技能大赛的初衷。要推动职业教育教学改革，就要从职业教育的目标、内容、方法和载体等方面进行重构。现代职业教育更需加强对学生实践技能、综合素质、创新能力的培养，技能大赛无疑成了指引职业教育发展方向、检阅职业教育发展成果的重要载体，促进了职业学校办学理念由封闭向开放的转变。

通过对赛项进行全面和深入的研究，系统地梳理大赛的各项标准，寻找可以转化到日常教学的纽带。赛项的运作体系与学校一体化教学体系具有相当程度的相似之处，故两者之间存在着转化的基础（如图 3 所示）。学校针对技能大赛的项目设置、项目技术文件、集训基地建设、专家教练团队建设、选手培养与选拔过程等内容，对接专业布局、课程项目开发、线上平台建设、师资队伍培养与提升、教育教学改革等工作进行深入研究，其研究内容如图 3 所示。其中，针对选手与普通学生的差异及其成因展开详细研究，得出在专业人才培养方案的基础上制定了技能教学标准以及技能考核大纲（试行稿），这是最为重要的转化。

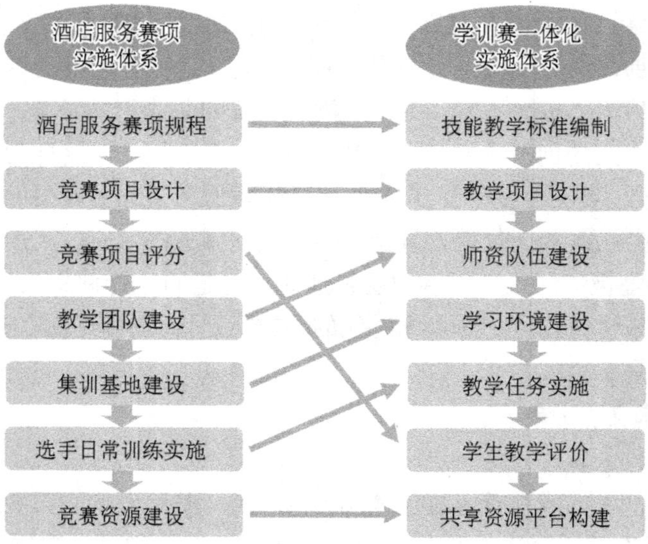

图 3　酒店服务赛项实施体系与学训赛一体化实施体系的转化图

四、现阶段赛项成果转化线上平台的实践

本课题以酒店服务（中职组）赛项为例，深入总结国赛参赛经验，积极寻找技能大赛

成果的转化点并应用于实际教学中，为该赛项技能竞赛资源的成果转化与线上平台资源的应用提供可参考的实践案例。

2012 年以来，学校连续 8 次夺得酒店服务（中职组）赛项的一等奖第一名，而且七年来学校学子共夺得 14 枚该赛项国赛金牌。学校在教育教学中并未仅着眼于对金牌的追逐，而是努力超越比赛本身的意义，总结中职组酒店服务赛项多年的参赛经验，梳理各项标准，找到了能够转化至日常教学的参考点。充分发挥技能大赛在推动校企深度融合、提高专业人才培养、推动教育教学改革、提高教师“双师”素质及教育教学质量等方面的内在作用，将技能大赛的先进理念植入职业教育人才培养过程，将技能大赛的规范要求内化到职业教育教学过程，进一步促进学校专业教学模式和人才培养模式的转变和创新。为此，学校组建了酒店技能人才培养工作室和信息化教学资源与推广办公室，主要目的是：一方面通过技能人才培养工作室的成果转化应用到教学中去，为赛项阶梯式培养后备队员；另一方面将大赛成果转化的线上平台资源进行一定范围的试点运行，来确定成果转化的可行性与实用性，为大赛成果在常规技能教学中的全面普及做准备。现阶段赛项成果转化的主要应用在以下几个方面。

（一）赛项规程融入到技能教学标准的编制

对专业实训课程技能教学标准的编制影响最直接的是赛项的竞赛规程。以中职组酒店服务赛项为例，在规程中详细地规定了该项目对参赛选手的各项要求，包括选手的专业知识、专业技能、操作规则、设备场地等方面，各项要求都做了非常细致的说明。从竞赛规程的内容上看，检验选手操作技能的程序化、规范化、标准化、服务意识、现场问题的分析与处理能力、语言沟通表达能力、卫生安全操作意识及心理素质等全方面综合素质，体现出中职高星级饭店运营与管理专业对应职业岗位或岗位群的人才需求和培养规格，涵盖丰富的专业知识与专业技能点，可直接分析转化为该专业所对应的专业能力目标，对高星级饭店运营与管理专业技能教学标准的编制有很多可借鉴之处。

（二）赛项任务转化设计为教学项目

中职酒店服务赛项的比赛内容源于酒店主要运营部门的核心岗位岗位人员的实际生产，竞赛内容的取材侧重岗位群的人才技能需求、突出项目任务的典型性。以 2017 年为例，该赛项竞赛任务的应会部分主要分为：仪容仪表展示、客房中式铺床实操、中餐宴会摆台与服务实操三部分，对应了本专业技能岗位的主要工作内容，紧密契合中职酒店服务赛项的考查点，如中餐宴会摆台与服务涵盖餐厅服务仪容仪表展示、物品准备、托盘、台布铺设、餐具摆放、巾花折叠、公用物品摆放、拉椅让座、斟酒服务等技能在内的实操，梳理转化成教学项目编写在技能教学计划中。它们分别是：仪容仪表、托盘、折花、摆台、斟酒。用于该专业实训课程教师的日常教学，实现了竞赛向学生学习任务方面的转化与应用。

表 10　技能教学计划参照表

序号	技能领域	教学目标	教学内容及要求	教学项目	学时与学期安排	实施条件
1	餐饮服务					
2	客房服务					
3	前厅服务					

（三）赛项的评分标准应用到日常的教学评价中

本赛项采取过程评分和结果评分相结合，根据参赛选手在分步操作过程中的规范性、合理性以及完成质量，依据评分标准按步给分并加权汇总的评分方法，这是真实的职业岗位能力评价的科学体现。此外，赛项评分标准的配分非常精确，某些配分精确到 0.1 分。这种配分科学而又注重比赛过程的评价过程，可应用于学校一体化课程的技能教学评价中去，强调学生操作的规范性、合理性以及完成质量，按照过程、结果等多个元素来对学生进行评价，进一步促进专业实训课程教学评价的完善。

（四）赛项教练团队的建设经验植入双师师资建设

赛项教练团队的建设经验在技能集训队教学中得到了很好的体现。以酒店服务赛项为例，对该赛项选手的培养，集训队主要从以下方面开展集训：首先是集训队组织选手学习大赛组委会在官方网站上公布的竞赛文件，全面了解竞赛规则和技术标准；其次教练之间相互研讨方案，制订科学合理的训练计划，提高选手的整体素质；最后根据需要开拓训练方法，积极组织兄弟院校之间以及到行业里进行实战拉练，模拟大赛环境，提高选手的实战备战能力。除此以外，备赛期间还注重对备赛队员进行形体训练以及心理辅导，全面提高学生的综合素质。学校酒店服务赛项集训队所配备的教师包括院校专家、教练、行业专家、心理辅导教师以及形体教师等。教练团队成员之间借助于交流研讨、团队建设等方式，不仅掌握行业动态，获得自身专业发展，而且提升了教师技能水平，为“双师型”教师的培养奠定了一定的基础。这种教练团队的构建方式可以引入到日常教学的师资队伍中来，有效提升学校整体师资队伍的水平。技能大赛指导教师的水平决定着参赛选手的水平。学校实施以培养名师带动发展名校的举措，大力培养“双师型”教师和“双高型”教师，优化专业教师结构，共同完成对课程的建设和技能大赛的指导工作。

（五）赛项情境式比赛环境促进实训基地建设

本赛项拥有独特的情境式比赛环境，是该专业对教学环境提出的要求，也就是该专业对实训基地建设提出的核心要求。职业教育培养出来的人才要求具有较强的实践能力，良好的实训教学条件是提高该专业教育教学质量的关键。近年来，学校一方面依托于技能大赛，拓展合作企业，并与之建立起校企合作长效机制，共建校内外实训基地。同时企业可以参与学校人才培养，能够提供具有丰富实践经验的行业经理现场模块化教学，并能参与到学校技能集训队的研讨训练中去，对学校人才培养贡献力量。另一方面，学校对原有的教学酒店改变经营方式，由原来的承包经营改为学校自主经营，总经理、部门经理、现场指导由教师担任，员工、领班由学生担任；由追求经济效益转变为追求社会效益，为酒店管理专业学生提供实景化教学环境。学生在校的一部分学习过程就是在真实企业环境中的成长过程。这种提前介入的模式，能够为学生积累企业经验、工作经验，为学生的快速成长提供可能，极大地增强学生高质量就业的竞争力以及职业生涯的归属感。

（六）赛项的成果资源运用到线上平台建设

结合该赛项的发展，课题组对基于全国职业院校技能大赛酒店服务赛项的理论与实践的知识点以及酒店行业的实际运用要求，将工作任务进行知识点的分解与整合，根据在一定范围试行的技能教学标准中的典型技能任务作为授课内容，引导学生在真实的工作情境中学习。同时为了方便教师和学生的线上与线下的学习，将该赛项的成果转化资源在学校网站平台上进行开发，主要通过微课、视频、文字和图像等形式呈现，尝试把知识点融入课程设计及展示架构，实现成果共享平台共用。

五、实施成效

通过技能大赛成果转化，我校高星级酒店运营与管理专业学生的职业能力和综合素质有了一个很大的提升。我校学生连续七年参加全国职业院校酒店服务赛项技能大赛共获金牌数达 14 枚，连续 6 年获得全国第一，大赛金牌和奖牌数连续三年省内排名第一。充分体现了我校“以赛促教、以赛促学”的教学方略，把专业技能比赛与高素质职业人才培养有效衔接，促进了专业内涵的发展。本专业毕业生也受到各大高星级酒店的青睐，毕业生就业率 100% 以上，对口就业率 85% 以上，用人单位对于毕业生综合素质满意度达 95% 以上。毕业生就业质量高，就业满意度高，就业竞争能力明显优于其他同类型学校。

同时，参加技能大赛，不仅锻炼了学生，提高了学生的职业能力，也锻炼了教师，提高了教师的职业素养。我校高星级酒店运营与管理专业专业教师通过参加比赛、研读技能大赛方案、参与大赛集训指导、深入开展以赛促教的教学改革等一系列的赛、训、教、研，迅速成长为合格的专业教师、优秀的专业名师、专家型的专业大师。本专业教师通过赛项成果转化的实践，积累形成典型创新案例，其中《酒店管理国际化人才培养模式研究与实践》先后荣获江苏省教学成果特等奖、国家级教学成果二等奖，《服务类专业学生综合技能培养“实景化”实训教学模式》获江苏省教学成果一等奖。近四年本专业教师入选国家旅游局“万名旅游英才计划”的“双师型教师培养项目”（高职）共 9 项；主持和参与研究课题、科研项目近 20 项；发表各项教学研究的学术论文 50 余篇；出版教材 6 本；专业教师以教育理念创新为先导，以信息化应用推广为主线，不断推动信息技术与专业教学的深度融合，慕课《茶艺》自上线以来，收到学生的广大好评，在 2015、2016 年均获得苏州市最佳人气奖。《碧螺春茶艺展示》在 2017 年获得苏州市教学大赛微课设计与应用一等奖;《餐巾折花》在 2017 年获全国信息化实训项目大赛获得一等奖第一名。

另外，该赛项成果转化的线上平台资源进行一定范围的试点运行，相关专业的兄弟学校能充分共享线上平台，在信息化时代背景下教学进入到一个崭新模式，突破实训教学的时空局限，实现学生随时随地地学习技能、操练技能，实现学生自主学习的可能性，实现学生尝试创新的可能性。教师在运用该平台的教学实践过程中，能够转变教学理念，运用信息技术手段，改变传统教学方法，迅速成长为具有先进教育教学理念，拥有娴熟的专业执教能力的新时代职业教育教师，并有能力把大赛成果转化到教学实际中，让所有学生都受益。

六、课题研究结论

（一）创新之处

本课题通过研究将现代职业教育的理念和国家办赛赛教结合的精神进行高度的凝练，打破了中职职业教育中出现的专业建设和集训参赛“两张皮”的现象，联合校企，以大赛为契机，开展纵向和横向的研究和分析，形成了融学、训、赛为一体的三个“统一”和两个“共享”。即技能教学与参赛集训的统一；教学体系与线上平台的统一；精英教育与大众教育的统一；模式共享；资源共享。

（二）核心观点

1.“学训赛一体化”模式

在技能大赛“以赛促改、以赛促学、以赛促教，赛教结合”的办赛理念指引下，融学、训、赛为一体，结合行业实际需求，通过将技能教学标准与赛项规程相结合，将教学内容与赛项内容相结合，将技能学习、岗位练兵与技能大赛训练相结合，将学生学、教师训、赛场赛三个方面有效地贯通结合。促进选手集训的精英教育模式转化为常规教学模式，教育受众突破仅仅针对参赛学生的局限，转而面向全体学生，努力实现参赛与常规教育的有机融合。同时人才培养既立足于学生全面综合素质的提高，又关注学生创新创意能力的培养，提高学生职业生涯的可持续发展力。

2. 创新教育的改革理念

线上平台的研究与推广推动了网络环境下优质教学资源实现真正共享。学习工具的智能化，学习环境的个性化，推动了学生创新意识的培养；教学资源便捷的输入输出渠道，突破了师资本土化局限，提升了职业教育在专业教育教学方面的区域之间协同建设的水平，促使旅游专业教学行为的革新，教师先进教学理念的不断升华。

3. 实用普适的共享机制

“互联网 +”时代背景下，线上平台成为传统课堂有力的补充，全国职业院校技能大赛酒店服务（中职组）赛项（以下简称“赛项”）成果转化的线上平台构建的实践研究，将学训教的一体化教学理念结合数字化资源共享平台，凸显赛项成果转化后的专业技能教学的实践效应和线上运用效果，逐步形成相对稳定的，具有指导性广、普适性强、共享性好的线上平台模式，弥补传统模式教学在各省市自治区的师资水平、线上辅导、评价考核、积极性调动等方面的不足，使先进科技服务于全国各地区学生课上课下的学习和实践活动，使学生的学习进程更为灵活，学习的内容更为完整。

（三）经验推广

1. 理解赛项发展内涵，系统研究是先导

现代职业教育需加强对学生实践技能、综合素质、创新能力、创业意识的培养，大赛正是指引职业教育发展方向、衡量职业教育发展成果的重要载体。从整体上讲，大赛的项目选择体现了技能的实用性和应用性，促进了教学内容由偏重理论学科体系向注重实践能力培养的转变。该赛项旨在通过检验选手酒店专业操作技能的规范和熟练程度、酒店服务意识、现场问题的分析与处理能力、语言沟通表达能力、卫生安全操作意识及心理素质等全方面综合素质，反映国家职业教育教学水平，引导中职院校关注现代酒店业发展趋势及对酒店人才的新需求，促进高星级饭店运营与管理等专业开展基于酒店实际工作过程导向的教学改革，深化产教融合、校企合作，实现通过赛事推动职业教育的专业设置与产业需求对接、课程内容与职业标准对接、教学过程与生产过程对接，提高酒店行业所需高素质技能型人才的培养质量。

系统研究酒店服务（中职组）赛项的技术文件，该赛项自 2012 年至 2014 年比赛内容主要包括现场实操和理论竞赛两部分，考核了选手的技能操作、专业理论、专业英语三个方面的内容，其中现场实操为中餐宴会摆台、中式客房铺床两项技能；2015 年至 2016 年基于比赛整体框架内容形式不变的前提下，考核选手能力的范围逐渐扩大，中餐宴会摆台增加了宴会服务之一斟酒的内容，改革为中餐宴会摆台与服务，客房中式铺床技能完成时间压缩，专业理论和专业英语题量增加应变题和情景问答题；2017 年至 2018 年，在逐步更新专业理论和专业英语的题目的同时，该赛项赛制由个人分赛制变成了个人兼项比赛，选手备赛量大、比赛难度增加、选手现场发挥要求更高，也更能反映选手专业技能水准、职校教学质量；2019 年的申报方案中赛制由个人兼项比赛变化为团队赛，比赛内容在实操中增加了上菜服务、分菜服务、开夜床服务等技能，从而加大了对客服务内容，并对各项标准、细则等进一步细化、完善，使比赛内容更加丰富，各细项权重及分值更加科学合理，站在行业前沿并引领行业技能发展，达到以赛促教、以赛促学、以赛促改、以赛促训、以赛促研的目的。纵观该赛项规程的发展变化，综合分析后得到改革主要是技能内容增加、分值题量调整、评分标准创新、流程强度加大等方面。

回看这七年全国职业院校酒店服务（中职组）赛项的发展过程，结合技能大赛不断改革的初衷，对此赛项发展的思考是：大赛成就了一批获奖选手，他们目前都已经成为行业骨干；也培育了一批金牌教练，他们已经是该专业的教育教学的中坚力量；办赛七年来，该赛项引领了高星级饭店运营与管理专业教学标准，促进了该专业全国教学专业化和规范化的改革，并且在一定程度上得到了提升。在“以赛促学、以赛促教、以赛促改”的办赛制度的指导下，以继承和创新发展为着力点，不断优化赛项设计方案，紧密围绕中职高星级饭店运营与管理专业人才培养目标的三个核心能力，即：培养具有良好职业道德和职业素养；掌握高星级饭店服务与管理专业相对应的岗位必备的专业技能和知识，能够适应现代酒店业和服务业的岗位需要；具有可持续发展和终身学习能力的高素质劳动者和技术技能型人才的理念，对赛项进行了整合与优化。

2. 密切融通校企合作，行业需求是动因

首先，通过大赛，学校与多家高星级酒店开展深层次合作，每年依托校企合作项目，不定期派教师到酒店集团总部接受最前言技能技术的培训，邀请酒店行业专家共同开展教学内容的制定与研讨，技能教学环境的设计与应用，开发工学结合的课程。如学校国际酒店管理系实训大楼投入高星级酒店前厅部普遍使用的opera操作系统，使教学与酒店行业的应用环境和要求保持一致，学校该专业学生毕业就能无缝对接就业。遵循“项目为载体、任务为引领、行动为导向”的教学改革理念，创新课程教学，突出实训教学环节，强化实践操作技能的训练，实现“学、做、教”合一；其次，校企双方通过共同开展技能大赛项目研究，同时聘请来自高星级酒店的技术骨干人员模块化训练学生的专业技能，共同探讨技能训练方式和方法，共同培育专业技能人才，同时将优秀企业文化引入校园，通过企业文化宣讲、进课堂等形式，培养学生酒店文化意识，形成良好的职业素养。逐渐形成了共育师资、共建实训基地、共同强化技能训练“三位一体”的校企合作人才培养模式，夯实了学生的职业能力，促进了职业教育和社会需求的无缝对接。

作为江苏省旅游教育集团副理事单位、苏州市旅游协会教育分会会长单位，学校注重与企业的合作，成立了“酒店管理专业课程改革指导委员会”，由苏州各大星级酒店资深专业人士具体指导我校课程改革和教学实施，保证了教学与市场需求、行业规范的结合。目前该专业与本地三十多家企业建立起紧密型合作关系。同时采用设立奖学金、助学金、冠名班、共建教学酒店等方式，不断探索着校企合作的新模式。

3. 导入贯通赛项标准，教学体系是核心

技能大赛的项目设置既切合生产实际，又符合行业发展的需求。每年大赛都吸收了行业发展的前沿技术，这也赋予了专业教学新的内涵。我校在课程改革的实施中，充分发挥技能教学研究基地的功能，将技能大赛的内容和标准加以提炼并转化为教学项目，把技能竞赛的规范要求融入专业课程中，融入教学过程中。在系统研究赛项技术文件的基础上结合行业发展的用人需求，制订了基于高星级酒店运营与管理专业人才培养方案下的技能教学标准（见附录）以及技能考试大纲，力争在这个教学体系下的每一门课程、每一个项目中都能体现大赛所倡导的规范化和标准化要求。

结合旅游业发展对酒店专业人才提出的客观要求以及本校性质和学生自身素质状况等因素，科学、合理地设置教学结构，旨在整体规划本专业的技能教学，进一步明确本专业三年学习期间的技能教学目标、内容和要求、教学基本条件，规范教学实施过程，指导技能教学评价，确保技能教学质量。该技能教学标准以学生综合职业能力发展为主线，遵循技术技能型人才成长规律，注重技能学习的通用性、专业性、发展性，将技能教学内容划分为通用技能、专项技能、岗位实践三个部分；突出以人为本、夯实基础、注重能力、强化技能、实现个性与专业特长自主结合的原则，培养素质教育全面，专业技能突出且具有外语特长的专业人才。

4. 推动专业教学改革，一体培养是关键

中等职业教育专业技能学习是学生形成良好的职业素养、娴熟的技术技能和一定技术思维的关键时期，对学生未来职业技能的持续成长起着基础性作用。为适应现代经济发展对酒店技能型人才的需求，中等职业教育高星级酒店运营与管理专业的技能教学定位于酒店一线工作岗位基础技能的培养。通过前厅部、餐饮部、客房部三大主要运营部门的各项服务技能的训练，使学生能够胜任酒店基础岗位工作，为其跨入行业直接就业或进入高等职业教育相关专业深造学习奠定良好的基础。

因此，推动专业教学改革，融学、训、赛为一体的教学理念，是结合用人单位的实际需求，通过专业分析制定的技能教学标准，将具体教学内容与技能大赛的内容相结合，将技能大赛与技能学习、岗位练兵紧密结合，将学生学、教师教、赛场赛三个方面有效地贯通结合，将通用技能（包括酒店服务礼仪、前厅服务、客房服务、餐厅服务）、专项技能（包括金钥匙服务、侍酒服务、茶艺服务、咖啡服务、宴会服务设计）、岗位实践（前厅服务员、客房服务员、餐厅服务员）三方面的教学内容实施“三层衔接”设计，即“技能课程项目化、实务课程全真化、实训项目实体化”的以实践为中心的三级教学体系一体化构建。

5. 完善教学评价标准，教学改革是推动

酒店服务（中职组）赛项体现了该专业群的核心技能、核心知识、职业规范、职业精神与创新意识，能够检验参赛选手的综合职业能力。该赛项规范了对专业教学的评价标准，促进了全国高星级饭店运营与管理专业的职业教育与职业规范的接轨。学校在教学中参照大赛的标准，进一步完善教学评价体系，不仅考核对技术应用能力具有重要保障作用的基本理论，更加强了对学生实际操作能力的考核，将学生职业道德、职业素养等基本要求融入考核标准，体现对学生知识、能力和素质的综合评价要求；学校采取多种评价方式，既注重过程评价，又注重结果考核，明确每个项目的考评要点，培养学生的质量意识，实现职业规范与专业技能训练的完全融合，建立以技能为核心的教学质量测评体系。

以中餐宴会摆台与服务项目的教学评价为例，该项目依据行业标准，借鉴国赛评分标准的指标，并不只是关注工作过程质量的考核，还增加了仪容仪表、微笑服务、过程性评价等方面指标；评价主体既有学生的自我评价，也有小组互评和最后综合评价；评价指标中对于该技能的具体要点和标准都明确罗列出，以便学生互相学习和比对，具有较强的可实施性。

6. 成果资源普适共享，线上平台是特色

一方面，本课题力求从该专业的核心模块着手，基于全国职业院校技能大赛酒店服务赛项成果转化成果进行线上平台的开发与研究，利用公共传输平台，共享教育培训资源。旨在将多年酒店服务技能大赛中凝练形成的专业核心技能通过信息化手段推广转化到常规教学中，打造一个能够共享的高星级酒店运营与管理专业技能教学资源平台，从而推进该专业教学的标准化建设。以期达到系统功能完善，实用性强，交互性好。学校充分发挥技能教学研究基地的作用，积极开发各类数字教学资源，以此对基于工作任务的项目课程教学不断补充和完善，推进竞赛内容的普及化。

另一方面，随着教学信息化手段的更新，慕课、微课等翻转课堂已经并正在改变着传统的教学模式，网络与智能终端已经走进每个人的生活，教学不再是传统课堂的讲授与学习，而是要把在校学习、在岗学习、在线学习等终身学习理念融入教与学的过程中。所以，在未来的教学模式中，教师要根据岗位需求，及时有效开发教学资源，针对不同阶段的培养目标，颗粒化分解知识点与技能点，运用在线录制视频、在线试题库测试、在线答疑解惑等方式进行教学实施。“互联网 + 教育”是互联网与教育的不断融合，线上平台与传统课堂相结合的一种具有活力的教育模式。学训赛一体化教学理念结合用信息技术展示的网络资源的线上平台，势必将成果转化的教学资源更好地实现深度翻转课堂。

（四）研究不足与思考

无论从理论研究还是实证研究方面看，《基于国赛酒店服务赛项成果转化线上平台构建的实践性研究》项目几无前人经验可循，是一个全新的课题，研究范围涉及面广，研究内容涉及酒店诸多业务部门诸多岗位群的主要工作流程，只能边实践边研究，边推广边反馈，分步推进。尽管迄今已完成本课题申报的研究内容，但由于研究内容较多，技能教学模块实践性效果尚未全部体现。

随着上述研究的不断深入，课题组发现其实从“以赛促教”的角度出发，共享平台上的教学资源可以更加全面，共享平台上专业技能覆盖面可以更加广阔。鉴于此，本研究将以现有研究为基础，继续后续研发工作，完成其他技能教学模块的研发并根据技能教学标准更新课程标准。同时，将现有研究成果进行进一步梳理，形成科研论文并公开发表，丰富现有相关理论研究的成果，并供参考借鉴。

本项目若得到相关经费支持将会进一步拓展平台资源，更好地为现代服务业专业发展和课程改革插上信息化翅膀，打破赛项资源转换的发展瓶颈。

附录：

问卷一

酒店员工调查问卷

尊敬的先生 / 女士：

您好！我们正在开展一项有关高星级饭店运营与管理专业技能人才的调查研究，调查采取匿名的形式进行，请您无须顾虑，根据自己的真实情况与看法放心填写，谢谢您的支持与合作！

您对每一问题的回答都对研究结果有直接的贡献，请确保没有遗漏任一问题。如果您认为某一问题没有完全符合的选项，请选择最适合的一个答案。

再次感谢您百忙之中的参与和支持！

苏州旅游与财经高等职业技术学校

基于国赛酒店管理赛项成果转化线上平台构建的实践性研究课题组

第一部分：根据您的实际情况，在括号内选择。

1. 请标明您的性别：（　　）

A. 男　　B. 女

2. 请标明您的年龄：（　　）

A. 18~20 岁　　B. 21~25 岁　　C.26~35 岁　　D. 35 岁以上

3. 请标明您的学历：（　　）

A. 高中学历（或中专）　　B. 大学专科

C. 大学本科　　D. 硕士或博士

4. 请标明您所在的部门：（　　）

A. 前厅部　　B. 客房部　　C. 销售部　　D. 餐饮部

E. 工程部　　F. 保安部　　G. 人力资源部　　H. 财务部

I. 康乐部　　J. 其他__________

5. 请标明您的工作级别：（　　）

A. 操作层（基层员工）　　B. 督导层（部门领班、主管等）

C. 决策层（部门副经理、经理）

6. 您所在酒店的星级：（　　）

A. 挂牌四星级　　B. 五星级标准　　C. 挂牌五星级　　D. 白金五星级标准

7. 请标明您在目前酒店工作的时间：（　　）

A. 半年～一年　　B. 一年～三年　　C. 三年～五年　　D. 五年以上

8. 这是您工作过的第（　　）家酒店。

A. 第一家　　B. 第二家　　C. 第三家　　D. 第三家以上

第二部分：根据您所在酒店的实际情况填写。

请您评价在校学习期间实训条件以及师资情况给您学习该专业起到的作用。

较好的方面：

不足的方面：

第三部分：在下表列出的影响您酒店工作职业生涯发展的因素中，请按照每项陈述与自己实际情况的吻合程度在相应的格子内打“√”。如果有的问题让您感到比较模糊，请不必反复推敲，只要按照自己的第一感觉填写就行。

影响程度 / 影响因素	一点不重要	不太重要	一般	比较重要	非常重要
职业素质					
遵规守纪					
前厅技能					
客房技能					

续表

影响程度 影响因素	一点不重要	不太重要	一般	比较重要	非常重要
餐厅技能					
专项技能					
营销能力					
沟通能力					
英语表达能力					
公文写作能力					
创新意识					
自学能力					
财务管理能力					
业务管理知识					
人力资源管理					

问卷二
酒店人力资源主管调查问卷

尊敬的先生 / 女士：

您好！我们正在开展一项有关高星级饭店运营与管理专业技能人才的调查研究，调查采取匿名的形式进行，请您无须顾虑，根据自己的真实情况与看法放心填写，谢谢您的支持与合作！

您对每一问题的回答都对研究结果有直接的贡献，请确保没有遗漏任一问题。如果您认为某一问题没有完全符合的选项，请选择最适合的一个答案。

再次感谢您百忙之中的参与和支持！

苏州旅游与财经高等职业技术学校

基于国赛酒店管理赛项成果转化线上平台构建的实践性研究课题组

第一部分：根据您的实际情况选择或填空。

1. 请标明您的性别：(　　)

A. 男　　B. 女

2. 请标明您的年龄：(　　)

A. 18~20 岁　　B. 21~25 岁　　C. 26~35 岁　　D. 35 岁以上

3. 请标明您的学历：(　　)

A. 高中学历（或中专）　　B. 大学专科　　C. 大学本科　　D. 硕士或博士

4. 您的职务：(　　)

A. 部门经理级　　B. 总监级　　C. 总经理级

第二部分：根据您所在酒店的实际情况填写。

您认为我们在培养该专业人才过程中还应该在哪些方面改进和提高（比如教学设施设备、师资、教材及资料、教学方法、课程设置、和政府以及酒店的关系等）：

第三部分：请按照每项陈述与自己实际情况的吻合程度在相应的格子内打“√”。如果有的问题让您感到比较模糊，请不必反复推敲，只要按照自己的第一感觉填写就行。

您对员工所需要的知识、能力与素质分别有什么要求：

影响程度 影响因素	一点不重要	不太重要	一般	比较重要	非常重要
职业素质					
遵规守纪					
前厅技能					
客房技能					
餐厅技能					
专项技能					
营销能力					
沟通能力					
英语表达能力					
公文写作能力					
创新意识					
自学能力					
财务管理能力					
业务管理知识					
人力资源管理					

参考文献

[1] 曹智.加速技能大赛成果转化，深化工程造价专业课程改革［J］.天津职业院校联合学报，2014，16（12）：107–110.

[2] 王东东.世界技能大赛对接职业院校实训教学课程建设的探索与思考［J］.印刷杂志，2018（7）：24–29.

[3] 汤伟群.广州市工贸技师学院对世界技能大赛研究成果的转化与应用(上)[J].中国培训，2016(1)：34–35.

[4] 杨建良.技能大赛与专业教学有效融合的实践研究［J］.中国职业技术教育，2013（2）：19–24.

[5] 蔡勤生."赛教结合，寓学于赛，以赛促改"教学模式实践探索［J］.职业技术教育，2010（26）.

[6] 刘辉.职业院校技能竞赛成果转化与应用的实践研究——以高职组电气安装与维修项目为例［J］.高等职业教育（天津职业大学学报），2017，26（05）：44–47.

[7] 冯里，褚朝森，薛迎迎.对于职业院校技能大赛的感悟［J］.学周刊，2017（32）：187–188.

[8] 李建军.世界技能大赛电气装置项目集训方法探索［C］.中国职协 2016 年度优秀科研成果获奖论文集（学校一等奖），2016.

[9] 吴昊.世界技能大赛推动职业院校技能人才培养［J］.教育现代化，2018，5（38）：298–299.

[10] 吕成鹰.感悟世界技能大赛 创新人才培养路径［J］.中国培训，2015（9）：24–25.

[11] 刘东菊.对接世界技能大赛标准 提升技能人才培训质量［J］.天津市教科院学报，2016（5）：32–34.

项目名称：基于“企业员工入校”背景下高职教育服务社会新模式的实践与研究
项目编号：LZW201708
项目负责人：马兆兴
项目负责人所在单位：太原旅游职业学院

基于“企业员工入校”背景下高职教育服务社会新模式的实践与研究

本项目基于山西省资源型经济转型发展的实践背景，服务于企业和地方政府转型旅游业过程中对高素质旅游人才的需求，拓展于深化产教融合中旅游院校社会服务模式的创新。在山西省属国有企业转型发展旅游业的背景下，太原旅游职业学院主动承担起助力人才转型的重任。2017 年 5 月到 8 月，学院为山西省经贸集团 35 名员工开办了 3 个月的“文化旅游专业研修班”。我们打破以往碎片化的培训模式，创新尝试了通过“引企入校”实现集成培训的社会服务新模式，取得了良好的社会效益。基于本次培训的探索，我们进行了系统的理论梳理，在校企深度融合机制、师资和课程的配备、教学资源的共享等方面形成了较为系统的理论成果，实现了预期研究计划，并在后期的社会服务中检验、完善、丰富了研究成果，形成溢出效应。

高职教育在深化产教融合中进行社会服务模式的创新，出路在于院校应将办学资源、市场需求、企业诉求与区域经济发展战略有效结合，找准政府、企业与院校的诉求契合点，在服务需求中深化产教融合，打造出高水平、有特色的社会服务新模式，构建起协同育人、资源共享的社会服务新生态。

基于以上认识，本项目在实践中探索并总结出以助力企业（地方）发展为目标，以产教深度融合为方向的“1224”集成式社会服务模式。“1224”是指“一个共同目标、两个体系对接、两套机制融合与四大资源共享”。“一个共同目标”就是校（地）企双方共同致力于企业（地方）发展的目标；“两个体系对接”就是实现企业（地方）培训系统与院校培训系统的双面对接，实现供需双方信息由“双盲”到“通视”；“两套机制融合”就是在“引企入校”或“送教到地”中探索产教深度融合的外部“三螺旋”与内部“CDIO 四步骤”新机制的有效运转；“四大资源共享”就是推动校（地）企之间在管理制度、师资队伍、实训资源与课程资源四方面的共建共享。

一、山西旅游文化强省战略的实施与文化旅游业战略性支柱产业的打造

（一）旅游文化强省的顶层设计

在山西省第十一次党代会上，山西省委书记骆惠宁提出了："深入挖掘'地上'资源，高起点大手笔谋划文化旅游产业，在创新体制机制、重大项目开发上实现新突破，使文化旅游产业成为转型的新引擎新支柱"。在2017年《山西省政府工作报告》中，山西省省长楼阳生指出："特别要把文化旅游业加快培育成战略性支柱产业。着力破解体制机制障碍，上半年基本完成全省旅游景区体制机制改革，进一步理顺管理体制、经营机制和各类利益关系。以"旅游业+"为思路，把握"安、顺、诚、特、需、愉"六字要诀，包装一批项目、引进一批战略合作者、培育一批经营主体、搭建一批投融资平台、打造一批旅游景区和精品线路，做强寻根觅祖、古建宗教、晋商民俗、太行山水、红色经典等旅游品牌。积极发展全域旅游。建设文化旅游产业融合发展试验示范区。组建省级文化旅游投资平台，实施大项目建设、大企业运作。提升五台山、云冈石窟、平遥古城等重点景区品质。发展生态游、商务游、休闲游、旅游养老、会展旅游、体育旅游等新业态。办好重大旅游节庆活动。抓好旅游公路和旅游服务设施建设。努力实现由文化旅游资源大省向文化旅游强省的跨越，把山西建成国内一流、国际知名的旅游目的地。"

《山西省"十三五"旅游业发展规划》和《黄河、长城、太行三大板块旅游发展规划》的相继出台，更是提出了一系列旅游文化发展的新举措。如产业大融合，把旅游业打造成带动相关行业发展的新引擎；区域大合作，使旅游业成为推动"新马车"建设的新动力；全域大联动，把旅游业打造成带动区域社会发展的新杠杆；资源大整合，把旅游业打造成促进国民经济发展的新亮点；扶贫大攻坚，使旅游业成为连片特困地区扶贫开发的新战场等。

（二）国有大企业主动转型出击，打造山西省属文化旅游产业的"旗舰"企业

2017年7月，省级文旅产业整合平台挂牌在即，山西省属国企众多，大多对文旅产业有涉及，但总体实力并不是很强，布局较为分散，在山西省此轮国企改革强调专业化经营的背景下，对省属国企文旅产业板块进行整合自然是应有之义。

在此转型升级、产业整合的背景下，对于现代旅游人才、旅游管理人才的需求是非常迫切的，同时对新时代旅游体验经济、旅游休闲度假时代的旅游产业的规律把握、旅游业态、旅游发展趋势、旅游从业人员的素质、文明旅游、"旅游+"，"+旅游"等都需要进行专业的、系统的培训，才能适应国有企业转型中的专业体系的支撑体系的构建。

山西省经贸投资控股集团有限公司是集资产管理、文化旅游、科技金融、贸易、房地产等产业于一体的省属大型国有企业，承继了省旅发委和相关省直单位所属重要企业的主要业务，是最早在省内从事旅游产业的省属国有企业。山西省经贸投资控股集团有限公司将打造省属文化旅游产业的"旗舰"企业，将集团转型为省级文化旅游投资主体。作为山西省属22家国有独资大型企业之一，山西省经贸投资控股集团有限公司（以下简称"山西经贸投资集团"）已经开始了产业转型之路。在集团领导的带领下，集团公司主动谋划，加快推动转型，逐步形成了"以文化旅游为主导，以科技金融为引领，以新兴产业为支

撑”，三大支柱产业互相支撑、互相促进的产业发展新格局。

（三）企业转型需要大量旅游人才，旅游院校参与企业管理层、员工培训成为新常态

从2016年开始，山西经贸投资集团多次举办文化旅游专题研修班，“浙江大学文化旅游专题研修班”、北京第二外国语学院旅游管理学院“文化旅游管理研修班”、太原旅游职业学院“文化旅游专业提升研修班”的相继开展，集团近200名员工参加了学习培训。把企业人才送出去、请进来，力争通过强化培训，快速形成集团文化旅游产业开发研究型人才、经营管理型人才、一线优秀管理人员三支队伍，以适应全省国资国企改革步伐，适应集团公司文化旅游战略转型需要。

同时山西省的旅游集团、旅游企业也有着整改、重组、重新定位、战略转移的需求，亟须对原管理层和员工进行系统化的转型培训和能力提升。旅游院校主动适应市场需求为山西旅游业发展提供人才和智力支持，发挥专业办学优势，面向省内大中型转型企业开展的以“产学融合，服务转型”为主题的系列活动也成为职业院校的一种新趋势。旅游职业院校应不断拓展服务社会的广度和深度，助力山西旅游业的发展和文化旅游强省战略的实施。

二、资源型经济转型发展和校企合作新生态的构建

在区域发展战略中，不同地区面临着不同的发展阶段与发展任务，地方高职院校只有紧紧依托所在地区的发展战略，结合区域功能和产业特点探索差别化发展路径，才能找到相应的深化产教融合、校企合作模式。以建设资源型经济转型发展示范区的山西省为例，当前全省上下正在落实国务院42号文件各项任务，率先走出资源型地区转型升级、创新驱动发展的新路。未来要“基本形成新兴产业快速成长、装备制造业强力支撑、文化旅游业成为支柱、建筑业规模扩大、现代服务业成为重要增长极、新产品新业态新模式加速涌现、传统产业更具竞争力的现代产业格局”。在山西资源型经济转型发展中，文化旅游业是主要的转型方向，是要全力打造的战略性支柱产业，这就为旅游高职院校提出了要求，也提供了良好的发展机遇。旅游高职院校深化产教融合、校企合作，应紧紧围绕转型发展需要与文旅融合趋势展开。

（一）在文旅融合与产教融合中打造校企双方利益交会点

山西丰厚的人文积淀和丰富的文化资源，使文化成为山西旅游的特色和比较优势，文旅融合成为山西打造核心竞争力、增强话语权的必然选择。2017年初，省委省政府确定了省属国有大中型企业合并重组、转型发展的战略。对于省属国有大中型企业来说，旅游业是个相对陌生的领域，人才资源知识结构的转型是首要的。太原旅游职业学院作为山西办学历史最长，办学实力最为雄厚的高职院校，在旅游人才培养中有着独特优势。这样，企业在文旅融合中的现实需要与高职院校产教融合的追求达成一致，双方找到了校企利益的交会点。

（二）传统教育模式保守惯性的突破与校企合作新模式

传统的校企合作可分为以下三种模式。

1. 校内或校外实习实训基地合作模式

校企合作的最初接触点在学生实训、实习和就业环节。高职院校与企业共同建立校内实训或校外实习基地，完成学生的校内模拟实训和校外实践教学。学生通过实习实训熟悉行业和企业的基本情况，并提高实操和动手能力，企业也可以在实习实训中充分了解学生，并从中挖掘优秀技术技能人才作为员工储备。

2. 订单培养合作模式

订单培养即订单班或冠名班，是由大型企业提前选拔签约学生，将这些学生组成一个特定的班。企业在选定了订单班后，学校根据企业提出的人才培养目标及相关要求，修订教学计划并组织教学，学生毕业后进入该企业工作。订单培养让学生不再面临就业择业压力，企业也省去员工岗前技能培训环节。然而订单班也面临学生就业意愿的改变导致单方毁约现象较多的问题。

3. “校中厂”合作模式

传统“校中厂”是将企业的工厂建在校园中，既可以解决学生外出实习的安全问题，又可以解决企业场地不足的问题，实现了企业与学校的资源共享。不过“校中厂”合作办学机制的不健全导致“校中厂”的实习实践利用率并不高。

面对资源型经济转型发展的新需要，以上三种校企合作模式较为单一且不够深入。资源型经济转型发展是一场深刻革命，地方高职院校不应囿于职业教育自身的藩篱，而应将自身办学资源置于区域经济发展的大市场中，以开放的眼光和开明的精神主动出击，根据自身特点和人才培养能力，充分释放产教融合新动能，全力探索深度校企合作新模式。

（三）在挖掘与整合“校政行企”四方资源中构建校企合作新生态

服务资源型经济转型发展，高职院校需要整合自身资源和周边资源，在资源共享的思维中深化校企合作。《职业学校校企合作促进办法》中指出：“职业学校应当根据自身特点和人才培养需要，主动与具备条件的企业开展合作，积极为企业提供所需的课程、师资等资源。”“企业应当依法履行实施职业教育的义务，利用资本、技术、知识、设施、设备和管理等要素参与校企合作，促进人力资源开发。”

以旅游高职院校为例，在深度校企合作中有政府（旅游行政部门与教育行政部门）、行业、企业和高职院校四方资源需要整合，可以在人力资源、管理制度、组织文化、机构设置、技术研发等领域实现资源共享，构建起互利共赢的校企合作新生态。如下表所示。

表 1　校企深度合作四方资源共享内容汇总

	政府	行业	企业	高职院校
人力资源	1.教师到政府挂职锻炼 2.官员讲座到院校指导工作或开讲座	1.教师在行业协会兼职 2.院校协办或承办行业技能大赛	1.学校为企业培养学生 2.教师为企业培训员工 3.教师下企业顶岗实习	1.企业员工到院校实践兼职授课 2.开展学徒制合作，实行校企双主体育人 3.共建实训场所
管理制度	将目标考核、“1331”工作制度运用于学校	学校借鉴行业成熟管理制度与运营模式	教师为企业制定岗位标准和职业标准	学校引入企业高效的制度

续表

	政府	行业	企业	高职院校
组织文化	1.贯彻落实国家政策 2.将行业典型人物推广到学校	1.号召在校生开展行业文化与工匠精神等的学习 2.依托学校积淀和创新行业文化	学校将先进行业文化推广到企业，如金钥匙服务理念在酒店行业的推广	通过企业冠名班等形式传承优秀企业文化，与校园文化有机融合
机构设置	人事教育处、行业培训机构与院校的对接与培训资源的共享	1.将行业培训和研发机构设置在学校 2.依托学校建立专业培训基地	培训机构、招聘机构与学校实习就业机构的对接	实习就业机构、社会服务机构和科研机构与企业的对接
技术研发	向院校下达纵向课题和社会服务任务	1.教师团队为行业开发标准体系 2.教师参与行业标准的实施，如参与技能鉴定、评定企业与从业者等级	校企联合开展横向课题研究和技术攻关	校企合作设置专业、研发专业标准，开发课程体系、教学标准以及教材、教学辅助产品，开展专业建设

在整合“校政行企”四方资源的基础上，逐步探索教育链、人才链与产业链、创新链的有机衔接，在人才培养、技术创新、就业创业、社会服务、文化传承等方面开展广泛合作，共同打造出服务资源型经济转型发展的校企合作新模式和新生态。

三、构建政、产、学“三螺旋”新型协作关系与社会服务新生态

三螺旋理论强调政府、产业和大学的合作关系，这些群体的共同利益是给他们所处在其中的社会创造价值，政府、产业和大学三方都可以成为动态体系中的领导者、组织者和参与者，不同创新主体之间构建起多重、互动、自反、集成、非线性的关系。这一理论将政、产、学关系由简单互动转变为“三螺旋”（见图1），强调政、产、学的“三力合一”，共同为实现经济社会发展目标提供核心动力，这就为旅游院校在开展社会服务过程中构建新型协作关系、产生协同效应打开新思路。

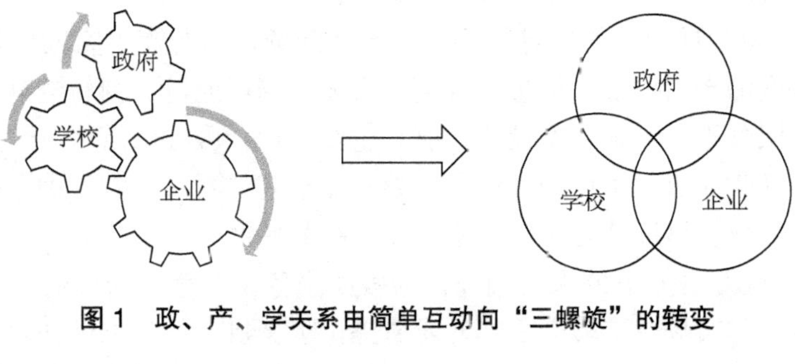

图1　政、产、学关系由简单互动向“三螺旋”的转变

（一）三螺旋理论框架下的社会服务各方关系

学校发挥知识和技术优势提供源源不断的社会服务，政府贡献最有效的宏观政策和高效的协调，企业则提供充分的资本和商业模式，三者共同组成的合成场强对三螺旋的最终轨迹产生影响，出现三股螺旋在竖直方向上不断进化和水平方向上螺旋式地前进（图2），

共同促进区域创新、产业发展和经济增长。

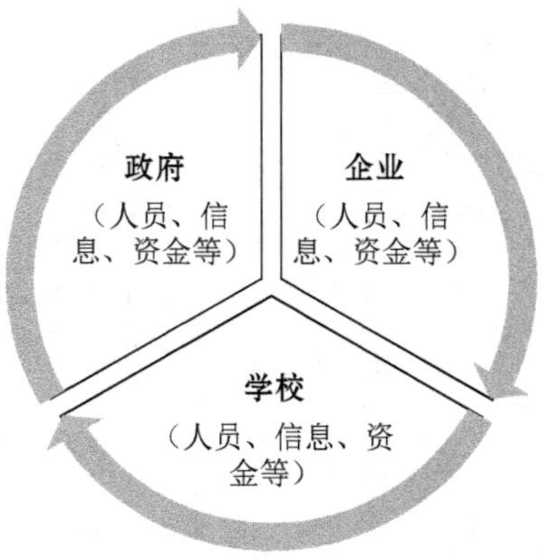

图 2　政、产、学“三螺旋”的进化与循环

在此框架下，政府（包括旅游行政部门和教育行政部门）、企业（或行业协会）、学校（包括教师、学生和场所等资源）三方共同建立起旅游院校社会服务的制度框架。从纵向看，每股螺旋都处于不断完善、谋求自身发展的过程中，形成三螺旋的纵向进化特征；从横向看，人力资源、信息资源和资金、政策等若干要素的流动形成人员、信息和产品的横向循环。如人员的循环体现为教师到企业实践或到政府部门挂职锻炼、企业人员到学校做实践指导、政府部门人员调任学校领导等，信息的循环体现为三方信息的共享，行政部门的政策信息、企业的市场信息与学校的人才信息交汇融合，资金的循环体现为横向与纵向的课题研究经费和社会服务费用。如此，社会服务三主体的相互作用伴随着三股螺旋的纵向进化和横向循环得以实现，形成了深度产教融合。

（二）深度产教融合下的社会服务新生态

“三螺旋”的进化与循环不断推动产教融合、校企合作的深化，为破解社会服务四大矛盾提供了新契机，也将逐步演化出旅游院校社会服务新生态。

首先，“三螺旋”框架下的信息循环，为破解服务供给与需求之间信息不对称的矛盾提供了契机。深度的产教融合将促进教育链、人才链与产业链、创新链有机衔接，催生出旅游院校的社会服务平台，融合院校、政府和企业的社会服务供需信息，为广大教师通过服务社会获得合理收入提供了便利。浙江旅游职业学院的浙江旅游培训中心有限公司、桂林旅游学院建立的众多培训基地，就是建设社会服务平台的成功探索。

其次，“三螺旋”框架下的人员循环，为破解服务供给单一与社会需求多样之间的矛盾和服务供给滞后与市场快速转变之间的矛盾提供了契机。教师通过到政府部门挂职锻炼和到企业顶岗实践，不仅专业能力得到提升，而且获得最新市场信息，为提供政府和企业需要社会服务打下扎实基础。而且教师在充分了解市场后，逐步转变为到企业兼职，或暂时离岗从事成果转化等创新创业活动，能够在更大范围内和更高水平上进行社会服务。

最后，“三螺旋”框架下的资金和政策等要素的循环，为破解服务供给个体化与社会需求集成化之间的矛盾提供了契机。通过政府服务外包等形式，学校承担政府交给的社会服务任务，利用丰富的人力资源和场地、实训设备等资源，提供一体化集成式的解决方案。太原旅游职业学院在2017年受托为山西经贸集团员工进行引企入校的集成化培训，助力该企业成功向旅游业转型，对集成化的社会服务进行了有益的尝试。

三螺旋理论强调，在社会服务中政府、学校、企业应各自扮演好自己的角色，实现三者互动关系的强化。政府是契约关系的来源，其职能是在微观和制度层面塑造创新社会服务的轨迹和方向，促进政府、企业、学校三个主体的力量有效匹配。企业是市场活动的直接参与者，通过捕捉市场信息调整需求定位，在校企合作共同培养人才中，获得优质社会服务。学校是社会服务的提供者，根据自身特点和人才培养需要，主动与具备条件的企业开展合作，积极为企业提供所需的课程、师资等资源。这样，就构建起校企共同主导、政府协调推动的社会服务新生态。

借助政、产、学"三螺旋"的进化与循环，旅游院校在社会服务过程中，不仅完善了职业教育和培训体系，深化了产教融合，而且实现了旅游院校教育教学资源向社会服务资源的有效转化，构建出各系统各要素有机联系的社会服务体系，为优质旅游发展新时代提供了优质社会服务，也为自身创造出新的发展路径。

四、CDIO理念社会培训体系的构建

（一）培训体系构建的理念

一个完整的培训体系包括：培训课程体系、培训讲师管理制度、培训效果评估和培训管理体系四部分组成。其中前三项是培训体系的三大核心工作内容。

1. 应用CDIO理念

CDIO理念的"学中做"教育模式已经在职业院校得到广泛推广，但针对企业培训的教育模式，仍在不断探索中。

2000年，瑞典皇家工学院和美国麻省理工学院等四所大学组成的跨国研究组合，历经4年的研究探索实践，组成了CDIO国际合作组织，创造性提出了CDIO教育模式，该模式因其拥有系统的教学大纲、创新的教育理念，在全世界得到了广泛的应用和普及，培养了一批批实用技术型人才。CDIO代表构思（Conceive）、设计（Design）、实现（Implement）和运作（Operate），它以产品研发到产品运行的生命周期为载体，让学生以主动的、实践的和有机联系的方式进行学习。这一理念强调"做中学"，将教育过程放到具体情境之中体验学习，实施"基于实际工作任务的教育和学习"。

2. 内容涵盖全域旅游的三大领域

本次研修将从2017年5月3日开始，到8月2日结束，历时3个月，主要应用CDIO的教育模式在培训中结合经贸投资集团的转型升级需求，不断探索教学、实践、做中学、学中做，完成基于实际工作项目和工作内容的教育、实践、学习。来自省经贸投资控股集团有限公司的35名学员在太原旅游职业学院进行培训，学习内容涵盖了全域旅游下的旅游管理、景区规划与管理、饭店管理三大领域，主要由太原旅游职业学院资深教师团队授课和外聘的行业管理部门、行业专家、学术带头人组成，采取理论研修与实践考察相结合的方式。

太原旅游职业学院院长马兆兴认为，本次培训要将怎样进行旅游供给侧改革、怎样将山西旅游资源的文物价值、考古价值转换为旅游价值做深度的研究和分析。我们学院将以本次研修班为契机，不断拓展服务社会的广度和深度，助力山西旅游业的发展和文化旅游强省战略的实施。

（二）双方达成的一致认同

通过本次的培训，达到既具备专业而完善的培训功能，又能够对管理层提供达致战略目标的支持，对员工提供个人能力发展的机会，对外引进有益于集团发展的知识和技能，这包括：（1）通过培训的方式将集团的文化和战略意图变成全体员工的意识和可操作的行动；（2）通过培训形成集团各部门员工共同而有效的行为规范和工作的方式方法；（3）培训—实践—实习—研讨—考核—提升的方法保障业务骨干提升为管理人员后管理的效率；（4）将培训和激励机制联系在一起，将培训变成对员工的激励；（5）通过本次培训，建立与太原旅游职业学院长期的合作机制，使培训体系成为集团汲取外界先进知识和技能的渠道；（6）为集团留住人才，希望每个人学到东西，自我提升。

（三）培训体系构建的特点

1. 设计符合旅游集团、企业培训需求的 CDIO 培训模式

通过设计培训课程包、量身定制培训课程，组建专兼职培训团队、融入体验式培训，建立考核、评估管理系统、评估培训效果，切实解决企业在转型发展中遇到的人力资源的实际问题。针对企业管理层与员工有着较高的理论素养，但缺乏对旅游业的认知和时间，根据 CDIO 的模式，在对企业培训时，要改变传统的以教师讲授为主的教学模式，转变为以学生的主动学习为主，实现“做中学”和“基于项目的教育和学习”，教学的最大特点为实践多于讲解，提高企业员工和管理层的协同合作能力，让企业员工和管理运用学习的知识完成每一个任务，在完成任务的过程中不断体会到所学知识的实际运用，学习积极性主动激发。在课堂安排中，设置播放学习视频、设置与学习内容相关的挑战赛和游戏、综合讨论等环节，既有课堂内容的组织，又有时间的限制，还有评分标准，完全按照 CDIO 的理念进行教学，不但提高了员工的自主学习能力，还培养了员工的创新能力和思维能力。

2. 探索构建旅游职业教育的企业培训 CDIO 模式

2017 年 5 月 27 日，随着山西省联手强援推进旅游产业全面发展，山西省旅游发展委员会与浙江省旅游集团、银泰旅游产业集团在杭州签订战略合作协议，三方将在山西省文化旅游、全域旅游、旅游目的地投资建设和运营等方面开展深入合作，重点开发打造我省旅游产业的新产品、新业态、新品牌。国家旅游局也将在全域旅游建设方面全面支持山西发展全域旅游。企业转型发展需要大量的管理层、员工有着专业化的培训，旅游职业院校在师资、教学场所、教学实践、教学理论等方面有着得天独厚的条件，服务本省经济转型发展，是职业院校服务地方经济文化发展的一项重要功能。

如何整合旅游职业教育的优势资源、切实为旅游集团、旅游企业转型升级提供智力支持，是需要系统化、模式化、标准化、考核化的一套完整体系的 CDIO 培训模式，这样才能得到更好的推广，集旅游院校的资源为山西省旅游业发展助力。

五、学员培训需求 SWOT 模型的构建

传统的高校社会服务，校企双方往往处于信息不对称的状况中，企业未能充分了解高校的优势所在，高校也不能了解企业的真正需求所在，导致校企双方处于“双盲”的尴尬境地，社会服务效果当然也大打折扣。为避免以上状况，我们引入了基于校企双方全面 SWOT 分析的前期调研，并借助问卷星平台开展学员培训需求调研，通过客观科学的分析和对比，在信息透明无碍的情形下编制的培训计划和实施方案，实现了校企双方的信息从“双盲”到“通视”。

（一）学员对本次培训与集团战略、个人发展高度统一

表 2　学员培训目标与集团战略、个人发展目标契合度调查结果

培训的目标	与集团战略	与个人发展	对未来的预期
为集团转型进行人才储备	一致	一致	乐观
个人希望从事的工作岗位	一致	转型升级	乐观
个人在集团的定位	一致	顺应变革，重新定位	乐观

通过对 35 名学员进行问卷调查，35 名学员对于集团战略转型，个人希望从事的工作岗位、个人在集团的定位都与集团的转型发展一致，并对未来的预期保持乐观态度，都希望在集团发展，没有学员打算在 3~5 年内跳槽或者是转行。

（二）集团目标、培训组织方、学员三方都达到共识

山西省的旅游集团、旅游企业有着整改、重组、重新定位、战略转移的企业自身发展需求，集团与企业内部学员转型旅游产业，也有对原有管理层、学员进行系统化的旅游经营管理方面研修、文化交流的需求。学院是拥有 30 多年办学历史的专业旅游院校，被誉为山西旅游人才培养的摇篮，更应该通过精准对接山西省经济转型，打造旅游职业院校服务旅游行业、服务社会的优良形象，促进山西省旅游行业健康发展，打造社会服务的“金品牌”。学员希望通过这次长达三个月的培训，在集团转型成为山西文旅集团的转型升级中，抓住宝贵的培训机会，能够先试先行，勇当先锋，在集团转型中，能够有新专业的优势，对于平均年龄 27 岁的学员来说，正是大展身手、大展宏图、奉献社会、奠定人生和事业基石的大好机会。所以三方的主观意愿是一致的。三方都进行了充分的沟通，都保持积极的态度。

（三）对学员职业发展规划 SWOT 分析

通过分析学员个人职业发展规划的 SWOT 分析来了解培训意愿。

表 3　SWOT 分析内容展示

	优势（S）	劣势（W）
机会（O）	SO战略（增长性战略）	WO战略（扭转型战略）
威胁（T）	ST战略（多种经营战略）	WT战略（防御型战略）

1. 学员对集团未来发展的 SWOT 分析

表 4　学员对集团未来发展的 SWOT 分析

类型	人数	比例
SO增长性战略	15	42.8%
ST多种经营战略	14	40%
WO扭转型战略	6	17.2%
WT防御型战略	0	0%

通过分析，学员对集团转型发展、集团未来的发展是持乐观积极的态度，并且认为集团能在转型升级之后，重新开疆拓土，大有作为。认为有优势，有机会的人数为 15 人，占比 42.8%；认为有优势，但面临威胁、挑战、不利条件的为 14 人，占比 40%；认为有劣势、不足，同时有机会、有有利条件的为 6 人，占比 17.2%；认为有劣势、不足，同时有威胁、有不利条件的为 0 人，占比 0%。这与学员对本次培训的目标、集团战略、个人意愿，集团目标、培训组织方、学员三方是共同体是一致的。

2. 学员个人职业发展规划 SWOT 分析

表 5　学员个人职业发展规划 SWOT 分析

类型	人数	比例
SO增长性战略	10	28.5%
ST多种经营战略	15	42.8%
WO扭转型战略	8	22.9%
WT防御型战略	2	5.7%

通过分析，学员认为自己有优势、有机会的人数为 10 人，占比 28.5%；认为有优势，但面临威胁、挑战、不利条件的为 15 人，占比 42.8%；认为有劣势、不足，同时有机会、有有利条件的为 8 人，占比 22.9%；认为有劣势、不足，同时有威胁、有不利条件的为 2 人，占比 5.7%。

（四）通过情境模拟，来分析学员的培训意愿

为了得到学员培训意愿的真实数据，我们在本次培训中通过课堂小游戏进行师生互动和主题讨论，通过实践教学环节与学员深入沟通，让学员在最放松、最真实的情境中表达真实的意愿和想法。

表 6　拼七巧板游戏结果汇总

参与项目	人数	比例
积极参与	35	100%
体现组织能力	8	22.8%
接受命令	15	42.8%
消极待命	10	28.6%
最终放弃参与	2	5.7%

（五）通过数理统计法，目标考核体系的绩效水平分析

主要运用数理统计法，通过目标管理或培训考核系统，按照组织规定和个人承诺，定期提供绩效反馈。从学员的综合成绩以及平时参加班级活动、参加讲座、社团、社会服务；参加学院举办的篮球比赛等校园活动节，通过参加主题讨论、班会，活动策划、项目汇报等内容，综合对学员的培训意愿进行分析。以下表格是通过对学员的实践教学、论文等内容进行的考核，通过项目得出学员的培训意愿，也能看出学员学习的绩效和以后发展的职业生涯的潜能，为集团人才选用提供依据。

（六）通过调研，快速得出学员对培训的意见和建议

比如学员认为最有效的学习方法，选择“案例分析”的学员占到总人数的75%，选择“课堂讲授”的占到50%，选择“模拟角色扮演”和“音像多媒体”分别占到了80%和41%，“研讨会”的教学模式占到80%，“游戏竞赛”仅占16%。由此可见，在针对“最有效的教学方法上”环节中，学员们看重实践案例分析及实景操作。“研讨会”的教学模式受到欢迎，是因为研讨会设计题目新颖，采用不同的组织方式，学员们在研讨过程中，专业知识、个人谈吐、团队合作得到了很大的锻炼，参加研讨会的各位专家、主持人妙语连珠，气氛活跃，也很好地把研讨会的主题得到深化和拓展，所以研讨会受到欢迎。

如学员对课程应该进一步改进的地方，59%学员选择了“培训形式应多样化”，48%的学员选择了应该进行信息化的课程设计，比如用手机进行课外学习，日常考核，有平均45%的学员分别选择了“培训内容理论程度应深化”“培训内容实用程度应加强”，14%和10%的学员则分别选择了“培训组织服务更完善”和“外出时间教学培训次数应适当增加”。由此可见，在来年的培训安排中，应注重培训的内容及形式，同时网络化、信息化受到了普遍的关注。

通过调研，能够快速得到学员对于培训的情况反馈，更快地进行教学形式、管理模式、师生互动、信息化平台的优化和调整。

（七）通过分析，得出学员对培训的认同度

从分析中可以看出，经过前期与集团的沟通，集团内部对参加培训的学员的选拔，学员们已经意识到培训的重要性、培训对自身的帮助，也能感受到集团对培训的重视。所有学员因为集团的转型发展，对集团发展的前景持乐观积极的态度，都对培训有自己的需求，并都乐意参加培训。学员普遍认为，经过三个月专业化的脱产学习，能够比较系统地接触旅游行业各要素，能够把握集团发展的战略、思路，能够通过学习，跟上集团发展的步伐，并且通过培训，找准自己的发展定位。

（八）用科学有效的研究方法，得出符合实际的培训需求

采用科学有效的培训需求研究方法，能够得出符合实际培训需求的真实意愿，主要有调研问卷法、访谈法、现场取样法、观察法、小组讨论法、档案资料法、关键事件法、自我分析法等方法。

通过这些方法的应用，以及这些方法各自的优劣势，确定需求分析方法。本次培训主要采用的分析方法为SWOT模式的分析方法，通过学员的SWOT模式的分析，得出对于培训需求和个人职业发展的定位。在以后的培训中，要选用多种方法，并且根据各种方法

的优劣，选择两种或多种方法进行组合，可以弥补缺点，提高效果。在实际操作中，结合自身特点和培训的对象，综合利用各种方法进行培训需求分析，得出培训需求结论。

（九）以此及彼，预测其他旅游企业的培训需求

企业转型需要大量旅游人才，旅游院校参与企业管理层、员工培训成为新常态。山西省的旅游集团、旅游企业也有着整改、重组、重新定位、战略转移的需求，集团与企业内部员工转型旅游产业，也需要对原有管理层、员工进行系统化的旅游经营管理方面的学习、研修、文化交流的需求。

同时旅游院校主动适应市场需求为山西旅游业发展提供人才和智力支持，发挥专业办学优势，面向省内大中型转型企业开展的以“产学融合，服务转型”为主题的系列活动也成为职业院校的一种新趋势。旅游职业院校应不断拓展服务社会的广度和深度，助力山西旅游业的发展和文化旅游强省战略的实施。

六、“1224”集成式社会服务模式下的师资配备

社会服务工作主要由太原旅游职业学院资深教师团队授课，根据企业实际需要及培训课程的选择，确保最大化实现培训过程中“教与学”的有机结合，利用校企合作平台，组建专兼结合的培训团队，团队中既有高校教师，又有行业高手，高校教师具备完善，系统的专业理论知识，行业高手掌握行业前沿的管理方式和信息动态，同时在实践过程中，跨省合作也是本项目的亮点。太原旅游职业学院与浙江旅游职业学院是对标单位，在本次企业培训中，双方师资互通有无，带学员进浙江旅游职业学院、浙江大学学习，聘请两所院校的教授进行讲座。不仅如此，依托太原旅游职业学院的实习就业合作单位，为学员聘请企业高层管理人员、中层管理人员、员工、实习生等不同层次的企业工作人员进行座谈、访谈、学习，打造出一支优秀的培训团队，确保能够对培训企业科学把脉，并有机融合授课内容，取得最优培训效果。校、企结合的培训团队也弥补了以往培训重理论轻实践的局面。

（一）教师来源

75 名教师中，行业高层管理者和相关行业的专业带头人共 10 人，政府相关部门领导 1 人，专任教师 64 名，教师的构成较为合理，既有专业教师也有行业人士，同时聘请行业主管部门做旅游业政策的宣讲。

（二）校内外教师情况

经统计发现，校内教师为 51 人，校外教师为 24 人。校内教师基本能够满足本次教学所需，他（她）们具有较强的教学能力，且教学经验丰富，但相对缺乏实践能力，从校外聘请相关专家恰巧弥补了这一不足。

（三）教师职称情况

经统计得出 75 位教师，其中专任教师职称 64 人，其中具有高级职称教师 23 人，中级职称的教师有 36 人，初级职称的教师有 5 人；专业教师中，中高级职称教师占 92%，均为具有较高水平的经验丰富的教师。

（四）校内专业教师100%双师型教师

在我院的专业教师队伍中，双师型教师占专业教师100%。本次授课专业教师100%为双师型教师。据统计得出，根据问卷调查、学生访谈，学生评教等方式，得出校内教师在教学过程中，学中做的比例达到85%；校外教师在教学过程中，因多为专业前沿理论，专业方向引领，案例教学等内容，学中做的教学模式占比75%。本校的教师在教学中能够依托学院的教学实训场所，以及现代教学设施设备，在教学中，通过互动、模仿、练习、考核等方式，充分地体现了“学中做”的教育模式。

（五）教师性别情况

经统计得出，男性教师为38人，女性教师为37人。

男教师的心理特征总体上属于“理智型”。在思维的灵活性、逻辑性、开阔性、抽象性、独立性、探索精神、支配性与自信心等方面见长，具有豁达、爽朗、果断、勇敢、顽强等心理品质，并有较强的推理能力、问题化解能力和爆发力。

女教师的心理特征总体上属于“情感型”。女教师偏重于形象思维和机械记忆，善于运用直觉，知觉反应速度快。女教师具有较强的观察能力、人际关系处理能力、语言表达能力和表演才能。

在教师安排上，在一些理论抽象的课程上，多安排男性教师；在一些实操类课程、沟通类课程、专业基础课多安排女性教师。在整体的搭配上，男女教师的比例基本上半壁江山，能够很好地利用性别之间的优势互补，完成教师的整体安排的调控。

（六）教师转变教学理念，不断对接企业需求

根据CDIO的模式，在对企业培训时，要改变传统的以教师讲授为主的教学模式，转变为以学生的主动学习为主，实现“做中学”和“基于项目的教育和学习”，教学的最大特点为实践多于讲解，提高企业员工和管理层的协同合作能力，让企业员工和管理运用学习的知识完成每一个任务，在完成任务的过程中不断体会到所学知识的实际运用，学习积极性主动激发。在课堂安排中，设置播放学习视频、设置与学习内容相关的挑战赛和游戏、综合讨论等环节，既有课堂内容的组织，又有时间的限制，还有评分标准，完全按照CDIO的理念进行教学，不但提高了员工的自主学习能力，还培养了员工的创新能力和思维能力。

（七）建立人才储备库，成为品牌培训教师团队

全面落实“人才强校”战略，抓住人才引进、培养和使用等关键环节，科学合理配置人力资源。“十三五”期间从学院现有副教授中重点培养3~5名教授。成立院内青年教师和骨干教师培训学院，制订青年教师培训计划，从师德师风、教学规范、教学方法和实践教学等方面开展系统培训，助力青年教师迅速成长。二是加大高职称高学历人才的引进力度，制订学院人才引进计划，“十三五”期间争取引进正高级职称人员5~8人，使高级职称教师达到百人以上，引进和培养具有博士学位教师5~8人。三是围绕提升专业教学能力和实践动手能力，注重“双师”结构教师的培养，提高“双师型”教师和企业兼职教师承担教学任务比例。落实新进专业教师“先实践、后上岗”制度，专业教师每五年企业实践时间累计不少于6个月。四是着力打造优秀双师教学团队，争取“十三五”末期建成2~4

个省级以上标准的优秀教学团队。

通过优秀教学团队的打造，高级职称教师的比例不断提升，注重双师型教师的培养，教师参与企业的经营管理，与企业建立密切的业务往来，不断与市场接轨，不断提升自身的业务水平。

七、旅游企业员工培训“太旅”模式的构建

（一）校企（地）共同目标的达成

近年来，以单一的煤炭资源为支撑的山西经济发展遇到了瓶颈，山西经济转型任务迫切。在山西省第十一次党代会上，骆惠宁书记提出了“深入挖掘‘地上’资源，高起点大手笔谋划文化旅游产业，在创新体制机制、重大项目开发上实现新突破，使文化旅游产业成为转型的新引擎新支柱”。在 2016 旅游发展大会上，山西省省长楼阳生表示：“要树立新的资源观，抢抓经济下行倒逼转型和旅游消费需求提速升级的重大机遇，大力推进旅游业改革发展，着力打造旅游目的地，加快把文化旅游业培育成山西省战略性支柱产业，建设与旅游资源大省地位相适应的旅游强省。”

当前，山西省正在建设资源型经济转型发展示范区，全省上下积极落实国务院 42 号文件各项任务，率先走出资源型地区转型升级、创新驱动发展的新路。在山西资源型经济转型发展中，文化旅游业成为主要的转型方向，是要全力打造的战略性支柱产业，这就为旅游高职院校提出了要求，也提供了良好的发展机遇。旅游高职院校深开展社会服务，应紧紧围绕转型发展需要与文旅融合趋势展开。山西丰厚的人文积淀和丰富的文化资源，使文化成为山西旅游的特色和比较优势，文旅融合成为山西打造核心竞争力、增强话语权的必然选择。

2017 年初，省委省政府确定了省属国有大中型企业合并重组，转型发展的战略。对于省属国有大中型企业来说，旅游业是个相对陌生的领域，人才资源知识结构的转型是首要的。太原旅游职业学院作为山西办学历史最长、办学实力最为雄厚的高职院校，在旅游人才培养中有着独特优势。这样，企业在文旅融合中的现实需要与高职院校产教融合的追求达成一致，双方找到了校企利益的交会点。2017 年 5 月，山西省经贸投资控股集团有限公司“文化交流研修班”在太原旅游职业学院开班。40 名企业学员接受了历时 3 个月的“入校培训”。成为旅游高职院校发挥专业办学优势，面向省内大中型转型企业开展的“产学融合，服务转型”的典范，也打造出“引企入校”助力转型的社会服务新模式。

（二）从“双盲”到“通视”：企业与院校两大培训系统的对接

传统的高校社会服务，校企双方往往处于信息不对称的状况中，企业未能充分了解高校的优势所在，高校也不能了解企业的真正需求所在，导致校企双方处于“双盲”的尴尬境地，社会服务效果当然也大打折扣。为避免以上状况，我们引入了基于校企双方全面 SWOT 分析的前期调研，通过客观科学的分析和对比，实现了校企双方的信息从“双盲”到“通视”，在提供社会服务过程中逐步建立了企业培训系统与院校培训系统的双面对接，并通过培训过程中和培训后期的持续跟踪反馈，确保了培训效果和质量。

1. 校企双方全方位 SWOT 分析

所谓 SWOT 分析，即基于内外部竞争环境和竞争条件下的态势分析，就是将与研究对象密切相关的各种主要内部优势、劣势和外部的机会和威胁等，通过调查列举出来，并依照矩阵形式排列，然后用系统分析的思想，把各种因素相互匹配起来加以分析，从中得出一系列相应的结论，而结论通常带有一定的决策性。分析框架如下表所示。

表 7　SWOT 分析内容

	优势（S）	劣势（W）
机会（O）	SO战略（增长性战略）	WO战略（扭转型战略）
威胁（T）	ST战略（多种经营战略）	WT战略（防御型战略）

在为企业提供员工培训等社会服务中，需要全面客观了解校企双方彼此的优势与劣势，实现优势互补、优势叠加与扬长避短。包括了学校、企业、培训教师与受训学员四方面的 SWOT 分析。以山西经贸集团 35 名员工转型发展培训为例，我们进行了以下的 SWOT 分析。

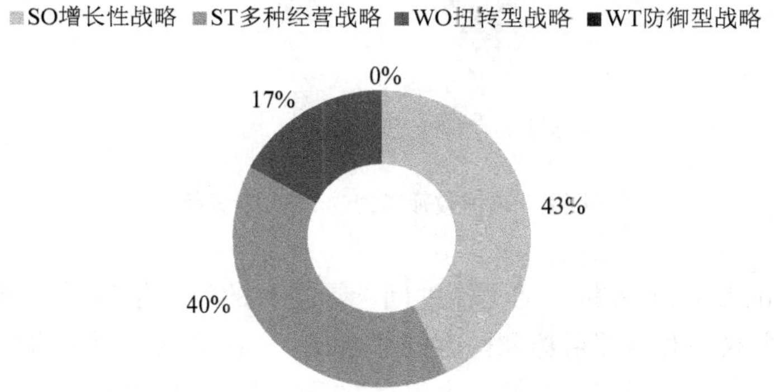

图 3　企业发展的 SWOT 分析

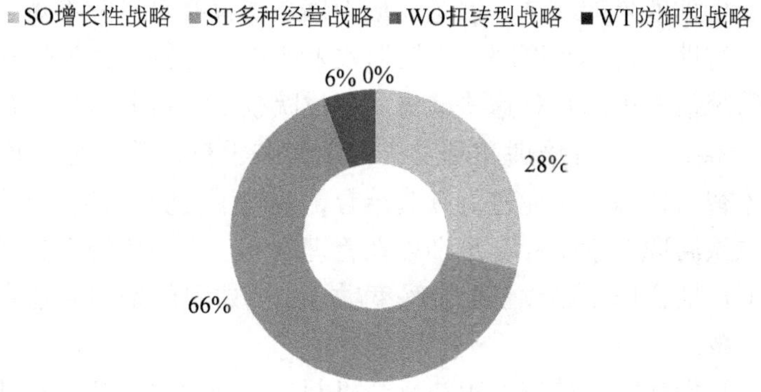

图 4　学校资源的 SWOT 分析

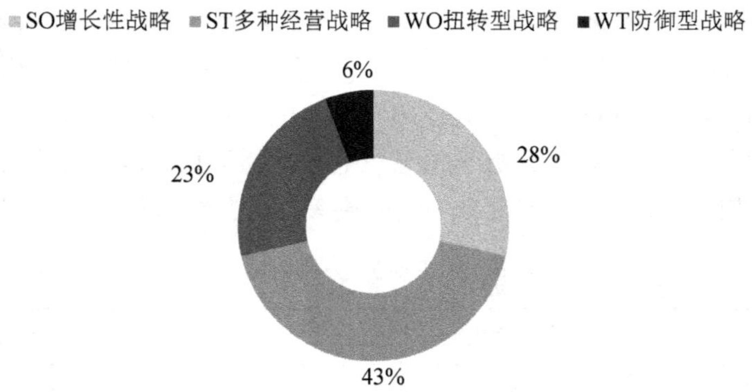

图 5　学员个人职业发展规划 SWOT 分析

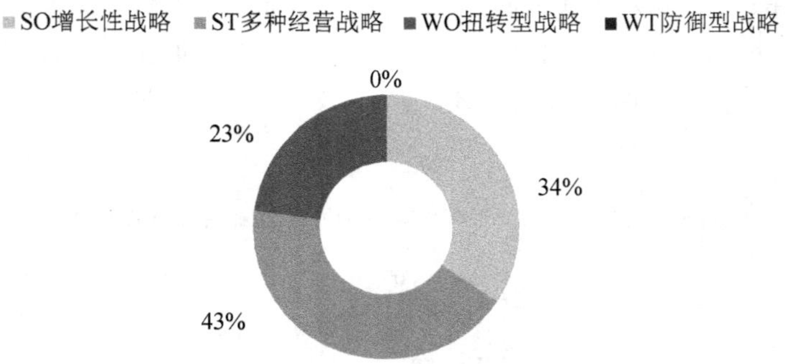

图 6　培训教师实力的 SWOT 分析

以上四方面的 SWOT 分析，加上借助问卷星平台的学员培训需求调研，克服了“双盲”，实现了校企双方对培训目标和内容的“通视”，在信息透明无碍的情形下编制的培训计划和实施方案，更加具有针对性，也更有助于培训质量的提升。

2. 企业培训系统与院校培训系统的双面对接

企业人力资源部门已构建起自己的一套员工培训系统，有自己的培训需求分析、培训计划制订与实施、培训效果的评估。但企业培训体系也存在自身的不足，如培训需求分析不够、培训缺乏针对性、培训制度缺失、培训效果评估缺乏科学性等问题。

而院校培训系统恰好可以弥补这些缺失。通过院校实习就业机构、社会服务机构和科研机构与企业的对接，企业将培训和研发机构设置在学校，并依托学校建立专业培训基地，将院校的人才智力资源与企业进行有效结合，实现了优势互补。目前，山西省经贸投资控股集团与太原旅游职业学院社会培训处在管理制度、人力资源等方面已建立起有效的互动机制，实现了长期合作，形成了校企深度融合中的成熟的培训体系。

3. 培训的持续跟踪反馈

培训结束后，我们建立了持续的跟踪反馈机制，培训建立的师生互动微信群一直保留并继续保持交流，以解决工作中可能遇到的各种专业问题；学院填写培训效果反馈问卷，便于监测培训质量；通过跟踪学院成长轨迹，监测培训的长期辐射效应。这些措施相当于学院社会服务的售后服务阶段，一方面搜集到反馈信息便于改进日后的社会服务与培训，另一方面确保了社会服务和培训的质量提升和品牌打造。

（三）内外机制的协同：探索产教深度融合中的社会服务新机制

我们通过外部“三螺旋”与内部“CDIO 四步骤”新机制的有效运转，实现社会服务内外机制的协同。

1. 用三螺旋理论框架构建社会服务外部关系

三螺旋理论强调政府、产业和大学的合作关系，这些群体的共同利益是给他们所处在其中的社会创造价值，政府、产业和大学三方都可以成为动态体系中的领导者、组织者和参与者，不同创新主体之间构建起多重、互动、自反、集成、非线性的关系。这一理论将政、产、学关系由简单互动转变为“三螺旋”，强调政、产、学的“三力合一”，共同为实现经济社会发展目标提供核心动力，这就为旅游院校在开展社会服务过程中构建新型协作关系、产生协同效应打开了新思路。

学校发挥知识和技术优势提供源源不断的社会服务，政府贡献最有效的宏观政策和高效的协调，企业则提供充分的资本和商业模式，共同促进区域创新、产业发展和经济增长。

在此框架下，政府（包括旅游行政部门和教育行政部门）、企业（或行业协会）、学校（包括教师、学生和场所等资源）三方共同建立起旅游院校社会服务的制度框架。人员的循环体现为教师到企业实践或到政府部门挂职锻炼、企业人员到学校做实践指导、政府部门人员调任学校领导等，信息的循环体现为三方信息的共享，行政部门的政策信息、企业的市场信息与学校的人才信息交汇融合，资金的循环体现为横向与纵向的课题研究经费和社会服务费用。社会服务三主体的相互作用伴随着三股螺旋的纵向进化和横向循环得以实现，形成了深度产教融合。

2. 用“CDIO 四步骤”构建内部培训运作机制

CDIO 工程教育模式是近年来国际工程教育改革的最新成果。CDIO 代表构思（Conceive）、设计（Design）、实现（Implement）和运作（Operate），它以产品研发到产品运行的生命周期为载体，让学生以主动的、实践的、课程之间有机联系的方式学习工程。是系统化的课程体系和教学方法，强调“做中学”，将教育过程放到具体情境之中体验学习，实施“基于实际工作任务的教育和学习”。

通过设计培训课程包、量身定制培训课程，组建专兼职培训团队、融入体验式培训，建立考核、评估管理系统、评估培训效果，切实解决企业在转型发展中遇到的人力资源的实际问题。针对企业管理层与员工有着较高的理论素养，但缺乏对旅游业的认知和时间，根据 CDIO 的模式，在对企业培训时，要改变传统的以教师讲授为主的教学模式，转变为以学生的主动学习为主，实现“做中学”和“基于项目的教育和学习”，教学的最大特点为实践多于讲解，提高企业员工和管理层的协同合作能力，让企业员工和管理运用学习的知识完成每一个任务，在完成任务的过程中不断体会到所学知识的实际运用，学习积极性主动激发。在课堂安排中，设置播放学习视频、设置与学习内容相关的挑战赛和游戏、综合讨论等环节，既有课堂内容的组织，又有时间的限制，还有评分标准，完全按照 CDIO

的理念进行教学，不但提高了员工的自主学习能力，还培养了员工的创新能力和思维能力。

（四）校企共建共享资源：四大资源的全面合作

通过推动产教融合、校企合作的不断深化，逐步演化出旅游院校社会服务新生态：即校企共建共享社会服务资源，完成对企业的定向服务。

1. 校企共建共享资源的理论前提

首先，深度的产教融合将促进教育链、人才链与产业链、创新链有机衔接，催生出旅游院校的社会服务平台，融合院校、政府和企业的社会服务供需信息，为广大教师通过服务社会获得合理收入提供了便利。其次，教师通过到政府部门挂职锻炼和到企业顶岗实践，不仅专业能力得到提升，而且获得最新市场信息，为提供满足政府和企业需要的社会服务打下基础。而且教师在充分了解市场后，逐步转变为到企业兼职，或暂时离岗从事成果转化等创新创业活动，能够在更大范围内和更高水平上进行社会服务。最后，通过政府服务外包等形式，学校承担政府交给的社会服务任务，利用丰富的人力资源和场地、实训设备等资源，提供一体化集成式的解决方案。

2. 四大资源共享的现实路径

校企之间从管理制度、师资队伍到实训资源、课程资源的全面合作，体现在社会服务的全过程和全领域。在学校为企业培训员工中，对学员的考勤、纪律、考核与评价等管理制度，可以在校企双方原有制度的基础上进行融合创新与共享；教师可以通过到企业顶岗实践逐步转变为到企业兼职，企业人员也可以通过兼职在院校代课实现向实训教师身份的转变，从而实现师资队伍的共享；旅游院校实训场所和设备等优质资源通过政府与企业合力共建，建成后实现共享，学生在企业实习和企业员工利用院校实训资源进行培训，实现实训资源的共享；校企发挥各自优势，共建优质的理论与实践、线上与线下相结合的培训课程体系，实现课程资源的共享。

在社会服务中政府、学校、企业各自扮演好自己的角色，实现三者互动关系的强化。政府是契约关系的来源，其职能是在微观和制度层面塑造创新社会服务的轨迹和方向，促进政府、企业、学校三个主体的力量有效匹配。企业是市场活动的直接参与者，通过捕捉市场信息调整需求定位，在校企合作共同培养人才中，获得优质社会服务。学校是社会服务的提供者，根据自身特点和人才培养需要，主动与具备条件的企业开展合作，积极为企业提供所需的课程、师资等资源。这样，就构建起校企共同主导、政府协调推动的社会服务新生态。

八、助力优质旅游：旅游院校优质社会服务模式的升级

当前，旅游业作为国民经济战略性支柱产业，到了从高速旅游增长阶段转向优质旅游发展阶段的关键节点。旅游院校在做好人才培养中心任务的同时，需要瞄准市场需求，找准优质旅游发展新时代社会服务的着力点，在深化产教融合中不断优化和创新社会服务模式。

（一）开启优质社会服务平台模式

旅游院校与企业合作创建面向市场开放的社会服务平台。实现人员互相兼职，相互为学生实习实训、教师实践、学生就业创业、员工培训、技能鉴定、企业产品研发、成果转移转化等提供支持；校企合作共建互联互通的社会服务信息化平台，引导各类社会主体参与平台发展、实现信息共享；同时适应旅游业融合发展的要求，旅游院校还应推动旅游产业从封闭的旅游自循环向开放的"旅游+"转变，体现为建立健全旅游新业态服务基地，乡村旅游服务基地、文旅融合发展研究中心、产学合作工作站等机构，为社会服务打造新接口。

（二）开启优质社会服务品牌模式

集成式社会服务的实现，需要校企合作联手打造出优质社会服务品牌，建立起优秀的培训师团队和优质的理论与实践、线上与线下相结合的培训课程体系；同时具有研发优质旅游新时代的岗位规范和质量标准的能力，助力旅游行业以标准化提升服务品质。太原旅游职业学院联手国际金钥匙集团，将金钥匙理念引入人才培养中，同时打造出有自身特色的金钥匙服务理念，为进一步塑造优质社会服务品牌迈出了新步伐。

（三）开启优质社会服务的校政企协同发展模式

全域旅游时代，旅游业的发展需要从区域发展全局出发，统一规划，整合资源，凝聚发展新合力。全域旅游下的院校与地方政府的合作（校地合作）领域广泛，可涵盖全域旅游示范区创建指导、旅游规划、旅游标准化建设、旅游工艺品研发、特色旅游名县指导、导游词撰写等研究服务领域，打造出较为完整的产学研服务体系；旅游院校助力精准扶贫，开展免费送教下乡旅游培训，也为乡村振兴战略的实施注入新的活力；旅游院校还可以通过"托管景区"或"托管酒店"社会服务模式，实现与景区、酒店等企业的协同发展。

（四）开启优质资源共建共享模式

产教深度融合下，混合所有制办学成为必然趋势。企业资金与公办优质教育资源实现嫁接合作，旅游院校实训场所和设备等优质资源通过政府与企业合力共建，建成后实现共享，将成为社会服务的新常态。山东、浙江等地的旅游学院都有与企业合作建设和运营实训酒店的探索，浙江旅游职业学院建立的浙江省智慧旅游体验中心和浙江省旅游局旅游统计数据中心等，太原旅院规划的校企共建红色文化研学旅行基地、非遗展示工作室等，都成为优质资源共建共享的有益探索。同时，政府举办大型体育赛事，依托旅游学校新建体育场馆，也是共建共享模式的体现。

九、项目成果

（一）理论成果

本项目通过实践探索总结出以助力企业（地方）发展为目标，以产教深度融合为方向的"1224"集成式社会服务模式。

我们将理论成果公开共享，《教育理论与实践》刊载了《基于"三螺旋"理论的旅游院校社会服务模式创新》，《中国职业技术教育》上刊载了《资源型经济转型发展背景下的高职院校校企合作模式创新》,《旅游教育与研究》上陆续刊载了几篇研究报告，并编写了校地合作的乡村旅游培训教材。

（二）实践成果

在经贸集团“引企入校”服务中形成“1224”集成式社会服务模式后，我们将这一模式进行了复制，在2017年11月开展了“送教入企”的太原铁路局千名文化旅游宣传员提升项目、2018年5月进行了“送教上山”的五台山晋旅集团全员服务技能提升训练营项目（467人）、2018年5月启动了“校校合作”“1+11”联盟师资专业课程多维合作项目、2018年6月又进行了“送教进村”服务太原市晋源区美丽乡村建设从业人员职业能力提升项目（567人）。在以上社会服务的实践中，我们不仅拓展和延伸了“1224”集成式社会服务模式，成功实现了理论成果的转化，而且打造出校企（地）合作服务行业的“太旅品牌”，得到山西电视台、山西日报、太原日报、新华网等多家媒体的报道，取得良好的社会效益。

“1224”集成式社会服务模式的推广，让我们在山西优质旅游的发展中有了用武之地。下一步，我们将创建面向市场开放的社会服务平台，打造优秀培训团队和优质课程体系，探索混合式办学，开启校企优质资源共建共享模式。

十、对策建议

我们深感社会服务模式的创新需要政府、企业和院校三方的协同配合与共同努力，特提出以下对策建议。

一是高职院校要健全校内社会服务机构和人员，全面统筹校内各专业的社会服务资源，并根据区域经济发展需要和企业需求对这些资源进行整合与优化，实现学校资源的深度发掘和充分利用。

二是高职院校要联合文化旅游行政部门建立面向地方的旅游人才继续教育基地。大力开发高层次、高质量的继续教育项目，为地方文化旅游业可持续发展提供智力支持和人才保障。

三是高职院校要完善教师社会服务综合考评机制。旅游院校要综合评价教师参与社会培训、科技推广、专家咨询等方面的工作，突出社会效益和长远利益。鼓励引导教师积极开展旅游企业和地方政府的培训工作，充分认可教师在政府政策咨询、智库建设方面的贡献。建立健全对教师及团队参与社会服务工作利益分配方面的激励机制。

项目名称：高职旅游管理专业“4+2”两位一体实习基地建设研究
项目编号：LZW201709
项目负责人：焦金英
项目负责人所在单位：郑州旅游职业学院

高职旅游管理专业“4+2”两位一体实习基地建设研究

一、研究背景

（一）高职旅游教育蓬勃发展，为旅游业提供强有力的资源支撑

根据国家旅游局人事司2017年7月发布的《2016年全国旅游教育培训统计》数据显示：2016年全国开设高职高专旅游类专业的院校共有1085所，其中开设旅游管理专业的院校864所，占旅游类专业总人数的45.6%，在校生共5.6万人[1]。

改革开放以来，我国旅游职业教育伴随旅游业的快速发展，取得了巨大的进步。目前有相当数量的高职旅游院校积极参与国际合作交流，国际影响力逐步增强；积极参与人才培养改革，教学模式与校企合作方式不断创新；依托专业技能，不断强化对学生价值观、社会公德、职业精神与道德的培训塑造；积极参与国家举办的各类旅游服务技能大赛，形成了“以赛促教、以赛促学”的良好氛围；积极加大基础设施投入，理论与实践教学条件日臻完善……经过30余年的探索发展，我国旅游职业教育人才培养模式不断进步，办学实力不断增强。以上成绩足以表明：旅游职业教育为我国旅游人才的储备和培养提供了强大的平台，为旅游业提供强有力的人力资源支撑。

（二）旅游管理就业率排名较低，市场竞争力整体较弱

麦可思数据公司调查统计显示，2017年高职高专毕业生就业率较高的前50名专业中，旅游管理专业排名第44位[2]。究其原因，既跟旅游行业准入性技术门槛较低、产业链过长、行业外溢性较大有关，更与各旅游高职院校的办学能力与水平存在较大差异有密切关系。目前许多高职旅游院校在办学资金及师资力量上受到限制，导致办学能力与水平处于较为粗浅的阶段；许多院校在专业发展中产、学、研结构失衡，校企合作方式单一，合作深度、广度不足。众多表征问题使得我国旅游职业教育整体实力有限，市场竞争力较弱。

（三）高职旅游人才培养模式不断创新，但与行业需求存在一定错位

目前我国高职旅游类院校基于校企合作的人才培养模式创新仅在少数高职旅游院校取

得显著效果，具有一定的推广性。但对于大多数旅游类院校而言，人才培养模式的创新对象仅为少数精英学生，并不具备普及性；此外，更多的校企合作模式创新仅停留在协议的签订上，并未真正落实在课堂教学、实习实训等过程中，形式大于内容，导致学生仍“重理论轻实践”，与行业脱轨现象严重，与市场行业需求存在一定的错位。

（四）高职旅游管理专业实习基地建设模式单一、结构简单

资料显示，我国大部分高职旅游管理专业实习实训基地建设模式相对单一、结构内容简单。校内实训基地的建设数量少且规模小，现有实训室作用发挥有限、被行业发展淘汰较快，师生在开展教学实践中使用率低。校外实习基地实习形式多为顶岗实习，模式单一，实习基地业态选择上狭窄、学生缺乏主动学习意识，高职院校及系部对学生的实践过程缺乏管理、对顶岗实习的学期和时间长短安排缺乏合理性、对实习实训效果评价方法简单粗放等。这些问题既现实又迫切，势必阻碍旅游管理专业建设的良性发展。

基于以上背景，项目组将研究角度切入到我国高职旅游教育院校中开设专业最广泛、生源最多、最具代表性的旅游管理专业，对人才培养模式中对实习实训基地建设的状况进行调查研究，期待能对高职院校旅游管理专业的实习基地建设尽微薄之力，实现几位旅游人的职业教育情怀。

二、高职旅游管理专业实习基地建设现状调研

（一）专业范畴及实习基地分类的界定

1. 旅游管理专业范畴界定

由于旅游管理专业范畴过于宽泛，为了便于调查与研究，项目组对于旅游管理专业的范畴及实习基地类型进行了界定与划分，即研究对象仅包括以“旅游管理”命名的本专业及其下属其他专业及方向，如旅游管理休闲、养生、景区策划、规划设计等；不包括综合院校中旅游管理专业大范畴中常涵盖的酒店管理、会展旅游等专业。

2. “126”实习实训基地分类系统界定

项目组研究整体上以“旅游管理专业实习实训”这一整体系统为切入点，将实习实训基地划分为校内与校外两种类别平台，在此基础上按功能将校内实训基地划分为实训室资源、企业制学院，校外实习实训基地划分为专业认知体验基地、课程实训基地、顶岗实习基地和产学研一体型基地共 6 个途径，从而构建了 126 实习实训基地分类系统。项目组从实地调研、问卷访谈到对策研究，均是依托该分类系统开展工作，取得了良好的效果。

（二）高职院校旅游管理专业实习基地建设现状实地调研

为了更全面了解我国高职旅游管理专业实习实训基地建设现状，项目组从 2017 年 12 月开始对国内一些知名度高、代表性强的旅游类高职院校展开了实地访谈及调研工作。通过对各院校旅游管理专业负责人、实习实训负责教师的访谈，对校内实训资源库、校外实训基地的走访参观、对同学生的座谈，得出了高职旅游管理专业实习实训基地建设现状的总体认知。

1. 校外实习基地建设现状分析

1）专业认知体验普遍开展，但建设状态粗放、作用有限

调研结果表明，专业认知体验是各高职旅游院校普遍开展的一项校内实训活动，大都在新生入学第一学期进行。整体来看，呈现出粗放单一的建设状态，效果也有待考证。具体表现为：一是专业认知体验基地单位选择上遵从就近原则，不具有典型代表性；二是认知体验方式与内容仅以简单的参观方式为主，收效甚微；三是将专业认知体验与课程实训混合起来，放到第二学期开展，失去了新生入校后专业认知体验引领的意义和作用。

2）课程实训开展频次较低、时间较短，复合课程实训性质突出

课程实训基地是旅游管理专业课程体系从理论走向实操的重要平台，许多课程的实训由于课程本身特殊或校内实训室资源库数量、种类和容量有限，需要选择校外实训基地开展。调研结果证实，旅游管理专业课程实训主要依托校内实训室进行，本应从校外实训中进行实践补充的课程实训开展频次较低，时间较短。

项目组经过调研认为原因如下：一是学生数量多，校外实训牵涉停课、餐饮、住宿、用车、景区对接等各项烦琐事务，组织起来有一定困难；二是集体活动事关学生安全，在行政手续审批上较为复杂；三是大量学生校外实习实训所产生的费用问题比较难以解决；四是课程实训大都是多门课程的综合实践，呈现明显的复合性与交叉性。

3）顶岗实习基地业态广泛，规模庞大，管理完善

尽管项目组将顶岗实习的范畴分为毕业顶岗实习与学期中分段顶岗实习两大类别，但绝大部分院校仅开展了毕业顶岗实习。调研结果表明，顶岗实习基地建设状况虽整体上体系完整、模式成熟、效果明显，但也存在一些具体问题。

（1）顶岗实习业态集中，企业知名度高、海内外兼备

项目组调研的十几所高职旅游院校旅游中，旅游管理专业顶岗实习基地数量均在40家左右，主要集中于以长上海、杭州、南京、苏州、宁波为代表的长三角地区，其次是以北京、青岛、大连为代表的北方旅游城市。除了国内城市外，一些高职院校也为旅游管理专业实习生提供了众多海外顶岗实习岗位，丰富了学生的就业平台。同时从学生所在的顶岗实习业态分析，主要集中在旅行社、在线OTA、旅游集团、高星级酒店、旅游景区及主题乐园、休闲文化产业园等，均围绕旅游企业的主体核心部分，更符合旅游管理专业的就业方向。

（2）各院校顶岗实习安排时间及周期差异明显

各院校根据人才培养方案及课程体系设置计划，安排学生顶岗实习的周期与具体时段各不相同。绝大多数院校都集中安排在第五、第六学期，但实习的时间与周期长短有所差异，从4~12个月不等。

究其差异原因，项目组认为：一是有些院校开展了分段顶岗实习，故毕业顶岗实习时间缩短至4个月；二是少量院校非常重视毕业生的毕业设计、招聘会及离校前的各项离校工作，故在毕业当年5月份前结束顶岗实习；三是有些院校为了便于实习生回到学校继续提高，安排在第四学期进行顶岗实习；四是部分院校的毕业实习方式创新，将毕业设计的考核与实习评价有机融合，直接到6月份结束实习。

（3）顶岗实习过程注重前、中期管理，缺乏对实习满意度评价反馈机制

尽管各高职旅游院校顶岗实习安排学期及周期时间长短不同，但都是根据学院自身情况及多年的办学经验做出的合理安排，也都取得了良好的实习实训及社会效果。但同时项目组调研中也发现，各旅游院校在实习生的顶岗实习管理上，对前中期实习动员、实习指导管理较为重视，忽略了实习满意度调查、实习生精准评价以及实习问题总结等后期反馈机制的建立。

（4）学期中分段顶岗实习开展状况参差不齐

项目组对顶岗实习的界定除了毕业顶岗实习外，还有学期中分段顶岗实习。从调查结果看，分段顶岗实习开展的高职旅游院校并不多，大部分院校是将毕业顶岗实习与学期中间的顶岗实习合二为一，如桂林旅游学院、浙江旅游职业学院周期较长的第四学期末开始的顶岗实习，也并不等同于项目组界定的学期中分段顶岗实习，而仍应该属于毕业顶岗实习的范畴。

4）产学研一体型基地依托校企合作企业开展，但未形成“以点带面”效果

产学研一体型实习基地建设状况，一般以三种形式呈现：一是通过许多高职旅游院校开设的旅行社或酒店，教师指导学生在此通过旅游产品设计、对客服务等实训环节的开展，实现产学研一体化的目标。二是依托一些院校教师在学生实习所在的旅行社、景区企业设立了工作站，教师和学生、企业三方共同参与企业旅游产品的策划与设计，成了产学研一体型基地的典范。三是借助教师与企业技术人员进行项目合作研究，引导学生共同参与项目完成，实现产学研一体化。以上三种方式虽在有些院校表面上进行了工作开展，但实际效果有待考证，总体上“以点带面”的产学研效果并未达到。由于旅游管理专业的产能和效益转化并不如实体产品企业显而易见，因此有些院校的开展的生产性实训尽管带有生产性质，却并不属于产学研一体型实习基地。

2. 校内实训基地建设现状分析

1）实训室资源库建设类型多样，但数量有限、科技先进性有待提高

项目组先后奔赴全国近十个旅游类高职院校对校内实训室资源库进行了调研，整体上旅游管理专业领域内的实训室资源数量较之酒店管理专业而言，呈现以下特点：一是实训室数量较少、种类不够丰富，实训资源有限，无法满足专业课程实训需要；二是科技性呈现落伍的状态，有些科技含量比较高的实训室三五年前建成时国内领先，但随着科技发展很快落伍，未及时进行技术及资源库更新；三是实训室本身资源容量有限，使用率不高。

究其原因，项目组认为：一是有些实训资源库场地及资金有限，进行资源的扩充缺乏足够的容量及物质条件；二是旅游管理专业不似酒店管理、茶艺专业实训室资源立体性显著、呈现方式明显，故资源库的专属性、呈现实操性方式不强；三是一些院校旅游管理专业并非龙头专业，投入大量的实训资源必要性不强；四是实训资源功能有限，并非所有的专业课程都符合实训要求，针对性有限，故使用率不高；五是有些实训室资源内容授课中所需时效性很强，教师无法利用最新资源，就放弃了实训室的使用。

2）企业制学院实训基地建设成果不显著，企业投入不高，急需加强

企业制学院本应是校企合作下，为了提高学生专业技能由企业出资建设的专属基地。

但调研中发现，这一工作开展得举步维艰。绝大部分高职旅游院校的旅游管理专业校企合作中，不管是粗放的“订单式”定时集中培养，还是精细的企业制学院全程专属培养，企业在学校投入的实训基地建设都非常有限。绝大部分的校企合作下的创新模式开展，都基于企业现有的经营性场所进行实训。

三、旅游管理专业实习生满意度实证分析

为了更好地调查高职旅游管理专业实习基地建设状况，项目组在对一些高职旅游院校进行问卷访谈、实地调研的同时，还对实习生的满意度、旅游行业人才需求标准也进行了问卷调查。

此部分主要采用问卷星及实地调研展开定量调查，项目组特邀请旅游管理专业指导委员会中的14所委员院校实习生进行了调研（见表1）。院校分布从北部到中东部地区，涵盖国家级示范、省级示范院校以及中国旅游五星联盟院校。

表1　全国旅游职业教育教学指导委员旅游管理专业委员会成员

序号	单位名称	序号	单位名称
1	浙江旅游职业学院	8	太原旅游职业学院
2	江西旅游商贸职业学院	9	长春职业技术学院
3	南京旅游职业学院	10	黑龙江旅游职业技术学院
4	武汉职业技术学院	11	内蒙古农业大学职业技术学院
5	山东旅游职业学院	12	海南职业技术学院
6	山东外贸职业学院	13	郑州旅游职业学院
7	河北旅游职业学院	14	上海旅游高等专科学校

（一）描述性统计分析

此次调查对象为正在顶岗实习基地参加实训的实习生及刚结束实习的学生，调查专业为旅游管理专业及下属的各个方向，包括中澳合作（浙江旅游职业学院）、涉外旅游（山东外贸职业学院）、旅游生态（郑州旅游职业学院）、人力资源管理（山东旅游职业学院）等。调查对象中，男性共109人，占到总数18.96%；女性466人，占到总数的81.04%。这一结果与旅游管理专业男多女少的行业选择性别比例符合。顶岗实习的业态分布中，酒店与旅游景区比例最高，其次是旅行社，最后是旅游电商及综合类。这一结果与前述中旅游管理顶岗实习业态分布相对集中相符。

描述性统计结果显示，旅游管理专业学生在实习中表现出以下问题：一是岗位对口性不强，学生积极性受到打击；二是个人能力有明显提升，但工作倦怠情绪并存；三是理论学习与实践岗位脱轨明显，院校过程性管理急需加强。

（二）实习满意度实证分析

1. 实习满意度评价指标的选取

实习满意度的评价指标是能够最终通过定量化的计算来确定满意度的核心因素，项目组按照实习涉及的主体，结合专家研究指标经验，最终确定了实习满意度受到企业待遇管理、院校管理指导、实习生自我认知 3 个主类因素影响，在每个主类因素下又分为若干个次类因素。从而构成了具有层次性的递阶体系。如图 1：

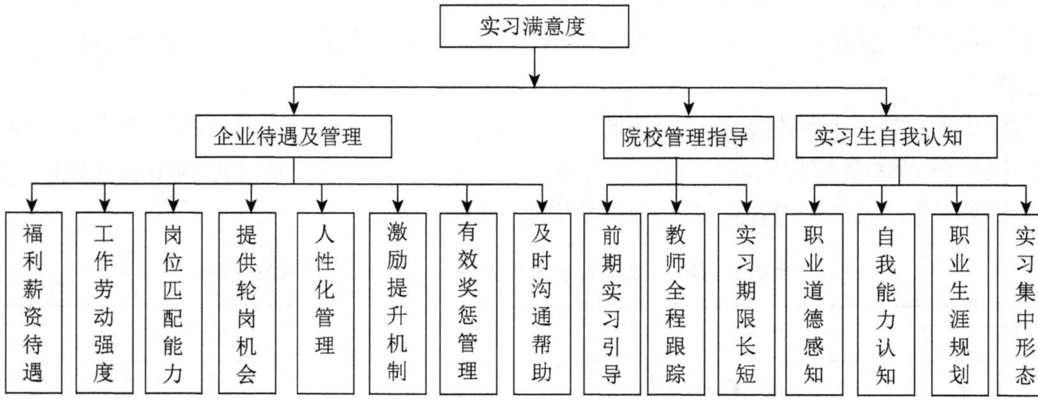

图 1　实习满意度影响因素层次递分

2. 实习满意度评价指标权重的确定

考虑到每个评价指标对实习满意度的影响程度都不相同，项目组用了权重进行衡量。本论文用到衡量权重的方法是最常见、简单的层次分析法。

利用影响到实习满意度已分的三个层次因素，确定同层次相邻因素之间的相关程度，构造判断矩阵。在进行分析同层次各因素之间的重要性对比后，结合专家意见，构造判断矩阵（如表 2），通过和法运算及归一化计算，逐步确立各层次权重赋值，结果见表 3。

表 2　判断矩阵元素 aij 的标度方法

标度	含义
1	表示两个因素相比，具有同样重要性
3	表示两个因素相比，一个因素比另一个因素稍微重要
5	表示两个因素相比，一个因素比另一个因素明显重要
7	表示两个因素相比，一个因素比另一个因素强烈重要
9	表示两个因素相比，一个因素比另一个因素极端重要
2，4，6，8	上述两相邻判断的中值
倒数	因素i与j比较的判断a_{ij}，则因素j与i比较的判断$a_{ji}=1/a_{ij}$

表 3　实习满意度指标评价体系（权重）

	二类因素		三类因素	
	指标	权重	指标	权重
一类因素	企业待遇及管理因素	0.61	福利薪资待遇	0.32
			工作劳动强度	0.20
			岗位匹配能力	0.04
			提供轮岗机会	0.03
			人性化管理	0.17
			激励提升机制	0.09
			有效奖惩沟通	0.08
			及时沟通帮助	0.07
	院校管理指导因素	0.09	前期实习引导	0.21
			教师全程跟踪	0.10
			实习期限长短	0.69
	实习生自我认知因素	0.30	自我认知能力	0.57
			职业道德感知	0.15
			职业生涯规划	0.15
			实习集中形态	0.13

3. 实习满意度评价模型构建

使用模糊综合评价法首先要建立模糊综合评价模型。具体步骤如下。

1）评价要素分层

由上述构建的权重指标评价体系可知，第一层评价要素集合为 U，权重集为 W；第二层评价体系要素集合分为三个指标：U_1 为企业待遇及管理因素，U_2 为院校管理指导因素，U_3 为实习生自我认知因素；同时相应产生三个权重集合：W_1 为企业待遇及管理因素权重集，W_2 为院校管理指导因素权重集，W_3 为实习生自我认知因素权重集。

在此基础上可以得到各层次的权重集：

W={0.61，0.09，0.30}；

W_1={0.32，0.20，0.04，0.03，0.17，0.09，0.08，0.07}；

W_2={0.21，0.10，0.69}；

W_3={0.57，0.15，0.15，0.13}

2）评判集的确定

评判集可用 V 来表示，$V=\{V_1, V_2, V_3, V_4, V_5\}$；根据问卷调查的内容和测评点，评判的量化标准用李克特量表法，将评判结果分为 5 个等级：非常满意 V_1，满意 V_2，一般 V_3，不满意 V_4，非常不满意 V_5；在分值上赋予 5，4，3，2，1。

3）建立模糊评价矩阵

本项目建立模糊评价矩阵时，是通过调查问卷中对各个调查因素的打分的比率而确定每个指标在评价集合中的分布概率 r，从而建立出 U 到 V 模糊的映射关系。比如对于某一具体因素打分时，通过李克特量表法可以确定 5 个等级，而每个等级根据的不同选择最终有不同的分布比率 r_i，这种比率由 r_1，r_2，r_3，r_4，r_5 组成模糊评价矩阵 R。

4）对模糊综合评价矩阵的评判

在建立模糊综合评价矩阵后，还需要按层次结合权重集合来进行模糊综合评价。首先要对第二层指标进行评价，第二层指标评价结果构成一个模糊评价矩阵，然后将该矩阵与二级指标的权重分别进行模糊运算得到实习满意度的最终衡量数值。在理论上，进行模糊运算方法多种多样，在这里采用加权平均运算法：

$$b_i=\sum_{i=1}^{n} w_i r_j\,(j=1,\ 2,\ \cdots m)\ \text{即}B=W\wedge R$$

在加权平均运算中，根据已知的 W_1 和 R_1 的矩阵，利用以上公式可以计算出二级指标评价结果矩阵 B_1，由于 W_1 和 R_1 代表的都是第二层次第一指标实习环境因素，因此 B_1 是由且 b_{11}、b_{12}、b_{13}、b_{14}、b_{15} 共 5 个数据组成的矩阵；依此类推，因此 B_2 是由且 b_{21}、b_{22}、b_{23}、b_{24}、b_{25}、b_{26} 共 6 个数据组成的矩阵；B_3 是由且 b_{31}、b_{32}、b_{33}、b_{34} 共 4 个数据组成的矩阵。此时将 B_1、B_2、B_3 进行归一化运算，得出 $\overline{B}_1$、$\overline{B}_2$、$\overline{B}_3$，然后根据归一化运算的结果得到一级模糊评价矩阵 R，进而可以计算出一级模糊运算评价 B。

5）处理评判结果

为了确保研究结果的精确性，需要对每个评判等级的值域进行界定。前面我们已经有对每个因素的判定值 V，但在处理评判结果时，还需要进行公式化的运算。在此取 $H=\{10$（非常满意），8（满意），6（一般），4（不满意），2（非常不满意）$\}$。可以再次用加权平均运算公式：$b_i=\sum_{i=1}^{n} w_i r_j\,(j=1,\ 2,\ \cdots m)$。计算出最终定量化精确的评判值。根据评判值可以得出结论：得分在 8~10 之间，表明对实习非常满意；得分在 6~8 之间，表明对实习满意；得分在 4~6 之间，表明对实习满意度一般；得分在 2~4 之间，表明对实习不满意；得分在 0~2 之间，表明对实习非常不满意度。

4. 建立模糊评价矩阵及模糊评判

1）建立模糊评价矩阵

在此通过问卷调查的结果建立模糊综合评价矩阵，详见统计表 4。

表 4　各评判指标比例统计表

评价指标 \ 评价结果		非常满意	满意	一般	不满意	非常不满意
企业待遇及管理因素	福利薪资待遇	0.05	0.18	0.42	0.19	0.16
	工作劳动强度	0.05	0.18	0.44	0.18	0.13
	岗位匹配能力	0.07	0.19	0.54	0.12	0.08
	提供轮岗机会	0.07	0.16	0.49	0.14	0.10
	人性化管理	0.09	0.21	0.51	0.09	0.10
	激励提升机制	0.06	0.15	0.50	0.15	0.14
	有效奖惩帮助	0.07	0.23	0.48	0.11	0.11
	及时沟通帮助	0.07	0.22	0.46	0.13	0.12
院校管理指导因素	前期实习引导	0.08	0.20	0.53	0.10	0.09
	教师全程跟踪	0.05	0.36	0.52	0.06	0.01
	实习期限长短	0.06	0.14	0.34	0.20	0.26
实习生自我认知因素	自我认知能力	0.10	0.29	0.52	0.04	0.05
	职业道德感知	0.09	0.34	0.46	0.09	0.02
	职业生涯规划	0.08	0.24	0.54	0.08	0.06
	实习集中形态	0.08	0.20	0.55	0.09	0.08

经过建立评判比例列表后，进一步可以得出模糊评价矩阵：

$$R_1=\begin{pmatrix} 0.05 & 0.18 & 0.42 & 0.19 & 0.16 \\ 0.05 & 0.18 & 0.44 & 0.18 & 0.13 \\ 0.07 & 0.19 & 0.54 & 0.12 & 0.08 \\ 0.07 & 0.16 & 0.49 & 0.14 & 0.10 \\ 0.09 & 0.21 & 0.51 & 0.09 & 0.10 \\ 0.06 & 0.15 & 0.50 & 0.15 & 0.14 \\ 0.07 & 0.23 & 0.48 & 0.11 & 0.11 \\ 0.07 & 0.22 & 0.46 & 0.13 & 0.12 \end{pmatrix}$$

$$R_2=\begin{pmatrix} 0.08 & 0.20 & 0.52 & 0.10 & 0.09 \\ 0.05 & 0.36 & 0.52 & 0.06 & 0.01 \\ 0.06 & 0.14 & 0.34 & 0.20 & 0.26 \end{pmatrix}$$

$$R_3=\begin{pmatrix}0.10 & 0.29 & 0.52 & 0.04 & 0.05\\0.09 & 0.34 & 0.46 & 0.09 & 0.02\\0.08 & 0.24 & 0.54 & 0.08 & 0.06\\0.08 & 0.20 & 0.55 & 0.09 & 0.08\end{pmatrix}$$

2）模糊综合评判

对这些矩阵采用加权平均法进行运算，在计算中采用公式：

$b_i=\sum_{i=1}^{n}w_i r_j(j=1,\ 2,\ \cdots m)$ 。

（1）对二级指标评价评判

由矩阵 R_1、R_2、R_3 和第二章构建购物满意度模糊综合评价模型时已得出的权重集 W_1、W_2、W_3 可以得到二级指标评价结果矩阵 B_1、B_2、B_3。

W ={0.61，0.09，0.30}；

W_1 ={0.32，0.20，0.04，0.03，0.17，0.09，0.08，0.07}；

W_2 ={0.21，0.10，0.69}；

W_3 ={0.57，0.15，0.15，0.13}。

利用加权平均法计算，可以得出

$B_1=W_1\wedge R_1=$（0.06，0.19，0.46，0.15，0.13）

$B_2=W_2\wedge R_2=$（0.06，0.17，0.26，0.17，0.20）

$B_3=W_2\wedge R_2=$（0.09，0.28，0.52，0.06，0.06）

计算出评价结果，得出矩阵后，为了归纳统一样本的统计分布性，需要根据公式 $\overline{b}_i=\frac{b_i}{\sum_{j=1}^{n}b_{ij}}$ 对 B_1、B_2、B_3 进行归一化运算。

以此类推，得出

$\overline{B}_1=$（0.06，0.19，0.46，0.15，0.13）

$\overline{B}_2=$（0.06，0.20，0.30，0.20，0.23）

$\overline{B}_3=$（0.08，0.27，0.51，0.06，0.06）

（2）对一级指标进行评判

由归一化后的 $\overline{B}_1$、$\overline{B}_2$、$\overline{B}_3$ 的数值可得到一级模糊评价矩阵。

$$R=\left(\overline{B}_1,\ \overline{B}_2,\ \overline{B}_3\right)^T=\begin{pmatrix}0.06 & 0.19 & 0.46 & 0.15 & 0.13\\0.06 & 0.20 & 0.30 & 0.20 & 0.23\\0.08 & 0.27 & 0.51 & 0.06 & 0.06\end{pmatrix}$$

又已知 W ={0.61，0.09，0.30}，结合 R，利用公式 $b_i=\sum_{i=1}^{n}w_i r_j(j=1,\ 2,\ \cdots m)$，就可以得出总评判结果 B：

$B=W\wedge R=$（0.06，0.46，0.13，0.13，0.12）

然后对 B 再进行归一化运算，计算公式 $\overline{b}_i=\dfrac{\bar{b}_i}{\sum_{j=1}^{n}b_{ij}}$，得出：

$\overline{B}$ =（0.06，0.51，0.14，0.14，0.13）

3）实习生满意度最终评判结果

根据第二章取 H ={10，8，6，4，2}，又已知 $\overline{B}_1$、$\overline{B}_2$、$\overline{B}_3$ 和 $\overline{B}$。

$\overline{B}_1$ =（0.06，0.19，0.46，0.15，0.13）

$\overline{B}_2$ =（0.06，0.20，0.30，0.20，0.23）

$\overline{B}_3$ =（0.08，0.27，0.51，0.06，0.06）

可以再次用加权平均运算算公式：$b_i=\sum_{i=1}^{n}w_i r_j(j=1, 2, \cdots m)$，计算出三个二级指标和总指标的评判结果。

结果如下：

$V_1=\overline{B}_1H^T$ =6.26

$V_2=\overline{B}_2H^T$ =4.8

$V_3=\overline{B}_3H^T$ =5.48

$V=\overline{B}H^T$ =6.08

最终结果显示，学生对企业待遇及管理因素的评价为“满意”，对院校管理指导因素评价为“一般”，对实习生自我认知因素评价为“一般”，总体满意度为“满意”。

5. 对实习满意度结论分析

由以上四个数据表明，实习生对于企业待遇及管理、实习生自我认知两个主类因素都在 6~8 分之间，院校管理指导结果主类因素在 4~6 分之间，整体综合结果在 6~8 分之间。院校对实习生的管理指导令实习生满意度最低，这一结果和项目组在实地调研走访中各院校对实习生管理状况调查结论高度一致。

从总体上看，尽管旅游管理专业实习满意度总体处于“满意”范围，但具体段值位于 6~8 分的下端临界点，这一结果与各院校的目标必然存在着较大差距。同时也说明了旅游实习企业、实习生自我认知也存在着一些问题。这为下一步实习实训基地建设中有关顶岗实习基地的提高策略提供了依据。

四、校企合作实习单位对人才标准需求调研分析

在校企合作企业对人才需求标准的调研上，项目组将主要分布东北、华北、华东等 134 家旅游企业作为调研对象，进行数据收集整理。134 家企业业态分布如下：酒店占 8.95%、旅行社占 63.6%、旅游景区占 9.9%、旅游电商占 3.82%、综合类旅游企业占 5.34%、其他类占 8.95%。在企业规模上，超过 1000 人的企业 16 家，占 12.21%，主要集中在主题乐园景区和旅游电子商务网站；500~1000 人的企业 11 家，占 8.40%，主要集中在酒店、综合类旅游企业、全国性的旅游集团；100~500 人的企业 42 家，占 32.1%，主要集中在酒店、国际旅行社；低于 100 人的企业 62 家，占 47.3%，主要集中在地方性国内

旅行社。

(一)描述性统计分析

1. 高职高专学历占据主要比例，且月收入偏低

数据显示，旅行社和电子商务网站、景区三类企业“高职高专”学历员工占比72.4%，主要集中在对客服务、文案策划、业务外联、旅游电商运营等岗位；其次是酒店、酒店、综合类企业，占比41.7%，主要集中在文案策划、后台服务、办公行政主管等管理类岗位。这一数据说明了岗位所需要技能与学历成正比关系。在对旅游管理专业毕业生平均月收入调查上，最大的比例集中在“4000元左右”，按地区和物价水平总体衡量，收入偏低，就业质量不容乐观（见图2）。

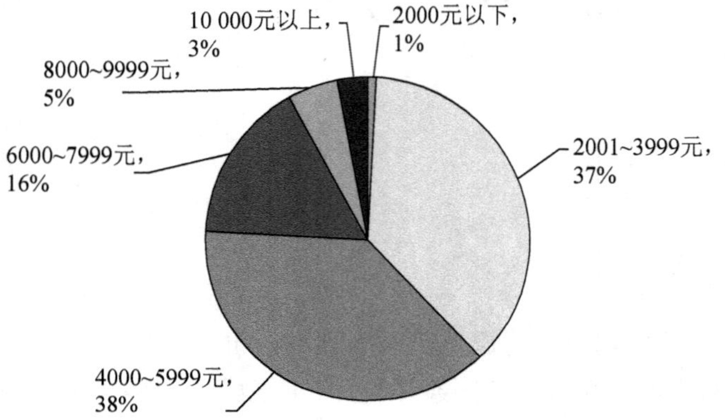

图2　旅游企业对高职毕业生的工资标准

2. 人才类型需求偏重于实操性服务技能，如产品策划开发人才

调研结果表明，对于旅游类企业行业来说，实际操作服务技能人才如导游、计调等需求量最大，其次是旅游专业技术人才如旅游产品策划、开发类也有庞大的需求量（见图3）。这一结果尽管与本次调研的企业性质旅行社占比过半有直接关系，但对旅游产品策划、开发类的人才需求，则从大局上反映了市场业态中的需求方向。对于高职类的专科生来说，企业对其经营管理方面的要求并不高。

选项	小计	比例
人力资源管理人才	12	9.16%
旅游专业技术人才如产品策划、开发	89	67.94%
实际操作服务技能人才如导游、服务人员	103	78.63%
企业经营管理人才	25	19.08%
其他（详细）	22	16.79%

图3　旅游管理行业企业需要的人才类型

3. 对实习生知识素养要求不仅重视专业服务技能

访谈发现，旅游各业态中有90%的企业对于高职旅游管理专业毕业生的基本知识素养要求集中在"专业技术服务知识"上，其次是"营销技巧知识"和"办公软件操作知识"，由此可见，企业除了重视专业技能外，对于综合知识技能方面也有了新的变化，更加重视产品的营销和信息化技术应用的普及（见图4），尤其是办公桌自动化操作（见图5），这从另一方面凸显了高职生在信息化基础应用技术上的知识短板。

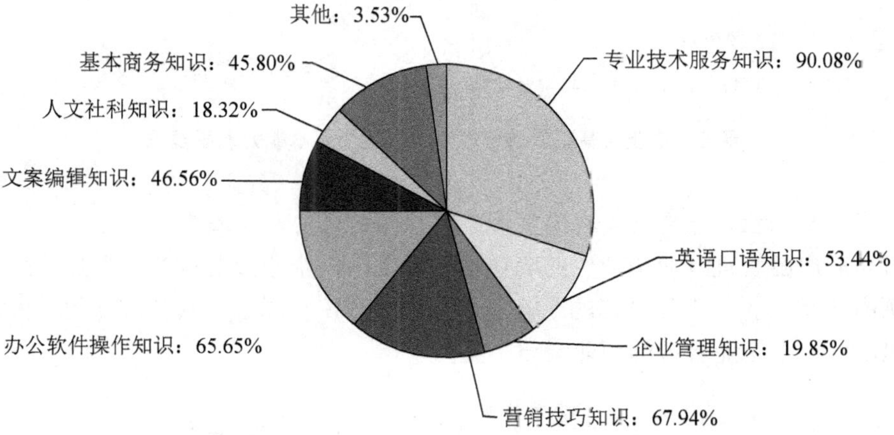

图4　企业对高职旅游管理专业毕业生基本知识素养要求

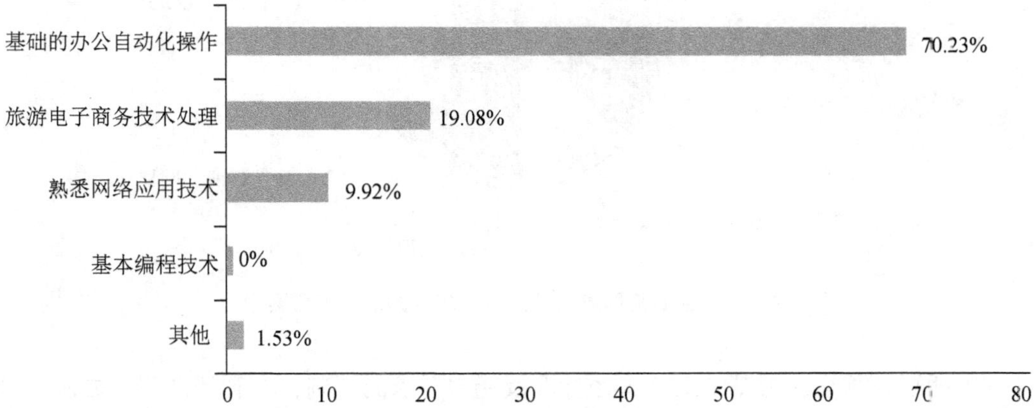

图5　企业对信息化技术应用的具体内容

4. 对实习生能力素养要求重在语言表达和人际交往能力

调研结果表明，企业对高职旅游管理专业毕业生的基本能力素质要求首先看重在语言表达能力，其次是人际交往能力和合作沟通能力。除此之外，灵活应变能力、分析解决问题的能力也是较为看重的素质（见图6）。

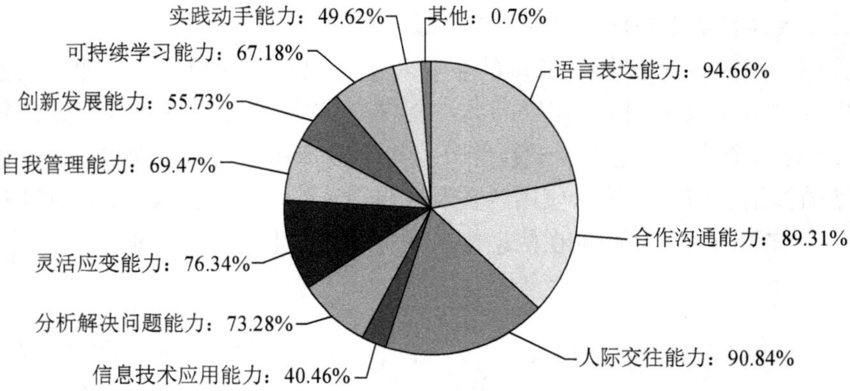

图 6　企业对高职旅游管理专业毕业生基本能力素质要求

5. 对实习生职业素养要求重在团队协作精神和良好的职业道德

在对高职旅游管理专业毕业生的职业素质要求上，企业最看重的首先是团队的协作精神，比例高达 96%；其次是良好的职业道德和服务意识。同时，具备较高的个人修养和对企业的忠诚度也是企业看重的职业素质（见图 7）。

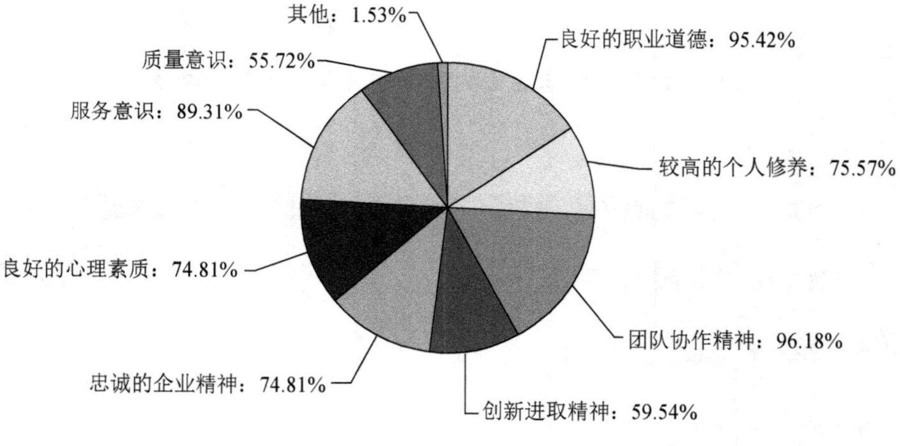

图 7　企业对高职旅游管理专业毕业的职业素质要求

综上所述，顶岗实习基地对于人才标准及能力需求的评判，有利于高职院校旅游管理专业人才培养中，有针对性地结合行业需求进行目标培养，尤其是对于专业服务技能、语言表达能力、人际交往能力、团队协作能力等方面的培养应结合校内实训资源进行有效提升。

（二）实证调研结论及原因分析

1. 校外实习基地的人才需求与旅游管理专业人才培养现状存在错位

旅游管理院校与企业沟通交流的不足，使得理论教学与实践指导培养现状均与实习基地的人才需求存在错位现象。这种错位凸显的是院校与实习基地之间包括人才培养模式、实习实训创新等多方面的沟通信息不对称。一方面，院校认为，旅游企业仅从自身的岗位需求选拔学生，不考虑学生的需求与特长，未对学生培养做出详细规划；另一方面，实习基地认为，院校在日常培养中过分注重知识的培养，忽视了综合素养的提高，导致到实习岗位后胜任力弱。岗位上专业及综合能力的缺失既需要企业及时进行专业培训，也需要实习指导老师的及时跟进，对学生进行继续教育，“企中课”就是行之有效的方式。

2. 旅游管理专业校企合作的层次不高、深度不够

许多院校尝试与企业开展深入系统地交流与合作，包括校内通过企业制学院或“订单班”进实训资源库建设，校外则借助于顶岗实习共建。但实际调研中，项目组发现，一方面许多旅游企业缺乏合作的积极性，另一方面许多院校旅游管理专业的教学与管理仍滞后于市场，师资力量水平有限，没有强大的科研实力及研究成果做基础实现知识向产品转移与辐射。总体上看，旅游管理专业的人才培养尚未形成对区域经济与创新能力有效影响。

3. 院校对学生实习期间的日常管理与跟踪培养不到位

由于旅游管理专业学生的毕业顶岗实习基地主要分布在经济发达的中东部城市，院校处于距离成本、教学任务、管理时效等方面的问题，没有派驻专门的实习教师全程跟踪，实习单位也没有日常跟踪检查与反馈，导致实习几乎处于失控状态。专业课教师不了解学生实习中遇到的专业问题，学生在实习中遇到的专业及心理问题不能得到及时梳理。实习结束后，许多院校的学生立即上岗工作或处于毕业前的等待状态，院系没有组织实习的学生、实习单位的管理人员进行相关的座谈，对实习期间的感受、收获，对实习过程中的问题、经验进行总结、交流，对实习生管理的意见和建议未及时收集，最终导致有效信息流失，不利于完善实习管理制度、开展有效的实践教学及建立实习反馈制度。

五、高职旅游管理专业“4+2”两位一体实习基地建设系统构建

（一）系统内涵构建

高职旅游管理专业“4+2”两位一体实习基地建设系统中，“4”指的是校外实习实训基地建设的四种模式：专业认知体验基地建设、课程实训基地建设、产学研一体型基地建设及顶岗实习基地建设；“2”指的是校内实习实训基地建设的两种模式：实训室资源库的建设和企业制学院建设。“一体化”是院校在人才培养过程中以专业知识和技术能力为理论基础，以校内、校外实训实习岗位为载体，通过理论与实践的相互融合，提高专业能力与综合素养，最终实现学生无缝接轨岗位、顺利就业的过程（如图8）。在“一体化”人才培养过程中，通过六种校内、校外实训基地检核的共同推进，最终建设具备教育教学、技能培训、技能鉴定、社会服务、产品研发“五位一体”的实训基地。

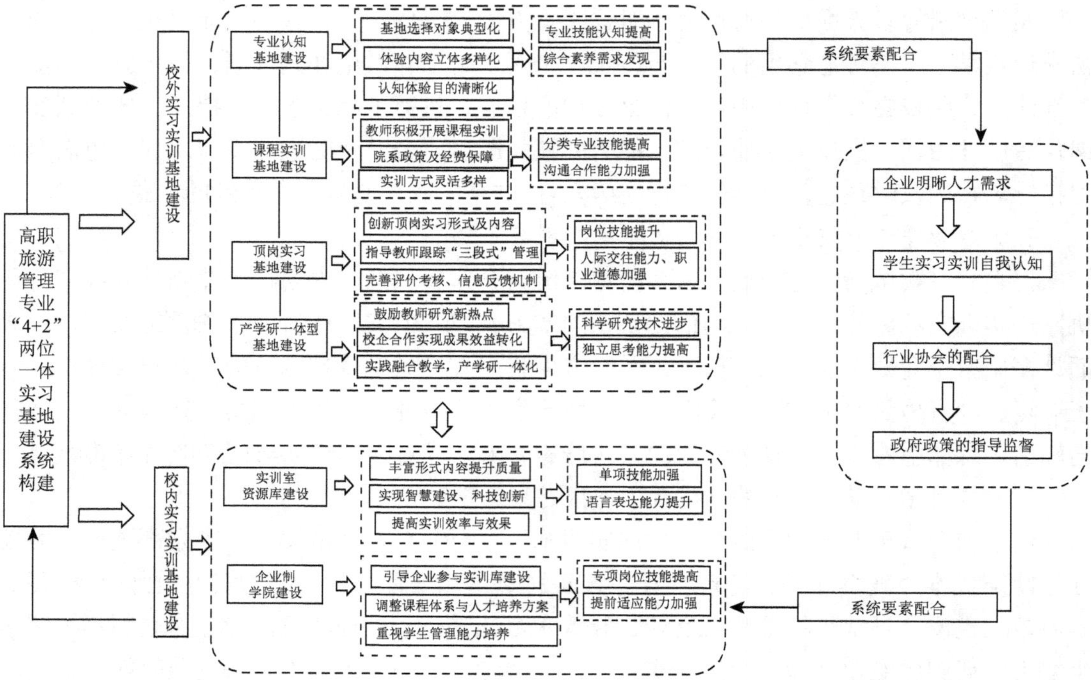

图 8　高职旅游管理专业“4+2”两位一体实习基地建设系统

1. 系统结构关系阐述

“4+2”两位一体实习基地模式不仅整合了学生在校内校外实习实训的全方位平台，更应该作为一个有机的整体系统来构建。本研究中系统包含的六种实习基地方式综合了校内与校外、学校与企业、专业与能力等范畴，其目的就是实现系统中互相影响、互为促进的目标。

对于旅游管理专业学生发展而言，走出校园、进入实习岗位前必须经过校内的实训平台学习和提高，才能更好地与校外实习平台对接，因此校内实训是校外实习的前提，在这种内外互相影响的系统中，校内系统更多地表现出了系统的前期基础功能，对校外系统中的后期功能起到了引导与铺垫作用；校外系统则更多地对系统的前期功能起到了促进和检验作用。对于高职院校旅游管理专业建设而言，内外系统应该是相互影响、互为促进的。通过校内实训基地的实训、实践，可以实现学生在校外实训基地中顺利上岗并实现无缝接轨；通过校外实训基地的实训、实践，可以将行业前沿动态、产品研发方向等新元素引入到校内实训资源库中，对资源库内容进行更新换代，质量提升，反作用于学生的专业技能提高。

在整个旅游管理实训基地的建设中，应运用系统的思想进行优化内部要素，如每种实习方式基地的功能定位、建设模式、创新要素、实习管理、评价结构、组织运行等，在此基础上才能在学生实习中对某一子系统组织运行状况进行研究和评价，反过来才对后续的人才培养起到促进作用。

校外实习实训基地建设的四种模式与校内实习实训基地建设的两种模式两部分主体并非各自独立，而是互相结合、互为一体，有机贯穿于学生三年专业课学习中，培养学生从校内到校外、从专业到行业、从实习到就业所需的专业技能与综合素养，实现与行业岗位无缝对接。在该系统构建中，校内与校外实训基地系统是并行关系，在实际教学过程中根据实际需要，交叉进行，一切以提高专业实操技能、综合素养技能为培养目标。

2. 系统正常运行保障

高职旅游管理专业“4+2”两位一体实习基地建设系统的正常运行，离不开院校、学生及企业的三方主体共同作用，但政府的指导、行业协会的监督也必不可少，政府作为系统正常运行的保障，行业协会作为系统运行的润滑剂，对整个系统都起着积极的促进作用。由政府与行业协会来协调这种合作中的冲突，打破各自壁垒，实现专业与行业、学校与企业的无缝对接，无疑是最佳路径。

在具体实施中，政府可以把校企合作中的一些细节工作交给行业协会，通过各种方式健全行业协会组织，让行业协会参与到职业教育的管理和决策中，加强行业协会的职业教育功能。目前我国各地的行业协会缺少自治的权利，也缺乏行之有效的监督权力。政府在这一问题上，应赋予行业协会更多的能够在职业教育发展、校企合作、校内外实习实训基地建设等内容上的话语权、参与权及决定权，使其真正发挥连接学校、政府、企业三方的桥梁作用。

3. 依托系统各要素，重视学生综合素养的提升

项目组对 134 家校企合作企业进行问卷调查，半数以上企业在强调专业技能的同时，都不约而同地提到了个人综合素养的培养，包括职业规划、抗压能力、团队合作意思、人际交往能力、解决问题能力、责任心等具体需求。

面对旅游行业既需专业技能，也需综合素养两条线并行的人才需求转变，各高职旅游院校在依托六种实习模式基地建设中，不仅要重视学生专业技能的培养，更要重视综合素养的提高。旅游管理专业课教师在组织学生实习实训中，务必以项目为依托，以符合人才需求为目标进行实习实训计划的制订、实习实训过程的引导及实习结果的考核检验。旅游管理专业人才培养方案根据行业人才需求标准的变化而修订时，不仅仅是简单增设有关综合素养提高的课程，更重要的是以掌握专业技能为依托，在完成专业技能学习的过程中锻炼抗压能力、人际沟通能力、团队合作意识、解决问题能力等，做到一条主线贯穿专业技能与综合素养的培养，这不仅仅是教学改革的创新点，更是增强专业建设软实力的方法，值得旅游管理专业教师思考与借鉴。

基于此，项目组将针对六种实习途径进行详细的对策研究，在对策建议中，将专业技能与综合素养培养共同推进，以专业技能培养为依托，重在培养综合素养中的某些能力，但这不表明其他能力不重要，只是项目组认为，依托该途径偏重的培养内容。

（二）校外实习实训基地建设系统各因子具体构建

1. 专业认知体验基地建设：专业技能认知 + 综合素养需求

旅游管理专业学生入校后的专业认知体验是了解专业建设、行业动态发展的一次重要机会，学生通过一次或数次在企业中的认知体验，对所学专业有了直观的了解，从而提高学生对专业的兴趣，引导学生进行日后深入学习，因此对于旅游管理专业学生而言，专业认知体验非要有必要，应引起旅游管理专业教学部门的足够重视。

基于前期调查结果，项目组认为应从三方面着手进行改善：一是专业认知体验基地选

择应具有典型性。这类基地可以是旅游景区、旅游综合集团、旅游度假酒店、旅游 OTA、主题乐园等多业态中的任何一种；同时应具备企业规模较大、组织机构完善、规章管理制度规范、专业认知的岗位丰富、形式多样等综合条件。二是专业认知体验形式的立体多样化。除了常规的游览参观外，还应该有在某些岗位上进行简单实践参与，与岗位上的旅游管理专业实习生及毕业生进行交流座谈，企业某一部门负责人对于行业、企业现状及未来发展方向的介绍等多种形式的专业认知体验。三是专业认知体验应具备清晰化的目标。要使学生通过体验认知简单了解企业所需要人才类型偏重于实操性服务技能型人才，具有较强的语言表达能力、人际交往能力及团队协作能力，较高的个人综合素养等需求标准，以便为在校期间三年的学习有清晰的发展目标及职业生涯规划。

2. 课程实训基地建设：分类专业技能 + 沟通合作能力

相比于校内课程实训基地，校外课程实训基地选择范围广泛、平台丰富，实践操作具有更强的行业性与时代性，优势性强。为此项目组建议，校外课程实训基地的建设有三个工作重点：一是应依托分类专业技能培养提高沟通合作能力。在课程实训前，教师要充分做好准备工作，从所属课程的分类专业技能目标培养的确定，到依托分类专业技能培养综合素养中的沟通能力与团队合作能力的具体方案，再到实训过程的实施以及实训结果的考核与反馈，每一个环节都必须认真组织实施，才能保证学生在实训中达到预期目标。二是院系应给予校外课程实训政策支持和资金保障。高职院校教务部门应该对校外课程实训类课程制定专门的管理制度，还应该对实训课程的租车、门票、教师补助等花费进行详细人性化的规定，让教师组织课程实训时安心、放心。三是专业课校外实训应选择采用多样化的灵活方式。教师可以将课程实训的形式化整为零、灵活选择，比如实训基地的选择上可以多样化，将班级同学分成若干个 10 人左右的小团队，鼓励前往免费的相关景区，同时教师要制定完善合适的考核内容和方式，保障实训效果。

3. 顶岗实习基地建设：岗位技能 + 人际交往能力及职业道德

项目组界定的顶岗实习有两种形态：一是较为长期的毕业顶岗实习，二是学期中间短期分段顶岗实习。对于顶岗实习基地建设的建设途径，项目建议：

1）创新顶岗实习形式与内容

在具体途径上，首先应实行提前“引岗入校”的实习引导与培训。在旅游管理专业同学在进入毕业顶岗实习前一个学期或三个月，就可以邀请实习企业进驻院校，每月定期开展对企业概况、经营模式及岗位职责的具体课程认知，进行前期引导培训。其次实行分段式毕业顶岗实习模式。可将为期半年到一年的毕业顶岗实习提前分布在第二到第四或第五个学期分段实施，两到三个月为一个顶岗实习期，在校期间进行两到三次。再次可以实行节假日周末分散式顶岗实习模式。除了分段式顶岗实习模式外，旅游管理专业学生在校期间可充分利用周末、“五一”“十一”假期及寒暑假的短期作为分散式顶岗实习的新模式，作为专业实践的有力补充。

2）实习指导教师全程跟踪指导，加强顶岗实习过程“三段式”管理

首先是前段管理，包括机构制度建立及实习动员引导，为中段管理做好铺垫。其次是中段管理，包括专业技能指导及“企中课”模式的引入。实习指导教师要加强对其情绪引导、

心理疏通和生活帮助，监督学生提高专业技能，协调企业安排岗位轮岗，注重学生综合素养的提高。项目组认为实习指导教师应定期对实习生在企业顶岗实习中表现的各种技能不足进行授课帮助，即项目组定义为“企中课”模式。授课频次上，如果实行分段式顶岗实习，授课频次可以缩短到每半月一次。实习指导教师授课内容应在充分清楚学生欠缺技能的具体要素基础上，有针对性地授课才会起到实际效果。再次后段管理，包括实习满意度评价及学生实习效果考评。此阶段是指学生结束实习后的阶段，主要是对学生实习阶段的表现及效果给予评价和奖惩。三段式管理贯穿顶岗实习全阶段，具有很强的实际操作性与现实意义（如图 9）。

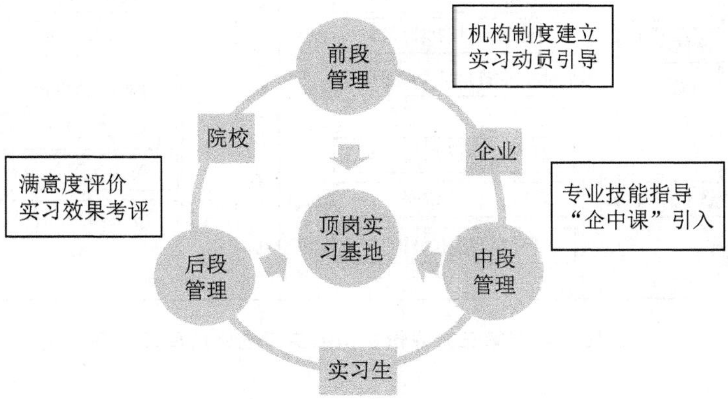

图 9　顶岗实习过程“三段式”管理体系

3）完善实习效果评价考核机制，建立实习生信息反馈系统机制

（1）引入第三方评价机构对实习生、实习企业、教师和院校四方主体进行客观性评估

第三方评价机构评价具体内容有四个：一是对实习生评估。包括从“知识、能力、素养”三个内容，企业岗位领导、实习指导教师、同学同事三个维度共同对实习生的实习效果进行评估；也可以通过实习生对企业、院校管理的满意度进行调查。二是对企业进行的评估。包括从实习生、实习指导教师、学校三个维度对企业的管理水平进行评估，也可以请企业对实习生的满意度、人才需求标准、校企合作的质量等方面进行详细评价。三是对高职院校进行评估。包括从实习生、企业两个维度对高职院校的管理水平进行评估；同时可以请高职院校对实习生满意度、企业管理水平等方面进行评价。四是实习指导教师的评估。包括从企业、学生、高职院校三个维度对学生的实习指导效果、专业引领效果、自身专业实践水平等内容进行评估。同时可以请教师对企业管理水平、学生实习效果进行评价。通过四方的互为评价，建立信息资源库系统，为下一步的统计分析提供数据支撑。

（2）通过信息数据统计分析与数据挖掘，建立信息反馈系统机制

该反馈机制模型中（图 10），基于三方满意度的结果进行数据信息的收集、整理与分析，建立信息反馈系统机制，将数据库中反映出的具体问题量化整理，按照归属部门转交到教务处、学生处、系部等具体单位，各部门根据问题现在进行相应的整改措施，如教务处监督教师教学水平提升、“双师型”教师的培养，院系加强对学生综合素养提升的培养、加强实习过程管理，实习就业中心创新校企合作形式内容、增加实习岗位自主选择权、对

实习企业优胜劣汰等。各部门整改后，下一届实习生满意度、企业满意度、院校系部满意度都会得到提高，从而实现良性循环。

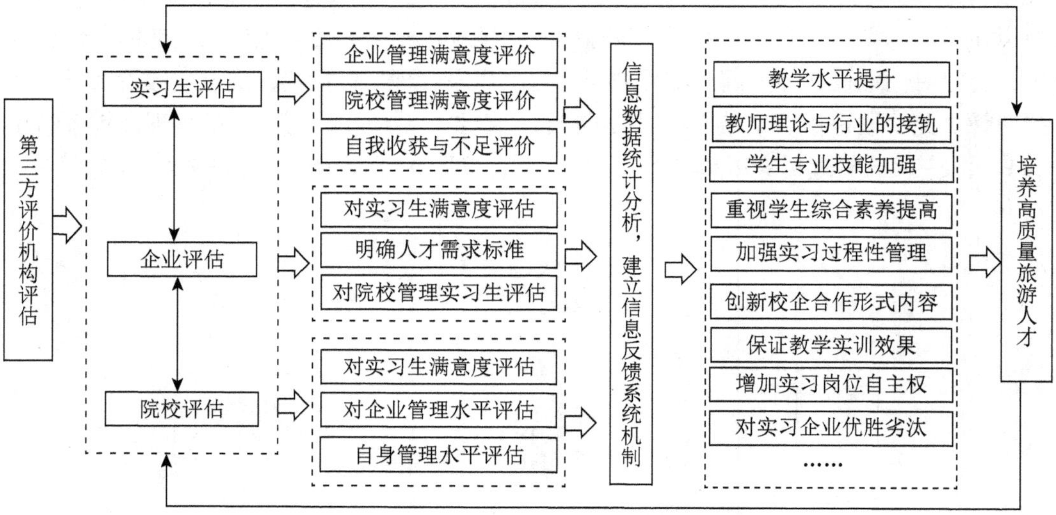

图 10　基于第三方评价机构的实习生评价反馈体系

4. 产学研一体型实习基地建设：科学研究技术 + 独立思考能力

第一，应鼓励教师以科研为龙头结合企业实际，研究新热点、创新点。近些年来，旅游管理专业走校企合作、工学结合发展之路，专业教学顺应企业需要，在旅游大发展中出现了许多创新点、热点、新现象值得研究，这些都为旅游管理专业教师提供了良好的科研平台与契机。

第二，积极与企业技术人员开展合作，实现科研成果效益转化。科研项目的选择均要立足于旅游企业运营、管理和发展，以为企业解决实际问题为主要目的，不能因为追求其学术价值而进行不切实际的理论研究，否则其成果很难显现效益转化。

第三，科研过程与实践教学融为一体，实现师生产学研一体化。教师在与企业技术人员进行项目研究与产品开发时，完全可以将为企业服务的项目研究过程与学生的实习实训、毕业论文结合起来，引导学生参与其中，进行项目的研究，一起为企业解决实际问题，从而真正实现理论知识、科学研究与生产实际三者有机结合。

（三）校内实习实训基地建设系统构建

1. 实训室资源库建设：单项专业技能 + 语言表达

第一，依托现有实训资源，不断丰富其形式和内容。项目组建议在依托现有实训资源库的基础上，贴合旅游行业市场需求，表现形式多样化。第二，建设智慧旅游实训室，不断融入科技创新发展元素。智慧旅游实训室的内涵要点应体现在高科技的创新发展运用上。新建的实训室更需要用智慧化系统的高科技融入建设，代表市场前沿、行业动态。第三，依托单项专业技能，培养学生语言表达能力；通过对单项专业技能的任务设置，穿插其中强化学生语言表达能力。

2. 企业制学院实习基地建设：专项岗位技能＋提前适应能力

企业职业学院的招收从校企合作开始，就应挑选有志于将来在合作企业实习及就业的同学组成固定班级，系部与企业在日常教学管理、专业课开设、人才培养方案修订等方面共同开展，更具有连续性和深度。这种企业制学院由学院和企业共同承担教育责任，共同制订人才培养方案，共同进行教学实训。

为此，在企业制学院这种实训基地的建设中，要注意的问题：一是校方主动组织，引导企业参与校内实训资源库建设。包括以校企共建基地、校企共建园区等形式进行实训资源库的投入与共建，并将其作为“企业制学院”“订单班”重要的实训基地，发挥其最大功效；二是根据企业特点调整课程合作体系，持续更新人才培养方案。在实际合作过程中，都需要院校与企业共同制订及实施人才培养方案，同时根据学生在企业顶岗实习的表现及时调整课程合作体系，对知识、能力和素养欠缺的具体要素要及时进行人才培养方案的更新，要使校企合作的目标更清晰化、任务更具体化、结果更显性化。三是依托企业专项岗位技能，培养学生管理及适应能力。校企双方应结合具体岗位的不同技能标准和岗位能力进行专项培养，使学生未进企业，已对企业岗位要求了熟于心，进入企业即能上岗，适应企业岗位后用最短的时间进入管理层岗位，才是企业制学院对人才培养的目标是否实现的最佳判断。

六、结论

本研究通过构建“126”实习分类系统对国内多所知名高职旅游院校的走访调研与网络问卷调查结合，用定性研究与定量研究结合的研究方法，对各院校高职旅游管理专业的校内实训基地建设状况、实习生在校企合作企业中实习满意度及对校企合作中旅游企业人才需求标准的探析，得出院校实习基地建设工作不完善、实习生满意度不高、旅游人才标准更偏向于综合素养等现状结论，并对产生这些问题的现状进行了科学细致的分析，为项目组下一步对策研究奠定了坚实的基础。基于前期调查与结论，项目组构建了“4+2”一体化实习基地系统的六种综合实习模式，并对系统的内涵、互相关系、运行保障机制进行了分析，这种一体化系统对于各高职旅游院校在实习基地建设中具有很强的模式比重选择自由。在这一系统中，除了院校、企业、学生三方主体外，也离不开政府的主导组织统筹作用、行业协会的协调、参与作用，共同保证该系统的有序运行。项目组不仅构建了“4+2”一体化实习基地系统，更对系统中的六种实习基地建设模式进行了专业技能与综合素养共同培养的建设性策略建议。

参考文献

[1] 全国旅游职业教育教学指导委员会.2016中国旅游职业教育年度报告[M].北京：旅游教育出版社，2017.

[2] 2018年大学生就业报告发布[EB/OL].光明网，http://m.gmw.cn/2018-06/12/content_29242246.htm?s=gmwreco&p=1.

项目名称：职业教育校企深度融合的机制研究——以厦门市旅游类专业为例
项目编号：LZW201710
项目负责人：崔筱力
项目负责人所在单位：厦门南洋职业学院

职业教育校企深度融合的机制研究

——以厦门市旅游类专业为例

第一部分 研究基础与背景

一、项目研究背景

（一）区域和专业背景

厦门市是著名的现代化国际性港口风景旅游城市，旅游业是当地重要支柱产业。厦门旅游发展竞争优势突出，对其他产业和领域具有一定的引领和带动作用。

厦门市共有25所职业院校，其中高职院校10所、中职学校15所。在这些职业院校中，有13所开设了旅游类专业，专业建设基础相对成熟，校企合作工作有一定成效，在福建省职业教育中具有较强的典型性。本课题组所在的厦门南洋职业学院酒店管理专业于2015年被评为福建省高职示范专业，近年来在校企合作方面总结出一些做法和经验。

基于以上情况，本项目组以厦门市旅游类专业为例，应用了文献研究法、调查研究法、数据统计分析法、案例研究法、实证研究法，进行职业教育校企深度融合运行机制的研究，在此基础上总结出构建校企深度融合机制的途径、方法和建议。

（二）国外校企合作现状研究基础

1. 国外职业教育校企合作模式

（1）德国“双元制”模式

“双元制”是德国职业技术教育的主要形式，它将传统的“学徒”培训方式与现代职业教育思想相结合，是一种企业与学校合作办学的职业教育模式，被誉为创造德国经济奇迹的“秘密武器”。“双元制”是学校与企业分工协作，以企业为主；理论与实践紧密结合，以实践为主的校企合作的人才培养模式。

（2）澳大利亚“TAFE”模式

“TAFE”全称是技术与继续教育学院，是澳大利亚高等教育的重要成员，其本质相当于我国的高职院校。在这种教育模式中，政府起到重要的主导作用，高校与企业之间保持密切联系，将能力本位作为教育的重要特点。其教育的目的在于培养出一批兼具理论与技术的应用型人才，在课程的设置上，专业性与实用性共同发展，将理论教学与应用实践相结合。

将澳大利亚“TAFE”模式与德国“双元制”模式进行比较分析可以发现，这两种模式具有一些共同特点：一是政府在教学活动中发挥主导作用，并且建立统一的标准和体系；二是企业是教学活动的主体，教学体制非常灵活，教育方式多样化；三是行业为高校提供大力支持，促进产学研教育共同发展。

（3）美国“合作教育”模式

美国“合作教育”模式办学以学校为主，企业提供劳动岗位和一定的劳动报酬，并派管理人员辅导学生适应劳动岗位、安全操作，协助学校教师确定学生应掌握的技能，一起评定学生成绩、劳动态度、工作数量和质量等；学校派教师到企业去指导、监督学生劳动，沟通学校与企业合作双方的要求。这种模式一半在校学习，一半在企业劳动，学习与劳动更换的方式灵活多样。

（4）英国“工读交替”模式

这种教学模式也被称为“三明治”学制，是世界上较早的校企合作办学模式之一，是半工半学的教育方式。英国政府发动企业参与职业教育，联合创办职业学校、职业培训机构等，这是职业教育改革中的一项重要措施。

“工读交替”模式的主要特点是将学生的理论学习与工商领域的工作进行结合，将人才的培养划分为以下三个阶段：第一阶段，中学毕业后，学生需要到公司实习一年；第二阶段，学生回到学校进行两到三年的课程学习；第三阶段，学生在公司进行一年的社会实践。这种“工读交替”的办学模式对学生的学习进行严格的分配，在不同时间进行不同课程的学习，非常细致周到，将学习过程与社会实践紧密地结合起来。

美国的“合作教育”模式与英国“工读交替”模式存在异曲同工之妙，都是将学校作为学生培养的主体，企业提供技术支持的办学模式。这种合作办学的特点：一是将应用型人才作为培养目标，借助高校与企业不同的教学环境和资源对学生进行培养；二是社会实践学习成为高校人才培养的重要组成部分；三是高校在对学生的社会实践进行安排时，要与企业进行良好的沟通，符合企业的需要，要重视企业对人员的要求。

（5）日本的“产学合作”模式与“企业访问”模式

日本高职校企合作教育的“产学合作”是仿效美国的产物，但实际的实施却更与德国或英国的类似，在企业技能培训与学院教学时间的分配上明显以企业为主、学校为辅，而且学校的教学多半是利用工余时间，其特点是重点多放在科学研究的合作方面。“企业访问”模式，即学生通过走访企业，了解企业及其业务，最终确定其将来的就业机构和工作岗位。

（6）法国的“学徒培训”模式

在法国，由地方政府、工商行会、企业或企业协会主办“学徒培训中心”，它属于半工半读或工学交替的职业教育机构。

2. 国外职业教育校企合作模式的特点

综观国外典型的校企合作模式，有以下共同点：

（1）加强立法，规范校企合作

为使校企合作有法可依，有章可循，发达国家非常重视职业教育和培训立法。德国的职业教育之所以能健康有序地发展，关键也在于国家制定了一整套内容丰富、相互衔接、便于操作的职业教育法规体系。20 世纪 50 年代以来，德国就先后颁布了《职业教育法》《成人教育法》《改进培训场所法》等十多项有关职业技术教育的法令。美国在不同时期根据其社会经济发展状况和各方面的要求，适时制定法律、法规，并运用立法手段确保职业教育的不断发展壮大。如美国 20 世纪 90 年代制定了著名的《帕金斯法》，使产学合作双方有法可依。

（2）强调关键能力培养

进入 21 世纪，国际上提出了培养“关键能力”和“技术人文者”的概念。第二届国际技术与职业教育大会上，许多代表认为：创业能力、与人交往、合作共事、自我调节、分析解决问题、创造性与责任感等能力，是新世纪人才的“关键能力”。目前，各国关键能力培养途径主要有三种：

一是对职业教育课程体系进行整体改革，在课程中增加培养关键能力的内容，并将其作为基本课程，每个专业的学生必须学习并达到规定的标准。

二是加强职业教育课程的基础性，加强职业教育初期的通识教育，使学生掌握深厚而扎实的基础知识，为继续学习和提高奠定基础。

三是在职业教育各门课程的教学中关注“关键能力”的培养。要求各任课教师结合本学科的教学内容，灵活运用各种教学方法，培养学生的关键能力，如解决问题的能力、团队协作的能力、与人沟通交流的能力、理解并尊重他人的品质等。

（3）以市场为导向设置专业

国外校企合作模式各具特色，但都注重以市场为导向，设置符合社会需求的实用性专业，增强人才培养的针对性。澳大利亚职业学校主要针对某岗位或岗位群设置专业，对于一些跨学科的岗位，则设置综合化的专业，实现相关学科甚至不同学科之间的沟通和融合。通过职业分析，将一个职业或若干个职业确定为一个职业群，一个职业群对应一个培训专业，从而使其设置的专业紧密结合社会发展的实际，及时反映人才市场的需求。

（4）强调学生本位，注重职业能力培养

德国“双元制”模式的目的，就在于培养学生适应竞争和发展的能力。各类中学毕业生要谋求某一个职业岗位，就必须首先通过申请成为某一个企事业机构的学徒。如澳大利亚国家 TAFE 研究评估中心研究并制定了对 TAFE 教学管理和教学质量的评估办法，建立了国家能力认可制度和以能力为主要标准对学生进行考核的质量评估体系。

（5）灵活性和个性化相结合

国外校企合作都注重灵活性和个性化相结合。如英国职业教育培训模式的灵活性体现在对学生以往的学习给予认可上。在起始评估的基础上，再确定每个学生的学习起点，制定个性化的学习目标和计划，并以经常性的考查和累积学分来取代终结性的考试，极具人性化。

（6）企业全程参与

在国外校企合作中，非常重视企业积极性的发挥，企业全程参与办学过程，如学校管理、专业设置、师资培养、教学计划、课程改革、教学条件建设等。德国职业教育对毕业生的能力要求由行业协会统一制订。在"双元制"办学体制下，企业不仅制订完善的培训规划，促进专业理论与职业实践相结合，强化技能培养，而且能提供充足的培训经费，使教学有足够的物质保障。

（三）国内职业教育校企合作的现状

我国职业院校的校企合作经历了多年实践和探索，出现了多种合作模式，一方面表明了我国职业教育人才培养模式的多样化，反映出我国职业教育校企合作积极探索的一面，在一定程度上也反映了我国职业教育校企合作所取得的成就；另一方面我国校企合作的模式虽多，经过深入分析可以发现，实际都是对国外一些校企合作模式某个方面的借鉴与改造，并没有形成自己在理念上的创新，我国职业院校的校企合作模式，大多处于浅层次、低水平的合作阶段。这当中，企业、学校、政府均显示出自身的问题。

1. 企业方面

企业缺乏参与校企合作的积极性。在合作的主体因素政府、学校、企业中，企业积极性最难调动。校企合作中，学校一厢情愿即"一头热"的现象普遍存在，企业缺乏与高校合作的动力。大部分企业不愿在校企合作工作中投入过多成本，往往忽略与职业院校协作。企业在和职业院校合作过程中出现的问题没有得到高度重视和妥善解决，在一定程度上削弱了企业继续合作的热情。企业对技能型人才需求的观念陈旧。多数企业认为教育和培养人才是职业院校单方面的责任和义务，只想"伸手拿来人才"，很少或根本不想参与培养自己所需的人才；没有认识到企业是职业教育的直接受益者，企业有对职业教育投入的责任。在没有法律、法规、政策保障下，企业参与职业教育支付的额外教育成本，大多需要自己承担，主管部门或政府很少分担。因此，企业难以长期固定投入这部分资金。

2. 学校方面

我国职业教育起步晚、时间短、发展速度快，办学的理论与实践经验不足，从办学定位、人才的培养目标、学制到专业设置、教学计划、教材编写等都缺乏企业的参与。我国职业教育，尤其是高职教育的历史短，近几年迅速扩张，使本来就基础薄弱的职业教育更是雪上加霜。从硬件来看，由于政府的投入不足，学校的基础设施、实习实训设备、实习基地建设等方面都远远跟不上职业教育的发展速度；从软件看，教师的科研能力和水平不高，"双师型"教师匮乏，使得学校与企业合作的途径不畅，影响了校企合作的开展。虽然在几乎所有的职业院校都开展了校企合作的实践，但许多都停留在经验层面上，远没有形成有指导意义的理论。

3. 政府的协调指导不够

政府职能转变的不彻底，宏观调控的不到位，导致在校企合作的管理上存在错位，缺乏系统有效的支持。政府协调指导不够，校企合作发展空间受限，校企合作的理论与研究难以充分发挥作用。而我国目前支持职业教育的相关法律、法规、政策不完善、不健全，有些已不适应市场经济发展的要求，行业法规更是少之又少，使校企合作缺少法律依据与行为规范，当校企合作遇到问题与纠纷时难以及时、妥善解决。

4. 合作机制不健全

目前，我国职业院校在校企合作运行中没有建立学校、企业、政府三者之间的良性互动关系，校企合作的运行体系不够完善，各方之间的关系没有理顺，对校企合作的效果也缺乏健全的评价体系和驱动企业参与合作的激励机制。

5. 运行机制不畅通

其一，校企合作缺乏整体推进，没有运用系统的观点通盘考虑，统筹运作，使企业运行与办学诸要素之间有机结合、相互作用，构成一个具有特定功能的整体，最优化地实现办学目标和预期效果。

其二，微观的运行制度不够成熟和完善，与学校现行制度发生碰撞时，显得无能为力。

其三，校企合作模式大多限于共建“校内实训室”和“校外实践基地”，普遍属于浅层次的合作，深度不够，层次不高，离真正意义上的校企合作教育目标——建立起一个可持续发展的校企合作的良性循环机制，实现教育资源的优化组合，将职业教育资源的优势转化为推动经济增长的动力，实现办学的整体效益提升的目标相去甚远。

其四，学校运作机制和企业运作机制、校园文化与企业文化存在较大差异，还没有真正融合，使校企之间的深度合作以及受教育者从“学生、学员、职业人到社会人”的角色转化受到一定的制约。

6. 主体地位的困境

虽然我国职业院校的校企合作形式多样，但有一个共同的本质特点，就是大都停留在学校主导的校企合作模式，这正是制约我国职业院校校企合作发展的核心、关键问题。学校主导的校企合作模式的弊端主要体现在以下几个方面：

其一，容易偏离合作教育的本质目标。“就业导向”是职业教育校企合作追求的本质所在，而以学校为主体的校企合作模式，追求各种“证书”的获取和各种等级考试的层次，实践性教学效率低，学生进行默会知识（个人化的、实践性的知识）学习的比重小，使得学生常常在拿到几个证书的情况下，却不具备实际操作能力，不知如何处理工作，这就使合作教育偏离了原来的本质内涵和目标。

其二，不易调动企业主动合作的积极性。从企业的角度看，在“校企实体合作型”模式中，权利分享与责任分担透明度高，企业在分担责任的同时可获得应有的经济利益等；而目前我国职业教育人才培养中大多数校企合作关系的建立和维系主要还是靠“关系和信誉”。这种机制缺乏稳定性，不利于充分调动企业进行校企合作的积极性。

其三，不利于合作机制健全和完善。从校企合作的内部机制来看，以学校为主体的校企合作模式中，其显示的合作动力不足，活力不够，合作双方各自的管理体制也不健全，利益分配机制不够完善；从校企合作的外部条件来看，以学校为主体的校企合作模式中，其合作信息不够畅通，合作资金不足，合作所需政策法规也不到位。

二、项目研究的目的和意义

职业院校在校企合作方面进行了一系列有益的探索，一定程度上提高了人才培养的质量。但总体而言，大多属于浅层次、松散型的校企合作模式，无论是校企合作的深度、广度还是成效都不够。在目前已形成的校企合作中，合作内容比较狭隘，缺乏互动交流的合作平台，校企文化融合及优势资源互补也很难实现，“校、企、政”各自的功能没有充分体现和发挥出来。因此，本项目课题组希望通过对厦门市职业院校旅游类专业的校企合作研究，由点辐射面，寻求适合职业院校与企业深度融合的机制、方法，提供校企合作可资借鉴的管理办法和制度，同时从校、企、政等方面探索能够推进校企合作深度融合的动力和维系校企合作良性运转的运行机制。

职业院校大多分布在地级市，与地方经济发展有着密切的联系，如果职业教育与企业深度融合，积极参与地方经济的协同创新发展，将是此类院校合理定位、服务本地经济发展的有效措施及方式。校企合作是职业院校提高育人水平的必经之路，也是高等教育目前正在积极探索的热点。本课题准确切入职业教育和企业协同创新发展的热点，在国内外相关课题成果的基础上进一步深入探讨，在校企深度融合的机制构建上落脚，对于该领域的研究与实践具有重要参考价值。课题组期望通过研究，能够对旅游专业校企深度融合的机制与方法起到社会意义，对厦门市职业院校服务本地社会经济起到一定的指导意义，对国内职业院校的校企深度融合构建起到可资参考的指导意义。

第二部分　调查与分析

为推动课题的研究，探索“校企合作，产教深度融合”的新机制，推动人才培养模式创新，课题组在查阅文献资料基础上，以厦门市职业院校与企业在校企深度融合方面现状为题设计了问卷，历时 3 个月进行了调查，针对典型性问题进行了走访，深入了解厦门市职业院校与当地企业校企深度融合的情况，探讨学校与企业“双主体”共育高素质技术、技能型人才的机制，并重点围绕“校企深度融合，建立健全运行机制”这一主题进行了调研，侧重于查找问题，提出对策。

一、问卷发放、回收情况

本次问卷调查面向厦门市职业院校及部分旅游酒店类企业。面向职业院校共发放问卷 25 份，回收问卷 25 份，其中有效问卷 25 份。面向 50 家企业发放问卷 50 份，回收问卷 50 份，其中有效问卷 50 份。

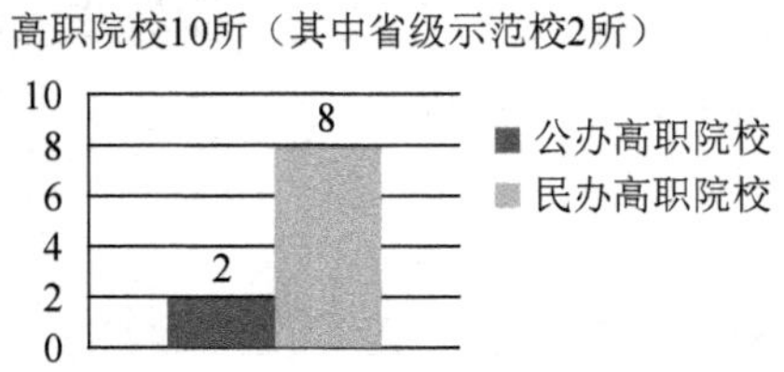

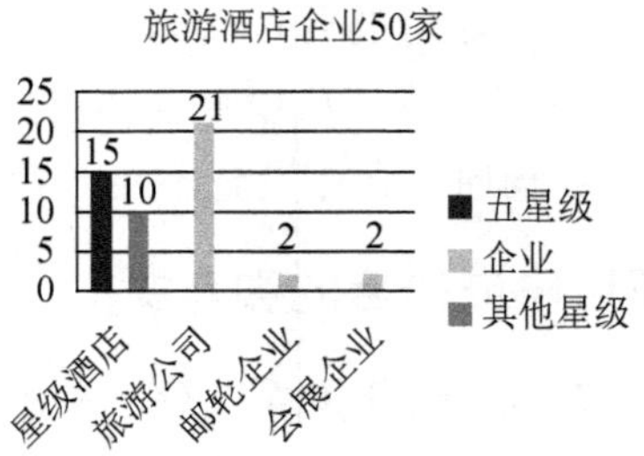

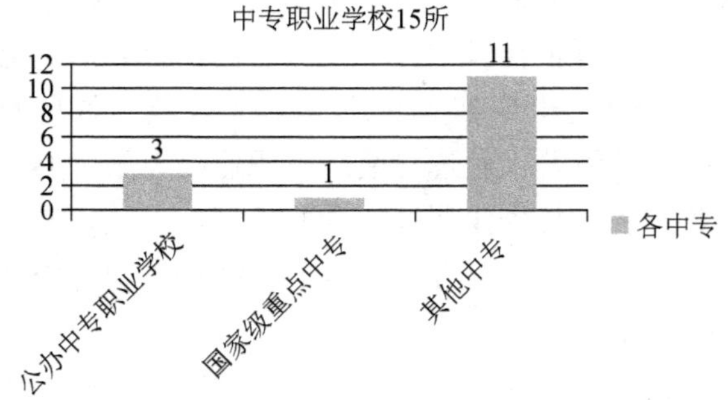

二、问卷设计的研究问题和调研结果

校企深度融合在实际推进中面临诸多困难。本课题调查问卷设计主要从校企深度融合过程中面临的困难入手，对校企合作有效机制保障和有效沟通协调现状、职业院校高水平“双师型”教师的配备，课程体系设置、人才培养方案与企业实际需求的匹配等问题进行了调查。根据问卷数据分析，得出厦门市职业院校及企业对现有的校企合作的需求意向及存在问题如下：

1. 企业在聘用员工时，优先选用有一定工作经验的人员，其次是职业院校应届毕业生，再次是本科应届院校毕业生。

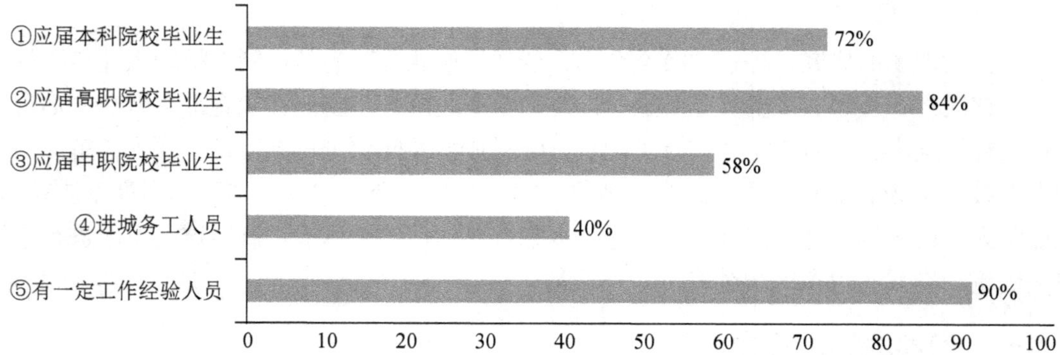

2. 与其他求职人员相比，企业更重视职业院校学生的职业道德素养、吃苦耐劳精神、团队合作与沟通能力等。因此要为企业培养合格的员工，职业院校需要加强与企业需求对接，在对学生进行职业道德教育和专业技能培养方面制订相应的计划。

3. 被调研企业普遍反映职业院校毕业生存在以下主要问题：流失率较高，职业道德素养不高，缺乏爱岗敬业精神，专业技能不强，人际关系处理差，缺乏社会经验等。

4. 校企合作在一定程度上得到了厦门市政府、职业院校的重视，但企业参与度并不高，且校企之间的合作缺乏深度融合，合作项目缺乏有效的运行机制保障。

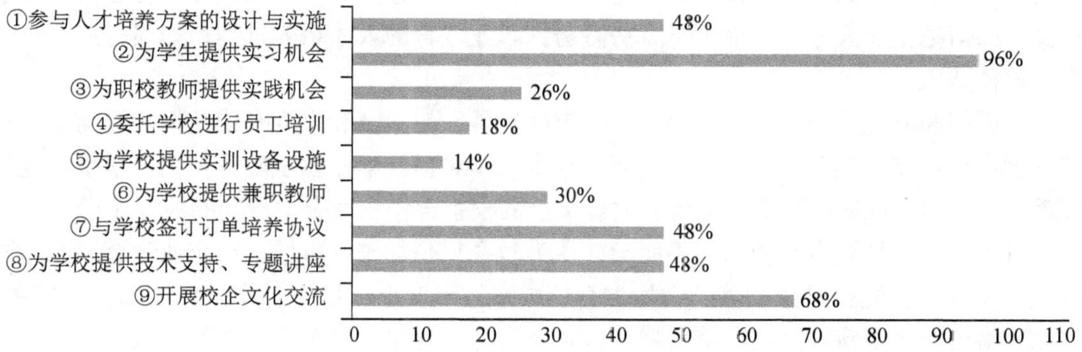

5. 企业对校企合作项目的参与意向，主要集中在为学生提供实习机会、参与人才培养方案制定、开展校企文化交流、为教师提供实践机会等方面，而在企业为学校提供实训设备设施、委托学校进行员工培训等更深层面的合作较少。其原因主要集中在部分企业认为额外投资实训设备会增加企业成本；同时职业院校大部分教师缺乏实际从业经验，对员工培训无法达到企业要求。

6. 学生到企业实习产生一些不可避免的实习损耗，企业更倾向于政府提供企业人均损耗费用补贴制度，超出部分由学校、学生及企业共同协商承担。

7. 制约企业参与职业院校人才培养工作积极性的因素，居前三位的是：企业认为政府缺少相关政策引导，缺乏合作机制，企业利益得不到保证。要推动企业参与职业教育，62% 的企业希望政府能够按实习工种给予人才培训经费补助，58% 的企业希望政府能够在宣传企业形象方面提供帮助，给予相关荣誉称号。

8. 在参与职业院校人才培养的过程中，企业关注的主要是学生管理和安全管理。

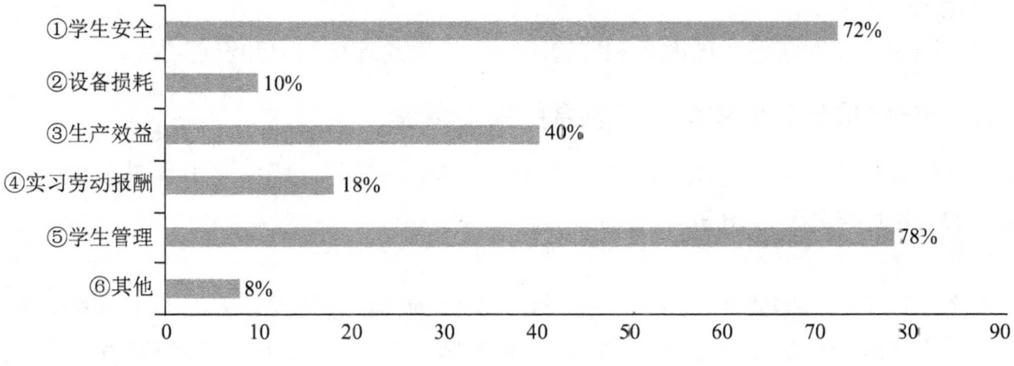

三、调研成果的主要分析及结论

近年来校企合作取得了一定的成效，校企深度融合机制也在不断地发展和完善，但是融合不深难以形成产教合力，校企合作机制无法高效运行。产教之间、校企之间，在展开实际有效合作的过程中，都要思考如何解决以下问题：如何充分发挥企业在专业人才培养过程中的作用，运用机制有效推进学校教育对接企业发展需求，全面提高高素质技术技能型人才培养质量；如何搭建校企合作的资源平台，融入企业岗位标准，完成专业课程体系建设；如何把企业人才培养理念与方法渗透到职业教育的人才培养过程；如何打造“双师型”教师队伍。

1. 厦门职业院校的校企合作得到了一定的发展，但深度和广度有待挖掘和提高，而且校企合作呈现校“热”企“冷”的局面。校企合作对提升学校教学质量及促进学生就业至关重要，所以，职业院校热切期盼实质意义上的校企合作。而企“冷”的根源在于：

（1）企业对校企合作的认知不明确，认为教育只是学校的事情，与企业没有关系；同时认为参与职业院校学生的培养会增加企业成本。事实上，校企合作虽会增加企业成本，但也能给企业注入新鲜血液、带来朝气，对企业的建设和发展作用不言而喻。

（2）目前职业院校在师资、科研等方面力量薄弱，难以为企业提供高水平的技术支持；职业院校毕业生的技能水平和综合素养难以达到企业用人标准。

（3）企业追求的目标是利益最大化，出于节约成本的考虑，较少参与学校教学、专业建设，为学校投入资金、设备有限。虽然部分企业可以接收教师到企业挂职锻炼，但因为各方面原因，教师无法真正融入企业。

2. 在此次调研中，普遍感到部分企业意识到校企合作的必要性，但往往实际操作中停留于表面。主要原因如下：

（1）校企合作缺乏有效的政策支持、长效合作机制和合作平台，企业难以承受学生实习的安全风险，相关政策落实不到位，企业在校企合作中的付出难以得到补偿。

（2）学生实习安全保障机制不健全，学校指导和管理工作不到位等原因制约了企业参与校企合作的积极性。实习生与企业产生矛盾时，部分职业院校对实习生监管不到位，加大了学生实习的不稳定性和不适应性。

（3）部分企业反映高职院校学生缺乏吃苦耐劳精神，眼高手低，流动率高，责任心不强，心理承受力差。

（4）职业院校对实习生的教育和监管不力，学生缺乏自制力和责任心。

四、影响职业教育校企深度融合的关键因素

通过问卷调查与实地走访，以及对典型性案例分析等，课题组对影响职业教育校企深度融合的关键因素进行了分析。

1. 育人与用工

校企合作不能只停留在“用工”层面上，必须构建校企共同育人的人才培养机制。校企合作育人最终应该实现三个目标：一是通过实践使学生所学的理论知识得以巩固；二是通过实践使学生各方面的能力得到锻炼；三是通过实际的顶岗工作实践，使学生的专业素质获得全面提高。

2. 合作与互利

互惠双赢、各得其所是校企合作的目标。校企合作办学成功的关键在于找到合作双方利益的共同点，只有实现互惠互利，合作才能深入和持久。因此，校企合作中合作是基础，而互利是目的。双方应当围绕着如何互利、怎样互利进行实质性的合作。只有这样，双方才能走到一起、干到一起。

3. 组织与运行

校企合作必须建立相应的组织，而组织的高效率运行才能使合作顺利进行并达到预期目的。校企双方可参照股份制运作方式，共同出资举办针对某一行业或特定类型的二级学院及相关专业；双方根据出资比例共同组建理事会，选派人员组成股份制二级学院领导班子；学院对股份制二级学院进行宏观管理和指导，负责专业的报批、招生、教育教学过程的监控与考核、校内公共教育资源的提供和生活服务保障；合作企业承担校外实践性教学任务，实现资源共享、优势互补。

4. 角色与推手

在校企合作的舞台上，学校和企业毋庸置疑将担任主要角色，但政府的“推手”作用是至关重要的。通过政府的推进和服务，学校的探索和努力，把学校、企业和学生三方紧密地联系在一起，通过“企业校区”建设，汇聚政府、学校、企业三方力量，为职业教育和企业共同发展、和谐共赢服务。

5. 平台与保障

校企合作需要有一定的载体和合作平台，但制度的保障作用是形成长效机制的关键。世界职业教育发达国家均从国家立法层面对校企合作提供了法律支持。许多作为职业教育校企合作地方性法规，赋予了职业教育校企合作以相应的法律解释，明确规定政、校、企在校企合作中的权利和义务，从而为校企双方在合作平台上实现互惠互利提供了法律保障。

6. 双向互动，协同发展

职业教育是产业发展到一定程度的产物，职业教育的发展，教育结构及层次的变化均受到产业结构变化的影响。符合产业和产业结构发展规律的职业教育校企合作可以为产业发展培养所用之才，同时职业教育校企合作也会随同产业进步而不断创新和发展。因此，区域产业和职业教育的双向互动和协同发展将要求职业院校的校企合作必须按照职业教育链与产业链对接的原则，在产业链上寻找校企合作的着力点，使产业与职业融合，学校与企业双向互动，协同发展。

第三部分　思考与建议

一、课题研究的核心观点

职业教育校企深度融合主要是指企业与学校相互渗透，建立专业建设指导委员会，制订符合产业发展需要的人才培养方案，并在此基础上共同培育优秀人才；互相提供咨询、培训等服务，协同发展区域产业经济；合作建立横向联合体，成立董事会，形成多元投资主体的职教集团。学校针对企业的需要确定科研方向，进行成果转化；企业主动向学校投资，建立利益共享关系。校企双方在以上合作的基础上实现“人才培养—教学科研—产业发展”三位一体。

校企深度融合的质量和程度是否达到了双方互利共赢，是否实现了双方水乳交融，是检验合作成效的标尺。要实现高质量和深程度的校企合作，必须协调校企合作之间涉及到的各个要素之间的关系，以更好地发挥各方面作用。所以，项目组提出校企深度融合必须建立校企互惠共赢、长期高效的运行机制，不断创新校企合作模式和合作内容，最大限度地发挥学校和企业双方的积极性和主动性，实现资源共享，取长补短，实现双方利益的最大化，确保高职教育的健康可持续发展。

在对于校企深度融合运行机制的研究中，我们项目组还对政府在职业教育校企合作中的作用进行了有关调查与研究。校企合作是一个社会问题，各级政府应把促进校企合作，构建二者合作的桥梁，作为发展职业教育的一项重要举措摆上行政议事日程；不仅有宏观指导，更应该有配套实施的制度、机构保障出台，以促进校企合作可持续地培养出适合地方经济发展需要的高技能应用型人才。

二、校企深度融合的机制

（一）校企深度融合的机制分析

1. 合作的性质与遵循的原则

（1）校企深度融合的主要目的是人才培养，是一种学校教育行为与企业工作岗位训练的融合。从企业发展的眼光看，是企业人力资源开发的行为，同时也属于广义的职业继续教育的范畴。因此，校企双方应遵循教育与培训的基本原则，符合职业教育规律和人力资源开发、使用的规律。

（2）校企深度融合中具有一定商业行为特征，合作双方要按照市场运作的方式商谈项目、制定规则、明确双方的责任与权利，必须遵循平等互利的原则，以保证合作关系的长久健康发展。

（3）校企合作涉及不同利益主体，是一种现代化、高成本、劳动密集型的社会活动。要提高合作的质量，仅仅靠自我服务，不依靠社会化服务，是不现实的。因此，必须遵循专业化分工和社会化服务的原则。

（4）校企深度融合时往往需要职业院校与企业之间进行资源交换，这种涉及不同经济主体之间的合作，需要宏观调控，需要公共政策的引导和公共财政的支持。因此，必须遵循政府或行业引导的原则。

（5）校企融合的主体涉及企业（行业）、学生和学校三方，适合非完全行政、非完全市场的一种治理方式，要兼顾多元办学主体的利益。因此，必须遵循利益各方权益平衡的原则。

2. 合作中利益与责任关系

（1）校企合作中的主体观念与利益差别

校企在人才培养目标和教育内容、方式上基于不同的立场，在认识和行为倾向上都有不小的差异。这种差异源于不同的主体和对生产、服务过程的不同的理解。学校、企业、学生与家长各方的目标、学习方式和偏好都需要兼顾与协调。

（2）学校应担当学生与企业的纽带

职业院校在对教育规律的认识上，在对教学内容的选定上要尊重企业的实践真知，在课程教学上要尊重学校的教学要求；在实习环节上以企业的要求为主，学校实践为辅；在实训环节上以学校教学为主，以企业辅导为辅。既要加强教育管理，使实习学生热爱专业，重视实践，遵守纪律，培养吃苦耐劳精神，完成顶岗实习任务；又要引导企业合理安排实习工作岗位，保证与专业相关、有技术含量、安全稳定等实习要素的落实，协调企业给予学生必要的岗位轮换，避免让学生沦为廉价劳动力。

3. 合作中的政府引导

构建校企合作运行机制，要发挥好政府职能和社会化服务机构的作用：一是在校企互动还比较困难的情况下，要发挥政府的宏观指导职能。政府要通过制定和出台鼓励校企合作的政策，激发企业的合作动力，以此来推动学校和企业的进一步合作。二是更好地发挥连接企业、学校、政府的社会化服务机构的作用。

在对待校企合作中的矛盾时，政府应充当校企合作各方利益博弈的协调者和引导者，而不是“纠察队”。要平衡校企合作中学生和企业双方的利益，学校调控“心有余而力不足”，政府必须伸出援手。这就要求政府对校企合作的引导与激励机制应更具有针对性和有效性。

政府应该通过立法或颁布地方标准明确企业必须先承担职业教育的义务，才能行使用人的权利，把职业教育变成企业的内生动力和行为，而不是外在的一种压力。校企合作应逐步从学校本位为主逐步转向校企共同参与，必须由政府的顶层设计来明确企业与院校依据标准应承担起的责任，让合作中的各环节都有规章保障。

（二）校企深度融合的机制构建

良好的利益机制是推进校企合作深度发展的动力和维系校企合作良性运转的纽带。校企合作，学校要站在主动为企业创造价值的角度上，深入挖掘服务企业潜能，强化服务企业能力。

1. 建立校企合作的互动机制

（1）建立职业院校与企业合作委员会。合作委员会将促进学校与企业合作，通过为企业提供多元化服务，协助企业解决生产过程中的技术和管理问题，增强企业的技术创新与市场竞争能力，同时促进高职院校的建设和发展。

（2）建立职业教育集团。以优势职业院校为依托，并适度发展部分专业互补的中等职业学校，邀请行业龙头企业参加，建立职业教育集团。在办学层次、专业设置、教育内容与人才培养规格等方面，集团应实行全面统筹，这样不仅可避免重复建设，降低办学成本，而且有利于加强专业建设，形成办学优势和办学特色，实现资源共享。

2. 建立校企合作的运行机制

（1）建立持久的社会动力机制。将“工学结合”作为一种发展教育和加强学校与企业之间联系的有效方法。校企双方将学术专家、企业主管、政府领导和行业协会专门人员聚集起来，共同支持和促进“工学结合”，通过学习与工作相结合，使学校的工作适应社会和企业的需求，有效地培养现代竞争所需要的训练有素的人才。

（2）建立完善的保障运行机制。建立校企双方的管理协调机构，负责协调处理校企合作中的有关问题。企业应参与课程标准的制定和质量监控。课程评价标准必须将教育标准、企业标准和行业标准统一起来。学生在企业学习期间，应按照企业实际工作的要求，经历实践教学、项目任务参与、考核等工作。

（3）建立多种形式推进机制。主要体现院（系）与相关的企事业单位共建稳定的实训基地；院（系）根据企业的需要参与企业的市场分析、发展规划、产品开发、人员培训、技术攻关等方案的制订和实施，并反馈到教学中。

3. 拓展校企合作的延伸机制

（1）校企市场合作，推进学生就业与企业用工一体化。学校与企业开展“订单式”培养培训，双方共同培养适应企业需要的学生，学生毕业后，经过校企双方的共同考核，合格者直接进入企业，成为企业储备人才。

（2）校企资金、设备合作，依托社会资本发展职业教育。校企合作可在政府教育投入不足的情况下，利用社会资源办学。校企双方共建既满足企业培训要求，又符合学生实践能力提升需要的实训基地，为企业人员和企业客户提供专业培训和咨询服务，帮助企业解决一些实际问题。这不仅是巩固校企共建生产实习基地成果的重要补充，也是学校反哺社会的好形式。

（3）校企教学合作，推进理论与实践、教育与生产相结合。校企双方共同建立“整合—互动”型职业教育校企合作教学模式，使学校与企业双方在人力、物质、信息资源等方面进行有效的整合，以及在理念、学习、研发等方面进行合理的互动，发挥校企合力后的高效益。

4. 建立互利共赢的利益驱动机制

（1）学校可以利用其优势的人力资源为企业提供服务。企业利用院校资源对职工进行继续教育，提升员工可持续发展的能力，建立学习型企业，增强企业的综合竞争力。企业借助于职业院校的信息与技术服务，进行新产品的研制开发、新技术的引进、设备的技术改造等。企业可以将客户培训移植到院校，通过与学校共建混编式师资团队，低成本、高质量地完成客户培训工作。企业通过对教育的支持，起到宣传效应，树立企业形象。

（2）校企师资合作，提升校企合作培养人才质量。校企双方共同建设“双师型”教师队伍，从企业引进一批生产和服务第一线的高级技术人才充实教师队伍，积极引进企业中有丰富实践经验和教学能力的工程技术人员来校做兼职教师，可以给学校带来生产和科研第一线的新技术、新工艺及社会对从业人员素质的新要求。通过校企合作，教师可以接触到企业最先进的设备和技术，锻炼教师队伍，提升师资水平。可以建立专业教师定期轮训制度，支持教师到企业和其他用人单位进行工作实践，提高教师的专业能力和实践环节教学能力。

（3）校企研发合作，推进经营、教学和研究相结合。通过承担企业的科研和技术改造等任务，不仅能提高教师的理论水平和专业能力，还能丰富和充实教学内容，使“双师型”教师的动手能力得到加强，理论知识得到更新；另一方面，也可以鼓励学生参与这些项目的开发和研究，使学生不仅能消化已学过的理论知识，加深对相关理论知识的理解，还能锻炼动手能力，并在此基础上培养创新能力。

三、校企深度融合的途径与方法

（一）校企协同构建人才共育机制

企业与学校在联合开发课程、联合培养师资、文化相互融合、共建实训基地等基础上相互渗透，建立专业建设指导委员会，制订符合产业发展需要的人才培养方案，并在此基础上共同培养优秀人才，构建人才共育机制。

1. 制订和修订人才培养方案，调整课程结构

组织对专业建设、改革、发展的研究，提出人才培养目标、人才培养模式、专业设置调整的建议、意见和发展规划。为制订和修改专业教学计划、编制专业主干课程教学大纲和实践课教学大纲、调整课程结构提供指导性意见、建议。

2. 校企联合开发课程资源，构建资源共享机制

学校教师与企业管理人员、有丰富实践经验的基层技术人员组成课程开发小组，针对企业经营中的典型工作任务，开发“实用性、先进性”的课程资源，实现资源利用的共享化、方便化、高效化，使教学资源与产业转型升级同步，完善校企资源共享机制。

3. 完善校企人员互聘，构建师资共享机制

通过构建校企人员互通渠道，实现校企人员优势互补、人才资源共享。学校可邀请企业高管和知名专家来校，举办相关讲座，介绍企业文化，使师生进一步了解企业价值理念、品牌文化、企业发展趋势和人才需求等。学校应定期选派教师到企业学习企业文化，感受企业规范，感悟企业精神，将企业文化恰当地运用在课程设置和课堂教学中。学校定期组织学生下企业参观、实习，在实习中按照企业员工的标准严格要求自己，学习企业规章制度，全程参与企业的经营、管理和服务，了解企业运行、发展前景及人才需求。

4. 实训基地“内外兼修”，构建基地共建机制

实训基地外修是指实训设施、场地布局、设备配置等方面。企业在实训基地的建设过程中全程参与，设备按照岗位的功能进行布局；校内的实训基地与企业实际工作环境一致，解决实训设备配置落后于企业现状的问题。

实训基地内修是指实训项目的设置。学校与企业合作建立教、学、做合一的“工学一体化”教室。实训项目的设计要科学、合理、规范，引入企业文化、管理规范、业务流程等，营造全真经营环境，以满足学生在专业认知、技能训练与鉴定、生产性实训和职业素质培养等方面的需要。可将教师在下企业实践过程中收集的企业典型案例转化为实训教学资源。实训基地应做到不仅能够满足专业教学，又能满足为企业员工提供培训和技术服务，真正做到资源共享。

5. 综合评价人才培养质量，构建质量共评机制

在构建人才共育机制中，应注重人才培养评价主体的多元化、评价内容的综合化、评价形式的多样化、评价时间的全程化。除了学校作为主要的评价主体外，应该注重学生、

企业、家长的评价，还应完善第三方参与的人才培养质量评价体系。应改变终结性评价为主的模式，而更注重过程性跟踪与考核，评价时间不局限于在学校的学习期，还应重视就业后的企业跟踪评价。

6. 招工招生一体化，订单培养

职业院校有效组织新生组成企业“订单班”，根据不同的企业需求，校企双方共同制订各班级的人才培养方案。这样，学生在学校期间便是企业的准员工，通过设立企业奖学金，组织学生定期到企业参观学习，参加企业员工活动、技能竞赛等途径，培养学生对公司的归属感，同时提升职业素养和学生对专业岗位技能的认识，实现“招生即招聘、入学即就业”，吸引企业对人才培养的重点由“用”转换到“养”。

（二）校企互相提供咨询、培训等服务，协同发展区域产业经济

高职教育是高等教育与区域社会经济发展的结合，具有鲜明的地域性特点，它不仅为区域经济发展培养人才，而且在规模、专业设置、人才培养规格等方面均与区域经济发展水平有着密不可分的关系。

学校在为地区经济发展提供各种技术、营销、管理、咨询服务的过程中可获得相关地方经济发展状况和需求的第一手资料，为课堂教学提供案例，使理论与实际有机结合，最终服务于地区经济发展。

学校利用人力资源优势为企业提供服务，企业利用学校资源对职工进行继续教育，提升了员工可持续发展的能力，增强了企业的综合竞争力。借助职业院校的信息与技术服务，校企共同进行新产品的研制开发、新技术的引进、设备的技术改造等，实现科技成果转化。

服务区域经济和产业发展，是职业教育承担的重要职责，也是职业院校生存与发展的基础。校企双方只有依托区域经济产业优势，校企融合，通过推动教育制度创新和结构调整，革新技术技能，促进就业创业，培养高素质技术技能型人才，才能更加主动、贴切地融入并服务于区域经济和产业发展，为区域经济发展提供人才支撑。

（三）合作建立横向联合体，成立董事会，形成多元投资主体的职教集团

这种模式是以职教集团构建运行为平台，充分完善校企之间、校校之间的资源整合共享，均衡并充分凸显合作三方的利益，在规划、建设、使用、管理等方面统一形成协调机制，在专业、课程、教材、师资互派交流、软硬件设施等方面形成共享机制，在招生、就业、科研、项目、收益、互派人员交流等方面形成互惠机制，在发展战略研究、发展规划研究、确立发展目标、成果转化等方面形成成长机制，推进产学研共生发展。

1. 积极探索多元投资主体职教集团的实现形式

进一步明晰职教集团的股权结构、股东构成及投资方式。广泛吸收职业院校、行业企业、科研院所和其他社会组织参与职教集团，不断增强职教集团的整体实力。

2. 完善职教集团运行机制

建立和完善职教集团内部治理结构和决策机制，提升内部聚集能力，促进集团成员的深度合作和协同发展。

3. 加强职教集团能力建设

开展多种方式的校企联合办学，创新办学机制、培养模式、评价方式，积极推行现代学徒制、“二元制”人才培养改革和委托培养、定向培养、订单培养模式，提高学生创新创业能力和就业能力。

4. 为职业院校参与职教集团建设提供政策和制度支持

政策法规应规范职业院校选择职教集团成员的程序、途径与方式。应当论证该职教集团建设在培养高素质技术技能人才中的不可或缺性，明确学校投资或参与该职教集团在提高人才培养质量和师资队伍水平等方面可能取得的效果与回报率。

5. 建立管理制度，完善职教集团内部运行

建立职教集团内部运行机制，明确职教集团教学管理机制，完善职教集团成员协调机制。建立职教集团教学指导制度。行业联合政府教育、人力资源与社会保障部门负责制定劳动力岗位能力细目。国家教育行政主管部门规范职教集团人才培养，完善教育教学指导制度，并给企业与学校留出适当调整的权限和空间，以增强适应性，提高企业积极性。

6. 制定职教集团评价标准

法律授权国家教育行政管理部门制定职教集团考核标准，规定职教集团成员应负的职责、应尽的义务与应享有的权利，应得到的奖罚和退出集团的条件。

（四）学校针对企业的需要确定科研方向，进行成果转化

职业院校应提高对科研工作的重视度，对科研工作在校企合作中的作用有明确定位，立足地方实际与专业特色，找到科研工作的重点，积极同企业开展生产、研发、经营等多方面合作，促进校企合作健康持续发展。

学校应根据企业的发展需要设定攻关和研究方向，并将研究成果通过企业转化为工艺技能、物化产品和经营决策，提高整体效益。企业根据学校的研究需要向学校投资，并负责将学校的研究成果转化。校企深度融合，真正实现了“教学、科研、开发”的互相渗透。

1. 高职院校的科研工作定位

高职院校要立足自身办学特点与发展需要，选择恰当的研究领域，探索适合自身发展的科研模式，利用自身在教学手段、教学技术等方面的优势开展应用研究，而不能简单套用本科院校的科研模式。

（1）高职院校科研工作的结合点应定位于“产学研结合”。在合作过程中，高职院校要通过科研工作帮助企业解决经营与管理中出现的难题，积极参与企业的技术研发活动，努力为企业创造经济效益，将科研作为促进校企合作的动力。高职院校还要深入企业经营一线，将经营管理中得来的经验应用到课题研究中，利用高职院校的条件优势将经验与技术转化为科研成果，并最终转化为实际生产力。此外，高职院校还要将从企业中得来的最前沿的技术、技能、技巧融入课堂教学或教材内容中，为教学改革注入活力。

（2）高职院校科研着眼点应定位于行业、产业经营一线。高职院校要结合地方经济发展特点和企业实际找课题、找项目，发挥自身优势，为企业经营效率的提高尽一份力。此外，高职院校还要因地制宜、扬长避短，从本科院校没有涉及的科研领域下手，将科研能力较强同时又拥有实践经验的教师组织起来，形成合力，做出成果，从而提高学校知名

度，扩大科研成果的社会效益与经济效益。

2. 发挥科研在校企合作中的促进作用

（1）加强科研工作是校企合作的良好切入点。目前，校企合作普遍存在校“热”企“冷”的现象，究其原因主要是企业不能从校企合作当中获得利益。高职院校要抓住这一问题的症结所在，充分发挥学校在技术和人才方面的优势，协助企业寻找利于生产经营的科研项目，帮助企业攻克技术难题，促进企业产品及技术更新换代，以科研为切入点搭建校企合作的桥梁。

（2）通过科研建立校企合作的长效机制。职业院校可以利用自身在技术、人才方面的优势，组织教师、专家、技术骨干进行学术交流，召开校企合作学术研讨会，帮助企业解决生产经营当中遇到的技术难题，为他们提供必要的技术支持，使企业切实感受到校企合作的好处，真正参与到校企合作中。

（3）科研工作能够在互惠互利的基础上提升校企合作的层次。校企合作应当是适应市场经济发展的、双向共赢的。通过科研合作，职业院校能够将科研成果带到企业经营一线，企业也能将经营管理经验带到课堂当中，产业发展真正同专业建设相联结，不仅有利于学校理论与实践水平提高，还有益于企业将科研成果转化为生产力，帮助企业走上可持续发展道路。

四、校企深度融合的政策建议

（一）建立校企合作的保障机制

1. 构建校企合作的法律保障机制

国家应完善相应的法律法规体系。最核心的问题就是要明确企业在发展职业教育当中的责任和义务。在发达国家，职业教育的主体实际上是企业、是行业，而在我国，企业作用的发挥，特别是企业如何来履行职责和义务还做得不够。这就需要国家尽快出台促进校企合作的办学法规，以法律形式约束企业承担起教育责任和社会责任，明确政府、行业企业和学校在校企合作中的职责和权益，从而使校企合作能够沿着一条健康的道路往前发展。

2. 构建校企合作的运行保障机制

首先，成立由行业组织牵头成立的校企合作指导委员会，成为专门的校企合作主管部门。主要职能为搭建校企合作平台，发布权威信息，制定育人标准，共享社会资源，寻找合作伙伴。校企合作指导委员会还可以建立激励约束机制、评价监督机制，规范合作行为，保障合作双方的利益，并通过宣传赢得社会的认同与支持。其次，建立适应校企合作要求的评价考核体系。学校要按照“校企合作、工学结合”对教学管理的实际需求，创新教学管理的组织系统，成立校企合作办公室，全面协调和指导各专业开展校企合作，实施工学结合，成立工学结合的督导室，定期与不定期对校内外的教学进行监控，完善适合工学结合需要的教学质量评价监控体系。再次，建立适应校企合作要求的服务体系。建立开放的运行保障机制，需要学校各个部门的支持与配合。应为教师下企业锻炼、为企业开展科研活动、为工学交替的学生提供管理服务、为校企合作提供资金及管理服务，每年从教育支出中列出一定比例的资金专门用于校企合作等。

3. 构建企业利益保障机制

对企业而言，主要是建立利益保障机制。首先，建议开征企业职业教育与培训税。参照发达国家的做法，对于参与校企合作教育的企业按一定比例减免职业教育与培训税，或税收返还企业专款用于企业职业教育，让企业切实感到参与职业教育既是履行一种社会责任，又是从事一项对本企业经济效益有明显促进作用的事业。其次，保障针对参与校企合作企业的政策优惠。国家应尽快完善企业参与职业教育的税收减免政策的具体实施细则，对参与校企合作的企业，可根据接受学生的数量和消耗企业材料的费用，享受一定的减免税等。再次，保障企业在合作中可以依托学校资源，在员工培训、技能提升、技术成果转让孵化等方面降低成本，提高效益，以达到发展企业、提升企业的目的。同时，要保障合作方的合法权益。要明确接受学生实习、教师锻炼是企业应尽的义务。

（二）规范对校企合作的管理

1. 地方政府部门出台规范校企合作的文件，同时制约职业院校和企业双方。制定如“企业对实习生管理规定”“驻企业教师工作手册”“企业人员到学校兼课有关规定”“实习生管理手册”“实习生行为规范”等操作性文件。

2. 制定严密、规范的校企合作实施办法、合作协议范本，由学校、企业和学生及家长各方签署的合作培养协议、实习协议等，合作协议须在主管部门备案。

3. 成立由实习生代表、家长代表、企业代表和校方代表组成的“实习管理委员会”，协调并仲裁校企合作特别是学生顶岗实习中发生的问题和矛盾，平衡各方利益，保护学生和企业的合法权益。

（三）加快适应校企深度融合的基础能力建设

1. 进一步从政策、资金等方面支持适应不同模式的校企合作工学结合人才培养模式的课程教材开发。

2. 进一步支持、资助与校企同育的人才培养模式相匹配的校内实训基地建设，加强对校、企双方实习指导教师的培养、培训，帮助他们尽快提升在校企合作中的自身能力。

3. 加强校企合作的业务培训。在各类职业教育师资素质培训中，要把校企合作的组织管理、教学组织和教学改革列为校长和骨干教师培训的内容和目标，以专题形式进行研究与学习，推广先进的典型经验。

4. 加强校企科研合作，促进科技成果转化。政府部门、行业协会为学校和企业多创造机会，由校企双方共同承担科研项目，为校企深度融合过程中产生的生产力成果所进行的后续试验、开发、应用、推广直至形成新产品、新工艺、新材料，发展新产业等活动提供政策、资金的保障。

（四）出台更加灵活多样的校企合作政策

对不同类型的院校和专业，应当出台因地制宜的校企合作政策。扶植校企合作的服务机构，利用政府事业单位、企业单位等搭建各种社会化服务平台。对于符合标准的服务机构，当地政府予以认可，并批准职业院校和企业购买该机构的服务。加快推进多元投资主体共建职教集团，引导行业企业积极参与或成立职业教育集团，对已经成立的职教集团，应在政府调控、行业指导、政策支持、资金投入等方面给予大力扶持。

第四部分　结语

职业教育改革的本质是如何更好地贯彻教育方针的问题，校企合作、产教融合是推动职业教育内涵发展的核心。职业教育只有通过学校与用人单位紧密合作、深度融合，共同培养人才，才能够达到培养为生产、管理、建设、服务第一线需要的德、智、体、美全面发展的高素质技术技能型人才的办学目的，才能真正达到学校与市场相结合，教学与岗位相结合，理论与实践相结合的人才培养途径。

校企深度融合是职业院校教育的一种新模式，也是职业教育改革的重要方向。职业院校应对社会经济的现实要求做出快速的反应，立足自身专业优势和行业特点，潜心钻研、精心实践，主动适应产业和行业发展的需要。政府、学校、企业应发挥各自优势，不断资源共享，取长补短，形成合力，构建三方对接的特色平台，实现教育链、人才链、产业链、创新链“四链贯通”的重组，才能实现职业教育和企业合作的健康可持续发展，最终实现促进经济社会发展的目标。

本课题组历时一年，以厦门市职业院校旅游类专业和厦门旅游企业的校企合作现状和问题为研究对象，在深入剖析问题、探讨解决途径和方法中，提出了课题组的观点和见解。我们将把课题研究成果向厦门市职业教育领域推广，力争通过职业院校、旅游企业和行业协会、旅游主管部门等进一步论证职业教育校企深入融合的机制建设和实施方法。本课题研究虽然已取得阶段性的成果，但仍然存在许多不足之处，“结题”不是“终点”，而是课题组研究工作的“新起点”。我们将继续在理论研究上、实践操作上和实际运行中弥补研究缺陷，完善研究成果，努力为职业教育的校企合作工作领域提供更多有价值的参考。

参考文献

[1] 李廉水．我国校企合作创新的途径［J］．科学学研究，1997（3）．

[2] 李钟善．挑战与对策：跨入新时代的中国高等教育发展［J］．辽宁教育研究，2003（7）．

[3] 刘力．产学研合作的历史考察及本质探讨［J］．浙江大学学报（人文社会科学版），2007（2）．

[4] 刘登梅．几种国外职业技术教育模式给我们的启示［J］．天津职业技术师范学院，2001（5）．

[5] 苏敬勤．产学研合作创新的交易成本及内外部化条件［J］．科研管理，1999（5）．

[6] 吴树山等．试论我国校企合作的发展态势及其对策［J］．科学进步与对策，1997（6）．

[7] 匡瑛．比较高等职业教育——发展与变革［M］．上海：上海教育出版社，2006.

[8] 黄亚妮．高职教育校企合作模式的比较研究［J］．职业技术教育，2004（28）．

[9] 池云霞，梁艳清．高职教育校企结合的深层探索［J］．职教论坛，2006（4）．

[10] 陈凡．德国职业教育与企业发展间的制约与平衡［J］．职教论坛，2006（4）．

[11] 周祥瑜，吕红．澳大利亚职业教育的培训包体系及其优势［J］．中国职业技术教育，2006（12）．

[12] 方光罗．高职校企合作的长效机制［N］．光明日报，2008–11.
[13] 常小勇．高职院校产学研合作教育现状与对策分析［J］．中国高教研究，2008（2）.
[14] 张苏俊．中外校企合作教育比较研究［J］．中国电力教育，2010（9）：206–209.
[15] 刘景光，王波涛．当前国内外高职院校校企合作模式构建研究述评［J］．中国职业技术教育，2010（27）：58 — 62.
[16] 朱玉涛，刘聚祥，赵君彦．中外农业高校校企合作人才培养模式的比较［J］．世界农业，2014（1）：148 — 151，192.
[17] 王黎明．国外校企合作模式及借鉴价值的分析和研究［J］．科技信息，2012（32）：229.
[18] 周菜．中外职业技术教育比较［M］．北京：人民教育出版社，1995.
[19] 石伟平．比较职业技术教育［M］．上海：华东师范大学出版社，2001.
[20] 孙祖复，金锵．德国职业技术教育史［M］．杭州：浙江教育出版社，2007.
[21] 黄亚妮．高职教育校企合作模式的国际比较［J］．高教探索，2004.
[22] 田玉敏．国外典型校企合作模式对比分析［J］．中国培训，2008（10）.
[23] 赵玖香．校企合作发展历程及研究现状概述［J］．齐齐哈尔工程学院学报，2011.
[24] 刘艳芳，刘建龙．国外校企合作模式之比较［J］．山西广播电视大学学报，2009（4）.
[25] 王晓燕．国外校企合作中的高等教育改革模式与经验借鉴［J］．黑龙江高教研究，2016（6）.
[26] 吴雪萍，郝人缘．中国职业教育的转型：从数量扩张到质量提升［J］．中国高教研究，2017（3）：92–96.
[27] 袁振国，苏红．教育质量国家标准及其制定［J］．教育研究，2013（6）：4–16.
[28]［美］R. 爱德华・弗里曼（R. Edward Freeman）．战略管理：利益相关者方法［M］．王彦华，梁豪，译．上海：上海译文出版社，2006.
[29] 姜大源．德国联邦职业教育法译者序［J］．中国职业技术教育，2012（10）：71–88.
[30] 余亚微，陆明克．德国双元制职业教育质量保障体系［J］．职教论坛，2016（25）：87–91.
[31] 邵会婷，闫志利．发达国家职业教育质量保障体系及其借鉴［J］．教育与职业，2014（35）：11–14.
[32] 徐博文，陈晓雁．我国高等职业教育质量保障长效机制的构建［J］．继续教育研究，2017（1）：67–69.
[33] 周明星，高涵，聂清德．论中国现代职业教育理论体系的构建［J］．教育研究，2017，38（11）：65–69.
[34] 姜泽许．职业教育产教融合质量评价体系的构建［J］．专题研究，2018（5）.
[35] 周建松．构建完整的产教融合体系［J］．中国高教研究，2018（4）.
[36] 陈解放．深化产教融合需要跨系统制度协同引领［J］．中国高教研究，2018（4）.
[37] 任君庆．发挥企业在职业教育人才培养中的重要主体作用［J］．中国高教研究，2018（4）.
[38] 牟延林．产教融合 2.0 时代的办学形态［J］．中国高等教育，2018（2）：22.
[39] 曹晔．我国现代职业教育体系框架构建［J］．中国高教研究，2013（11）：42.
[40] 王立科．国家资格框架：模式、结构和运行［J］．教育研究，2017（7）：45.
[41] Nida–Ru melin，Julian. Bologna–Prozess：Die Chancezum Kompromissistda. DieZeit（in German），

2015-11-29.

[42] Scott，Rebecca. TAFE gears up to offer degrees [J] . The Age，2008 (8) .

[43] Matthews，David. Europeans back funding vocational training overhig her education [J] .Times Higher Education，2017 (6) .

[44] Wolf A. Does Education Matter?Myths about Education and Economic Growth [M] . London：Penguin，2002.

项目名称：“互联网 +”时代高职旅游实训基地建设的研究与实践
项目编号：LZW201713
项目负责人：张岳军
项目负责人所在单位：南京旅游职业学院

“互联网+”时代高职旅游实训基地建设的研究与实践

一、项目研究的背景

2015 年 3 月，李克强总理在十二届全国人大三次会议上的《政府工作报告》中首次提出要制订“互联网 +”计划，引发了业界及学界对“互联网 +”的高度关注。随后，国务院印发了《关于积极推进“互联网 +”行动的指导意见》（国发〔2015〕40 号），“互联网 +”正式成为国家经济社会发展的重要战略。近年来，国内陆续出现了携程、艺龙、去哪儿网、同程网、途牛等一大批在线旅游企业（OTA），与此同时，传统的旅游景区、酒店住宿业、休闲度假业等也都借助“互联网 +”助推旅游产品创新、发展模式变革和服务效能提升。

伴随着旅游产业的转型升级、旅游新业态的衍变及游客服务品质的需求变化，“互联网 +”旅游催生带来的新变化，使得旅游人才供给与旅游产业发展呈现出结构性失衡的现象，传统的旅游实践教学方式与旅游人才能力素质的培养呈现出诸多不适应。高职旅游院校的实训基地建设水平是提高旅游技术技能人才培养质量的重要载体和有力抓手，而现有旅游实训基地的功能、技术装备水平显然已不能完全满足旅游人才培养模式的创新要求，高职旅游实训基地的建设亟须改革和优化。

目前，国内关于高职旅游实训基地的研究主要集中在内涵界定、建设意义、功能设计、建设模式、运营管理、绩效评估等方面；在研究内容和视角上，相比于其他工商科类高职实训基地的研究，对智能制造、工业 4.0、现代信息技术、大数据应用等与旅游实训基地建设融合的可能路径、校企“双主体”共建实训基地的合作机制，以及后示范时期校内实训基地发展的特征及定位等方面关注得还不够，研究内容的深度和时效性有待加强，研究方法侧重于现象描述、思辨总结和经验归纳，而定量研究、纵向比较研究开展得还不多，尚未构建起一套成熟的理论分析框架，实训基地的运行效果缺乏足够的案例研究加以证明。

为此，如何积极顺应“互联网 +”的发展趋势，实现高职旅游实训基地建设与生产技术革新相同步，旅游技术技能人才培养与旅游产业发展需求相契合；如何建构在观念、技术和手段上深度融合“互联网 +”教育平台，破解深层次教育需求和服务模式创新之间的矛盾，等等，这些都是迫切需要研究并解决的新命题。

二、国内外研究现状述评

（一）“互联网 +”“互联网 +”旅游的研究

“互联网 +”理念或术语的提出，国内最早出现在易观国际董事长于扬先生 2012 年“第五届移动互联网博览会”上的演讲发言；2015 年 3 月 5 日，李克强总理在十二届全国人大三次会议上的《政府工作报告》中首次提出要制订“互联网 +”计划；同年 7 月，国务院印发了《关于积极推进“互联网 +”行动的指导意见》（国发〔2015〕40 号）。自此，“互联网 +”正式被纳入顶层设计，成为国家经济社会发展的重要战略。随之，社会各领域逐渐掀起了认知“互联网 +”、研究“互联网 +”和实践“互联网 +”的发展创新热潮。“互联网 +”作为一种效率工具、创新引擎和发展范式，使得交通、旅游、电子商务、金融、房地产等各传统行业都在努力探索与其进行更深层次的融合，形成更为广泛的以互联网技术为根基的经济发展新常态。具体到“互联网 +”旅游领域，旅游业作为一个服务于人的移动生活并与互联网终端用户特别是移动互联网用户有着巨大重合度的现代服务业，其产品类型、经济结构、产业业态和商业模式等，都在互联网技术的影响下，发生着巨大嬗变。理论研究方面，徐金海、王俊探讨了“互联网 +”时代旅游产业融合的动力机制与障碍；刘丽华、何军比较分析了 OTA（在线旅游服务商）与传统旅游服务商运作模式的差异；孙坚对“互联网 +”时代旅游酒店业如何寻求新的发展机遇进行了重新思考；李实对“互联网＋旅游”平台的运行模式和可能面临的风险与问题进行了研究；胡田翠对互联网时代在线旅游发展的历程、现状及发展趋势进行了梳理；毛峰、赵文博、周菲菲、梦茵、陈金华等分别针对“互联网 +”时代的乡村旅游、体育旅游、生态旅游、城市旅游等专项旅游进行了研究。总体来看，对于“互联网 +”旅游的研究，专家学者从不同的维度切入，观点鲜明，富有新意，但是针对“互联网 +”旅游背景下的旅游人才培养研究则明显缺乏，仅有胡晓聪、刘丽华、何军等学者做了一些零星探讨。

（二）“互联网 +”教育的研究

教育作为生产关系的重要组成部分，必然也要被“互联网 +”所改变。同比于“互联网 +”在生产和消费领域的大范围应用，“互联网 +”在教育领域的展开相对滞后。虽然在国内外教育信息化实践中，已诞生了诸如慕课（MOOC）、可汗学院（Khan Academy）、极客学院（Geek Academy）、翻转课堂（Flipped Classroom）、私播课（SPOC）等典型代表，但也只是不断涌现的“互联网 +”教育实践的冰山一角。国内的相关研究才刚刚起步，已有研究成果主要集中在：（1）“互联网 +”教育的内涵研究。曲大为、赵福政认为“互联网 +”教育的实质是创造新的教育形态和生态；李碧武认为“互联网 +”教育是用互联网思维及行为重塑教育教学模式、内容、工具、方法的过程；秦虹、张武升提出“互联网 +”教育具有以下五个特征：跨界连接、创新驱动、优化关系、扩大开放、更具生态性。（2）“互联网 +”教育的内容体系研究。包括“互联网 +”教育的基本模型、教育理念及模式、教育变革与管理创新、组织结构转型、教学评价、教师专业发展、课堂教学等。（3）“互联网 +”教育可能带来的影响研究。张忠华、周萍、赵国庆、胡乐乐等探讨了“互联网 +”技术的发展给教育改革发展带来的机遇与挑战；柯清超指出，“互联网 + 教育”实现了一系列的转变，包括从知识建构到核心素养培养的转变，从以教师为中心到以学生为中心的转变、从个体学习到小组建构的转变，从直接传授到自主发现的转变，从多媒体演示到探究工具的转变。（4）如何应对“互联网 +”教育的研究。常娜、戴宁、曹辉提出可尝试构建“互联网 +”背景下的O2O（online to offline）教育生态圈；杨银付则分析了因应“互联网 + 教育”的政策响应。此外，也有部分学者针对“互联网 +”职业教育的相关问题进行了初步探讨。

（三）高职旅游实训基地建设的研究

实训基地是现代职业技术教育培养高技能人才的重要保障，是教学、科研、培训、生产等多功能的实训场所。虽然近年来我国旅游职业教育发展很快，但培养的人才远不能满足社会需要，究其原因，旅游实训基地建设发展滞后是重要因素之一。一直以来，国家和地方高度重视职业院校实训基地建设，国内旅游高职院校也抢抓发展机遇，以德国的“双元制”模式、澳大利亚的 TAFE 模式、瑞士洛桑模式、台湾高雄餐旅大学“三明治”模式、香港理工大学旅游与酒店管理学院“校中店”模式等为借鉴学习和参考的对象，旅游实训基地的建设条件和水平得到了显著改善。但是，随着旅游产业的转型升级、旅游新业态的产生以及游客旅游服务品质需求的提升等，特别是“互联网 +”旅游催生的新变化，导致传统的旅游实践教学方式与旅游人才的能力培养呈现出诸多不适应，旅游实训基地的功能、技术装备水平等也不能完全满足旅游人才培养模式的创新要求，高职旅游实训基地的建设亟须改革和优化。在理论研究上，目前国内学者主要集中在高职旅游实训基地的内涵界定、建设意义、功能设计、建设模式、运营管理、绩效评估等方面。在研究内容和视角上，相比于其他高职工商科类实训基地的研究，对智能制造、工业 4.0、现代信息技术、大数据应用等与旅游实训基地建设融合的可能路径、校企“双主体”共建实训基地的合作机制，以及后示范时期校内实训基地发展的特征及定位等方面关注不够，研究内容的深度和时效性有待加强。在研究方法上，侧重于现象描述、经验总结和归纳，定量研究开展的不多；缺乏比较研究，如对校内旅游实训基地建设运行前后的纵向对比研究等。高职旅游实训基地的理论研究落后于现实技术的实际应用，运行效果缺少足够的案例研究加以证明。

三、项目研究的价值

1. 理论价值：有助于进一步丰富“互联网 +”教育领域的研究体系，探索建立“互联网 +”高职旅游实训基地的研究范式，为高职旅游实训基地建设理念的创新和模型建构提供新的理论依据和方法指导。

2. 实际应用价值：有助于重构高职旅游实训基地建设的技术体系和内容体系，优化组织架构和运营管理机制，探索形成“互联网 +”高职旅游实训基地建设的新机制和新路径，切实提升旅游技术技能人才培养的社会适应性和目标规格。

四、可能的创新点

1. 可能创新之一：尝试以“互联网 +”为研究切入点，从“互联网 +”给教育和旅游业带来的影响这一宏观背景出发，将“互联网+”的内涵、外延与实训基地建设相结合，回归了实训基地建设要与信息技术、生产技术等变迁相适应的时代诉求，为实训基地的理论研究提供了一个新的视角。

2. 可能创新之二：借助“互联网+”技术和“互联网+”思维的分析框架，重构高职旅游实训基地建设的技术体系与内容体系，探索建立高职旅游实训基地建设的新理念、新机制与新路径，为“互联网+”高职旅游实训基地的实践操作做一些有价值的探索。

五、国内高职旅游实训体系与实训基地建设的现状及存在问题

（一）国内高职旅游实训体系与实训基地建设的现状

实训教学是培养学生实践能力和创新能力的重要环节，也是提高学生职场素养和就业竞争力的重要途径。2017 年全国旅游教育培训统计数据显示，全国旅游管理类高职专业共招生 11.3 万人，其中开设旅游管理专业的院校 869 所。应该说，近几年国内旅游高职院校在旅游专业实践教学方面都进行了有益的探索，总体看来，各院校都意识到实践教学对于提升旅游专业技能的意义，建立了校内生产性教学实训基地，校外实训方面也取得一定的进展。以国内“五星联盟”旅游院校为例，都非常重视旅游专业实践教学，坚持工学结合、产教融合，积极深化政行校企多元利益，建设高质量的校内实训基地，积极拓展校外实习实践基地，有效提升了旅游专业学生的实践技能。

（二）高职旅游实训体系与实训基地建设存在的主要问题

高职旅游管理专业包括旅游管理、景区服务与管理、酒店管理、旅行社经营管理、餐饮管理与服务等专业，这些专业的共同特点就是专业实践性强，市场对人才的实践操作技能要求高。大部分的高职院校旅游管理专业也认识到了这一点，但在高职旅游实训体系与基地建设、运行和管理的主要模式、类别上仍存在不少问题，尤其是紧跟当前“互联网+”对旅游业态改造的逻辑，传统高职旅游实训体系及实训基地建设与学生知识结构、能力结构、素质要求等之间的不适性，存在着旅游技术技能人才培养与市场需求之间的供需错位等诸多问题。

1. 实践课程设计陈旧，无法满足行企用人需求

高职旅游管理专业的实践课程设置应根据旅游行业、企业的人才需求类型，按照其所需能力和综合素质要求来进行设计。目前大多数高职旅游院校在人才培养模式的建构上，缺乏对行业企业市场需求的深度把握和分析，沿袭得更多的还是传统的办学理念和办学思路，对于人才培养的社会适应性缺乏清晰的定位，毕业生的就业竞争力和后续职业升迁能力相对较弱。尤其在开设的课程上，课程体系内容存在着脱离时代发展的问题，比如近年来较为流行的全域旅游、智慧旅游、在线旅游等旅游新业态，课程未能及时更新和完善，导致人才培养的目标规格不高，设计的实践教学环节与行业企业实际需求也相脱节。

2. 实训基地建设滞后，脱离一线岗位能力要求

旅游产业是需要科技支撑的产业，离不开对最新科学技术的应用。旅游专业实训基地的实训设备与其他专业的设备一样，需要不断更新，需要与现代生产技术相同步，但很多高职旅游院校的实训设备因投入成本大，更新周期较长，当初设计的设备或仪器的附载功

能早已落后于时代发展。已有的一些实训基地仅局限于模拟实际操作技能训练，以经营管理为主的实训基地等多元实践场所严重匮乏，这样就难以保证实践的全面性，严重影响了实践教学的质量，不利于学生专业实践技能的真正提升。

3. 管理方法手段单一，信息化运用较欠缺

实训基地的发展不是某一项业务的发展，而是朝着多元化的方向发展。根据实训基地实际工作的需要，制定并落实针对实训教师、实训学生、实训室管理、检查、考核等系列制度是做好实训基地各项工作的保障和前提。目前一些实训基地的管理手段相对落后，在管理的过程中并没有引进专业的管理体系，缺乏对信息技术的介入应用，缺乏现代化的技术手段，只是使用文档的方式来对实训基地进行管理，管理信息的收集、整理、传递、反馈的灵敏度和准确度较低，科学完整的规范化管理体系尚未形成。

4. 实训师资建设薄弱，影响育人成效真正发挥

实训师资队伍的建设直接关系到实训教学活动的开展，关系到办学水平的高低，而高职旅游院校的实训师资队伍普遍存在数量、素质、结构等方面的问题。一是实训师资数量不足。对照教育部对高职院校实训师资的配备比例要求，目前大部分高职旅游院校的实训师资缺口很大，致使学生的实训变成了自主演习，教师的监管力度不够。二是实训师资素质不高。随着旅游新业态、旅游新产品、旅游新技术的不断涌现，一些实训教师未能及时掌握先进设备的原理和操作，致使其不能适应实训教学的要求。三是实训师资结构失衡。调研数据和实践经验显示，多数高职旅游院校教师是毕业后直接进入旅游院校任教，动手能力和实践能力相对生疏，指导学生进行技能操作能力有限。此外，不少高职旅游院校还出现了中青年骨干教师年龄层次、职称层次的断层，难以满足学校可持续发展需要。

5. 校企合作不够深入，校外实训基地建设不稳定

在高职教育中，校企合作教育是一种共同利用学校和行业、企业不同的教育资源和教育环境，以培养适合管理、服务一线的应用型人才为主要目的的教育模式，是高职院校人才培养最有效、最基本的途径。但就目前情况而言，高职院校旅游专业中无论是在校内实训基地或是校外实训基地的建立上，校企合作在其中所起到的作用并不明显。校企间终止合作的情况屡见不鲜，学校不得不重新寻找合作企业建设实训基地，从而严重影响学生实习效果。

六、“互联网 +”高职旅游实训基地的设计

（一）“互联网 +”高职旅游实训基地建设的必要性分析

目前，高职院校的旅游专业都建有不同形式的实训基地，主要包括校内实训基地和校外实训基地两大类，普遍存在理论课程与实践课程相脱节的问题，无法有效评估学生的专业综合技能。对于高职旅游人才的培养，“互联网 +”高职旅游实训基地具有以下优势：一是有助于优化高职旅游实训教学体系，二是有助于推动学习和教学模式变革，三是有助于改变传统的课程模式，四是有助于实现校企间资源融合与共享，五是有助于完善教学结构层次。

（二）“互联网 +”高职旅游实训基地的总体设计

结合国家大力推进产教融合、校企合作，以校企共建为基础，以“互联网 +”的先进理念为指导，按照“互联网 +”背景下的高职旅游综合实训体系构建要求，“互联网 +”高

职旅游实训基地的建设，应当主要围绕两个方面展开：一是以“互联网 +”技术为支撑，突破单纯技术行为的认知，遵循技术嵌入与技能培养相匹配、技术目的与技术手段相统一、资源配置与效能提升相促进等原则，多角度分析和考量“互联网 +”技术（包括 VR、Wi-Fi、大数据、云计算、物联网等）在高职旅游实训基地建设中适应、整合和发生作用的过程，遴选甄别和组合优化最佳适用技术，构建“互联网 +”高职旅游实训基地建设的技术体系；二是以“互联网 +”思维为引领，主动适应产业、技术、组织文化等外在环境的变化，对“互联网 +”高职实训基地建设的相关要素、利益主体进行重新定位与思考，重构高职旅游实训基地建设的内容体系。

1.“互联网 +”高职旅游实训基地的设计理念

一是“互联网 +”高职旅游实训基地要实现学校或企业的学生、教师、技术人员等多重身份人员共同参与资源建设、教学过程，实现最大程度的资源共享，建立起以互联网为基础的高职旅游实训基地教育生态。二是“互联网 +”高职旅游实训基地应树立开放思维、系统思维，探索跨界跨领域合作，实现低成本高精度的定制化和个性化教学，改变以往教学中以教师为中心集体统一开展单中心教学的运行状态，真正实现服务学生个体成长及能力发展需求。三是“互联网 +”高职旅游实训基地应充分发挥互联网在高职旅游实训资源要素配置中的优化和集成作用，着重提升高职旅游实训基地的创新力和生产力，形成广泛的以互联网为基础设施和实现工具的高职旅游实训基地发展新形态。

2.“互联网 +”高职旅游实训基地的技术体系设计

一是运用仿真软件，突出实物模型制作。二是增强虚拟互动，强化实际操作锻炼。三是进行情景模拟，获得岗位真实体验。四是利用学校课堂，实时共享现场演示。五是引导自主实训，智能考评及时反馈。

3.“互联网 +”高职旅游实训基地的内容体系设计

“互联网 +”高职旅游实训基地必须重视分析、研究高职学生行为水平、学习习惯、学习能力、知识基础、年龄特征等特点，依靠开发使用学习资源与促进个别化学习来提高学生的学习质量。应将碎片化的学习资源进行有效组织和整合，系统分析技术、人力资源、设施设备、应用操作、外在环境等系列复杂因素，通过运用“互联网 +”的技术架构，解决教育教学资源需求与供给之间不畅的问题。

“互联网 +”高职旅游实训基地建设应遵循高职教育教学规律和高职旅游教育的实际，经过需求分析、内容分析、学习者分析，以及对行业企业发展趋势的分析，在企业需求调研的基础上，对调研所得的旅游专业、旅游岗位能力需求进行深入分解与剖析，提炼总结出旅游行业所需人才的核心能力要求，以及岗位胜任所需的基本能力要求，按照层级、难易等不同叠合关系，进行能力图谱的设计与再造，形成一个完整的专业能力培养目标体系，据此研究探讨形成一个科学合理的教学设计方案和实践教学体系。

4.“互联网 +”高职旅游实训基地建设的基本原则

“互联网 +”高职旅游实训基地建设的最终目的是让学生在毕业时能基本掌握专业技能，具备一定的独立开展工作的能力和动手能力，满足社会和职场的用人需要。高职旅游院校在发展中面临的最大困难是缺乏实际生产操作环境，这是阻碍学生掌握职业技能的关键，目前解决这一问题的理想途径便是构建“互联网 +”高职旅游实训基地，让学生通过互联网创设的生产环境、职业岗位的生产流程等，进行真场实景的模拟实践。因此，其建设应遵循一定的基本原则：一是互利共赢的原则，二是产学相融的原则，三是持续发展的原则，四是就业导向的原则。

七、“互联网 +”背景下高职旅游实训基地建设的探索

“互联网 +”背景下高职旅游实训基地的实践探索，顺应了“互联网 +”给高等职业教育带来的深远影响和深刻变革。在理论研究的基础上，南京旅游职业学院以酒店经营管理虚拟仿真基地和烹调工艺与营养智能化仿真化综合实训基地为实践对象，以互联网信息技术与高职旅游实训基地建设深度融合为出发点，印证“互联网 +”高职旅游实训基地建设模型的科学性、合理性和逻辑性，理实一体，突破时空限制组织教学，凸显学生自主能动学习，基本实现了“互联网 +”高职旅游实训基地建设的新模式。

（一）实践案例 1：“互联网 +”酒店经营管理仿真实训平台

目前，国内高职旅游类酒店管理专业都致力于立足行业需求和就业能力培养，将学校教育和行业需求相结合，狠抓服务技能训练，而涉及到酒店运营管理和网络营销技能知识的教学，则主要依赖书本学习和课堂理论讲解等手段。在酒店运营管理和网络营销教学的过程中，由于空间上的分离与条件的限制，学生难以进行真实的实训操作，缺乏对酒店整体运营和网络营销的实际认知体验和操作经验。随着消费者行为从线下转向线上，酒店的互联网营销管理软件在酒店业的重要性越来越大，如收益管理系统、云 PMS 系统、微信管理平台、渠道管理系统、E-booking 系统、SEM 营销系统等，由于种种原因，高等职业院校普遍没有引进这些在酒店业越来越重要的互联网应用软件系统，这与酒店行业的主流发展需求并不同步。因此，建设能够适应远程教学模式的酒店经营管理仿真实训平台极为必要，可使学生在完成一个学习任务之后能够对完整的工作流程、操作模式和岗位职责全盘掌握，能与相关的职业实践活动紧密关联，掌握工作任务和复杂问题的应对方法，以适应岗位职业能力要求。

1.“互联网 +”酒店经营管理仿真实训平台的建设思路

南京旅游职业学院是我国成立最早的旅游类专业院校，也是江苏省内唯一一所示范性旅游高职院校。其中，酒店管理专业开我国酒店职业教育先河，是省级特色专业和唯一的旅游 A 类品牌专业建设点，获得过 3 项国家级和省级教学成果奖。近几年，学校积极因应国家产教深度融合的政策导向和酒店行业人才培养的内在要求，分别与国内知名酒店信息化软件研发机构——江苏卓越计算机系统有限公司（以下简称江苏卓越）和中国酒店业知名互联网营销技术研发公司——广州市问途信息技术公司（以下简称广州问途）等两家企业进行深度校企合作，共同出资，互聘人员，联合打造国内一流、技术领先的基于“互联网 +”的酒店经营管理仿真实训平台，打造一批实训资源，培育一批“教练型”师资，充分发挥平台的教育培训、技能鉴定、技术认证和示范辐射功能，为行业输送具有酒店运营管理和网络营销能力的复合型技术技能人才（见图 1、图 2）。其中，学校与江苏卓越共同研发提升学生综合管理能力的酒店经营管理模拟沙盘，建立从酒店筹建、市场分析、战略制定、整体营销、采购管理、人力资源管理到财务核算等在内的一系列管理模拟体

系，着力提高学生对酒店管理的全方位认知及其管理创新规划能力。学校与广州问途深度合作，建立网络营销实践教学和培训管理中心，开展实习指导和培训，接纳实习生的实训实习，为学生实习就业提供支撑和服务，推动学生理论储备和实践能力的同步提升。

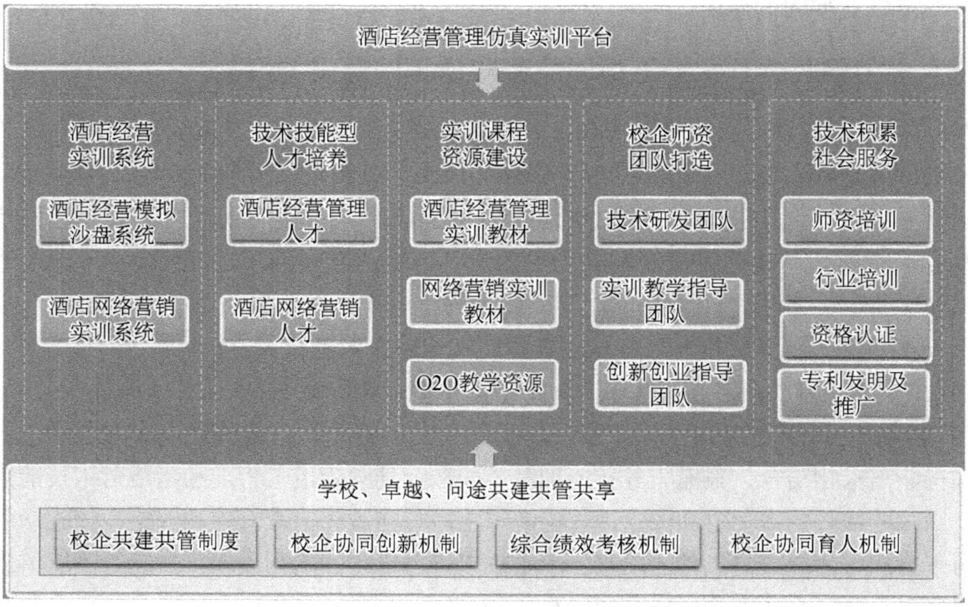

图 1　酒店经营管理仿真实训平台建设思路

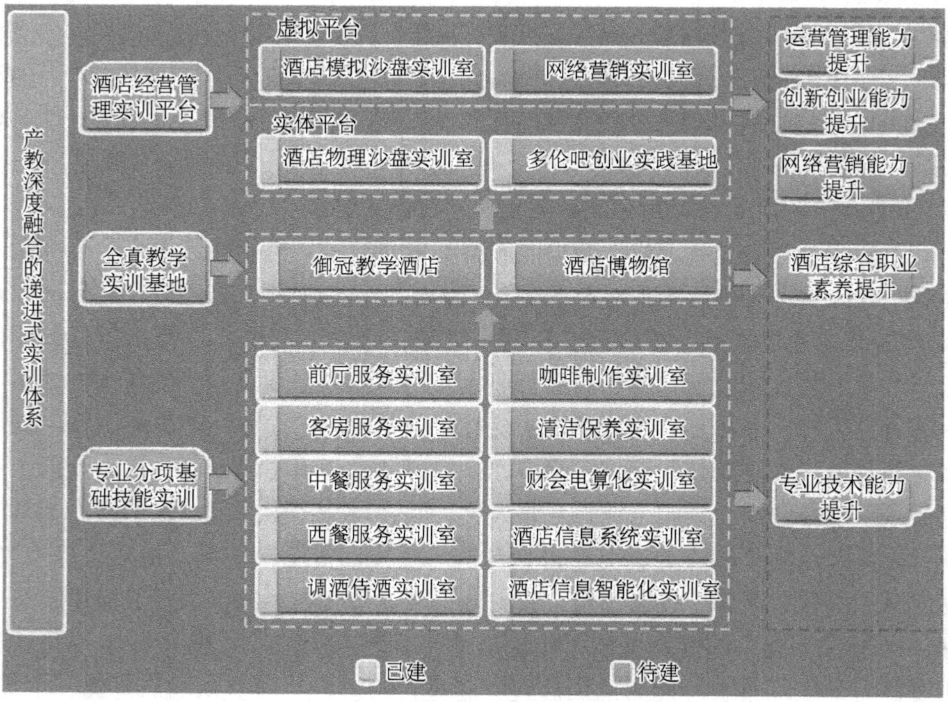

图 2　完善后的产教深度融合递进式实训教学体系

2. "互联网 +"酒店经营管理仿真实训平台的建设内容

一是引进多点接触酒店模拟经营沙盘系统，开发配套实训项目。校企双方组建实训平台研发小组，前期市场调研，研讨确定酒店模拟沙盘的模块划分，建立从酒店筹建、市场分析、战略制定、整体营销、采购管理、人力资源管理到财务核算等一系列的管理模拟体系，培养学生对酒店管理的团队合作、战略决策、经营管理和财务分析等全方位认知及创新规划能力。酒店管理模拟沙盘系统操作设置六个模拟角色，即工程总监、财务总监、人力资源总监、营销总监、房务总监、餐饮娱乐总监；模拟运营流程从酒店选址开始，依次进行功能布局设计、客房定价、餐饮产品定价、员工招聘、线上线下促销，最后向系统提交后进行财务分析。经过数轮回合后，综合评判该模拟酒店的运营绩效，各小组之间形成对抗，能够达到较好的实验教学效果。整体教学设计采用真实与虚拟相结合的方式，从学生层面来看，整体教学设计采用真实与虚拟相结合的方式，界面美观、布局清晰，实践操作和兴趣激发并重，让学生对酒店运营有全面而系统的深入认知，可培养其团队合作、战略决策、经营管理和财务分析等能力；从教师层面来看，需要在具备酒店各部门运营管理综合能力的基础上深入备课，精心设计符合本专业教学的案例库，能够全面掌控课堂教学和各小组的模拟运营情况。

二是建设酒店模拟沙盘实训室。主要技术指标如下：实训室占地面积不少于 100 平方米，提供实训工位数 80 座；引进 65 寸触摸一体机；酒店管理沙盘软件 2.0，支持真 10 点以上多点触摸，即十人以上同时同步操作；提供前厅客房部总监、餐饮娱乐部总监、市场公关部总监、工程运维部总监、人力资源部总监、财务管理部总监等对抗角色；提供基于管理驾驶舱的前厅客房实践区、餐饮娱乐实践区、市场公关实践区、工程运维实践区、人力资源实践区、财务管理实践区的沙盘盘面设计；提供基于酒店楼层平面图的动态楼层规划功能；提供预订处理、客房分配、人力调度、排房决策、前厅投诉处理等前厅接待实践功能；提供客房清洁、客房投诉处理、客房监控、客房服务、物资采购、人力调度等客房管理实践功能；提供前厅清洁、楼道清洁、防火防盗等前厅客房整体环境实践功能；提供菜单筹划、菜肴定价、物资采购、人力调度、成本管理、投诉处理等餐厅管理（中餐厅、西餐厅、酒吧）实践功能；提供设施设置、物资采购、人力调度等健身中心管理（健身房、泳池、SPA）实践功能；提供餐厅清洁、健身中心清洁、防火防盗等餐饮娱乐整体环境实践功能；提供客房促销、餐饮促销、宴会促销、健康娱乐促销、组合销售等产品促销实践功能；提供电视广告、电台广告、平面广告、户外广告等媒体公关实践功能；提供电子商务合作、旅行社合作、综合合作等分销管理实践功能；提供庭院规划、楼层布局、房间设计等酒店筹建实践功能；提供庭院改造、楼层改造、房间改造等酒店改造实践功能；提供设施保养、报修处理、人力调度、信息化管理等设备维修实践功能；提供前厅客房岗位招聘、餐饮娱乐岗位招聘、工程维修岗位招聘、市场公关岗位招聘等人员招聘实践功能；提供员工基础培训、前厅客房岗位培训、餐饮娱乐岗位培训、工程运维岗位培训、市场公关岗位培训等人员培训实践功能；提供前厅客房岗位绩效、餐饮娱乐岗位绩效、工程维修岗位绩效、市场公关岗位绩效等绩效考核实践功能；提供酒店选址、筹建成本、客房定价等酒店筹建实践功能；提供前厅客房部成本、公关部成本、餐饮娱乐部成本、工程维修部成本等成本核查实践功能；提供客房入住率、周转率、日订单量等运营报表与财务管理实践功能。

三是建立网络营销实践教学和培训管理中心。开展实习指导和培训，接纳实习生的实训实习。校企联合确定酒店互联网营销人才培养方案和目标，采用全新开发的酒店互联网营销课程体系，将酒店互联网营销软件前置到学校教学环节，构建理论和实践结合的课程体系。开展实习指导和培训，指导岗位培训技能，形成校内外实训相结合的系统专业实践教学体系，共同培养学生的综合能力。

四是打造基于新媒体技术应用的网络营销实训室。引入酒店业最新的互联网营销技术，包括数字营销、新媒体营销、收益管理、数据分析等方面的软件，使专业教学紧贴技术进步和酒店实际需要。基于云计算技术平台，采用 SaaS（软件即服务）和 PasS（平台即服务）建立软件技术持续更新机制，并力求满足学生和企业员工自主学习的需要。基于酒店网络营销课程设置的需要，引入实训平台核心教学和实践软件：DOSSM-LPP 社交型会员运营系统，是以用户为中心的双向互动客户关系运营系统，整合社会化营销渠道，打通线上和线下，开展精准营销转化。DOSSM-CBE 全面收益管理预订引擎，是基于全面收益管理和移动互联网运营理念开发的促销及预订引擎，提供从消费前、消费中到消费后全产品营销保障，支持动态打包技术。对网站图文信息进行统一维护管理，以及进行搜索引擎的优化。通过 DOSSM 全网通导购平台、酒店收益管理系统、酒店点评管理系统、酒店云 PMS 系统、图片编辑系统、分销渠道管理系统（如阿里旅行的管理后台）等，进行实训室硬件配置，建成网络营销实训室。

3.“互联网 +”酒店经营管理仿真实训平台的主要做法与成效

一是培养学生运用新媒体技术的能力以及酒店运营管理和创新创业的能力。培养学生掌握酒店业网络营销所需要的知识，并通过高度互动、深度参与的真实项目掌握实操技能。课程设置综合网络营销理论讲解、酒店网络营销软件实操培训、真实酒店项目实践、数据研究分析等方面，最终促进学生个人职业的发展，重点培养学生的软件操作技能、在线数据研究分析能力，了解酒店业互联网生态圈。定期举办企业文化周、专业“成才杯”技能竞赛等系列活动，让学生体验酒店企业的各种管理岗位，以岗位职责要求为指引完成各项工作任务，实现“教学做”一体化的教学模式；每学年举办一次“成才杯”技能竞赛，“以赛促学、以赛促教”，提升学生的学习兴趣和学习热情，提升模拟沙盘实训课程的教学质量，培养管理意识，增强职业认知；校企合作增设学生创业基金，创立御冠教学酒店“创新主题实践周”活动，为学生创业提供技术支持和业务指导，全面培养与锻炼学生创新、创意、创业能力，建立并完善创新创业教育体系。

二是强化教师信息化教学和管理应用。对接酒店业互联网营销需求，构建专业的酒店互联网营销课程体系，课程开发结合实训软件和实训项目，采用工作任务和项目式的教学模式，将未来工作岗位上的工作任务前置到学校的教学中。采用小组讨论、互动式翻转课堂、行业专家互动讲座等创新教学方式开展教学，颠覆营销创客空间，在网络营销、电子商务专业试点开设《酒店业在线营销整体规划》《酒店业在线收益管理策略》《酒店业社会化客户关系运营》《酒店业官方网站营销》《酒店业移动互联网营销》等网络营销核心课程，加快校企之间的知识转移。新生入学后，利用沙盘开展专业认知教育，让学生体验岗位工作内容、体验岗位的需求，了解未来学习的方向。探索校企共同组织学生参与创业实践的有效途径，实施弹性订单培养模式，经常性地组织创业型企业入校开辟供需接洽专场，通过双向选择，在学生中组建基于创业实践的弹性订单班，以企业提供一定薪酬的岗位实践和教学点集中授课的方式组织教学，也可由企业为主体开设创业班，吸纳有志网络经济创业的学生加入，学校为创业班学生开辟相对独立的创业场所。

三是对接行业标准，开发酒店信息化经营管理实训资源。创新教学内容与方法，校企联合开发实训项目教材。按“岗位项目进课堂，岗位考核入标准”的要求，基于实际工作过程开发教学内容，与企业共同开发符合实际岗位需求的酒店模拟经营实训项目教材。以“构思—设计—实施—运行”为开发路线，组织教学内容，设计教学方法，以基本技能为基础，专业技能为重点，注重综合管理能力和创新能力的培养，制定实践教学计划与大纲，明确各阶段学生做什么、怎样做、完成什么、达到什么标准等具体量化内容。加强在线资源建设，校企联合建成 O2O 教学资源，邀请企业专家授课或者组织行业考察，邀请企业和互联网界相关专家在线上或线下进行讲座，校企联合建成 O2O 教学资源，使校企双方的教学资源得到合理、有效、充分的梳理和共享。

四是校企互聘互兼，培养“教练型”名师。酒店互联网营销实训基地同时也是“双师型”师资培养基地，由于互联网营销的“移动化”特点，高校教师不需要长期在企业挂职实习，就可以在实训基地参与酒店互联网营销项目，从而培养理论和实践经验都具备的“双师型”指导教师。成功孵化一定数量的学生创新创业项目，树立学生成功创业案例典型，通过实训基地培养酒店互联网营销人才，通过实训基地鼓励大学生向酒店业提供技术和运营服务。比如，内容营销是互联网营销的重要手段，现在的大学生是移动互联网的“原住民”，非常适合从事内容营销的工作，可以在实训基地扶持大学生面向酒店业提供内容营销的创业项目，鼓励大学生在提供酒店业互联网前端工具（网站）的开发、酒店数据分析、社群营销等方向进行创业。依托教师企业工作站，校企双方协同培养师资，联合打造面向酒店经营模拟沙盘和网络营销的“能科研、善教学、强实践”的优秀技术研发团队、创新创业指导团队和实训教学指导团队。

五是技术技能积累显著提升，社会服务能力明显增强。探索建立产教深度融合的实训教学模式，继续保持并加强与优秀品牌企业的联系交流，将合作平台夯实、筑高、拓宽，积极发挥实训教学平台的示范作用，积极推广网络营销课程和实训平台操作的实训培训。开展面向兄弟院校酒店经营管理和网络营销实训教学能力提升的师资培训。积极开展面向高职学生、专业教师、企业员工和社会人员的培训与职业技能鉴定工作，每年为酒店提供定期或不定期的员工培训，改变酒店业传统的培训和技术服务模式，为酒店业开展互联网创新营销提供全方位的孵化服务。实施开放共享，积极推广酒店经营管理模拟沙盘实训平台，不断优化样板机型，共享实训平台的资源，在同类院校中推广使用。校企合作共同推广酒店经营管理模拟沙盘，校企共建应用技术研发团队和教师工作室，建立技术技能创新联合体。

（二）实践案例 2：“互联网 +”智能化仿真化烹饪实训平台

1. 建设“互联网 +”智能化仿真化烹饪实训平台的必要性

烹饪工艺与营养专业是南京旅游职业学院建校之初最早开设的三大专业之一，也是江苏省最早开办的烹饪高等职业教育专业，至今该专业已有 40 年历史，是江苏省高等学校特色专业、中央财政支持重点专业、江苏省重点专业群建设专业和省示范建设专业。

一是餐饮业转型升级，产业链亟须优化整合。近年来全国餐饮业市场结构和商业模式发生深层次的变化，产业结构亟须调整，发展大众型餐饮、开拓海外市场成为餐饮业健康发展的最佳选择。政府和行业协会也积极推动餐饮业转型升级，相继出台的餐饮相关政策指出：餐饮企业应主动适应经济发展新常态，走大众化餐饮、品质餐饮、绿色餐饮发展之路，围绕构建现代餐饮服务体系，大力实施餐饮结构调整，推进行业转型升级，积极实施餐饮产业集聚战略。

二是餐饮企业大众化，生产技术亟须升级革新。餐饮业的大众化转型深刻影响餐饮企业的菜品生产模式，餐饮厨房生产技术迎来新一轮变革。目前转型餐饮企业进入发展新常态，呈现小门店大厨房、小产品大市场、小品牌大连锁的“三小三大”新特征，传统烹饪生产模式已经不再适用，对大规模标准化菜品大生产提出了新的技术要求。中央厨房的集约一体化、标准规模化、流水程序化作业方式受到了餐饮企业的青睐，同时，信息技术的引入将引领厨房生产的革命，如菜品生产的自动智能化、菜品生产基础数据的云存储、云共享、大数据分析技术，等等。餐饮业发展的规模化、智慧化亟须智力支持和技术保障。

三是专业建设势头足，人才素质亟须优化拓展。随着餐饮业的深刻变革，餐饮人才需求也发生悄然改变。据 2015 年餐饮行业人才需求报告调研分析，一方面，30% 以上餐饮企业表示基层烹饪人才紧缺，另一方面，30% 以上企业表示中高层餐饮管理人员招聘难。同时，餐饮创业具有投资少、技术门槛低、市场大等优点，成为万众创业的重要途径之一。因此，新时代餐饮人才不仅应具有设备操作能力、创新创业能力和经营管理能力，同时应具有工匠精神、领导力和创新精神。作为专业建设的核心内容，烹饪实训基地建设是全面优化人才素质的重要环节，也是办出专业特色、提升专业质量的基础性建设，烹饪专业的迅猛发展倒逼烹饪实训基地的提档升级。

四是设备更新智能化，实训新平台亟须开发推广。应对新技术、新设备和新业态，高职烹饪人才掌握单一、传统技能已不能满足行业发展的需要，迫切需要与主流企业合作，引进和集成综合智能烹饪设备，开发餐饮企业经营管理模拟沙盘，建立智能化烹饪、仿真化管理的综合实训平台，培养高职学生新技术应用能力、创新创业能力和餐饮企业运营管理能力。

2.“互联网 +”智能化仿真化烹饪实训平台建设的总体思路

南京旅游职业学院以餐饮业转型升级发展为契机，与南京百酪汇食品有限公司（简称“南京百酪汇”）、意亚立餐饮设备（上海）有限公司（简称“意亚立”）和江苏卓越计算机系统有限公司（简称“江苏卓越”）深度合作，有效整合校企资源，保持实训平台设备设施与企业技术同步更新，共建智能化仿真化烹饪综合实训平台。智能化仿真化烹饪综合实训平台以校企深度融合实训平台建设运行机制为突破口，全力推进校企合作长效机制建设，以建设智能化仿真化综合实训平台为重点，以“教练型”烹饪名师团队为抓手，精心培育和打造一支专兼结合、师德高尚、结构合理、素质优良的师资队伍和领导团队；以提高人才培养质量和社会服务能力为动力和落脚点，全面整体推进校内外实训体系的建设与完善，打造高水平的实训平台，全面提升实训平台实践育人和社会服务能力。

3.“互联网+”智能化仿真化烹饪实训平台建设的具体举措

一是坚持校企合作，创新实训平台“共建共管机制”。按照“战略合作、校企一体、产学链接、共建共管”的原则，由政行企校专家联合组建实训平台理事会，从校企合作组织结构、资金和制度保障、政府支持等方面促进校企深度合作关系的形成和可持续发展，真正达到校企相互渗透和融合，创新校企一体、人才共育、过程共管、成果共享、责任共担的紧密型实训平台机制，实现校企人力、智力、市场、资金等资源的优势互补。

二是依托实训平台，创新“协同育人机制”。依托智能化仿真化烹饪综合实训平台，与合作企业共同设计人才培养方案，共同实施烹饪实训教学，共同评价培养质量，实现企业对人才培养的全过程参与。通过成立校企实训教学督导组，强化学校和企业实习的综合考试，建立校企协同的人才质量评价制度。积极推进校企文化融合，提升学生的职业素养。将企业文化课程、志愿服务等纳入人才培养方案，设定相应学分，促进职业素养训练的系统性和针对性，全面提高人才培养素质。

三是搭建创新平台，建立“协同创新机制”。为“大众创业，万众创新”搭建新平台，充分发挥学校与合作企业的优势资源，积极推进校企的协同创新，建立系统全面的引导机制、保障机制和评估机制。依托烹饪工艺与营养专业群的实训平台，对模拟沙盘、云技术、烹饪新技术、管理方法、教学课程等方面开展协同创新，打造与餐饮企业岗位协同的特色实训平台，形成创新创业要素集聚效应。

四是提升服务能力，建立“协同共享机制”。为全面提升平台的社会服务能力，以智能化仿真化烹饪综合实训平台为依托，按照“互利互动、双向共赢”原则，充分利用平台建设中三方的优势资源，积极建立“协同共享机制”。对平台建设成果如经济收益、技术和产品推广、教学课程、培训体系、实训平台等进行协同共享。

五是产教深度融合，共建智能化仿真化综合实训平台。学校与意亚立公司合作，持续同步更新，引进 1 套智能设备——NABOO 万能蒸烤箱；融合信息技术，充分整合 10 台“万能蒸烤箱”，建立联网数字化烹饪实训管理的 O2O 智能烹饪云教室；与南京百酪汇和江苏卓越深度合作，开发仿真系统，研制 1 个餐饮门店经营模拟沙盘；为提升实训平台创业能力，与南京百酪汇联合建立创业孵化中心，共同建设大学生创业孵化指导培训系列课程，提升大学生创新创业能力，共建智能化仿真化烹饪综合实训平台。

六是持续同步更新，引进“智能烹饪设备”。NABOO 万能蒸烤箱是云系统的私人定制智能烹饪设备，具有蒸烤焙多层烹饪功能，自带手动烹饪和自动烹饪系统，所有烹饪数据都可在云端 LAINOX 云系统进行存储共享。新开发的烹饪内容、数据和人性化的设定也可以通过 NABOO 设备储存分享。NABOO 采用涡轮蒸汽先进烹饪技术，自动调节蒸汽冷凝；可使用拥有 4 个监测点的探针控制食物核心温度。具有绿色环保微调系统、新型燃烧器调节系统和高效转换器用来避免能源浪费，减少污染排放；具有自动烹饪 ICS 系统和手动烹饪系统，可编程并可按自动顺序保存烹调方法，可给每个程序命名、配图以及备注菜式信息；同时具有多层烹饪和 JIT 即时功能。

七是融合信息技术，建设“O2O 智能烹饪云教室”。基于云计算建成智能烹饪设备（NABOO）联合体实训室，10 台 NABOO 通过局域网互联，不仅师生可以在“智能烹饪云教室”管理平台上互动，教师还可以利用学生实训操作的参数进行研究和技术改良，提高烹饪作品的品质；学生优秀的作品通过审核后可以上传到意大利 ALI 公司的 LAINOX 云端上，供全世界访问共享。同时，与江苏卓越公司合作开发 O2O 教学互动平台软件，通过该平台教师可以线上布置作业、评价学生菜品、设置不同参数进行科学研究，线下可以分享展示、考评学生作业完成情况等；学生也可以利用该平台，线上学习烹饪相关专业知识、完成课堂实训操作，线下可以访问该平台上的资源、微课、菜单等相关信息，真正实现 O2O 教学互动。

八是开发仿真系统，研制“模拟沙盘”。学校与南京百酪汇和江苏卓越深度合作，研制“餐饮门店经营模拟沙盘”实训系统，开发配套实训项目。校企双方组建实训平台研发小组，前期市场调研，主要是参考南京百酪汇“奶酪时光”门店经营模式，研讨确定餐饮门店模拟沙盘的模块划分、功能设置、角色扮演、运营决策、开发流程、测试运行和市场推广等；建立从餐饮门店筹建、市场分析、战略制定、整体营销、采购管理、人力资源管理到财务核算等一系列的管理模拟体系，培养学生对餐饮门店管理的团队合作、战略决策、经营管理和财务分析等全方位认知及创新规划能力，以及以虚拟仿真形式再现餐饮门店运营各种情况，提高学生的餐厅经营管理能力。

九是提升创业能力，推进“中心”建设。依托南京百酪汇实体门店和餐饮门店经营模拟沙盘，在虚拟创业基础上，增加实体门店的真实运营，形成一套完整的餐饮创业人才孵化体系。研讨确定创业孵化中心的功能划分、管理制度、运营机制、权责制度等，共同建设大学生创业孵化指导培训系列课程。依托实训平台，为大学生创业者提供餐饮创业政策咨询、创业培训、专家指导和成果展示等创业服务；根据创业不同阶段的需要，为大学生等创业者提供餐饮门店沙盘模拟等创业技能培训；成立校友餐饮人才创业沙龙，为大学生创业创新汇聚资源，提供交流服务，促进共同发展。

十是优化实训资源，提升烹饪餐饮人才培养规格。高度重视实训平台的软环境建设，注重职业技能训练和职业素养教育的有机融合，发挥企业文化育人功能。按照“专业基础 + 核心课程 + 人文素养 + 云烹饪 + 创业创新”模块重构实训课程体系，重构群内专业课程体系，推进“虚拟仿真 + 实体门店”的创业育人实践。落实互聘互兼，打造双师双岗教练型实训教师队伍，坚持“走出去、请进来”，校企双方互派人员，双向兼职、双重身份，形成“双师、双岗”教练型实训教学团队的长效“协同用人机制”。坚持对合作企业兼职实训教师进行教育理论、教学方法、教师职业规范等教师职业教育培训，并鼓励企业兼职教师通过定期参与教研活动承担实训指导任务，共同开发教学项目，提升教学质量。实施智能化仿真化烹饪综合实训平台的全面开放共享，积极开展同行院校教师交流学习，为烹饪文化的传承与发扬做出贡献。

八、研究结论与展望

“互联网 +”不仅增强了高职旅游实训基地的生产技术环境，同时也强化了不同参与主体间的社会网络关系。院校既要主动适应并充分利用"互联网 +"技术的优势成果，与合作企业、技术支持方、教学资源供应方等进行深度合作，形成相互依存、相互促进、相互影响的融合共生机制，还要紧跟旅游产业发展新趋势，在产业价值网络重构中，利用"互联网 +"思维，进行实践教学供给侧的创新驱动，提高实训基地资源配置和重组能力，提高旅游技术技能人才的培养效率。与传统的高职旅游实训基地建设相比，"互联网 +"高职旅游实训基地实际上是一种数字化的教育群落，具有明显的开放性、自主性、虚拟化、柔性化等特征，能够提供开放的学习环境和优质学习资源。

"互联网 +"高职旅游实训基地不是对传统高职旅游实训基地的彻底抛弃，也不是对其所做出的完全颠覆，而是在"互联网 +"技术和"互联网 +"思维等支撑下渐进式的一次变革和转型升级。高职旅游实训基地逐渐成为功能多样化、结构综合化、系统复杂化、设备高档化的一个场所，投入成本大，动态性强，要注意合理引导和科学规划，做好绩效评估，防止出现资本逐利性与教育公益性的冲突。

参考文献

[1] 王召鹏，徐通泉，周巧军．工业 4.0 背景下实训基地建设模式的探索［J］．实验技术与管理，2015，32（12）：222–224.

[2] 金声琅．"产教融合"视角下应用型本科院校烹饪专业校内实训基地建设研究——以黄山学院为例［J］．黄山学院学报，2017，19（6）：108–111.

[3] 周占富．基于"开放"模式下高职院校烹饪类实训室运行策略研究［J］．现代商贸工业，2017（27）：174–175.

[4] 郭继文．"互联网 +"研究综述［J］．山东青年政治学院学报，2017（33）：11–15.

[5] 国务院．国务院印发《关于积极推进"互联网 +"行动的指导意见》［N］．光明日报，2015–7–5（1）.

[6] 陈丽．"互联网 + 教育"的创新本质与变革趋势［J］．远程教育杂志，2016（4）：3–8.

[7] 付向阳．基于虚拟情景教学资源建设的旅游专业人才培养路径研究——以内蒙古化工职业学院为例［J］．中国职业技术教育，2018（13）：93–96.

[8] 张彦通，张妍．"互联网 + 教育"的本质与内涵［J］．国家教育行政学院学报，2018（1）：62–68.

[9] 陈耀华，陈琳．互联网 + 教育智慧路向研究［J］．中国电化教育，2016（9）：80–84.

[10] 刘克勇，方健华，王新国．深度融合：江苏职业教育面向未来的发展理念与路径抉择［J］．中国职业技术教育，2018（18）：34–38.

[11] 杜宏巍，雷琳洁，吕震宇．管理学科综合实训平台搭建构想［J］．教育与职业，2016（2）：103–105.

[12] 何颖，吴锋，陈静宏等．高校教学实验室建设与管理的探索［J］．实验技术与管理，2016，34（9）：227–229.

项目名称：旅游职业教育旅游大类专业课程标准研制研究
项目编号：LZW201714
项目负责人：叶志良
项目负责人所在单位：浙江旅游职业学院

旅游职业教育旅游大类专业课程标准研制研究

一、项目研究的背景

一是后骨干时期优质高职校建设的需要。国家推进示范性骨干高职院校建设以后，面向优质高职校建设的新阶段工作目标，如何谋划专业建设并在课程建设上取得突破，是优质校建设的重要抓手，因此浙江旅游职业学院在“十三五”发展规划中，在前面两次开展英才计划的基础上，制订了学校第三轮英才计划，以优专业、优课程、优课堂推进教育教学改革，推进内部质量保证体系的建设。

二是旅游业态快速发展、变化的需要。旅游业作为国民经济的支柱产业，业态的发展日新月异。如何谋划围绕产业变化发展的专业建设、课程建设，培养高素质的旅游人才，是浙江旅游职业学院面对社会需求的重要任务。课程标准是实施教学的核心，是课程开发建设、课程实施与管理的准绳，课程标准的制订是系统培养旅游业态人才的重要支撑和保障。

正是在这样的背景下，《旅游职业教育旅游大类专业课程标准研制研究》以浙江旅游职业学院目前开设的旅游大类专业为基础，根据职业基础课、职业技术课、岗位选修课、职业技能训练课等不同课程类型，开展课程标准研制。

二、研究成果的核心观点

《旅游职业教育旅游大类专业课程标准研制研究》，是根据教育部2015年颁布的《普通高等学校高等职业教育（专科）专业目录（2015）》，以及全国旅游职业教育教学指导委员会2017年科研项目（LZW201714）研究的要求，以浙江旅游职业学院目前开设的旅游大类专业为基础，根据职业基础课、职业技术课、岗位选修课、职业技能训练课等不同课程类型，研制而成的课程标准。专业涉及导游、旅行社经营管理、景区开发与管理、酒店管理、休闲服务与管理、餐饮管理、烹调工艺与营养、西餐工艺、会展策划与管理等旅游类、餐饮类、会展类三大类别，以及学院其他专业，做到“门门课程有标准”。并规定了旅游职业教育旅游大类课程的性质、目标、主要内容，明确了学生在知识、能力、素质三个方面需要达到的基本要求，提出了教学、评价和实施的建议。特别注重培育和践行社会主义核心价值观，充分考虑旅游新业态与“旅游+”新形态下“大旅游”产业发展对理论知识学习的要求，坚持立德树人，注重思想政治教育贯穿教学始终，同时融合了学生综合素质提升、创新创业能力培养、学生可持续发展的要求。

1. 研制旅游大类专业课程标准，做到“门门课程有标准”

根据教育部2015年颁布的《普通高等学校高等职业教育（专科）专业目录（2015）》，对学院目前开设的16个旅游大类专业（含方向），根据公共基础课、职业基础课、职业技术课、岗位选修课、职业技能训练课等不同课程类型，研制相应的课程标准，做到“门门课程有标准”。

表1　本校开设的16个旅游大类专业（含方向）汇总

旅游大类	学院开设专业
旅游类	旅游管理（规划设计方向）、旅游管理（中澳合作）、导游、导游（国际导游方向）、旅行社经营管理、景区开发与管理、酒店管理（迪拜实验班）、酒店管理（智能化方向）、酒店管理（中澳合作）、休闲服务与管理（茶文化方向）
餐饮类	餐饮管理（职业经理人方向）、烹调工艺与营养、中西面点工艺、西餐工艺、西餐工艺（中澳合作）
会展类	会展策划与管理

2. 对接“旅游+”新常态与旅游新业态，建设专业核心课程标准

以提升旅游人才整体素质和职业能力，培养全域旅游开发管理人才、新业态人才和国际化人才等紧缺人才为目标，根据“商、养、学、闲、情、奇”新旅游六要素，对接“旅游+”新常态与旅游新业态下“大旅游”产业需求，尤其是浙江省旅游万亿产业发展、“大景区”建设、“大花园”行动、全域旅游发展、全面建成“诗画浙江”中国最佳旅游目的地的需求，针对旅游大类专业的专业核心课程，优化课程目标定位，更新课程结构内容，完善课程评价方式，明确课程实施建议，研制专业核心课程标准。

3. 对标旅游标准化建设要求，构建旅游职业教育课程标准体系

根据国家标准化战略部署、浙江省“标准化+”举措，将课程标准纳入旅游标准化建设，在浙江省开设旅游大类专业的高职院校、国内旅游院校，作为标准化建设的成果加以推广应用。同时依托浙江旅游职业学院中澳国际酒店管理学院、中外合作项目、海外分校，推动旅游职业教育课程标准国际认证。在研制旅游大类专业课程标准、专业核心课程标准以及提高课程标准国际化水平的基础上，依据课程方案设计标准、专业课程标准、实践课程标准、教材设计与编写标准、课程实施标准、课程标准的评价标准等方面，形成旅游职业教育课程标准体系。

三、项目研究的目的和意义

课程标准是课程改革和实施教学的核心，是课程开发建设、课程实施、课程评价与管理的准绳。它规定了整个课程运作活动与过程的规则，供学校和教育机构遵守与反复使用，以确保教学活动的最佳效果和秩序。加强旅游职业教育课程标准建设，是提升我国旅

游人才素质、加快发展现代旅游职业教育、构建现代旅游职业教育体系的重要工作。浙江旅游职业学院通过研制一套涵盖学院旅游大类专业、“旅游 +”专业、数百门专业核心课程的旅游职业教育课程标准，规定整个课程运作活动与过程的规则，加强旅游职业教育课程标准建设，确保教学活动的最佳效果和秩序，适应学生发展，凸显旅游特色，形成系统化、系列化课程标准，填补了国内旅游职业教育旅游大类专业课程标准正式出版的空白，发挥了国家示范骨干院校专业建设的示范与推广作用。

四、研究的主要内容和成果的主要建树

（一）研究主要内容

以课程标准研制、编制为主要任务，面向学校所有专业，研究编制旅游大类、“旅游 +”、国际合作等三类课程标准。编制原则和内容如下：

1. 编制原则

（1）以“全员覆盖、全人教育、全程育人”为原则，提升旅游职业教育课程标准内涵

以“全员覆盖、全人教育、全程育人”为旅游职业教育课程标准研制原则，渗透到课程的基本理念、课程目标、课程实施建议等方面，提出面向学生的学习基本要求。坚持“全员覆盖、质量优先”的原则，课程标准覆盖全院学生，以学生为课程标准陈述出发点，深化以质量为核心的教学内涵建设，促进学生个体与学院整体同步发展；坚持“全人教育、全面发展”的原则，课程标准不仅规定知识和能力标准，还将思想政治教育与综合素质提升纳入其中，提高学生的创新创业能力与可持续发展能力；坚持“全程育人、有序推进”的原则，进一步将课程标准纳入专业人才培养方案中全面考虑，明确课程在人才培养过程中所处的地位和作用，并将课程标准融入育人全过程、教学各环节、课程体系各模块，从学生入学到毕业，全学程有序推进。

（2）以“一专一模、一专一特、一专一体”为构架，凝练旅游职业教育课程标准特色

以“一专一模、一专一特、一专一体”为构架，突破学科中心，以旅游大类专业为单位，在课程定位、课程教学目标、课程教学内容、考核方式与标准、课程教学资源及使用要求、课程实施建议等方面形成旅游职业教育特色。根据“一个专业一个模式”的多元化人才培养模式，以及实践混合所有制、现代学徒制育人模式要求，设置符合育人模式要求的课程定位，设计在不同育人模式下的典型工作任务、模块结构、学习情境、案例等课程内容；根据“一个专业一种特色”的内涵发展要求，对接旅游新业态与“旅游 +”新形态下“大旅游”产业需求，以积极培养新业态人才为目标，研制具有旅游新业态特色的课程标准；根据“一个专业一个体系”的多元化课程体系建设要求，从课程方案设计标准、专业课程标准、实践课程标准、教材设计与编写标准、课程实施标准、课程质量管理标准、课程标准的评价标准等方面出发，形成多元化的课程标准体系，保障人才培养有效实施。

（3）以“优课程、优课堂、优专业”为主线，提升旅游职业教育课程标准质量

以“优课程、优课堂、优专业”为主线，进一步厘清课程标准对课程、课堂、专业之间互为支撑的逻辑关系，建立专业——课程——课堂质量生命线，发挥旅游职业教育课程标准对专业建设、课程改革、课堂教学的辐射效应。课程标准是课程建设的准绳，是课堂

教学的依据，是专业建设的支撑，通过研制旅游职业教育课程标准，带动课程建设，优化课堂教学，助力专业发展；反之，根据专业发展调整、课堂教学需要、课程性质变化，课程标准随之进行动态调整；加强课程标准质量监控，建立内部质量保证体系，对专业建设、课程建设与课堂教学进行自我诊断与改进，保障人才培养质量。

2. 编制主要内容

（1）课程描述

课程描述主要是对课程的性质、地位、功能作定性描述。根据不同的课程类型，结合“全员覆盖、全人教育、全程育人”课程标准研制原则、旅游新业态与“旅游+”新形态对专业人才培养要求、行业企业用人单位的岗位需求，阐述课程的基本教学理念，说明课程标准的设计思路，并说明该课程与前续及后续课程的关系。

（2）课程目标

课程目标是课程学习的预期结果，课程教学目标从横向可分为课程总目标和课程单元目标，从纵向可分为知识目标、能力目标、素质（态度）目标。课程总目标是规定学生在课程学习中的知识、能力、素质等方面要达到的总体要求，课程总目标与专业人才培养目标相一致；课程单元教学目标是对课程总目标的细化，具体说明学生在每个工作任务、模块、情境中需要达到的目标。

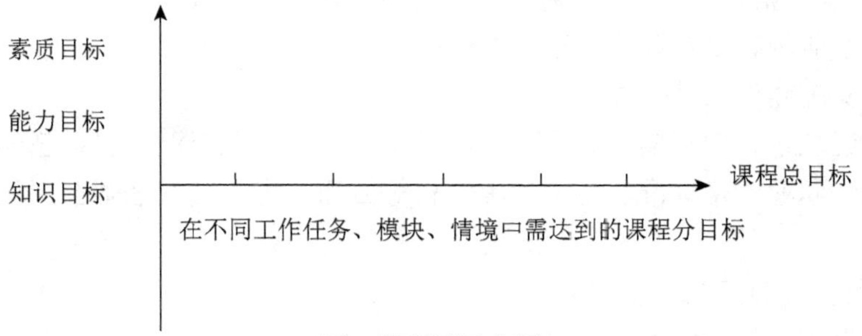

图　课程目标分解

（3）课程内容和要求

课程内容可以从理论教学和实践教学两个层面，按照项目单元设计。项目单元可以表现为典型工作任务、工作过程、模块结构、学习情境、案例等，包括具体实施步骤或内容，以及学生在不同阶段应实现的表现标准。

表 2　学生学习项目单元设计例表

序号	任务/项目	课程内容和要求		建议课时
		理论	实践	
1				
2				
……				

备注：典型工作任务 / 项目 / 模块 / 学习情境 / 工作过程等。

（4）考核评价

在考核方式上，采用形成性与终结性评价相结合的开卷考试、大型作业、现场面试、上机考试、技能测试、阶段测试、课程论文、调研报告等多种考核方式。增加过程性成绩比重，增加考勤、作业、实训、平时表现等在成绩中的比重，合理确定过程性成绩在总成绩中的比重，由原先的不超过 40% 提高为不低于 50%。改革考核评价制度，支持学生以参加校内外各类考证、比赛取得的成果，以参加校内外优质网络课程、网络学习资源取得的结业证书，以参加创新创业、社会实践等活动以及发表论文、获得专利授权等与专业学习、学业要求相关的经历、成果，申请校内相关课程的免修（免考），折算为学分，计入学业成绩。

（5）课程资源及使用要求

课程资源及使用要求即是给出本门课程运行所需的师资条件、实训教学条件、教材选用等方面的要求。师资条件要求，主要包括教师所要具备的专业背景、学历学位、行业企业经历等资质，以及教学设计、课程开发、实践指导、比赛指导等方面能力。实训教学条件要求，主要包括针对校内及校外的每个实训项目（或工作任务）、实训室（或校外实训基地）、实训资源要求及实训时间安排等。教材编写的要求，主要包括要求充分体现课程设计思想，符合行业企业发展和职业岗位实际工作任务需求，能够实现课程教学目标，以及对教材内容的呈现方式、教材体例要求等。还有其他诸如教学课件、网络资源、教学软件、实训指导手册等教学资源需要达到的标准。

（6）课程实施建议及其他说明

课程实施建议包括课程实施方案、教师教学计划、课程资源开发、教学模式、教学方法、教学手段、职业资格标准、主要参考资料等方面，为不同的老师在课程实施时提供可行性建议。

（二）研制过程和成果的主要建树

1. 项目预期研究计划的执行情况

本项目通过多年的行业企业调研、毕业生调查，积累大量的第一手资料。2017 年 10 月经全国旅游职业教育教学指导委员会科研项目立项（立项号 LZW201714），正式启动 2017 级课程标准的编制工作。

2017 年 10 月 -12 月，由教务处制订编制要求、分解工作任务，以专业教研室为单位，发动全校教师共同编制；2018 年 1 月，组织专家评议；2 月 -3 月，根据专家意见修改定稿；4 月，旅游大类课程标准交由中国旅游出版社审校；6 月，正式出版；7 月，“旅游+”、中澳合作专业课程标准印制成册。

本项目为自筹经费，根据立项要求，浙江旅游职业学院给予 3 万元经费的支持。后研究成果正式出版，又予以 7 万元的资助。项目完成，学校共予以 10 万元的支持。

2. 研究成果及方法的创新程度、突出特色和主要建树

研究成果：对学院所有专业课程进行全覆盖标准研制，并进行分类编制。一是正式出版《旅游职业教育旅游大类专业课程标准研制研究》，内含旅游类、餐饮类、会展类等旅游大类专业；二是编制《浙江旅游职业学院课程标准》，内含国际邮轮乘务管理等 18 个

"旅游+"专业；三是接轨国际课程标准，引进并应用《中澳合作专业课程标准》。

表3　相关研究成果汇总

序号	成果名称	成果形式	作者	成果转化应用情况（批示、采纳、获奖、发表、出版、引用、转载、社会评价和反响等，需附相关证明材料）
1	《旅游职业教育旅游大类专业课程标准研制研究》	编著	专业教师	中国旅游出版社出版（2018.6）
2	《浙江旅游职业学院课程标准》	编著	专业教师	自印
3	《中澳合作专业课程标准》	编著	专业教师	自印

研究方法：一是根据"围绕旅游办专业、围绕旅游育人才"的理念，分类编制旅游大类、"旅游+"、国际合作三类课程标准；二是重点编制旅游大类专业课程标准，做到"门门课程有标准，课程标准有核心"；三是整合资源，依托全国职业院校旅游类示范专业点、教育部现代学徒试点、世界旅游组织旅游教育质量专业认证、省优质高职院校建设、优势特色专业等项目载体。

突出特色：一是课程标准涵盖旅游大类、"旅游+"专业，真正做到"门门课程有标准"；二是结合旅游新业态、岗位能力需求以及专业发展要求，核心课程标准是具有旅游特色、校本特色、专业特色的核心课程标准；三是依托中澳酒店管理学院，引进并应用酒店管理、旅游管理、西餐工艺等专业课程标准。

主要建树：由中国旅游出版社正式出版《旅游大类专业课程标准》，自编《浙江旅游职业学院课程标准》，引进应用《中澳合作专业课程标准》；此项成果填补了国内旅游职业教育旅游大类专业课程标准正式出版的空白。

3. 成果的学术价值、应用价值及社会影响和效益

学术价值与应用价值：一是提出课程标准编制的整体理念，推出系统化、系列化课程标准；二是注重培育和践行社会主义核心价值观，坚持立德树人，注重思想政治教育贯穿教学始终；三是重视旅游新业态与"旅游+"新形态下产业对课程的要求，融合综合素质提升、创新创业能力培养、可持续发展等要素。

项目成果已在本校全面应用，同时在重庆旅游职业学院、青海柴达木职业技术学院等兄弟院校间推广。

社会影响：《旅游职业教育旅游大类专业课程标准研制研究》一书已由出版社正式出版发行并上架销售；中国旅游出版社在2018年浙江旅游职业教育研讨会上现场推介此书，反响较大；与部分兄弟院校、企业交流，分享成果。

五、研究成果的对策与建议

研究成果存在着某些不足或欠缺，以及尚需深入研究的问题。一是如何立足本校，在国内众多旅游院校中进行深入推广；二是如何在引进国际课程标准的基础上，促进课程标准国

际化和本土化深度融合；三是如何在文旅融合新形势下，深化对“文化＋旅游”课程标准的认识和创新。基于课程标准编制过程中需深入研究的问题，提出以下四条对策与建议：

1. 立足共识，推动旅游职业教育课程标准联动建设

学院一直注重旅游类专业课程标准制订的校本研究，并且列为学院教育教学改革创新的重要项目。2017 年，在顺利实施两轮“英才计划”并取得辉煌成绩的前提下，学院制定《浙江旅游职业学院 2017—2020 年人才培养质量提升计划（第三轮英才计划）实施意见》，明确提出课程标准建设的举措，要求科学制（修）订特色化专业课程标准。经历数年的构思准备，集全校之力、集教师智慧，倾力编写而成具有旅游特色、校本特色、专业特色的《旅游职业教育旅游大类专业课程标准》，并与中国旅游出版社合作出版。但由于国内开设旅游大类专业的院校众多，教学内容、水平存在较大差异，对课程标准的重视程度不一，因而推广应用旅游大类专业课程标准存在很大难度。鉴于以上情况，亟须进一步加强院校协调、指导，推动国内旅游院校的课程标准联动建设，加强各个地区、院校的学习、交流、支援与合作，以成熟的课程标准研制经验，带动相对薄弱地区、院校，建设具有院校共同建设、使用的普适性课程标准。

2. 接轨国际，推动旅游职业教育课程标准国际认证

依托浙江旅游职业学院中澳国际酒店管理学院、中外合作项目，引进澳大利亚政府、澳大利亚技能质量局开发的注册培训机构（RTOs）标准，包括职业教育与培训审核课程标准、英语强化课程（ELICOS）国家标准，11 个专业通过世界旅游组织（UNWTO）旅游教育质量认证标准。通过对接国际组织开发的职业标准、区域性地方组织开发的职业标准和资格框架、发达国家及其各行业组织开发的职业标准、大型跨国企业与全球行业领跑者开发的职业标准等途径，实现旅游职业教育课程标准国际化和本土化的有机结合。

3. 融入行业，推动旅游职业教育课程标准动态调整

中国旅游业进入持续快速发展的新阶段，旅游传统业态受到挑战，新业态不断涌现，在传统的“吃、住、行、游、购、娱”六要素的基础上，正在形成“吃、厕、住、行、游、购、娱”和“文、商、养、学、闲、情、奇”旅游综合要素体系。面对旅游业的快速发展，旅游职业教育课程标准也要进行相应的动态调整。根据 P（计划）D（执行）C（检查）A（改进）的流程，通过产业分析、行业调研、企业调查、毕业生跟踪调查、同类院校调研等手段，深入了解旅游业态的变化和行业发展、岗位升级、技术创新对人才的需求，以及学生特点和个体发展要求，对接业态，及时调整课程目标、更新课程内容、完善评价方式、优化课程实施建议，并利用现代信息技术，创新教学方式方法，鼓励项目教学、案例教学、情景教学、工作过程导向教学，开发新形态教材。

4. 求真务实，推动旅游职业教育课程标准有效实施

确保旅游职业教育课程标准的实施效果，加大政策鼓励引导和制度约束力度。一方面，进一步出台政策鼓励教师严格按照课程标准来开展教学活动，如制定奖励政策奖励优秀教师，在职称评定、工资提升和职务晋升等方面给予倾斜等；另一方面，制定相关制度来要求师生必须按照课程标准开展教学活动，如教学督导抽查、课程考核、教师教学业绩考核等，发挥政策、制度的“指挥棒”的作用，并确保各项政策和制度措施能够切实有效

执行。

六、课程标准研制目录（附）

（一）《旅游职业教育旅游大类专业课程标准研制研究》目录（中国旅游出版社出版，2018 年 6 月版）

（二）《浙江旅游职业学院课程标准》目录（自编）

（三）《中澳合作课程标准》目录

项目名称：新疆旅游职业教育校企合作机制创新研究
项目编号：LZW201716
项目负责人：栗劲松
项目负责人所在单位：新疆石河子职业技术学院

新疆旅游职业教育校企合作机制创新研究

1. 绪论

1.1 研究背景与研究意义

1.1.1 研究背景

新疆具有极其丰富的自然旅游资源，有古丝绸之路丰富的文物古迹和浓郁的民族风情。近几年来，新疆大开发的若干政策与丝绸之路经济带的战略规划优化了新疆旅游业的发展环境，增强了旅游产业的竞争力。随着亚太经合组织对地区间互联互通的推动以及中央第二次新疆工作座谈会的召开，新常态下新疆经济及旅游产业转型升级迎来了新机遇，国家旅游局发布了《关于进一步推进旅游援疆工作的指导意见》，为新疆旅游业的发展提供了前所未有的契机。与此同时，新疆旅游人才总量相对不足，旅游人才素质不高，旅游高层次人才和高技能人才严重匮乏，旅游人才队伍结构不合理、区域分布不平衡等旅游人才问题成为制约新疆旅游业发展的关键因素。而职业教育作为与社会经济联系最为密切的教育部门，其服务社会的功能主要体现在人才培养、产教融合等方面。针对新疆旅游业的发展趋势与职业教育服务社会的作用，通过对新疆旅游职业教育校企合作机制的创新研究，将加深校企一体化的合作程度，提高新疆职业院校旅游管理专业人才培养与市场需求的契合度，提升新疆旅游职业教育服务社会的效能，为提高新疆旅游业的产业竞争力，促进旅游产业投资，引领智慧旅游发展，改善旅游公共服务水平提供技术支持和智力支撑。

1.1.2 研究意义

1）理论意义

通过本项课题的研究丰富现有的新疆旅游职业教育校企合作机制建设理论，为实践性教学的教学制度和职业院校工学结合的人才培养模式改革提供新的理论依据，并以一个全新的视角去对待新疆旅游职业教育校企合作建设的问题，寻找出提高旅游职业教育质量的新途径，拓展职业教育旅游及相关专业技术技能型人才的培养方式，丰富职业教育效能理论，并为职业教育理论提供实践支撑。

2）实践意义

（1）为新疆旅游职业教育顺利开展校企合作提供参考标准，把握校企合作的总体方向，集教学实训、职业技术培训、科技研发和技能考证为一体，实现旅游职业教育功能的多样化和最大化，促进新疆旅游职业教育工学结合人才培养模式的改革和实践教学模式的创新，促进新疆职业院校的开放、规范和可持续发展，提升新疆旅游职业教育质量，最终解决新疆旅游职业教育发展规划与校企合作的发展瓶颈，提升新疆旅游职业教育内涵建设，提高技术技能人才竞争力，实现真正意义上的校企深度融合。

（2）使得新疆旅游职业教育人才培养与新疆旅游经济转型人才需求相匹配，根本解决职业院校毕业生就业难问题。通过提高职业院校旅游管理专业技术技能型人才的培养质量，缩小其与新疆旅游业人才需求的差距，为社会推出“用得上、留得住”的毕业生，满足企业的人才需要，增加职业院校在社会中的声誉，吸引更多学子的投考，并争取到政府支持以及行业、企业的参与。

（3）促进产教融合，实现学校、企业、政府的多方共赢。在该课题研究的机制创新指引下，校企深度合作既可发挥职业院校教师专业理论方面的优势，又可按照企业生产实际和岗位需求，发挥企业工艺流程精湛、生产制作条件完备等实践方面的优势，做到校企互补互助、资源共享，最大限度地发挥校企合作的效益。

（4）通过加深校企一体化的合作程度，充分发挥新疆职业教育旅游管理专业的良好社会服务效能，改善旅游公共服务水平，培育旅游产业新体系，进一步增强旅游产业创新力，推动新疆旅游业的发展。

1.2 国内外研究综述

1.2.1 国外研究综述

国外对校企合作的研究最早可以追溯到 1906 年美国赫尔曼·施奈德教授提出的产学合作的问题。随后，熊彼得和亚当·斯密提出的创新和社会分工概念为校企合作奠定了理论基础和基本落脚点。亚当·斯密在《国富论》中论述了社会经济中各主体以“交换合作”的形式分工做好一件事，各取所需①。熊彼得在《经济发展理论》中提出把各项资源和生产要素重新组合或引向新用途，是校企合作机制创新的萌芽②。

从发展时间上看，国外对校企合作的研究可以分为两个阶段。20 世纪 90 年代以前，校企合作的研究重点主要是围绕合作的政策环境、实践过程等内容展开。如 Curien（1989）从政府的角度分析了校企合作所处的环境对职业教育的影响。20 世纪 90 年代以后，校企合作的研究重点主要是动机、机制和政府职能方面。Shachar 和 Zuscovitch（1990）从企业参与校企合作的动机——交易成本和资源的角度分析，认为企业通过校企合作获取的技术、人才、生产技能等无形资本可以降低运营成本和风险。Grant（2001）认为职业学校参与校企合作可以筹措科研经费，获取市场信息，提升学生的就业竞争力，增加学生的实践和就业机会。Santoro（2002），Lee 和 Win（2004）从资源方面进行研究，认为企业

① 亚当·斯密 . 国富论［M］. 谢宗林，李华译 . 北京：中央编译出版社，2013.

② 熊彼得 . 经济发展理论［M］. 邹建平译 . 北京：中国画报出版社，2012.

参与校企合作的主要动机是获取人力资源、技术资源、教育资源和设备资源。Capron 和 Cincera（2003）、Mohnen 和 Hoareau（2003）通过调研发现，能够获得政府资金和政策支持的企业倾向于参与校企合作，政府对校企合作的支持作用是企业参与合作的最大动力。国外在职业教育校企合作的研究中比较具有典型性的是德国、美国和日本等国家，在旅游职业教育校企合作方面的研究比较有代表性的国家是美国、瑞士和澳大利亚等，他们的合作机制和模式主要是旅游行政机构、行业组织、企业和学校共同参与教育教学，一方面有利于提升旅游行业的人才素质，另一方面也能促进行业健康发展。国外专家学者对职业教育校企合作研究时间较长，实践经验比较丰富，为我们的分析研究提供了宝贵的经验。

1.2.2 国内研究现状

国内在校企合作方面的研究起始于黄炎培先生提出的职业教育要提倡职业指导，他进行了“壬戌学制”改革，是国内近代职业教育校企合作的开端①。20 世纪 50 年代，我国开始出台有关校企合作性质的文件和政策。1985 年《中共中央关于教育体制改革的决定》明确提出高等院校和企业联合办学的模式。1997 年，蔡克勇指出加强学校和企业合作是现代学校和企业生存发展的需要，是社会发展的重要趋势②。余祖光（2009）从国际经验、国际定义、认知规律等方面指出了职业教育的校企合作是被全世界职业教育实践证明的基本规律和根本道路，并提出校企合作、工学结合是职业教育的本质特征。这些相关的分析研究为培育我国职业教育校企合作长期有序的机制提供了理论支撑③。国内学者对职业教育校企合作机制的研究是近阶段的研究热点。周建松（2011）研究了浙江金融职业技术学院的案例，提出推行“行业、校友、集团共生态”开放合作办学模式和具体管理机制④。桂文龙等在（2012）提出了政府宏观调控、理事会主导、学院与企业共同实施，行业协会等广泛参与的管理机制⑤。唐林伟（2013）认为，学校资本与企业需要脱节、政府资本发挥失当与企业大生产场域发展不成熟是校企合作机制建设的主要障碍⑥。马粤娴（2013）提出应构建包括激励机制、利益机制、约束机制及情感机制在内的职业教育校企合作保障机制⑦。王春艳等（2014）运用利益相关理论，提出构建旅游职业教育校企合作的“三赢”机制⑧。姜明新等（2015）通过调研，从政府、学校、行业和企业四个方面，探寻旅游职业教育联动合作运行机制⑨。赵爱华（2015）指出，应利用资源和技术优势，建立长效合作平台⑩。

① 谢长法．教育家黄炎培研究［M］．济南：山东人民出版社，2016.

② 蔡克勇．社会历史发展的重要趋势——论加强校企合作的重要性和紧迫性［J］．高等教育研究，1997（6）.

③ 余祖光．职业教育校企合作的机制研究［J］．中国职业技术教育，2009（4）.

④ 周建松．努力建设与校企合作、工学结合相协调的高等职业院校运行新机制［J］．中国职业技术教育，2011（27）.

⑤ 桂文龙，臧大存，朱其志．江苏畜牧兽医职业技术学院以理事会为抓手创新实践校企合作体制机制［J］．教育与职业，2012（22）.

⑥ 唐林伟．高等职业教育校企合作长效机制研究：布迪厄场域理论的视角［J］．现代教育管理，2013（6）.

⑦ 马粤娴．职业集群课程模块下的校企合作长效机制建设——以广东金融学院 HRM 专业为例［J］．职业技术教育，2013（5）.

⑧ 王春艳，王月．利益相关者视角下旅游职业教育校企合作机制研究［J］．中外企业家，2014（7）.

⑨ 姜明新，杜娟．黑龙江旅游职业技术学院：建立“四方联动 深度融合”的校企合作机制［J］．职业技术，2015（2）.

⑩ 赵爱华．旅游管理专业校企合作长效机制研究——以辽东学院旅游管理专业为例［J］．经营与管理，2015（2）.

何珊（2016）提出创新旅游教育校企合作管理机制是实现人才培养目标的需要[①]。王东红（2016）通过调研，探讨了创新校企合作办学体制机制的路径，指出健全校企合作体制机制是高职旅游教育可持续发展的必然趋势，也是实现各方利益互惠共赢的重要平台[②]。倪珊珊（2017）提出旅游教育校企管理机制的制定与落实是当前亟待解决的问题[③]。随着高职教育和旅游行业的发展需求，国内对于旅游高职教育校企合作的相关研究越来越多，但着眼于校企合作机制的研究仍有待深入和实践。

1.3 研究内容

本文的研究对象是新疆旅游职业教育校企合作机制，共有六个部分。

第一部分是绪论。这一部分首先对本课题的选题背景、研究意义、方法思路及主要创新点等做一个概括，对国内外的相关研究做出分析。

第二部分是理论阐释与基本范畴界定。这一部分主要介绍理论基础并界定相关概念，为后续部分的研究奠定理论基础。

第三部分是对新疆旅游职业教育校企合作机制现状的研究并对存在的问题进行分析，为后续部分的深入研究奠定现实基础。

第四部分是对新疆旅游职业教育校企合作机制进行实证研究。从构建主体、机制功能、机制内容等方面探索新疆职业教育旅游专业校企合作的运行机制，分析校企合作机制的影响因素及构建内容。

第五部分是建议与对策。在上述分析和研究的基础上，提出对新疆旅游职业教育校企合作机制创新的相关建议和对策。

第六部分是结论与展望。得出基本结论及本文的局限与不足，说明未来应进一步研究的问题。

1.4 研究思路和方法

1.4.1 研究思路

课题以国家“一带一路”战略规划以及新疆旅游业“十三五”发展规划为背景，首先根据新疆旅游业发展的趋势和需求，以及职业院校旅游专业人才培养对社会的服务能力，了解新疆旅游职业教育校企合作机制的现状，通过网络和实地手段，对新疆旅游职业教育校企合作进行调查，并分析在该机制指导下新疆职业院校校企联合中旅游专业人才培养存在的问题，把握新疆旅游行业对技术技能型人才需求导向。其次对新疆旅游职业教育校企合作机制运行进行实证研究，分析校企合作机制运行主体的影响因素及构建的基本框架。最后根据以上理论分析，推出新疆旅游职业教育校企合作机制的创新内容，为新疆旅游产业发展提供理论技术支持。

1.4.2 项目实施方法

1）文献研究法

利用期刊、网络及图书资料获取国内外职业教育校企合作机制建设等方面的先进知

① 何珊．高职旅游（酒店）管理专业校企合作创新实习管理机制探究［J］．宿州教育学院学报，2016（2）．
② 王东红．高职旅游教育校企合作体制机制创新的动因与路径研究［J］．职业教育（中旬刊），2016（8）．
③ 倪珊珊．构建民办高校旅游教育校企合作管理机制的政策建议［J］．旅游纵览（下半月），2017（11）．

识，为项目的实施奠定理论基础，并使项目内容具有前沿性。

2）调查访谈法

与新疆行业、企业专家及内地职业院校专家导师进行面对面交流和观摩，对政府机构的相关人员进行走访，搜寻针对性强、真实可靠的一线资料。

3）跨学科研究法

运用旅游学、经济学、管理学等多学科的理论、方法和成果，从国家旅游业发展、新疆“十三五”旅游业发展规划以及实训基地建设等宏微观层面上对旅游职业教育校企合作机制方面进行分析研究。

4）经验总结法

从新疆旅游校企合作机制运行的实际出发，分析总结新疆旅游校企合作机制运行中存在的问题及原因，并针对存在的问题进行理性思考。

2. 职业教育校企合作机制研究理论阐释与基本范畴界定

2.1 理论基础

从管理学、社会学及经济学等多学科角度探究旅游职业教育校企合作机制创新有助于更科学地把握本研究。

2.1.1 建构主义理论

建构主义理论来源于皮亚杰、布鲁纳、维果茨基、杜威等人的教育思想。这种理论主张人的认知结构是一个知识系统，学习者不是被动地接受知识，而是通过与外界的互动来主动建构知识的①。知识是个体经验与外部环境交互作用的结果②。依据建构主义理论，旅游职业教育校企合作能够帮助学生在掌握理论知识的基础上有效地将实践技能和职业能力整合到个体学习中。

2.1.2 辩证唯物论的教育哲学观

马克思主义辩证唯物论教育哲学观认为，教育与社会实践相结合，与生产劳动相结合是人全面发展的重要途径。校企合作作为一种将旅游职业教育与行业企业结合起来的人才培养形式，既能够为学生提供专业知识和社会道德教育，又能提供实习实训指导，是教育与生产劳动相结合的思想的表现。

2.1.3 战略联盟理论

战略联盟理论是由美国DEC公司总裁简·霍普兰德和管理学家罗杰·奈格尔提出的。他们认为战略联盟是由两个或者两个以上具有共同战略利益和相当经营实力的单位，为达到提升竞争力的战略目标，通过各种契约和协议而结成的优势互补、风险共担、要素相互流动的一种合作模式。旅游职业教育校企合作具有与战略联盟类似的模式。优质的校企合作一方面可以为企业提供人力资本、技术信息等方面的资源，促成旅游企业战略目标的达成和旅游行业的良性发展，另一方面可以提升职业教育与旅游市场的契合度，使旅游职业

① 顾明远．国际教育新理念［M］．海口：海南出版社，2001.

② 宋专茂．高职教育的校企合作：理论基础和现实诉求［J］．广东技术师范学院学报，2010（1）.

教育人才培养、课程设计等与市场无缝对接，促进学生更好地掌握实践技能，提升职业教育的竞争力，有助于职业教育实现教育学生、服务社会的战略目标。

2.1.4 协同效应理论

协同效应是德国物流学家赫尔曼·哈肯提出的概念，也称增效作用或协同作用。用来解释两种或两种以上的组分相加或调配在一起，所产生的作用大于各种组分单独应用时作用的总和，即最终产生“1+1>2”的效应。哈肯认为整个环境中的各个系统间存在着相互影响而又相互合作的关系，社会现象亦如此。协同效应理论不仅强调自身内在资源优势，而且十分重视企业与其他部门和环境的相互协同。“1+1>2”的协同效应是协同论追求的终极目标，它不是各要素功能的简单叠加，而是通过要素之间相互作用、相互协调从而促成整体功能的发挥，表现为丰富的交叉性和互补性。校企合作是对旅游职业教育和旅游行业企业的各资源合理配置整合，运用不同的方法手段使资源优化配置、协调合作，从而实现社会整体效益的最大化。

2.2 相关概念界定

2.2.1 职业教育

职业教育是对受教育者施以从事某种职业所必需的知识、技能和职业道德的教育，是一种以培养应用型人才和有一定文化水平及专业知识技能的劳动者为目的的教育。与普通教育相比，职业教育更加重视对受教育者的实践技能和实际工作能力的培养。校企合作作为职业教育提高人才实践技能培养的一种重要模式越来越得到广泛的重视。2017 年 10 月 18 日，习近平同志在十九大报告中指出，优先发展教育事业。完善职业教育和培训体系，深化产教融合、校企合作[①]。

职业教育具有以下几种教育特征：

第一，适应性。首先，职业教育的办学方向、办学层次、教学内容等与教育制度和体系适应；其次，职业教育的人才培养模式和目标要主动适应社会经济发展和社会进步；第三，职业教育对象的适应性。由于时代发展的瞬息万变，受教育者不仅局限于一种技能的掌握和狭隘的职业性质，而应具有较强的发展适应性。

第二，中介性。职业教育处于教育和职业、人的发展和社会发展之间的特殊位置，是促进社会发展需要的个性素质的提高，直接对应于社会需要和个人生存的教育。它是使人的发展更适应社会需要的职业化桥梁。

第三，个体性。从事职业教育的主体和接受职业教育的主体都是现实生活中的人，他们的现实需求和能力决定了职业教育在内容、方法、形式等方面必须着眼于现实生活的人这个基本的逻辑起点来客观分析其内在规律。脱离人的现实存在和发展规律是不科学的。

第四，实用性。职业教育不但要重视其社会效益和经济效益能否实现，更要注重其教育方法和技术是否使人的潜能得到充分发挥。

① 提高保障和改善民生水平，加强和创新社会治理［EB/OL］. 新华网，http：//www.xinhuanet.com/politics/2017-10/18/c_1121820849.htm，2017-10-18.

2.2.2 企业

企业一般是指以盈利为目的，运用各种生产要素（土地、劳动力、资本、技术和企业家才能等），向市场提供商品或服务，实行自主经营、自负盈亏、独立核算的法人或其他社会经济组织。现代经济学理论认为，企业本质上是“一种资源配置的机制”，其能够实现整个社会经济资源的优化配置，降低整个社会的“交易成本”。企业的特征是：企业是以特定利益为目的的经济组织，企业是社会经济的组成部分，企业是一个经济运行系统①。

2.2.3 校企合作

校企合作来源于美国的“合作教育”，1906 年由辛辛那提大学最初实施这种模式。目前，我国的校企合作是指职业学校与相关行业、企业在人才培养、职工培训、技术服务、科技创新、资源共享、共同发展等方面开展的合作行为，是一种注重培养质量，注重在校学习与企业实践，注重学校与企业资源、信息共享的“双赢”模式。校企合作教育模式是以社会需求为导向的运行机制，其人才培养的过程由企业和学校共同参与，共同研发制订教育计划②，其目的是利用校企双方优势，实现学校教育理念与企业发展目标，从而完善和优化人才培养的机制和条件，为国家经济社会发展培养大量高素质技能型人才③。校企合作人才培养模式与传统的教育模式不同，它是由单一的学校教育转化为学校和企业共同教育，由封闭式的学校教育转化为开放式的社会教育④，是教育模式的改革和创新，符合职业教育办学和技能型人才成长的基本规律，与市场接轨，适应社会现实需求。

2.2.4 机制

机制是指某一系统内部因素之间相互联系以及相互作用的方式，是系统协调运作下的内部运行规则的总和。机制是系统内部的一种隐形存在，而且是动态的，其强调事物内部各部分的机理及相互之间的关系，以及各部分之间相互作用的过程与运行方式。机制从属于制度，是制度机制，简单地说，机制就是制度化了的方法。理解机制时需注意两点：第一，事物各个部分存在才有如何协调各个部分之间关系的问题，事物各个部分存在就有如何协调各个部分之间关系的问题。第二，协调各部分之间的关系的一定是某种具体的运行方式，机制具体的功能就是按某些特定的运行方式使得各事物的不同部分相互联系且使他们能够协调地运行、发挥相关作用等。

3. 新疆旅游职业教育校企合作机制现状分析

3.1 新疆旅游职业教育校企合作机制现状

《新疆维吾尔自治区中长期旅游人才发展规划（2011–2020 年）》通知中提出体制机制创新主要内容：完善旅游人才工作管理机构职责和工作规范，建立旅游行政主管部门党组（党委）听取旅游人才工作专项报告制度。完善旅游行政主管部门领导联系专家制度，实行重大决策专家咨询制度。健全务实高效协调机制，明确各部门抓旅游人才工作职责，形

① 洪功翔．政治经济学［M］．合肥：中国科学技术大学出版社，2012.

② 郭晓川．合作技术创新：大学与企业合作的理论和实证［M］．北京：经济管理出版社，2001.

③ 黄志坚．论职业院校校企合作的形式、条件及目标效果［J］．广东广播电视大学学报，2008（5）.

④ 黎丽．浅析影响“校企合作”人才培养的三大因素［J］．经营管理者，2011（8）.

成整体合力。健全检查落实机制，加强旅游人才工作重大决策部署督促检查，及时研究解决旅游人才工作中遇到的突出问题。建立政府宏观调控、市场主体公平竞争、人才自主择业的旅游人才流动配置机制；建立健全与工作业绩紧密联系、充分体现人才价值、有利于激发旅游人才活力的激励保障机制。到 2016 年年底，全疆共有职业院校 168 所（含技工学校），其中高等职业学校 25 所，中等职业学校 143 所，高等职业院校在校生 15.09 万人，中等职业学校在校生 28.92 万人。目前全区有 36 所院校开设了旅游相关专业。目前形成的旅游职业教育校企合作大多是职业院校为贯彻国家职业教育政策、适应市场经济的要求，主动向企业寻求合作，旅游企业参与校企合作的动力和热情明显不足，没有形成“人才共育、过程共管”的校企合作办学机制。新疆旅游职业教育校企合作运行机制运行中，校企合作形式比较单一，校企合作在科研成果转化、实现投资主体多元化等方面比较欠缺，校企共赢的运行机制不够完善。新疆旅游职业教育在校企合作机制运行上由于缺乏交流互动的合作平台，旅游职业教育校企双方很难共同对一些深入合作的领域进行探讨和研究，校企共享的运行机制还需强化。在校企合作中缺乏旅游企业与职业院校的相互渗透和融合，没有真正落实到职业院校和旅游企业的长远发展战略上来，校企共同发展的机制运行氛围还没形成。

3.2 新疆旅游职业教育校企合作机制运行存在的问题

3.2.1 新疆旅游职业教育校企合作机制运行主体存在的问题

1）新疆旅游职业教育校企合作机制运行中企业在校企合作中动力不足

新疆旅游职业教育校企合作机制运行中企业动力不足的主要问题：第一，新疆旅游企业虽然意识到了校企合作对企业发展的重要性，但并没有把校企合作纳入旅游企业的战略规划中去，校企合作基本处于浅层次合作水平，从而影响了旅游企业参与校企合作的积极性。第二，企业是以盈利为目的的，旅游企业参与职业教育发展的内生动力来自利润的追求，由于目前许多职业院校的软硬件条件不能立即为企业带来一定的价值，导致大部分企业没有把参与职业教育看成是企业发展的必须，使旅游企业参与校企合作的动机与目的很难实现，影响了其参与校企合作的积极性。第三，目前旅游职业院校校企合作的受益者主要是院校和学生，多数企业没能直接受益，也造成了旅游企业在校企合作中积极性不高。第四，新疆属于经济欠发达地区，旅游企业普遍存在规模小、实力弱、品牌影响力低、集约化程度低等问题，对人才吸纳的能力相对有限。

2）新疆旅游职业教育校企合作机制运行中职业院校参与校企合作能力不强

第一，职业院校人才的培养质量与新疆旅游业人才需求有差距。在专业设置、课程体系方面与区域产业、职业岗位群不相适应，不能满足旅游企业对人才的需求。第二，职业院校的硬件设施、师资等实力较弱，不具备服务企业的能力，如企业需要专业能力强、懂得市场规律的教师参与企业升级、企业技术攻关，而职业院校的实力却不能达到。第三，职业院校很多学生参与校企合作只是为了完成学校设定的实习环节，顺利毕业，而并未将到企业实习作为自身实践技能提高，及早了解就业市场的实践阶段。第四，技术技能型人才的培养依赖于生源的质量，就目前新疆职业院校招生来看，旅游职业院校生源质量不高的问题还比较突出。

3）新疆旅游职业教育校企合作机制中缺乏配套规范机制

第一，政府在校企合作中的相关激励机制、监督机制还不完善，这使得校企合作的整个过程很难实现规范性管理。第二，政府在校企合作中相关激励机制、监督机制还不完善，这使得校企合作的整个过程很难实现规范性管理。第三，宣传机制还不够完善，近年来在国家政策倡导下，职业教育的社会地位得到了很大的提高，但职业教育在整个教育体系中仍处于相对劣势的地位，影响了企业对校企合作的积极性。第四，政府缺少对校企合作中旅游职业院校和旅游企业在人才培养投入方面的资助和补偿机制。

3.2.2 新疆旅游职业教育校企合作评价机制评价标准缺失

新疆旅游职业教育校企合作近年获得了较快的发展，目前进入了加强内涵建设、不断提高质量的新时期，但总体质量仍然不高，主要是新疆旅游职业教育校企合作评价机制中评价标准的缺失。一是评价重合作数量而轻合作质量，对校企合作成果的评价较多地强调合作数量、次数、培训人数等，而对合作项目是否取得重要成果，是否切实增强了学生的就业竞争力及职业院校和企业未来发展的实力等能够体现合作质量方面的指标涉及的较少。二是评价重合作的短期效果而轻合作的长远影响。评价中对校企合作是否促进了职业院校的课程与教学改革，是否提升了学生与教师的素质，是否促进企业获得先进的生产理念和相关理论知识的更新，是否提高了企业知名度和社会影响力，是否促进了社会经济的发展等方面的重要性重视不足。

3.2.3 新疆旅游职业教育校企合作中缺乏完善的监督机制和激励机制

1）目前新疆旅游职业教育校企合作中监督机制存在的问题

一是政府对校企合作过程的监督力量不足，政府相关督导部门没有进行定期和专项的严格执法检查。二是社会对校企合作过程的监督缺失，尤其是由学生、家长以及其他社会组织和团体组成的社会监督体系没有形成。三是校企合作内部监督不健全。职业院校和企业之间的合作，虽然有规范的合作协议，但在落实对校企各方的权利、义务以及违约责任的监督保障方面不健全。

2）新疆旅游职业教育校企合作中激励机制存在的问题

政府对校企合作权利和责任的保障措施不完善，对校企合作中出现的权利和义务问题没有严格的处罚规定。运用财政、税收等手段，对校企合作的支持力度还不够。

3.2.4 新疆旅游职业教育校企合作信息共享机制合作平台缺失

新疆旅游职业教育校企合作中职业院校与企业的合作对接，一般都是在旅游企业因生产需要急需用人或是旅游职业院校面临实践教学任务时，才会向对方寻求合作，并通过临时的方式完成工作安排。从职业院校角度来看，大部分的校企合作是通过院系进行联系的，缺少学校设置的院级合作平台；从企业的角度来看，企业尚未设置校企合作专门机构，多数是通过企业的人力资源部门负责联系。由于缺乏专门的互动交流平台和组织管理机构，使得校企资源优势互补难以实现，无法达到深度合作的目的。

3.3 新疆旅游职业教育校企合作机制运行存在的问题归因分析

3.3.1 新疆旅游职业教育校企合作机制运行中政府方面的原因

新疆旅游职业教育校企合作机制运行中政府方面的原因有：政府具有推动校企合作的

战略意识，但是未能细化到具体行动步骤，未能出台校企合作可操作的实施细则。其次，政府相关部门对校企合作缺乏统一管理，使得校企合作的相关行为处于“各显神通”状态，出现了教育资源缺乏与教育资源浪费同时出现的状况。三是财权与管理权分离，教育主管部门对于职业教育只有事权而无财权，很难有效地进行校企合作的激励和扶持。

3.3.2 新疆旅游职业教育校企合作机制运行中企业方面的原因

新疆旅游职业教育校企合作机制运行中企业方面的原因有：第一，对校企合作的重要性认识不客观，企业没有把校企合作作为企业发展的一部分，校企合作在实现科研成果转化、投资主体多元化等方面欠缺。第二，企业不注重对人才培养规律的研究，很难融入到职业教育的人才培养全过程中，影响了校企合作的质量。第三，企业是追求利益最大化的经济组织，而企业在校企合作过程中只是充当配角，主体地位缺失，无法实现校企合作对企业发展的促进作用。第四，新疆属于经济欠发达地区，旅游业发展还处于发展相对初期阶段，同时受到气候的影响，年内旅游季节较短，对人才吸纳的能力受到限制。

3.3.3 新疆旅游职业教育校企合作机制运行中院校方面的原因

新疆旅游职业教育校企合作机制运行中院校方面的原因有：一是目前新疆职业院校不同程度存在着在办学理念、办学条件、管理服务、专业建设等方面与现代职业教育发展改革要求不相适应的问题。南疆地区师资队伍、教学模式、人才培养质量状况尤其令人堪忧，远不能满足自治区经济社会发展需求，与内地省市职业教育所处发展阶段、水平相比仍较为落后。二是职业院校校企合作内在动力不强。有的职业院校努力开展校企合作并非内在动力的激发，而是为了应付外在的要求，有的职业院校签订校企合作协议的主要目的是为了应付检查，为了表面上的合作。三是职业院校过分要求企业投入，而不考虑自身对企业投入的配套。往往是院校单方面要求企业将就职业院校，而不是主动适应企业，从而使得企业在寻求合作的过程中产生矛盾。四是职业院校人才培养没有与企业零距离对接，很难为企业提供达到企业要求的毕业生，造成一方面学生很难找到对口的工作岗位，另一方面企业又为招不到工而发愁的局面，从而使院校错失与企业合作的机会。

3.3.4 行业协会参与角色定位不清，缺乏相应权力

行业协会的本质是非盈利的社会中介组织，在社会经济发展中应占有一定的地位。行业协会的服务性、中介性和行业性使得其在沟通职业教育与行业企业以及政府部门方面占有天然的优势。行业协会参与职业教育，充分发挥其沟通、监督、管理等职能，可以保障职业院校校企合作的科学性、专业性和有效性。目前，新疆旅游职业教育校企合作机制运行中没有充分发挥行业协会的作用，行业协会自身在参与校企合作过程中主动参与的意识不强。行业协会在校企合作中相应的权利得不到保障，没有明确行业协会参与校企合作的权利和地位，如制定必要的规章对学校和企业的责任进行认定等。

4. 新疆旅游职业教育校企合作机制构建的研究

校企合作体系运转必须有内外部推动力，以保证校企合作体系内各环节要素的互动运转，并保持良好的结构与功能。校企合作机制是从组织整体的视角，设计一套用以引导、激励、约束、控制组织行为，形成指向校企组织目标的整体合力。校企合作机制的核心是

透过内在机制的分析，把制度建立在符合人性、切实可行的基础上，通过“机制”而非人治来构建校企合作组织秩序。同时，校企合作系统是有反馈的自我调节的控制系统，即系统的输出信息反作用于系统的输入信息，并对系统的再输出发生影响，从而使系统受到控制和调节。

4.1 新疆旅游职业教育校企合作机制运行影响因素

4.1.1 企业因素

新疆旅游职业教育校企双方能够达成合作主要源于“市场需要”。技术技能人才是企业发展的关键，甚至关系到企业的生死存亡。这种危机感和紧迫感逼迫旅游企业把目光聚焦在具有技术技能人才培养能力的职业院校身上，以求获取最好的优质资源为企业服务。市场把企业拉向职业院校一方，成为旅游企业寻求校企合作的最大动力。

对于人才培训的需求是旅游企业选择校企合作的另一重要因素。旅游企业在经营过程中要根据市场的变化来调整和调动人力资源，员工需要入职、转岗的培训，新技术的开发、新产品的制造需要对相关人员进行技术能力升级，而企业的培训资源往往不足，需要借助职业院校的力量来完成。通过校企合作，企业就可以轻易地聘请到职业院校的人才到企业进行授课、技术咨询，企业科技人员也可以参加职业院校的进修和培训。在校企的技术合作项目中，企业一方面可以在项目合作中发现职业院校师生中优秀的技术人才，为企业引进稳定、高值、实用的专业人才提供参考；另一方面培养了自己的技术骨干，壮大了技术实力。同时，也有助于职业院校科研成果尽快地转化为生产力。

企业寻求职业院校合作的动因是多方面的，不仅仅看重职业院校技术方面的优势，企业对经营管理、文化建设、工艺开发等方面的需求也占有相当大的比重。

4.1.2 职业院校因素

第一，职业院校教育和技术开发的经费投入不能满足职业教育的发展需要，开发更多的资金投入渠道是职业院校发展的现实需要。职业院校必须持续不断地获得社会资金来弥补经费的短缺，而企业的资金是职业院校重要的来源之一。这是职业院校钟情于校企合作的最大动力。第二，是职业院校提供给学生“良好的实践环境”的需要。随着经济的快速发展，企业对毕业生的要求有了很大的变化，不但要求毕业生具有一定的理论水平还要有相应的实践能力，职业院校学生实践基地的缺乏成了制约职业院校发展的瓶颈，而企业在这方面却有独一无二的优势。第三，职业院校是技术技能人才的汇集之地，担负有培养创新型技术技能人才的重要使命，而创新型人才的培养，在很大程度上是为了满足市场对创新型人才的需求，所以职业院校的人才培养要走向社会，与行业进行对接，与企业进行合作，这是促使职业院校寻求与企业合作的重要动力。

4.2 新疆旅游职业教育校企合作机制构建的主体及功能

校企双方的合作一旦形成，就构成一个系统，各子系统间的有效协调配合对于系统功能具有重要影响。所以，校企合作的成效受到系统内部和外部多种因素影响。这些影响因素并不是孤立的，而是各自紧密联系的。我们通过分析二者对校企合作的影响，可以更加准确地把握校企合作双方的动机。由此我们认为构建新疆旅游职业教育校企合作机制的主体是职业院校和企业。

构建新疆旅游职业教育校企合作机制的功能体现在以下几个方面。

4.2.1 增加旅游职业教育校企合作的深度和广度

首先，尽管新疆旅游职业教育校企合作取得了一定成果，但是合作的状态还是停留在表层，不够深入。校企合作项目的启动难，活动频率低，企业的态度也不积极是导致校企合作不深入的重要原因。这种状况不利于新疆旅游职业教育校企合作的长期进行。应通过构建新疆旅游职业教育校企合作机制，增强增加新疆旅游职业教育校企合作的深度和广度。

4.2.2 增加旅游职业教育校企合作动力

在新疆旅游职业教育校企合作的过程中，没有政府的优惠政策做后盾，新疆旅游企业与旅游职业院校就缺乏应有的动力。没有互惠互利就没有合作发展，调动校企双方的积极性是新疆旅游职业教育校企合作有效开展的关键性问题。

4.2.3 健全旅游高职校企合作的长效运行机制

没有一个健全的长效运行机制，新疆旅游职业教育校企合作是很难落到实处的。在新疆旅游职业教育校企合作中，企业运行与职业院校办学之间往往不能统筹运作、整体优化，缺乏相互作用、有机结合的整体推进机制。只有建立平等互利、优势互补、资源共享、利益均沾、风险共担的长效运行机制，才能保证校企合作长期有效的开展。

4.3 新疆旅游职业教育校企合作机制构建的目标与内容

新疆旅游职业教育校企合作长期有效进行，不是一个单方能解决的问题，它需要政府、职业院校、企业等各方面共同努力才可以。新疆旅游职业教育校企合作机制构建的目的是为了建立一套增加旅游职业教育校企合作广度和深度、增加旅游企业校企合作动力的长效机制。因此，新疆旅游职业教育校企合作机制构建的内容可以分别从职业院校、企业和政府三个方面来探索。

4.3.1 从职业院校的角度来看，要为校企合作机制运行创设更好的基础和环境

1）职业院校加强对校企合作企业的选择

校企合作伙伴的好坏，是决定校企长期合作成败的一个关键因素，职业院校和旅游企业必须根据自己的合作目标和资源状况，选择一个能从根本上弥补自身不足的最具有优势的合作对象，选择的企业应有足够的技术能力，拥有能准确把握市场需求的能力，具有较好经济效益，热心教育事业，能提供良好的合作条件。在企业选择中要明确校企合作企业选择要素：第一，企业的基本情况。企业的基本情况包括企业的发展规模、创建的时间和发展的稳定性、校企合作的稳定性及产学结合的情况。第二，校企合作条件。校企合作条件包括企业提供的实训场地、生产设备、生活保障和薪资水平。第三，教学保障。企业的教学保障包括指导教师、教学组织与管理。第四，校企合作制度。企业的校企合作制度是企业为校企合作专门制定的规划制度，主要包括协议、实习实训制度、管理制度、考核制度等。应通过上述要素对企业进行评价，最终确定合作企业。

2）提高职业院校人才质量管理水平

对人才的需求是企业乐于校企合作的动力之一，职业院校应积极探索提高人才质量管理水平以适应企业发展对人才的需求。

（1）构建校企共管教学过程的长效机制

应立足校企双方需求，在双方优势互补、互惠互利、共同发展的基本原则指导下，一方面职业院校力促科技成果及时向企业扩散、转移和消化，为企业培养和输送高质量的专门人才，将科技优势和人才优势转变为市场竞争优势，从而吸引企业主动参与人才培养工作；另一方面，通过主动服务社会获取办学资源，围绕行业、企业和社会需求，及时改革人才培养模式和人才培养规格，切实提高学生实践动手能力，逐步形成校企合作的良性循环，培育校企双方相互依存的长效合作机制，形成校内与校外相结合的共同育人机制和氛围，实现学校、企业和学生多赢的格局。

（2）校企双向介入、人员互动，共建实训教学团队

采用“请进来、走出去”的办法，一方面聘请行业企业的业务行家、管理骨干和技术能手担任实训指导教师，实现企业的专业人员来校或在企业现场指导学生的实训；另一方面创造条件鼓励专业教师走出校门，深入行业、企业顶岗实践，从事实际业务和管理工作，切实提高实践教学能力，推进职业院校高素质的“双师型”教师队伍建设。

（3）创建校企共建共享模式

这种模式的优势是能较好地明确双方的“责、权、利”关系，以“共同建设、共同管理、实现双赢”为合作原则。目前主要有两种形式：一是职业院校主要提供场地和管理，行业或企业提供设备、技术支持和培训技师，以行业企业的现实运作为基础，组织生产和学生实训同步进行。二是学校在企业建立实训基地，完全按照企业的运营方式，让学生在真实的工作环境中锻炼自己的适应能力和实际操作能力。例如“工学交替”的生产性实训教学模式，学校依据专业实践教学计划，安排不少于半年的工学交替顶岗实习，使学生既掌握了专业技能又培养了职业素养，并能获得一定的经济收入。这两种校企合作的形式，都能有效地使企业减少生产成本，同时挑选到所需的高技能人才；而教师可通过直接参与企业的管理、经营、技术改造和研发，掌握企业的实际需要，及时调整人才培养方向，更好地发挥服务地方的职业教育特色。

3）明确各要素之间的权利与义务

没有权利就没有义务，权利和义务是对立和统一的。在旅游职业教育校企合作中，学校、企业、政府和学生四个要素互相作用、互相影响，如果想让四个要素都发挥良性作用，并能长久地、深入地合作下去，可以签署几个相互约束的协议，明确各自的权利与义务。用法律的手段对各要素进行影响和约束，可以维护各自的权利和义务，有利于校企合作长期、深入地开展下去。

4）建立校企合作管理委员会

旅游职业院校应该聘请旅游知名企业专家共同组成校企合作委员会，定期或不定期地对学校的专业设置、教学模式、社会实践等进行考核，并对其中问题提出合理的建议。并在校企合作委员会里设定一个考核督导组，组长由校企双方一把手兼任，成员从校企双方各选一定人数组成。考核督导组的职责是对校企合作进行全方位的监督和管理，及时找出合作中的问题，进行查漏补缺，保证校企合作的长效、深入开展。

5）完善校企合作管理体系建设

职业院校应明确办学理念，以旅游人才培养为目标，完善校企合作管理体系建设。在校企合作管理中规范权力运行，实现校企合作依法管理，加强合作监督，完善程序机制，为新疆旅游职业教育校企合作深入、长久开展奠定良好的基础。

4.3.2 从企业的角度来看，要提高企业的参与力度

旅游企业在校企合作中有着重要的作用，提高企业的参与力度，有利于校企合作高效有序地开展。主要从以下几个方面着手。

1）提高旅游企业对校企合作的认识

政府应当大力宣传校企合作，倡导校企合作长效机制的构建。在宣传过程中，主动向企业展示政府未来对校企合作的规划，以及机制构建等问题，增加企业参与校企合作的积极性和信心，从而把企业的发展规划、人才计划、项目计划与职业院校的发展规划和人才培养计划实现互融互通，为校企合作机制有效运行奠定基础。

2）发展校企合作集团化模式

旅游职业院校集团化办学是由政府主导，一定区域内的旅游院校和旅游企业成立一个集团，制定统一的章程，明确相应的权利和义务。旅游职业教育集团的成员单位按照职能和作用纳入到常务理事单位管理。旅游集团成员之间可以进行互惠互利、资源共享、共同发展。这是一种极为有效的校企合作模式，在该集团中，学生可以直接进入企业开始社会实践，职业院校借助企业的实训基地提升了学生的社会经验和就业能力，企业则可以优先接触到自己培养出来的应用型和技能型的旅游人才。在旅游职业院校校企合作的过程中，旅游企业起着向导作用。发展校企合作集团化模式，有利于提高企业的积极性。旅游企业的用人需求为旅游职业院校的专业设置、课程安排等指明方向。旅游企业与旅游职业院校教育合作集团化发展，是将旅游企业自身的发展目标与教育发展目标有效结合，形成双方共同参与、资源共享、利益多赢的校企合作集团化发展模式。这种模式是适应旅游企业发展需要的，是适应旅游职业教育发展需要的。

3）旅游企业积极参与到职业院校实践教学体系的建设

旅游企业积极参与到职业院校实践教学体系的建设，不断探索技术技能人才培养规律，增强人才培养的市场适应度。旅游企业主要做好以下两方面的工作。

（1）明确实习实训指导人员应具备的要素，做好企业实习指导人员的选拔和培养工作

指导实习实训人员应具备的要素：第一，职业素质。职业素质包括基本表现和职业素养两部分，这些要素在实习实训过程中潜移默化地对学生产生着重大影响。第二，职业能力。职业能力包括专业技术能力、知识技能更新能力、职业指导能力和综合能力。第三，实践教学指导能力。实践教学指导能力包括实践教学能力、组织管理能力、心理健康教育能力。

对实习实训指导人员选拔的评价不应该仅仅是行业企业，还要包括学院教务管理人员和学生等多个主体。一是实习实训指导人员应与学院教务管理人员联系，熟悉人才培养方案、技术技能知识培养要求以及考核标准等，根据实习指导人员的主动性和基本能力评价；二是企业评价，企业根据实习实训指导人员的道德品质、素质修养、技术技能等进行

评价；三是加入学生评价，学生是实习实训指导人员直接的服务和管理对象，对实习实训指导人员的工作有权提出意见。

（2）明确岗位实习要素，把岗位实习真正落实到实处

实习岗位是职业院校实习实践教学的直接承担者，是技术技能型人才培养的根本保障。良好的实习实训岗位能为学生提供先进实用的技能。对实习实训岗位的选取有利于提高实践教学的社会性和适应性，从而实现职业院校毕业生就业的“零距离”。岗位实习实训要素主要有以下几方面。

第一，岗位的基本条件。岗位的基本条件主要是指实习岗位的工作时间、工作量、岗位规范和指导教师。岗位的工作时间和工作量应符合国家劳动法的规定；岗位规范（如安全性）应符合国家或行业标准；岗位可以安排技术人员担任指导教师。

第二，岗位的契合度。岗位契合度是确保学生所学知识得到学以致用的关键因素。不同专业的岗位之间差异较大，而不同岗位又有相应的专业技能要求。岗位契合度主要包含学生实习实训的岗位与专业的对口程度、轮岗的机会两个方面。据调查，岗位契合度是学生在实习实训满意度的影响中除去薪酬之外最为重要的影响因素。一些实习企业不重视学生的技能培训，把学生当作廉价的劳动力，安排实习岗位主要以企业的需求为主，因成本和时间等因素很少提供轮岗的机会。

第三，岗位的工作内容。岗位的工作内容主要指工作的现代化、技术性和专业素养。学生在企业实习实训的目的是要达到社会和市场对技术技能人才的需求，因此，实习内容应贴近现代化生产一线，具有一定的技术技能含量和挑战性，能够达到对学生基本专业技能与素养要求，符合“职业人”的培养方案和标准。旅游企业根据岗位实习实训要素还要完善自身的经营体制，使学生的岗位实习落到实处，保证实训过程的真实有效性。

4.3.3 *从政府的角度来看，要加大宏观调控的能力*

在旅游职业院校校企合作的过程中，政府要发挥宏观调控的能力，按照市场需要发挥作用，为校企合作的长期有效进行创造良好的外部与内部环境。

1）营造良好的旅游职业教育校企合作的氛围

营造良好的校企合作氛围有利于新疆旅游职业教育健康有序发展。政府应在维护职业院校、企业、学生三方利益的基础上，明确各自的权利和义务，充分发挥政府的监督和调控作用。政府应制定和实行一系列的旅游职业教育校企合作的优惠政策，充分调动各方参与的积极性，对职业院校在舆论上给予引导，政策上给予支持，以保证职业院校的校企合作生源和企业旅游人才的引入规模。

2）建立健全相关的政策法规

为了保障旅游校企合作的进一步发展，首先政府可以对参加校企合作的旅游企业实行优惠政策，增加校企合作模式对企业的吸引力；其次完善考核办法，按照旅游人才的成效和满意度，对企业进行考核，保证校企合作落到实处。

3）提高职业证书在就业市场中的地位

将职业资格证书与学历证书同时作为用人单位相应岗位应具备的证书，按照不同的岗位职责进行持证上岗。旅游企业在招录新人时就要按照制度要求，优先录用持有相应岗位

资格证书的人才。

5. 建议与对策

5.1 完善政府导向机制，加大对职业教育校企合作的扶持力度

随着国家经济转型发展，对技术技能人才的需求日益增强。实现人才培养与职业岗位需求零距离，就必须高度重视校企合作。当前是职业院校校企合作的重要发展时期，政府在企业与职业院校之间要扮演好桥梁和纽带的角色，不断完善政府导向机制。

5.2 加大对职业教育的宣传力度

长期以来人们受到历史文化传统的影响，并没有正确认识到职业教育的重要性。这种认识严重影响了职业教育的健康发展。因此，为了消除人们对职业教育的偏见，帮助更多人了解职业教育，并让全社会自愿地参与到职业教育建设中来，政府就必须要从政策和制度层面上加大对职业教育的宣传，用更多的优惠政策支持职业教育的人才培养力度，帮助它们招揽更多的优秀学生，以推动职业教育的稳健良性发展。

5.3 建立适应发展需要的校企合作评价制度体系

评价制度的设立和执行对于有效的校企合作非常重要，当前校企合作的评价制度体系建立需要用发展性评价思想作为指导。评价系统的终极目标，就是促进校企合作质量的提升。只有意识对了，执行才会不偏离。有了明确的指导思想，在评价方式和模式上就有了良好正确的选择。同时需要保持相对的独立性。第一，成立专门的组织机构，例如，由政府、行业、企业参与的以校企合作理事会形式设立专门的评价委员会。第二，能独立做出判断：独立做出判断是当今评价组织倡导的原则之一，能不能独立做出判断也是评价质量的一个标志。第三，评价委员会有权颁发相关证书。

6. 结论与展望

6.1 基本结论

第一，在分析新疆旅游职业教育校企合作机制现状的基础上，通过调查找出了新疆旅游职业教育校企合作机制存在的问题并进行了问题归因分析。第二，通过研究得出，新疆旅游职业教育校企合作机制能否顺利有效运行的关键来自于职业院校和企业两个主体，而主体的动力影响因素是提高新疆旅游职业教育校企合作机制有效运行的关键。第三，通过提升影响主体的动力因素改善校企合作运行的环境，并以此创建新疆旅游职业教育校企合作机制的目标与内容。

6.2 本文的局限与不足

新疆旅游职业教育校企合作机制构建并不是一项简单的任务，由于在研究中受到时间、经费、研究能力和水平等主客观因素的影响，并没能深入地分析旅游职业教育校企合作机制的理论与实践，一些应用也比较稀疏。调查中会有一些缺陷，例如：由于时间和精力的原因，调查对象难以具体、全面，范围也不能准确地把握。调查对象都是任意在几所职业院校与企业中抽取的，并没有调查更多有代表性的职业院校与企业，所以，导致相关数据有些片面，调查的结果不是具有很好的代表性及推广性；另一方面，没有结合问卷调

查、企业实习考察等方式对新疆旅游职业教育校企合作机制运行的现状开展深入研究，导致对问题的分析不够深入，研究结论的实用性与可操作性也有待检验。笔者在今后的教学和科研工作中，仍会在这个领域做一些后续研究，继续从不同视角深入研究新疆旅游职业教育校企合作机制运行的新问题，使研究结果更具有代表性。

6.3 未来应进一步研究的问题

笔者在今后的教学和科研工作中，仍会对新疆旅游职业教育校企合作机制做后续研究，为构建新疆旅游职业教育校企合作机制的研究打下更为坚实、科学的理论基础。还将注重对系统分析等科学研究方法的应用，不断修正新疆旅游职业教育校企合作机制创新中的观点；继续深入参与新疆旅游职业教育校企合作机制的实践工作，从不同视角深入研究新疆旅游职业教育校企合作机制中的新问题，发现内在规律，不断完善新疆旅游职业教育校企合作机制研究。

参考文献

[1] 麦克·J. 斯特布勒等. 旅游经济学（第二版）[M]. 林虹译. 北京：商务印书馆，2017.

[2] 熊彼得. 经济发展理论 [M]. 邹建平译. 北京：中国画报出版社，2012.

[3] 亚当·斯密. 国富论 [M]. 谢宗林，李华译. 北京：中央编译出版社，2013.

[4] 郭晓川. 合作技术创新：大学与企业合作的理论和实证 [M]. 北京：经济管理出版社，2001.

[5] 顾明远. 国际教育新理念 [M]. 海口：海南出版社，2001.

[6] 洪功翔. 政治经济学 [M]. 合肥：中国科学技术大学出版社，2012.

[7] 田里等. 旅游融合发展：理论与实践 [M]. 北京：中国环境出版社，2016.

[8] 杨卫武，郝影利. 现代旅游职业教育体系研究 [M]. 天津：南开大学出版社，2015.

[9] 何珊. 高职旅游（酒店）管理专业校企合作创新实习管理机制探究 [J]. 宿州教育学院学报，2016（2）.

[10] 韩静静. 河南省职业院校校企合作运行机制研究 [D]. 河南大学，2014.

[11] 姜明新等. 黑龙江旅游职业技术学院：建立"四方联动 深度融合"的校企合作机制 [J]. 职业技术，2015（2）.

[12] 刘艺. 新疆旅游高职教育存在的问题分析 [J]. 现代教育，2015（16）.

[13] 李鹏鹏. 博弈视角下的高职院校校企合作运行机制研究 [D]. 江西科技师范大学，2014.

[14] 倪珊珊. 构建民办高校旅游教育校企合作管理机制的政策建议 [J]. 旅游纵览（下半月），2017（11）.

[15] 宋专茂. 高职教育的校企合作：理论基础和现实诉求 [J]. 广东技术师范学院学报，2010（1）.

[16] 司光男. 新疆南北疆高等职业教育现状分析 [J]. 合作经济与科技，2015（9）.

[17] 唐书哲. 基于校企合作视角的高职旅游教育动力机制研究 [D]. 湖南师范大学，2015.

[18] 王春艳等. 利益相关者视角下旅游职业教育校企合作机制研究 [J]. 中外企业家，2014（7）.

[19] 吴丹. 浅谈职业教育校企合作体制机制现状及创新 [J]. 中国高新技术企业，2016（8）.

[20] 王东红. 高职旅游教育校企合作体制机制创新的动因与路径研究 [J]. 职业教育（中旬刊），2016（8）.

[21] 尹姿云. 高职院校校企合作动力机制研究 [D]. 湖南师范大学，2013.

［22］赵爱华．旅游管理专业校企合作长效机制研究——以辽东学院旅游管理专业为例［J］．经营与管理，2015（2）．
［23］张志强．新疆职业教育发展现状与对策研究［J］．教育教学论坛，2016（12）．
［24］提高保障和改善民生水平，加强和创新社会治理［EB/OL］．新华网，http：//www.xinhuanet.com/politics/2017-10/18/c_1121820849.htm，2017-10-18.
［25］中华人民共和国文化和旅游部［EB/OL］．http：//www.mct.gov.cn.
［26］新疆旅游官方网［EB/OL］．http：//www.xinjiangtour.gov.cn.

项目名称：“中餐主题宴会设计赛项”成果转化与应用研究
项目编号：LZW201719
项目负责人：韩爱霞
项目负责人所在单位：山东旅游职业学院

“中餐主题宴会设计赛项”成果转化与应用研究

一、绪论

（一）研究背景

1. 政策背景

职业院校技能大赛起于2008年，旨在展示职业教育的丰硕成果，营造职业教育发展的社会氛围，促进职业院校与行业企业的产教结合，使之为经济建设和社会发展服务。

2013年，为贯彻十八大精神，落实《国家中长期教育改革和发展规划纲要（2010—2020年）》和《国家教育事业发展第十二个五年规划》关于办好职业技能竞赛的要求，教育部研究编制了《全国职业院校技能大赛三年规划》，对职业院校技能大赛提出了更为明确的要求和措施。

全国高等职业院校技能大赛是我国高职教育工作的一项重大制度设计和创新，是我国高水平技能型人才培养和选拔的重要途径。

2. 行业背景

新常态下，酒店行业面临着新的发展机遇和挑战，人才需求量巨大的同时，对人才的质量提出了更高的要求。但是，酒店管理专业毕业生进入行业后，往往出现跳槽率较高、稳定性不够、适应能力不足等问题，导致酒店行业人才供不应求。

校企合作和产教融合是解决学校人才培养与企业需求之间矛盾的有效途径，而赛教融合是产教融合的一个重要方面。技能比赛的项目设置是以行业知识为背景的，反映了行业对人才的要求，进行赛教融合，将技能大赛的资源向教学转化，辅助教学，是实现产教融合的重要途径。不仅如此，以大赛平台，校企在备赛和竞赛环节中进行合作，在师资队伍、实训场地建设、大赛成果转化等方面深度交流，促使校企深度融合。

3. 赛项背景

“中餐主题宴会设计”赛项从2012年开始举办，截至2017年，已经连续举办六届。赛项主要参照教育部发布的“酒店管理”专业教学基本要求，及国家劳动与社会保障部制订的餐厅服务员（高级工）职业资格标准来设置比赛项目，并随行业发展对人才的需求变化不断进行调整。

赛项从 2012 年设置起，在参赛项目上进行了几次调整，尤其是 2016、2017 两年，由个人赛转化成了团队赛，各项目分值也随之进行调整（见表 1）。比赛逐步淡化对选手必备素质的考核，转而加强对选手的团队合作能力、创新能力、应变能力的考核，这也契合了酒店管理专业培养高素质技术技能型人才的培养目标。

表 1　2012—2017 年“中餐主题宴会设计”赛项比赛项目及分值占比汇总表

项目／分值／年份	摆台操作	席间服务	主题设计	现场互评	英语口语	理论测试	职业形象展示	插花	接待方案设计
2012—2014	25	无	25	10	20	15	5	无	无
2015	25	无	25	10	15	15	5	5	无
2016（团队赛）	10	10	20	10	15	无	5	无	30
2017（团队赛）	10	10	20	15	15	无	无	无	30

（二）研究目的和意义

1. 研究目的

本项目旨在提出中餐主题宴会设计赛项转化与应用的路径，深入分析赛项的竞赛项目、竞赛规程、评分标准、赛项成果与课程改革、人才培养、校企合作及行业发展之间的关系，找到其中的内在规律，构建转化模型，以期最终成果能在赛项转化与应用方面有所突破，为职业院校酒店管理专业的赛教融合做出贡献，对高职院校的以赛促学、以赛促教、以教助产起到指导意义。

2. 研究意义

（1）发挥大赛引领作用，促进专业建设

技能大赛既为院校和学生提供了技能比武的舞台，又促进了院校之间相互交流，促进酒店管理专业的建设。以技能大赛为资源，研究和把握行业标准，进行实训场所等方面的改革建设，使之更符合企业实际；教师借助备赛契机，研究教学规律和行业发展，提升自身能力和水平；院校以大赛为平台，展现教学成果，发挥职业教育的魅力，吸引更多社会人士的关注和支持，进而促进专业发展。

（2）发挥大赛普惠作用，促进赛教融合

长期以来，为在比赛中取得理想成绩，参赛单位会组织选手接受重点训练，教师也对参赛者倾注了更多的精力，参赛占用了较多的教学资源。在赛教融合育人模式下，通过建立选手选拔机制、转化大赛资源为教学资源、促进师资队伍建设等举措，将技能大赛的影响力向教学迁移，进而发挥大赛的普惠作用，使更多学生受益。

（3）发挥大赛平台作用，促进产学一体化

以大赛为契机，建立产学研一体化平台。研究体现行业发展前沿的大赛规程，并使之与教学融合，实现行业标准与教学内容的统一；借助技能赛事，吸引企业人员和资源参与培训和作品设计，不断增强企业参与教育教学活动的主动性，实现双方资源的互通和整合；推行开放办赛，邀请企业参与比赛过程，赛后将作品整理成册，对外发行，实现校企之间的合作共赢和资源共享。

3. 研究内容及思路

（1）研究内容

研究赛项与高职酒店管理职业教育之间的关系，探索中餐主题宴会设计赛项在教学中的转化模式；

研究中餐主题宴会设计赛项在促进参赛选手职业技能与职业精神融合方面的贡献，探索其对人才培养质量的提升路径；

以中餐主题宴会设计赛项的办赛平台为依托，研究校企双方在这个平台上的合作方式和渠道，以及产学研一体化的模式。

（2）研究思路

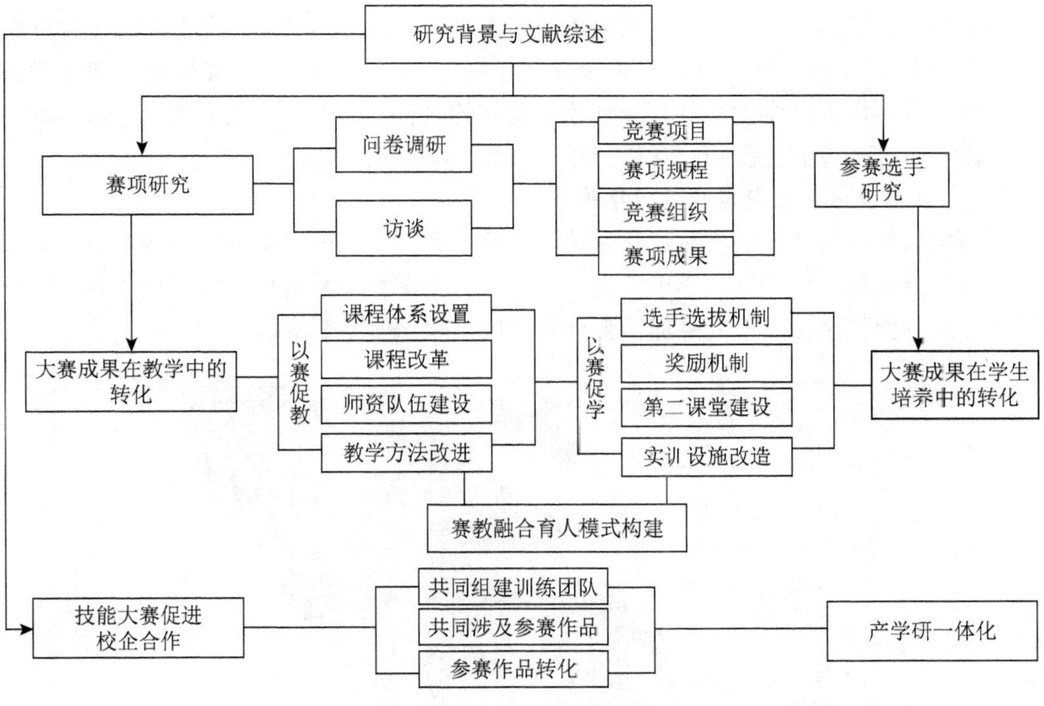

图1　研究思路

4. 创新点

（1）以“知行合一、工学结合”为指导，提出三阶段六融合学训赛一体化的育人模式

以赛教融合为指导，将技能大赛融入教学活动。构建了基于备赛、参赛、赛后转化三个阶段的人才培养过程，以教学目标与竞赛目标、教学过程与竞赛过程、教学资源与竞赛资源、教学内容与竞赛项目、竞赛标准与考核标准等五个方面的融合路径，学训赛一体化

的高职酒店管理专业育人模式。

（2）转化竞赛资源为教学所用，实现以赛促教

将技能竞赛的竞赛项目与竞赛作品与课程建设相融合，转化技能大赛资源，出版竞赛作品案例集，丰富教学资源；将技能大赛训练机制转化为教学活动中教学方法，进行课程的项目化设计，改革课堂组织形式，出版配套项目化教材；通过备赛环节，加强校企合作，促进师资建设，并依据竞赛规程完善和改进实训场所，优化课程考核体系，全方位促进教学改革，构建了“以赛促教”的教学机制。

（3）提出了以技能大赛为平台，促进产学研一体化的路径

以技能大赛为契机，在赛项方案制订、赛事举办和赛后成果转化等方面搭建产学研一体化平台，促进校企在学生培养、师资建设、赛事成果共享等方面的深度合作，促进产学研一体化。

二、赛项成果在专业教学中的转化

“中餐主题宴会设计”赛项的连续举办为高职酒店管理专业的教学提供了丰富的教学资源和教学设计灵感，对高职院校的教学改革提供了导向。竞赛项目与课堂教学之间可以相互转化促进，竞赛项目可以转化为课堂教学内容、竞赛标准可以优化补充课程考核体系；训练过程可以促进学生职业素养和职业精神的融合，提高人才培养质量；教师的培训过程可以促进校企专兼任教师的互通合作，有利于师资队伍建设。

（一）竞赛项目转化为课程或教学模块

竞赛项目依据行业发展实际和学生培养目标而设置，在教学中分析竞赛项目，对项目内容进行拆分重组，应用到教学中，促进教学项目向课程体系转化，能够优化高职院校酒店管理专业的课程结构，使之更加符合行业发展实际。如图 2 所示。

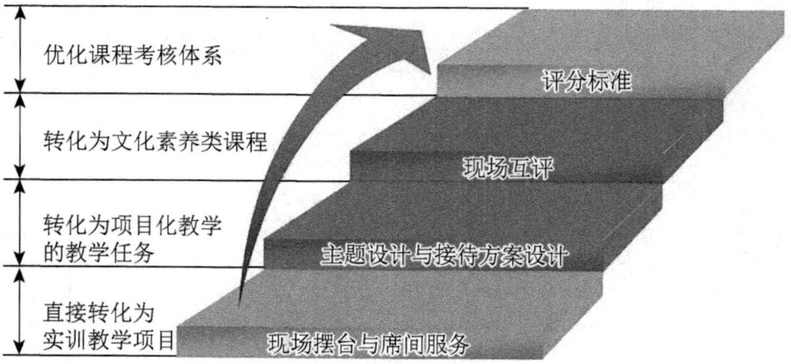

图 2　竞赛项目在课程中的转化

随着竞赛项目的演化，部分竞赛项目可以转化为课程中的项目模块，也有部分项目可以直接转化为具体课程。以《餐饮服务与管理》课程为例，现场摆台和席间服务环节可以作为课程中的实训技能模块；主题设计和接待方案设计部分可以转化为课程教学中的任务，使学生通过完成任务获得这一部分的知识；现场互评主要考核的是选手对于地域文

化、传统文化、热点时事等的理解和把握情况以及选手的语言组织能力，可以转化为《客源国概况》《演讲与口才》等基本素养类课程。如表 2 所示。

表 2　竞赛项目与课程之间的转化

序号	竞赛项目	考核要点	可转化课程	职业目标
1	技能操作	动作娴熟、规范、注意卫生、姿态优美	餐饮服务技能	掌握中餐服务基本技能与技巧
2	主题设计	主题创意明确、新颖独特、具有时代性，菜单设计合理	旅游概论	掌握主题宴会设计的方法与思路，以便有针对性地提供对客服务
			酒店艺术设计	
			餐饮服务与管理	
3	英语口语	英语的发音、专业英语的掌握与灵活运用	英语口语	掌握用英语服务客人的能力和技巧
			英语听力	
			饭后情景英语	
4	接待方案设计	考核选手团队合作、餐台设计、接待流程以及个性化服务等相关能力	督导艺术	能够参与团队合作，并熟练地运用所学知识
			餐饮服务与管理	
			计算机文化基础	
			菜单设计	
5	现场互评	对主题创意、设计以及菜单提出自己的看法	礼仪修养	掌握主题餐饮发展现状与趋势；掌握对客沟通技巧
			沟通技巧	
			旅游概论	

（二）竞赛作品转化为教学案例或教材

在全国职业院校技能大赛中餐主题宴会设计赛项承办中，出现了众多优秀的主题宴会设计作品，这些作品无论是设计思路还是呈现方式都反映了行业发展的趋势和深厚的文化底蕴，教师将这些作品作为案例在教学中运用，不仅可以丰富课堂教学内容，使课堂教学多样化，还可以启发学生的创新思维。

不仅如此，《餐饮奇葩 未来之星》竞赛作品案例集的出版，将主题宴会设计的基本方法、设计程序、和注意事项进行了深入分析，理实并重，图文并茂，可以作为高职院校餐饮类课程的教材或者案例。案例集中不仅讲述了主题宴会设计的理论知识，更有数百个主题宴会作品，包括设计的灵感，设计的要素以及菜单和成本的核算，这为《宴会设计》课程或者《餐饮服务与管理》课程中的宴会设计模块提供了丰富的案例，为教师开展项目化教学提供了丰富的素材。

图 3　赛项成果转化案例集

（三）竞赛训练团队提升教学师资队伍

技能竞赛的高标准对指导教师提出了更高的要求，指导教师既需要掌握扎实的专业理论，又需要具备丰富的行业经验，掌握最前沿的行业标准，还要掌握训练技巧和心理疏导方法。参赛院校在训练过程中往往根据竞赛的不同需要，选用具有不同特长的人员组成训练团队，如席间服务项目考核的是学生对于餐饮服务流程的把握，参赛院校为提高比赛竞争力往往邀请行业人员参与此项目的培训；主题设计考核的是作品的文化性和艺术性，需要具有一定文化艺术功底的教师参与培训；除此之外，作为技能竞技，指导教师还要制订详细的训练计划，掌握不同阶段的训练方法，还要掌握学生的心理变化，进行心理疏导，使选手在比赛中将培训内容进行完整呈现。

这种综合性训练团队的组建，为专业教师提供了接触行业的机会，促进教师专业水平的提升，还为艺术教师提供了接触专业的机会，有利于专业教师的艺术性和艺术教师的专业性的提升。不仅如此，教师在训练选手过程中通过对训练方法和学生心理的研究，可以提高自己对教学的了解，提升教学水平。

（四）竞赛训练方法转化为教学方法

为取得理想的比赛成绩，教师会在训练过程中制订详细的训练计划，研究不同阶段的训练内容和训练方法，掌握选手的心理变化并及时进行疏导。这种一对一的训练过程与平时一对多的教学过程有所不同，会更多地关注到学生掌握的每一个细节，并采取针对性的策略。在选手备赛的过程中，将训练过程分为四个阶段，并采取不同的训练方法和训练的侧重点。

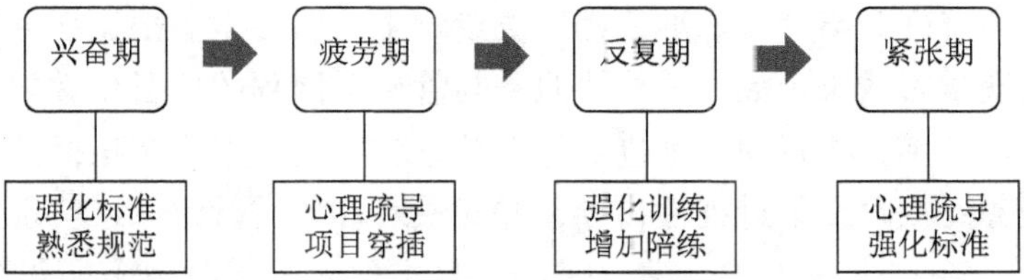

图 4　训练的阶段性和对策

第一阶段为选手经过校赛选拔，获得代表学校外出参赛资格的 1~3 周。这个阶段选手处于兴奋期，对比赛充满信心，学习训练较为认真和虚心。这个阶段指导教师应为选手阶段比赛标准和操作规范，让选手做到对整个比赛了如指掌，同时观看往届优秀选手的比赛视频，为选手树立榜样。这个阶段的训练内容以技能训练为主。

第二阶段为选手训练的 3~5 周。在这个阶段，选手经过前期训练之后，已经对比赛比较了解，并且由于长期的重复操作，处于疲劳阶段，选手出现懈怠的现象。这个阶段指导教师应在每天强化技能的基础上，开展其他竞赛项目的训练，以保持选手的兴奋状态。这个阶段的训练内容应减少技能训练时长，提高技能训练效率，同时开展其他项目的训练。

第三个阶段为选手训练的 5~7 周。这个阶段选手对各个比赛项目的比赛要点和训练过程都已经相当熟悉，但是还不够牢固，出现了状态的反复。这个阶段，指导教师应该继续强化选手的训练强度，并根据选手的特点，找到适合选手的训练方法，或者启发选手寻找和掌握训练技巧。同时为选手配备陪练，让选手通过观察他人操作，寻找自身问题。这个阶段的训练内容应以各个项目的强化训练为主。

最后一个阶段为比赛前的 2~3 周。这个阶段，选手由于比赛临近，心理较为紧张，出现情绪的波动。指导教师在这个阶段的训练，应在保持之前训练强度的基础上，重点关注选手心理的变化，疏导选手心理压力，如适当增加选手训练期间的观摩人数和次数，营造赛场氛围，增强抗压能力；关心学生生活，为学生疏导情绪，缓解压力；邀请礼仪老师进行仪态指导，放松心情等。

教师将在备赛过程中积累的训练技巧、心理辅导经验和素质提升策略转化到教学过程中，可以补充和完善教学方法，提高教学效果。比如本成果团队将技能训练过程中的"一做、二看、三调、四改"的四步训练法应用到了《饭店服务技能》课的技能教学中，极大地提高了教学效果，有效缓解了学生多、场地有限的实际教学问题。

（五）竞赛评价体系转化为课程考核方案

本赛项的竞赛考核体系是由企业专家和院校专家根据专业人才培养目标经过多方研讨科学制定而成，既符合国家对高职人才培养的总体要求，也反映了行业对酒店管理专业从业人员的素质能力要求，同时，具有很强的可操作性。考核体系的要点包括了基本技能素质、服务应变能力、语言沟通能力、团队合作能力以及专业知识运用能力等，而且每一种能力都以某项竞赛项目的形式呈现，考核指标量化且操作性强。

将竞赛标准引入到课程考核体系中，有利于在教学过程中构建过程与结果相结合的立体考核体系。尤其在项目化教学中，将竞赛项目转化为教学任务，将评分标准转化为考核标准，教学过程中将任务与考核标准一起下发给学生，引导学生根据任务和考核标准进行自主学习，并呈现学习效果。如在《餐饮服务与管理》课程的项目化教学中，制定“大型餐饮活动策划”任务单，将赛项标准进行重新梳理和转化，形成考核标准，学生依据考核标准自主完成任务，教师给予过程性指导，并对最终任务进行评价，实现过程性评价与结果性评价相结合。在这个过程中，学生完成了自主学习，同时也不断得到教师给予的反馈，提高了学习效果。

三、大赛促进学生职业技能和职业精神的融合

（一）赛项的项目考核与学生职业技能和职业精神的对应关系

赛项的举办，既是对学生职业技能的考核，也是对学生职业素养的锤炼和职业精神的塑造。赛项在项目设置上注重了对选手综合能力的考核，技能摆台考核的是选手的基本技能；席间服务考核的是选手运用专业知识解决问题的能力；主题设计考核了选手的基本文化知识储备和创新能力；接待方案设计由选手团队完成，考核了选手的基本文字能力、专业知识和团队合作能力；而备赛全过程的高强度训练和心理建设则锻炼了选手的吃苦耐劳能力和抗压能力，如图 5。选手在整个训练中，经过指导教师四个阶段有针对性的训练，不仅获得了职业技能的提升，同时还培养了创新意识和团队合作能力，塑造了自己的职业精神。

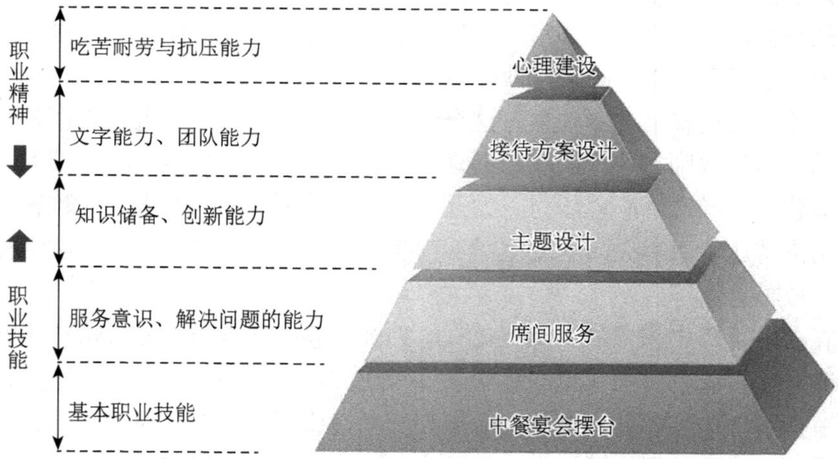

图 5　竞赛项目与考核能力

在中餐主题宴会设计赛项比赛中，无论是中心艺术品的现场制作、台面布置还是选手服饰，都很好地体现了其专业性和职业性。同时，为更好地展示酒店管理专业学生的职业素养，促进课堂教学内容与岗位工作标准的对接，中餐主题宴会设计赛项还设置了形象展示项目，其目的在于考察选手的职业素养和岗位礼仪，增强其职业精神和职业意识。

（二）以竞赛为契机，构建全体学生职业素养与职业精神融合的路径

赛项对学生职业能力和职业精神的培养应只表现在对选手的培养上，通过对赛项成果

的转化，可以扩大这种培养，使赛项成为提升全体学生职业能力和职业精神的助推器。具体可以通过以下方式实现。

1. 建立三级选拔机制，提高学生参与度

在选手选拔上，建立校赛—省赛—国赛的三级选拔机制。学院每年举行职业教学风采季，旨在展现各专业的阶段性教学成果，校级技能比赛便是校园风采季的重要活动之一。为提高学生参与校级技能比赛的积极性，鼓励其大胆创新，学院每年为参赛学生提供部分资金，用于作品设计和实物呈现，极大地提高了学生参与比赛的积极性和比赛质量。校赛中的优胜者可以获得参加学院省级比赛集训的资格，在集训中表现优异者可以代表学院参加省赛。在省赛中取得优异成绩的学生，可以代表学院参加山东省的国赛选拔赛，在选拔赛中脱颖而出者，便可以获得参加国赛的资格。校赛—省赛—国赛的三级选拔机制最大程度地提高了学生的参与度，全校范围内选拔优秀的选手参加比赛，既保证了比赛成绩的稳定性，也提高了学生参与比赛和进行作品设计的积极性。

2. 探索校赛模式，实现“学中做”“做中学”

在校赛的备赛过程中，首先鼓励学生自主研读竞赛标准，设计竞赛作品和项目，并开放实训室，便于其进行自主训练和学习。其次，为保证校赛的质量和水平，学院为各个参赛队配备专业教师进行定期指导，对学生自主学习过程中遇到的问题进行解答，对作品质量的提升完善进行“一对一”指导，对学生参赛时的仪表仪容仪态和气质进行完美打造。这种“学中做”“做中学”的教学模式培养了学生优秀的职业素养、娴熟的职业技能、高雅的职业气质和和谐的发展心智。

四、构建职业技能大赛平台，促进产学研一体化

中餐主题宴会设计赛项不只是一场简单的学生之间的技能比武，还为酒店行业企业与院校之间搭建了合作融通的平台。赛项规程由校企专家共同研究制定、赛项评审由校企裁判共同承担、赛项训练中有企业人员参与、赛项组织过程实行开放办赛，为企业提供站台、赛项成果校企共享，赛项在促进校企合作和校企沟通的同时，还缩短了产学研转化时间，许多参赛作品被企业选取和运用，众多选手被企业聘用和重用，大赛发挥了酒店界产学平台的作用。

（一）全国大赛有利于促进课堂教学内容与企业标准的对接

根据全国职业院校技能大赛规章制度要求，赛项专家组成员人数原则上不超过 10 人，来自企业的专家人数不低于三分之一，并且专家须熟悉本专业在国内外的技术标准和业务流程，在全国专业领域内有一定的权威性和知名度。因此，专家组在进行竞赛内容的设计、技术文件的编撰、竞赛命题、赛场设计以及竞赛成果的资源转化时，势必体现出先进的企业标准和服务理念，有利于赛项对接行业标准和企业技术发展水平，更新竞赛项目的内容和标准，不断促进院校教学内容与职业标准对接，人才培养与企业需求对接。

（二）技能大赛有利于实现专业教学与企业研发之间的对接

通过技能赛事，校企之间不断深化合作，不断增强企业参与教育教学活动的主动性，实现双方资源的互通和整合。反过来，参与院校教学指导工作的企业专家、技术能手及企

业经理人，也可将院校教学经验、理论知识、科研成果等转化到企业之中，促进产品的更新与研发，实现教学对研发的推动作用。

（三）竞赛成果转化有利于实现校企双赢和资源共享

中餐主题宴会设计赛项设置了众多开放办赛环节，向企业展示职业教育的丰硕成果，比赛期间吸引了众多酒店前来观摩、学习。参赛选手的主题设计不仅进一步挖掘了中餐饮食文化的素材，而且丰富了酒店餐饮产品，不少作品为酒店采纳，直接投入到实际经营中去。还有一些主题创意来源于企业，如山东旅游职业学院的 2014 参赛作品“大明湖畔 泉水人家”，便是来源于企业的创意，经设计开发后又被企业所运用，实现了院校和企业的互利、双赢。

由全国旅游职业教育教学指导委员会主编的《餐饮奇葩 未来之星——教育部高职中餐主题宴会摆台成果选集》（2012、2013、2014、2015、2016），作为赛项资源转化成果，深受企业欢迎，对酒店宴会设计具有直接的借鉴作用。

五、构建赛教融合的酒店职业教育育人模式

（一）以“知行合一，工学结合”为教育教学理念，注重学用结合

以“知行合一、工学结合”的理念为指导构建赛教融合育人模式，注重手脑并用、知行并进，注重学习与实践的有机结合，构建学、训、赛一体化教学模式，培养学生的职业素养、工匠精神、职业技能和创新创业能力。首先，通过办赛、参赛和赛后成果转化，实现大赛全过程育人，将比赛不同环节及不同角色进行分工，锻炼学生的素养和技能；其次，通过三级选拔机制的建立，鼓励学生自主学习，实现课堂学习和课外教学的统一；最后，技能大赛既成为教学成果展示和检验的舞台，又成为优化课堂教学改革的助推器，实现学、训、赛一体化。

（二）构建三阶段、六融合、学训赛一体化育人模式

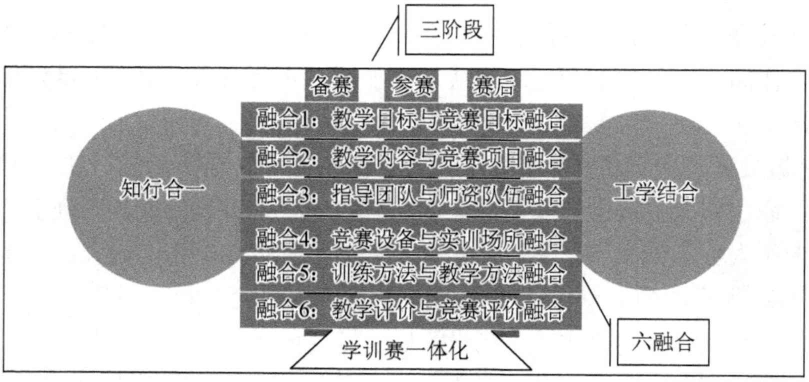

图 6　三阶段、六融合、学训赛一体化育人模式

首先，将技能大赛进行阶段化划分，包括备赛、参赛和赛后转化三阶段。根据不同阶段的特点对学生进行培养。备赛阶段通过在校内学生中的选拔，锻炼学生的自主学习能力

和基本技能；在参赛阶段，通过周密的训练计划和训练方法，全面提升学生的职业技能和职业精神；在赛后，通过各种途径，积极进行大赛成果的转化，使大赛成果惠及全体学生。

其次，将职业技能大赛与教学过程进行融合。赛项设置的科学性已经毋庸置疑，且大赛凝聚了主管机构、众多院校和专家学者的心血，形成了丰富的教学资源，院校教师应积极转化大赛成果，促进大赛与教学的融合。在赛教融合育人模式中，可以通过六个路径来促进赛教融合，包括：将教学目标与竞赛目标进行对接，以反映行业要求和国家战略的技能竞赛目标为参照，进行学生培养目标和教学目标的修订以提高学生培养质量；将教学内容与竞赛项目进行对接，将竞赛项目向相应课程或者课程模块进行转化；以训练为契机，将指导教师团队与学生教师队伍素质提升进行结合；以技能竞赛的物品规格为标准，配备技能操作训练室，为学生营造情景化的学习环境；将选手训练方法进行总结和提升，并在教学中运用，完善教学方法；将竞赛的考核体系进行完善，运用到教学中，建立结果与过程相结合的立体考核体系。

最后，注重学训赛的一体化。竞赛既是对教学的检验，又是对教学的激励和辅助，院校不能将竞赛与教学分割，集中优秀资源训练部分参赛选手，违背大赛举办的初衷。院校应该以技能大赛为契机，从备赛、参赛和赛后全赛程，积极研究大赛的转化路径，使技能大赛服务于教学，锻炼全体学生的学习能力，提高教师的教学水平，积极进行教学改革，实现学训赛一体化，使大赛成果惠及全体学生。

六、成果的应用——山东旅游职业学院赛教融合案例

（一）以大赛为契机，促进学生职业技能与职业精神的融合

1. 办赛阶段铸造工匠精神

我院自 2011 年连续承办国家一类赛事五届、二类赛事一届，省级赛事四届、省级行业赛事两届（如表 3），在办赛方面积累了丰富的经验，酒店管理专业学生作为志愿者参与赛事筹备和服务工作，包括场地布置、物品准备、一对一服务、裁判接待等。在此过程中，学生不仅提高了自己的专业认知和专业能力，还锤炼了自己的服务精神和吃苦耐劳、一丝不苟的服务品质，深受参赛方和赛事主办方好评。

表 3　自 2011 年以来我院承办的酒店服务类赛事

时间	赛项	等级
2011年	第三届全国职业院校（饭店服务）技能大赛	国家级
2012年	2012年全国职业院校技能大赛“中餐主题宴会设计”赛项	国家级
2013年	2013年全国职业院校技能大赛“中餐主题宴会设计”赛项	国家级
2014年	2014年全国职业院校技能大赛“中餐主题宴会设计”赛项	国家级
2014年	2014年山东职业院校技能大赛“现代酒店服务”赛项	省级

续表

时间	赛项	等级
2015年	2015年全国职业院校技能大赛“中餐主题宴会设计”赛项	国家级
2015年	2015年山东职业院校技能大赛“现代酒店服务”赛项	省级
2015年	2015年第一届山东省旅游饭店行业服务技能大赛	省级行业赛
2016年	2016年全国职业院校技能大赛“中餐主题宴会设计”赛项	国家级
2016年	2016年山东职业院校技能大赛“现代酒店服务”赛项	省级
2016年	2016年第二届山东省旅游饭店行业服务技能大赛	省级行业赛
2017年	2017年山东省职业院校技能大赛“教师”技能大赛	省级

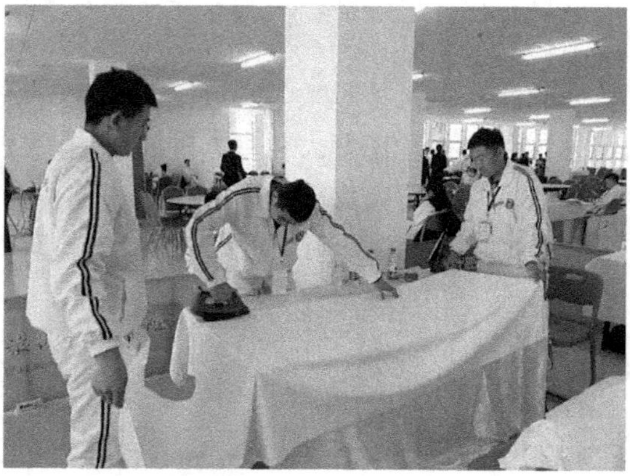

图 7　学生在赛事中的场地服务和开放办赛服务

2. 参赛造就卓越人才

自 2011 年起至 2017 年本专业共组织学生参加国家级赛事 28 人次，其中获得一等奖 22 次，二等奖 3 次，三等奖 3 次，省级赛事 14 人次，全部获得一等奖。通过三级选拔机制的建立和竞赛作品征集制度的设置，全面提升了学生的参与程度，并从中选拔了优秀的人才。这些获奖学生在之后的工作中也表现优异，如 2014 年国赛选手王妤丹毕业后进入中职院校任教，其指导的选手在 2015 年的旅游院校技能大赛中获得一等奖；2015 年国赛选手李文毕业后到迪拜亚特兰蒂斯酒店工作，被评为优秀员工，并接受中央电视台《远方的家》栏目采访。

3. 赛后成果转化惠及全体学生

丰富的办赛和参赛经验积累了大量的技能大赛资源，我院将资源进行了转化，使技能大赛成果惠及到更多学生。如，连续五年出版《餐饮奇葩　未来之星》，将技能大赛作品转化为案例集辅助教学，并被众多兄弟院校采纳；将训练方法迁移到教学中改进教学方法；将竞赛项目和考核体系进行转化优化教学过程等。

（二）构建两机制培养学生自主学习能力和完善教学机制

1. 自主学习机制

职业院校学生学习积极性不高，自主学习能力较弱，这在很大程度上制约了学生今后的职业生涯发展。借助技能大赛，构建包括逐级选拔机制、专业指导、开放学习场所、贯通管理体制和物质激励在内的"五位一体"的学习机制，激发学生的学习兴趣，提高学习的自主性。

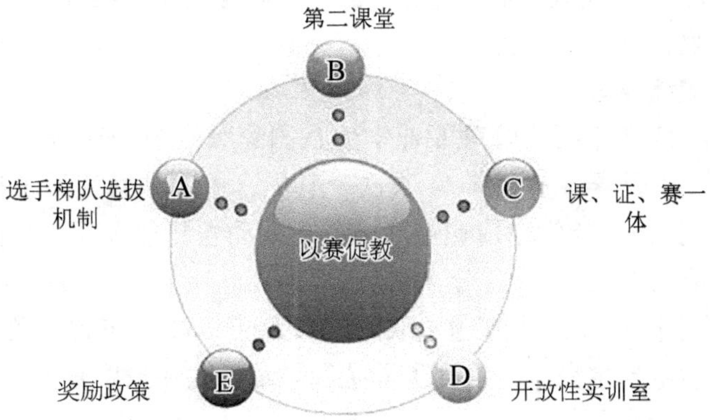

图8　五位一体的自主学习机制

2. 以赛促教的教学机制

在教学方面，通过对竞赛项目、竞赛标准、指导教师队伍、训练方法及竞赛设备的研究，将技能竞赛的要素转化到教学内容、考核体系、师资队伍、教学方法和实训室建设等过程中来，促进教学机制的完善。参照大赛规程对《餐饮服务与管理》课程进行了项目化设计，并成功在教学中进行了实施，并探索《宴会设计》课程的双语教学；实行课程考核体系改革，建立了立体化考核体系；将训练过程中的"四步训练法"运用到了《饭店技能实训》课程中，并取得了良好的效果；对中西餐实训操作室进行了改造，建成符合行业标准的涵碧中餐厅和孚日法餐厅，完善了教学环境。

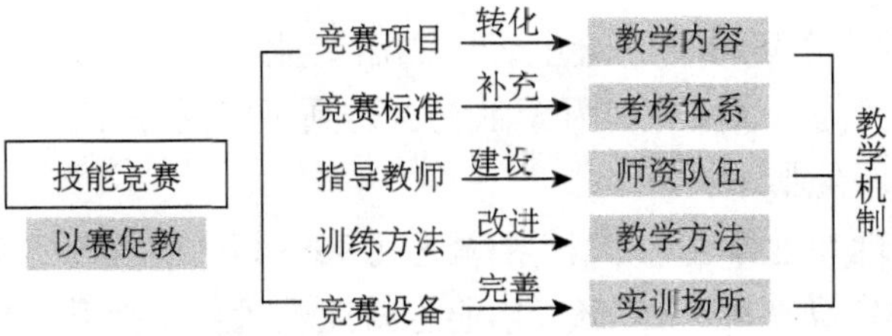

图9　教学机制

（三）主要育人效果

1. 教学成果丰硕，专业建设提升

本模式实施以来，本专业教师出版国家级规划教材两部，著作5部，其他相关理论研究成果 30 余项，教学研究成果省级以上获奖 10 余项。

酒店管理专业成为国家级重点专业，中央财政重点建设专业和省级特色专业，教学团队被评为省级教学团队。2015 年，酒店管理专业成为全省首批现代学徒制试点专业；在 2016 年中国旅游协会旅游教育分会《旅游高职高专院校核心专业竞争力评价指标及排名研究报告》中排名全国第一；2017 年酒店管理专业被国家旅游局评为校企合作示范基地，同年，酒店管理专业被教育部和国家旅游局评为旅游类示范专业点；2018 年酒店管理专业群被山东省教育厅评为品牌专业群建设工程，专业建设获得提升。

2. 卓越人才涌现，育人质量提高

（1）各级大赛成绩显著

自 2011 年起至 2017 年酒店管理专业学生在国家级赛事中获得一等奖 20 次，二等奖 2 次，三等奖 2 次，省级赛事一等奖 14 人次，其中，中餐项目获得了自 2011 年以来国家级赛事的全部一等奖。2015 年学生应邀赴台湾参加运动餐厨达人赛，获得最佳菜单设计奖。

（2）学生实践能力增强

学生组织策划冷餐酒会，从主题选取、经费筹集、场地布置、菜品设计到邀请函制作、成本核算均由学生自主完成，受到了学院领导师生的一致赞誉。

图 10　学生冷餐酒会

在 2016 万礼豪程山东区域研讨会上，由酒店专业学生自主设计和制作的四个主题茶歇（婉韵清照、山旅文化、泉文化、万豪献礼）得到了广泛好评。

（3）就业率提升，企业评价高

近年来，酒店管理专业学生一次就业率达到 98% 以上，毕业生就业岗位专业对口率达到 88.54%，用人单位满意度 99.93%，毕业生就业质量稳步提升。根据麦克斯 2015 年的调查分析，用人单位认为我院学生比同类院校毕业生拥有较高及以上水平的占 91%。

图 11　学生成长

3. 服务行业发展，业内影响扩大

我院两项课堂教学成果应用到企业经营实践中；专业教师开展多项行业培训和横向课题；饭店管理系连续三年承办山东省饭店行业技能大赛，并于 2015 年为山东省饭店协会培训选手参加全国饭店行业比赛，取得一等奖第二名；我院多名教师赴兄弟院校开展技能大赛培训，多人次担任省级以上比赛裁判；不仅如此，我院教师参与多项大型政务商务类接待活动的主题宴会设计工作，将教学和参赛成果用于指导企业产品的开发。

在继 2008 年奥运会、2010 年亚运会、2011 年世博会服务以后，在刚刚结束的十九大服务及上合青岛峰会服务中，山旅学子的表现得到了一致好评。

图 12　服务十九大，获得好评

4. 大赛成果转化，建设资源共享平台

由我院教师编著的《餐饮奇葩 未来之星——教育部高职中餐主题宴会摆台成果选集》（2012、2013、2014、2015、2016），总结并转化大赛成果，不仅为各参赛院校进行参赛作品的设计提供了丰富思路和源泉，也为不同院校之间的相互交流和学习提供了平台，有助于全面提升全国同类院校的教学水平，为今后更高质量的比赛提供了可能。同时，还作为企业培训教材，帮助酒店业提升中餐宴会的设计管理水平、接待服务水平，对酒店宴会设计具有直接的借鉴作用，体现了以教助产、理论联系实际的办学方向。

参考文献

[1] 陈增红，韩爱霞等. 餐饮奇葩 未来之星 教育部高职组“中餐主题宴会设计赛项”优秀作品案例集（2012—2016）[M]. 北京：旅游教育出版社.

[2] 陈保荣. 职业教育产教融合的国际比较研究 [J]. 职教论坛，2018（5）.

[3] 李校堃，李鹏. 地方高校推进产教融合的策略与思考——基于温州大学的分析 [J]. 国家教育行政学院学报，2018（4）.

[4] 王芳. 从中餐主题宴会设计大赛谈高职酒店管理专业教学改革 [J]. 时代教育，2016（6）.

[5] 陈明. 中餐宴会主题设计技能大赛对教学的影响研究——以武汉民政职业学院为例 [J]. 职业教育，2016（10）.

[6] 刘素兰等. 基于项目教学的高职生职业精神和职业能力培养 [J]. 职教论坛，2012（35）：76.

[7] 陈慧敏. 融“赛教学”为一体的高技能人才培养模式研究 [J]. 天津职业大学学报，2009（2）：10-13.

[8] 刘瑞. 以技能竞赛为载体搭建职教发展平台 [J]. 中国职业技术教育，2008（18）：56-58.

[9] 刘焰. 国家级职业技能大赛对职业教育的影响力探讨 [J]. 教育与职业，2010（3）：46-47.

[10] 彭年敏. 对职业院校技能大赛热的辩证思考 [J]. 职业教育研究，2010（4）：135-136.

[11] 李明宇，刘柏霞. 基于职业技能大赛视角的高职人才培养模式构建 [J]. 教育与职业，2014（3）：33-34.

[12] 池春阳. 全国职业院校技能大赛的问题与走向研究 [D]. 浙江师范大学，2012：5.

[13] 赵云. 职业学校技能竞赛的发展现状及对策研究 [D]. 苏州大学，2011：6.

[14] 关于申办全国职业技能竞赛及参加国际竞赛活动有关事项的通知 [EB/OL].（2002-05-13）[2010-09-12]. http：//www.lm.gov.cn/gb/training/2002-05/13/content_29860.htm.

[15] 国家中长期教育改革和发展规划纲要（2010-2020）[EB/OL].（2010-07-29）[2011-04-10]. http：//www.gov.cn/jrzg/201O-07-29/content 1667143.htm.

[16] 国务院法制办就职业技能培训和鉴定条例征意见 [EB/OL].（2009-12-26）.

[17] 国务院关于大力发展职业教育的决定 [EB/OL].（2005-11-9）[2010-09-12]. http：//www.gov.cn/zwgk/2005-11/09/content-94296.htm.

[18] 国务院关于大力推进职业教育改革与发展的决定 [EB/OL].（2002-08-24）[2010-09-12]. http：//www.gov.cn/gongbao/coment/2002/content_61755.htm.

[19] 教育部关于全面提高高等职业教育教学质量的若干意见 [EB/OL].（2006-1-20）2010-09-12]. http：//www.moe.edu.cn/publicfiles/business/htmlfiles/moe/moe_745/200612/19288.html.

[20] 全国职业院校技能大赛官方网站 [EB/OL]. http：//www.nvsc.corn.cn/.

项目名称：旅游职业院校“双师型”教师职业认同强化路径研究
项目编号：LZW201720
项目负责人：吴琳
项目负责人所在单位：桂林旅游学院

旅游职业院校“双师型”教师职业认同强化路径研究

一、研究问题的提出

（一）背景及意义

2014年国务院发布《关于加快发展现代职业教育的决定》（国发〔2014〕19号），明确提出加强“双师型”教师队伍建设。在现代职业教育体系下，既具备扎实基础理论知识和较高教育教学水平，又具有较强专业实践能力和丰富工作经验的“双师型”教师已成为众多职业院校人才队伍建设的重中之重。而以行业零距离为导向的旅游职业教育，目标是培养面向旅游行业一线的高素质应用型人才，这就要求旅游职业院校的教师必须是兼具扎实旅游专业知识和熟练操作实践技能的“双师型”教师。

为适应旅游职业教育的这一需求，近年来旅游职业院校围绕“双师型”教师队伍的建设，一方面积极推动在职教师的“双师”素质培养，另一方面尝试多方举措，吸引具有专业实践能力和丰富工作经验的“行业精英”加入教师队伍。于是，按照职业经历的不同，形成了“从学校到学校”的院校“双师型”教师以及“从行业到学校”的行业“双师型”教师两种“双师”类型。

认知是行动的先导，建立在职业认知基础上的职业认同代表着个体对于所从事职业的目标、社会价值及其他因素的看法，与个人的职业决策、职业探索和职业成功密切相关。而无论是职业经历简单的院校“双师型”教师，还是需要经历职业转换的行业“双师型”教师，能否建立其作为教师的职业认同，不仅会对其个人的工作满意度、完善自身素质的积极性以及献身教育事业的自觉性产生影响，还将最终影响旅游职业教育的质量。有鉴于此，系统研究旅游职业院校“双师型”教师职业认同的生成性动力机制和运作逻辑，对于促进旅游职业院校“双师型”教师队伍建设，实现专业实践教学与行业零距离，具有突出的理论与现实意义。

（二）核心概念

1. 认同

弗洛伊德在其著作中率先提出了“认同”（identification）的概念，其内涵包括识别（identification）、投入（incorporation）、合并（introjection）、内化（internalization）。随着学者们的进一步深入研究，“认同”的概念内涵不断丰富，在社会学范畴和心理学范畴应用广泛，并形成了“社会认同”理论。

由泰费尔和特纳等人在20世纪70年代提出的社会认同理论认为：个体可通过社会分类对自己的群体产生认同，并产生内群体偏好和外群体偏见，具体表现为个体认同与社会认同。个体认同是指对个人的认同作用，即一种情感、态度、认识的移入过程，旨在实现心理的完整、统一和连续感；社会认同是指社会的认同作用，由社会分类（social categorization）、社会比较（social comparison）和积极区分（positive distinctiveness）三个过程组成，主要关注社会对个体认同的影响，强调个体所处位置的意识。①

2. 职业认同

“职业认同”（professional identity）是社会认同理论的一个新的研究范畴，是指个体对于所从事的职业目标、职业的社会价值及其他因素的看法，社会对该职业的评价及期望的一致②。研究者主要是从社会心理学的角度关注个人对所从事职业做出肯定性评价，即是否从内心认为自己所从事的职业有意义、有价值，心理完全接受并且认可自己的职业，能从中找到乐趣。

职业认同不是一成不变的，而是对个体经验的解释和再解释过程。在形成认同的过程中，个体和环境的交流互动是很重要的，需要个体的努力，它的实质是个体获取和重新获取社会公允的认同。职业认同中包含一系列的子认同，它们最终会形成和谐的整体③。

二、研究设计与实施

（一）研究方法

质性研究被认为是“以研究者本人作为研究工具，在自然情境下采用多种资料收集方法，对社会现象进行整体性探究，主要使用归纳法分析资料和形成理论，通过与研究对象互动对其行为和意义建构获得解释性理解的一种活动”。④对于社会现象探索、意义阐释以及整体和深层社会文化结构的发掘来说，质性研究具有其独特优势。而在质性研究的众多方法中，由美国学者格拉斯（Barney Glaser）和施特劳斯（Anselm Strauss）提出的“扎根理论”被认为是操作性最强的理论建构方法，它主张研究者在研究开始之前没有理论假设，直接从实际观察入手，从资料中归纳出经验概括，然后上升到理论。作为一种从下往上建立实质理论的方法，扎根理论强调“不断比较”和“理论抽样”，按照“开放性编

① Meijers F. The development of a career identity［J］.International Journal for the Advancement of Counseling，1998（20）：191-207.

② 车文博 . 心理咨询大百科全书［M］. 杭州：浙江科学技术出版社，2001.

③ Beijaard D，Meijer P C，Verloop N. Reconsidering research on teachers' professional identity［J］. Teaching and Teacher Education，2004（20）：107-128.

④ 陈向明 . 质性研究方法与社会科学研究［M］. 北京：教育科学出版社，2000.

码—关联性编码—选择性编码”的基本程序，在文献研究、开放式深度访谈的基础上，通过内容分解、开放性编码和逐级登录广泛提取测项，再通过现象指认和现象概念化、范畴化对测项进行归纳合并，便可完成对“真实世界”的解释。

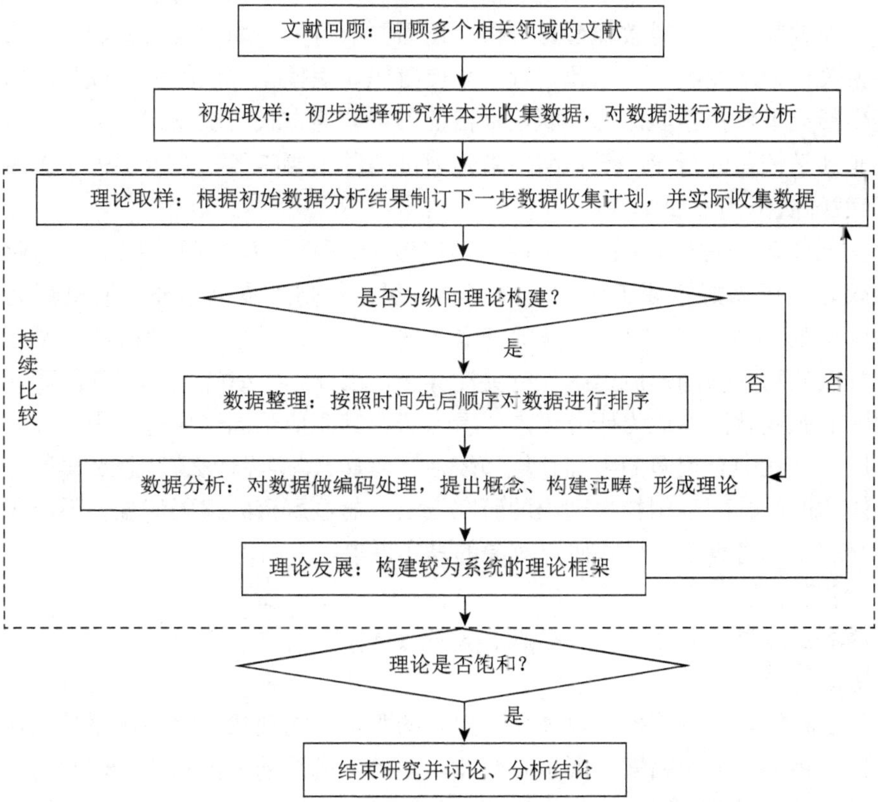

图 1　扎根理论研究流程框架[①]

（二）研究对象

旅游职业教育素来以行业零距离为导向，教学过程强调理论性与实践性的结合，这就要求旅游职业院校的教师必须是兼具扎实旅游专业知识和熟练操作实践技能的“双师型”教师。

所谓“双师型”教师，按照2008年教育部发布的《高等职业院校人才培养工作评估方案》确定的资格标准要求：“双师”需要具有教师资格，同时又具备下列3个条件之一：①具有本专业中级（或以上）技术职称及职业资格（含行业特许的资格证书及具有专业资格或专业技能考评员资格者），并在近五年主持（或参与）过校内实践教学设施建设或提升技术水平的设计安装工作，使用效果好，在省内同类院校中居先进水平；②近五年中有两年以上（可累计计算）在企业第一线本专业实际工作经历，能全面指导学生专业实践实训活动；③近五年主持（或主要参与）过应用技术研究，成果已被企业使用，效益良好。

① 王璐，高鹏．扎根理论及其在管理学研究中的应用问题探讨［J］．外国经济与管理，2010，32（12）：10-18.

2015 年教育部发布的《中国教育监测与评价统计指标体系》文件中对“双师型”教师的概念界定是“同时具备教师资格和行业能力资格，从事职业教育工作的教师”。

基于以上政策文件的表述，“双师型”教师的概念可以从两方面来理解：一是教师的素质要求，即教师既要具备理论教学的素质，也应具备实践教学的素质；二是双师的资格标准要求，即教师既要获得教师系列资格，还需要取得另一职业资格或职称，或是具备一定时间的相关行业从业经验。因此，近年来旅游职业院校在“双师型”教师队伍的建设过程中，逐步形成了依托挂职锻炼、职业资格证书培训等方式的院校“双师型”教师培养以及“从行业到学校”的行业“双师型”教师引进两种主要路径，有效促进了旅游职业院校“双师型”教师队伍的发展。

职业认同作为一种内在激励性因素，与个人的职业决策、职业探索和职业成功密切相关，不仅是教师做好本职工作的心理基础，更是打造一支高素质、有凝聚力的“双师型”教师队伍的必然要求。对于旅游职业院校来说，“双师型”教师占到重要比例，但基于其职业特点的职业认同形成过程往往关注甚少。因此，本研究选择以旅游职业院校“双师型”教师的职业认同形成为研究焦点，重点研究其职业认同形成过程中个体与环境之间的相互作用。这其中有很多的未知领域和较多“是什么”“为什么”“怎么样”的问题，无法进行具体的前设，而采用扎根理论的研究方法，通过严密的编码流程，系统识别相关概念、范畴和理论，将有助于反映研究对象的真实诉求。

（三）研究过程

1. 旅游职业院校“双师型”教师职业认同的质性研究

（1）访谈的设计

为深入了解旅游职业院校“双师型”教师的职业认同现状，完整还原其职业认同的发展变化历程及相关的影响因素，揭示其职业认同的生成性动力机制和运作逻辑，本研究采用深度访谈的质性研究方法。这是一种通过与被调查者深入交谈来了解和理解其生活方式和生活经历，从而描述社会现象、分析社会问题、反映社会群体诉求的方法。访谈形成的大量原始资料作为扎根理论的研究基础，可以抽象出一系列相关的概念和类属，最后形成反映社会现实生活的理论框架。

本研究的访谈提纲根据职业认同相关文献的回顾，结合旅游职业院校的特点，将职业认同大致划分为入行前和入行后两个阶段，引导受访者围绕从“高校教师”向“成为一名旅游职业院校教师”的变化来描述自己的职业经历、感受以及对未来职业发展的规划。具体的访谈提纲如下：

- 进入学校工作前，你有怎样的职业经历？
- 进入学校工作前，你对高校教师的印象是什么样的？
- 你进入学校工作的契机是怎样的？
- 进入学校工作后，你对这份工作的认识有什么变化？（造成这种变化的影响因素是什么？）
- 周边人对于你的工作有怎样的看法？
- 你会长期从事当前的工作吗？为什么？

● 请用五个词来形容你当前的工作状态。

（2）访谈的实施

■ 访谈对象

本研究选择采用目的性抽样的方法，即按照研究目的抽取能够为研究问题提供最大信息量的研究对象，最终确定参与研究的对象为旅游职业院校中具有编制并承担教学工作的全职教师。

出于抽样的典型性和方便性的共同考虑，本研究的访谈对象都来自于桂林旅游学院。一方面，桂林旅游学院办学历史悠久，不仅是我国两所独立建制全日制公办旅游本科院校之一，更是联合国世界旅游组织在中国大陆唯一的重点支持单位，是亚太旅游协会教育类会员单位和中国旅游院校“五星联盟”单位，专业设置涵盖“吃、住、行、游、购、娱”及新常态等旅游业主要领域，毕业生就业率和就业质量居同类高校前列，在旅游职业院校中具有一定的代表性。另一方面，本研究的团队成员均来自桂林旅游学院，对学校情况的熟悉和已建立的人脉资源可提供访谈的便利。

相关访谈于 2017 年 12 月开始进行，分别选取了 4 名院校“双师型”教师和 7 名行业“双师型”教师进行了多次的深度交流。到第 11 位教师访谈结束时，从访谈中获得的信息没有再产生新的概念、类属或其他重要信息，研究者又继续访谈了第 12 位和第 13 位教师，仍然没有新的性质出现，表明理论已经达到饱和，没有再继续进行访谈的需要了。接受访谈的 13 名受访教师的基本信息见表 1。

表 1　访谈人员基本信息

序号	编号	性别	年龄	学历	行业背景		从教情况		备注
					工龄	工作领域	教龄	承担课程	
1	T01	女	36	硕士	—	—	10	旅游规划	企业挂职
2	T02	女	36	博士	—	—	11	研究方法	职业资格证书
3	T03	女	38	硕士	—	—	12	景观设计	长期企业兼职
4	T04	男	27	硕士	—	—	2	统计学	职业资格证书
5	T05	男	41	硕士	6	导游	10	导游实务	政府挂职
6	T06	女	48	本科	10	园林管理	15	园林设计	高级职称
7	T07	男	40	硕士	4	企业管理	6	市场营销	政府、企业挂职
8	T08	女	50	硕士	14	导游、外贸	18	茶艺	行政转专任教师
9	T09	女	39	硕士	1	旅行社经营	11	导游实务	职业资格证书
10	T10	男	42	博士	6	行政管理	10	旅游学概论	学校—行业—学校
11	T11	男	31	硕士	8	企业经营	3	营销策划	企业经营
12	T12	女	28	硕士	—	—	4	生态旅游	职业资格证书
13	T13	男	46	本科	18	设计	6	景观设计	行政兼课

■ 访谈的实施和结果

访谈的进行围绕访谈提纲，主要通过面谈方式展开。而为了判断受访者的真实心理状态及情绪反应，研究者结合观察法的使用，注意搜集了受访者在访谈中的眼神、表情、动作等非言语信息，以便于在资料分析时帮助理解其话语内涵。

每次访谈结束后，研究者将录音的内容转化成文本形式。为了保护受访者的隐私，研究者以编号代替受访者的真实姓名，并依据逐字稿的内容提取出一些共同的概念，进一步对这些概念分类并且分析。

■ 访谈效度

本研究中主要采用两种方法来保证研究的效度：一是反馈法，即研究者得出初步结论后广泛地与同事、朋友和家人交换意见，听取他们的看法，通过不同的角度帮助研究者来检验研究的效度，如果出现看法不一致，则要回到原始资料，重新检验自己的结论，或是收集更多的资料来丰富或修改原有的结论；二是成员检验法，由研究者将研究的结果反馈到受访者，看看他们有什么反应，如果受访者对结论有不同的看法，应尊重其意见，对结论进行必要的修改。

（3）资料分析

■ 职业认知

（A01）职业意志

教师作为从事职业的一个统称，受访者在进行职业维度的自我归类时，他们会最先将自己归类为教师群体，从而与社会的其他职业相区分。在受访者看来，高校教师是教师群体中较为特殊的一个内部群体，必须具备更丰富的学识、经验，或是成为某一学科领域内的专家，承担着传承文化、传播知识的历史责任。

老师的社会地位还是比较高的，跟其他行业不一样，责任大，要教书育人啊。（T01）

不是什么人都可以当老师的，还是大学老师，学历、经验这些都有要求，而且现在（硕士）研究生都不行了，都得要博士了。（T13）

（A02）职业期望

基于对高校教师群体的身份认同，受访者均不同程度地表示出希望在自己的从教生涯中有所成就。所谓“成就”，可以是基础层面的知识传授、经验分享，可以是对学生成长和发展的有效指导和帮助，也可以是长期坚定的职业选择。

面对这些学生，还是希望能够把自己的一些经验跟他们多分享，他们可以不听，但该说的我还是要说。（T09）

现在当老师了，还是希望对得起学生，总不能误人子弟啊。（T03）

（A03）职业吸引力

高校教师作为一种专业化程度较高的职业，其职业属性、发展空间以及由此产生的社会声望都是吸引人们加入这一群体的重要原因。旅游职业院校中很多老师来自行业，他们放弃了更好的工作报酬而选择了从教，除了以上所述的一般性原因，也有冲着学校的“轻松”来的，充足的假期、自由的工作时间都可能成为他们二次择业的考虑因素。

其实我在企业做得算不错的，领导也挺器重，但总觉得每天就是做那些事，时间长了也就没什么意思了。别人问起来也没什么可说的。不像现在做老师，看到原来教过的学生现在都做得很好，有创业当老总的，感觉很不一样。（T05）

每年两个假期，除去加班，总还是有点自由时间的。（T09）

（A04）职业意义

教师被认为是现代社会分工中最重要的职业之一，担负的责任重大：一方面，知识的传播、文化的传承需要教师的全力以赴，由此助推社会的发展进步；另一方面，广大青少年的健康成长也需要教师的积极引导，由此帮助学生实现更好的发展。

既然当了教师，就要安于这个职业，瞧得起这个职业，这里不是赚钱的地方。（T10）

哪个时代都需要老师去传授知识。（T02）

（A05）职业形象

职业形象是社会对该职业及其日常行为的一种总体性评价与概括性认识，也是群体内部或个体自身对其职业所持有的价值认识与情感认同。对于高校教师来说，社会评价多集中在“为人师表、身正为范”的榜样示范作用以及“学高为师、才高八斗”的典型文化特征。而对群体内部成员来说，高校教师的职业更多意味着“不断学习、与时俱进”的前进压力。

任何一个职业都会有业务精良、责任心强的人，也有混饭吃的，偏偏这一点，大家不允许在老师这个职业里存在。（T11）

这个行业得不断地学习，稍微懒那么几年，回头补起来就费劲了。（T10）

（A06）从教契机

对于旅游职业院校的老师来说，相当一部分并未接受过师范教育，教师也不是他们最初的职业规划。最后选择从教，有的是毕业时的机会使然，觉得高校教师的工作可以在一定程度上实现自我价值，但也有相当一部分是在行业中历练多年后，基于自我认知、个人发展需要或是外部环境因素而选择进入高校从教。

学校的行业前景更好，原来的单位毕竟还是发展有限。（T06）

进学校就算是进体制了，有一个单位可以稳定地待下来，算是完成家人的心愿了。（T05）

（A07）兴趣

有研究表明，兴趣对于人们在进行某种职业活动时具有比较稳定而持久的心理影响，一般由兴趣出发进行择业，会逐步形成相关行为能力构建的胜任感，再由胜任感转化为对职业的喜爱。而按照职业兴趣的基本类型表现，受访者中出现了常规型、社会型、研究型、艺术型、实践型、管理型等多个类型，但都在不同程度上表达了对于教师职业的兴趣。

我是一个很有倾诉欲的人，看到那么多空白的小脑袋，我总觉得有太多的话想跟他们说。（T07）

每天跟年轻人打交道，多好。（T04）

（A08）自豪感

按照统一价值论的说法，当个人觉得自己的价值特性优于他人的价值特性时，就会产生一种自豪感。而职业自豪感的表现，除了受访者所提到的“自我感觉良好”“主动告知自己的职业”外，周边人的评价也会强化这一情感感受。

当老师也很多年了，这些年还是积累了一些东西的，不是说论文那些……学生毕业后也经常跟我联系，包括也帮他们做了一些事，效果还是很好的。（T03）

一说我是当老师的，朋友都还是挺羡慕的。（T01）

（A09）成就感

成就感一般用来形容个人愿望与现实达到平衡时所产生的愉悦和满足的一种心理感受。对于高校教师来说，其职业成就感更多的建立在学生的进步和成长之上，当看到学生完成了目标或是取得了进步，老师便会感到欣慰和快乐。

我也就带他们开了个会，定了个大概的方向，剩下的就他们自己商量，最后出来的方案还真可以。文字这些肯定是要反复打磨的，但创意真的不错，比赛前集中练个几次，一下得了个二等奖。（T01）

（A10）工作满意度

一般意义上的工作满意度是指个人在组织内工作的过程中，对工作本身以及工作环境、工作状态、工作方式、工作压力、工作中人际关系等因素的良性感受。访谈过程中，受访者对于当前教师的工作环境、工作方式以及工作中的人际关系普遍反映较为理想。

按照 ×× 市的平均收入水平，我们的待遇其实还算不错了，又有两个假期，不上课的时候还可以做点项目，挣点旅游费什么的。（T03）

有时候（课堂）感觉特别好，学生的互动也很积极，最后（题目）的正确率也很高，这样的课上起来就很舒服。（T02）

（A11）角色归属感

归属感是指个体与所属群体间的一种内在联系，个人体验到自己属于或应属于某一群体成员的意识。访谈过程中，受访者对于高校教师这一角色的归属感表现最为强烈，不仅是看到或听到颂扬教师职业的话语时会感觉欣慰，觉得个人的发展与教师群体的发展紧密相连，更有遇到同行时的“感同身受”以及做好本职工作的责任感和使命感。

每次在媒体上看到一些优秀老师的事迹，还是会很有感触。（T13）

去开会，遇到 ×× 几个学校的老师，大家聊起来，都不容易。他们今年也要评估，各种材料准备……我就跟他们分享我们当年，那才是……（T09）

（A12）组织归属感

归属感除了基于社会分工的角色认同，还表现在与特定群体的关系划定、认同和维系，即组织归属感。访谈过程中，受访者对于自己的工作单位均表现出较为明显的认同，除了“乐意提到我的工作单位”等具体的行为表现，更存在“感觉到自己是学校中的一分子，个人发展与学校的发展紧密相连”的情感共鸣。

基本上出去说 ××××（工作单位），大家都还是知道的。（T12）

我们学校虽然……但至少在行业还是很有影响力的。（T01）

■ 职业行为倾向

（B01）精力投入

对于高校教师来说，日常的授课、培训、会议、竞赛、学生工作以及科研任务都需要花费大量时间，而知识的不断更新变化要求教师在传授知识时也必须与时俱进，但这一过程往往无法做到准确的量化，投入与最终的效果还会经常出现差距，这也是高校教师工作的特殊性。

当老师要任劳任怨，要花大量的业余时间，什么个人的收藏比赛要用就都要拿出来。（T08）

……要与时俱进、自我积累。（T01）

这个（旅游）行业变化发展这么快，不多出去看看，回来要怎么跟学生讲。（T09）

（B02）职业技能

高校教师的工作除了对知识储备的基本要求之外，还需要其具备良好的沟通表达能力、组织管理能力、教育科研能力、教育技术手段的应用能力等。目前社会对于高校教师的职业技能水平评价主要依托学历、职称，但在教师的自我评价中，教学科研能力还应包括对课堂的把握、学生的调动以及对专业知识领域的深度了解和成果转化。

你当老师的，课讲不好那就不应该了。不要说现在的学生评教不准，你上得好不好，他们还是知道的。（T04）

（科研）还是很有必要的，几个课题做下来，×× 一路跟踪下来，基本上这块领域你就是专家了。（T10）

（B03）职业道德

当今社会对于高校教师的道德标准要求全面，包括爱国守法、爱岗敬业、关爱学生、教书育人、为人师表、终身学习等，受访者对其中所传递出的责任和使命深有感触。

当老师的，总不能太随便吧。不只是衣着、说话这些，包括人生态度，不说作为榜样，但至少应该给学生一个好的示范。（T02）

（B04）职业规范

高校历来重视教师的职业规范建设工作，不仅有国家层面的相关制度规范，各个学校也都配套出台了大量的管理制度，涉及教学管理、科研管理、人事管理等各个工作领域。作为教师，大多会自觉遵守相关的职业规范和制度要求，甚至包括一些非正式的制度，也会主动或被动地保持与组织其他成员的一致性。

我觉得现在高校的管理已经管得非常细了，尤其是对老师教学的要求，各种教学材料整理起来，量大得吓人。（T09）

必须按要求来啊，学校规定了“八大件”，就得按着来准备啊，如果少了被抽到了，那就是教学事故。（T04）

（B05）经验优势

受访对象中有一部分是从行业转到学校从教的，在他们的自我认知中，丰富的行业经验对于完善教学内容、提高教学质量十分有利，而且也不会造成对教师这一“新”职业的认知障碍。

在企业这些年，不管是一线的业务还是管理，特别是对游客的经验，用到教学当中，相关知识的融会贯通，肯定还是有优势的。（T06）

在课堂管理、课程节奏等方面，行业经验还是有帮助的。（T10）

（B06）认知偏差

在平时与周边人的交流过程中，我们经常会听到对于高校教师“很轻松”的评价，理由往往是基于“没有升学压力”“有寒暑假”“不用坐班”等认知。但在与访谈对象的交流中，普遍的认知是“辛苦”“压力”“加班”等状态，群体的内外认知存在明显差异。

（当老师）看着轻松，其实很辛苦的。（T05）

我说我每天加班，别人都不信。（T01）

（B07）自我表现

成为高校教师之后，一方面是社会关注、学校管理等外部因素的影响，另一方面则是教师个人的自我要求、责任感等内在因素，综合作用之下，一部分受访者表现出“迎难而上”的决心和实际行动，包括利用业余时间学习、主动与同事交流教学心得、主动向学生寻求反馈信息等，但也有一部分受访者“得过且过”，缺少对于未来的职业发展规划，也没有积极的工作态度，每天按部就班，只为完成基本工作任务。

大家组成一个团队，有时间了在一起聊聊最近看的论文，找找灵感，总能有收获的。（T02）

自己天天玩得挺好的，我反正我把该上的课上完，该写的文章写完，我就觉得可以了。（T011）

（B08）个人发展

高校可以提供发挥个人能力的平台，也能够创造改变人生轨迹的契机，但更多的还是要靠个人的努力。受访者提到的个人发展方式就包括了学历晋升、考证、挂职、培训等，大多数人表现出了积极的努力倾向，但也有一部分人还处于迷茫当中。

现在学校的趋势就是这样，大家都在说考博，那就考考看呗。（T02）

我们从学校毕业就当老师了，行业经验这块差太多了，不想办法补回来的话，有的课我都不敢接。（T01）

（B09）坚持性

高校教师为了更好地传授知识，需要建立终身学习的观念，不断更新、完善自身的知识结构，也要主动跟踪、了解行业领域的最新发展动态，而且需要坚持不懈。但与此同时，教学工作的重复特性又会造成对工作热情的极大消耗，形成职业倦怠。

后面有鞭子在抽啊，谁敢不动？我们离退休还早着呢。（T10）

这是一个需要激情的职业，但是再有激情的人，同一门课反反复复地教，同样的话反反复复地说，久而久之都会有些倦怠。（T03）

（B10）胜任感

个体如果凭借自身的能力而最终实现预定目标，便可获得一种积极的自我价值感体验，这就是所谓的胜任感。对于高校教师来说，其参与的最主要的活动就是教学和科研，因此，根据学生的实际情况因材施教并帮助学生实现了进步，或是圆满解决了教学过程中的突发问题，又或是按要求完成了科研任务等，都能够有助于职业胜任感的形成，并可最终转化为个人职业发展的动力。

科研分完成任务没有问题，现在的关键是尽快结题。（T02）

学生会问，这时候我就要想办法用比较容易理解的例子去解释……效果还行，期末考我这个班的总体分数还行，最后的大题基本都答上来了。（T01）

（B11）工作压力

每个职业都会面临工作的压力，有的是外部原因，有的则是内部的问题。在访谈过程中，部分受访者对于高校的现行管理制度表达了不同程度的质疑，认为刻板的工作量要求造成了工作中的主要压力，特别是科研部分的任务要求过高。

每天打杂，加班，工作比在行业时更累，应酬也不少。（T07）

科研的压力较大，还要上课，还要比赛，等发现这个（科研）很重要的时候已经落伍了。（T08）

■ 社会环境

（C01）制度环境

制度环境表现为人们在长期的社会工作交往中自发形成的行为规范，其中一部分以规章制度的形式强制所有人必须遵守，也有一部分以习俗的形式让人在无意识中接受而形成了行为习惯。总体来看，目前高校的制度建设已经较为完善，原本的一些“约定俗成”也基本实现了制度化的改革，但最终的实施效果存在差异。

需要有个基本的（教学）规范，要对学生负责。（T10）

现在管理得越来越细了，各种新出来的制度，老师也不好做了。（T07）

（C02）工作报酬

虽然近年来高校教师职业的待遇不断提高，但相比金融、房地产等行业，高校教师的收入还处于一个较低的水平。特别是考虑到教师肩负着培育人才的重任，又承载着家长与学生的众多期待，长期处于一种为人师表、不容犯错的舆论压力之中，与之相比，目前的收入显然无法充分体现其能力和付出。但也有受访者表示，作为脑力工作者，高校教师应该主动尝试其他方式来体现知识的价值。

我们的收入只能说是比上不足，比下有余。（T12）

高校老师的收入学校这块应该不是主要的，你要想办法转化，不管是接项目还是自己做（企业），要自己想办法创造价值。（T10）

（C03）工作氛围

大学给人的印象往往是充满青春和活力，对于高校教师来说，每天跟学生交流，也确实能够被他们身上的活力和热情感染，同时还能接触到时下的各种流行元素，了解社会的最新发展和变化趋势。此外，相对于其他职业多样化的工作对象、复杂的人际关系，高校的整体工作氛围相对轻松。

每天跟年轻人打交道，思维总要活跃一些。（T01）

学校比起外面，还是要单纯一些。（T11）

（C04）家人朋友的支持

高校教师的工作需要投入大量的时间和精力，必然会挤占私人的空间，因此，想要更好地完成各项工作任务，就少不了家人和朋友的支持。这种支持不只是精神层面的理解、包容，还包括实际的行动，如协助调研、提供信息、调整自己的工作时间来配合学校的相关活动，等等，方式多种多样。

家人都还是比较理解我的。（T06）

他们已经习惯我每天加班了。（T01）

（C05）学生的认可

作为高校教师的主要服务对象，来自于学生的认可是衡量评价教师工作成效的最主要指标。学生的认可有很多方式，“喜欢听你的课”“这个课程的内容我觉得很有用”，类似的话语直接表达了学生对于教师教学能力及效果的肯定；课程结束后，仍有学生愿意主动与老师交流学习、生活中的感受，这样的师生关系表达了学生对于教师引导、启发个人发展的角色认同。

过节的时候，学生跟我说声“节日快乐”，就觉得没白辛苦。（T09）

那个学生已经毕业蛮久了，她想考研，而且想考回学校，就来问我。……基本上有什么事还是习惯来问问我的意见。（T05）

（C06）领导同事的认可

高校教师的工作少不了协同配合，团队建设也历来受到高校内部的重视。在组织内部，个人的角色作用与其能力、付出以及最终贡献密切相关，拥有突出的个人能力往往会受到领导和同事的欢迎，从而得到更多的工作机会，而顺利完成工作任务后的荣誉、奖励也确实能增加教师工作的满意度。

反正一有这类的事，（领导的）电话就来了。（T08）

我主要擅长这块的分析，所以基本上大家要做就会拉上我……挺好的，参与一下不同的团队，看看他们的工作方法。（T02）

（4）研究结果

按照扎根理论在数据选择和分析技术上的系统化操作，为了保证分析过程的科学性，规避编码者个人偏见对编码结果的影响，减少研究中的误差和提高理论敏感性，项目研究团队成员共同参与了对原始资料的编码工作。在明确了研究目的之后，首先由两位研究者分别开展编码工作，在编码的过程中遵循着相同的原则和要求：一是尝试从受访者的视角出发，避免由于研究者的个人经验造成先入为主的偏见，二是用已经形成的概念和类属指导后续的编码工作，当出现无法归类的情况时，返回先前的编码结果中进行相应的修订。编码工作结束后，项目研究团队成员共同对于少数的概念及其归类不一致的问题进行了思考和讨论，最后达成了一致的分析结果。

三个级别编码的具体结果如下：

■ 一级编码

围绕本项目的主要研究目的，研究团队成员反复聆听录音资料，查看已有的文本资料，形成对访谈内容的大致印象，并在此基础上对资料进行仔细研读，节录出受访者的记录用以作证及表达，标示受访者的编号与访谈对话的出处，同时用“( )”表示受方者的非语言表达，最终从中抽取出与研究目的紧密相关的概念共 29 个。

■ 二级编码

研究团队成员通过讨论，尝试发现从基本资料中抽取的概念之间的联系，进而明确各个概念所属的范畴。在此基础上，针对每一个类属进行深度分析，围绕着这一个类属寻找相关关系。经过大家的共同讨论，最后将 29 个基本概念划分为 8 个范畴。

■ 三级编码

这一阶段需要在所有已发现的概念类属中经过系统的分析以后选择一个“核心类属”，即明确故事线。核心类属必须在与其他类属的比较中一再被证明具有统领性，能够将大多数的研究结果囊括在一个比较宽泛的理论范围之内。经过项目研究团队成员的共同讨论，在原有的 8 个范畴的基础上提出了 4 个“核心类属”。

表 2　三级编码一览表

一级编码	二级编码	三级编码
职业意志	职业价值观	价值认同
职业期望		
职业吸引力		
职业意义		
职业形象		
从教契机	职业动机	
兴趣		
自豪感	职业情感	情感认同
成就感		
工作满意度		
角色归属感	职业归属感	
组织归属感		
精力投入	工作内容	投入认同
职业技能		
职业道德		
职业规范		
经验优势		
认知偏差		

续表

一级编码	二级编码	三级编码
自我表现	职业行为倾向	投入认同
个人发展		
坚持性		
胜任感		
工作压力		
制度环境	职业环境	社会认同
工作报酬		
工作氛围		
家人朋友的支持	外部支持	
学生的认可		
领导同事的认可		

扎根理论的目的是“识别在文本中出现的范畴和概念，并将这些概念连结进独立存在的、正式的理论”，其本质就是建构新理论。因此，经过了以上“开放式登录—关联式登录—核心式登录”的三级编码过程，本研究尝试构建了旅游职业院校“双师型”教师职业认同的理论框架雏形，认为“双师型”教师的职业认同感由价值认同、情感认同、投入认同和社会认同四个方面组成（见图 2）。其中，价值认同是指“双师型”教师对教师职业在社会中所处地位与存在价值的认知，情感认同是“双师型”教师对教师职业的感受与体验，投入认同是指“双师型”教师对教学科研等相关知识及相关活动的投入倾向，社会认同则是指社会对旅游职业院校“双师型”教师的期望和定位。

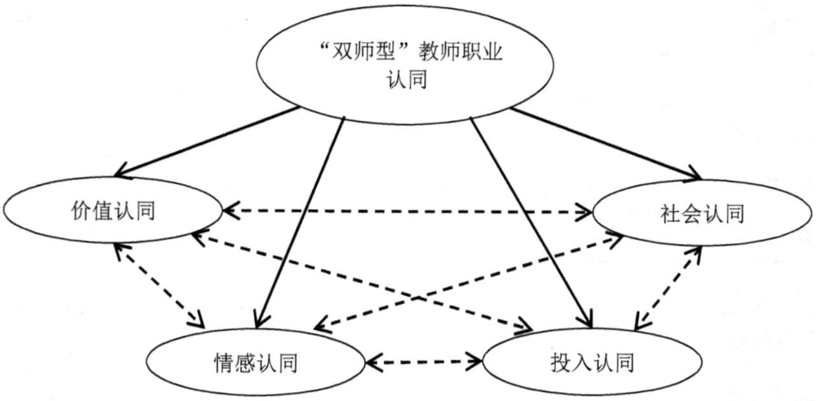

图 2 旅游职业院校“双师型”教师职业认同的理论框架

2. 旅游职业院校“双师型”教师职业认同量表开发

（1）问卷编制

■ 具体条目的编写

旅游职业院校“双师型”教师职业认同的问卷编制主要是由扎根理论研究中获取的29个基本概念发展而来。初始问卷中具体条目的编写参考了有关“职业认同”的相关量表，借鉴了相关文献中涉及“教师职业认同”的内容，并对访谈内容进行了适当提炼。依据旅游职业院校“双师型”教师职业认同结构的理论构想，按照每个因子的内涵和外延，对各因子进行细化解读，从与各成分相关的典型心理、行为方面编制具体题项。

为了保证问卷编制的效果，研究团队成员在完成具体条目的初步编制后进行了多次讨论，征集了人力资源管理方向2名专家的意见，对问卷项目进行了进一步的评估，主要集中在两个方面：一是问卷各个项目的表达是否简单明了、通俗易懂，是否存在歧义；二是问卷各个项目考察的内容方面是否存在一个项目考查了多个维度或是多个项目考查的是相同维度的情况，对存在问题的项目进行拆分或合并。根据以上专家和研究团队成员的讨论结果，研究者重新筛选和修改了初始问卷，形成预测量表共26道题（详见表3），采用李克特五点计分制，单选形式。

表3 旅游职业院校“双师型”教师职业认同预测试量表

序号	测量项目	核心含义
1	教师的职业能够实现我的人生价值	职业价值观
2	我认为教师职业的发展空间很大	
3	我认为教师是社会分工中最重要的职业之一	
4	我对教师的工作很感兴趣	职业动机
5	我能胜任教师的工作	
6	我喜欢教师这份工作	
7	在做自我介绍的时候，我乐意提到我是一名教师	职业情感
8	从学生的进步看到我自己工作的成就，是最欣慰的事	
9	我很满意教师的工作和生活模式	
10	当看到或听到颂扬教师职业的话语时，我会有一种欣慰感	职业归属感
11	我认为自己是教师群体中的一分子，我的发展与教师群体的发展紧密相连	
12	我乐意提到我的工作单位	
13	我经常主动参加与专业教学有关的讲座、培训等学习机会	工作内容
14	教育科研能力是教师必须具备的基本能力	
15	我觉得拥有行业经验的教师在高校中具有一定优势	
16	我觉得身边的人对教师的认知偏差很大（如“轻松”）	

续表

序号	测量项目	核心含义
17	我愿意利用业余时间学习，提高自己的业务水平	职业行为倾向
18	我乐意与同事交流教学心得	
19	我能根据学生的实际情况制定教学策略，因材施教	
20	对于教学过程中出现的问题，我总能圆满解决	
21	我认为目前学校的管理体系已经十分规范	职业环境
22	目前的工作报酬足以体现我的能力和付出	
23	我觉得作为教师，和学生在一起交流是件很开心的事	
24	家人和朋友非常理解和支持我的工作	外部支持
25	我觉得自己是一个受学生认可的教师	
26	我觉得自己是一个受同事、领导认可的教师	

（2）调查的实地

初始问卷形成后，本研究采用分层抽样的方法，在桂林旅游学院选取了 65 名“双师型”教师参与了调查，共发放问卷 65 份，回收有效问卷 65 份，有效率为 100%。被试详细情况见表 4。

表 4　预测试被试情况分布表

类别	构成	人数	百分比
性别	男	24	36.92%
	女	41	63.08%
年龄	26~30	17	26.15%
	31~40	34	52.31%
	41~50	14	21.54%
学历	本科	5	7.69%
	硕士研究生	54	83.08%
	博士研究生	6	9.23%
职称	初级	11	16.92%
	中级	25	38.46%
	高级	22	33.85%
	未定级	7	10.77%

续表

类别	构成	人数	百分比
教龄	不足1年	9	13.85%
	1~5年	19	29.23%
	6~10年	16	24.62%
	10年以上	21	32.31%
职业经历	学校到学校	45	69.23%
	行业到学校	20	30.77%

（3）结果分析

■ 问卷信度与效度评估

信度是对测量结果的一致性、可靠性和稳定性的检验，信度越高，表明测量结果越可信，问卷项目的内部一致性程度越高。本研究采用克朗巴哈（Cronbach）α 系数来检测问卷项目的内部一致性程度。经检验，本次预测试的信度系数值为 0.932，大于 0.9，说明研究数据信度质量很高。针对“项已删除的 α 系数”，分析项被删除后的信度系数值并没有明显的提升，说明题项全部均应该保留，也进一步说明了研究数据信度水平较高。针对“CITC 值”，分析项对应的 CITC 值全部均高于 0.1，说明分析项之间具有良好的相关关系，同时也说明信度水平良好。综上所述，本次研究数据信度质量高，可用于进一步分析。

效度分析反映的是测量项目与其实际所要测量特质的相符程度，也就是测量的有用性和有效性。经测试，本次所有研究项对应的共同度值均高于 0.4，说明研究项信息可以被有效地提取。另外，KMO 值为 0.827，大于 0.6，意味着数据具有效度。

预测试问卷经过信度和效度评估后，有效性和可靠性水平均较高，表明此量表的设计和编制有一定的科学性和合理性，可以作为实践十测量旅游职业院校“双师型”教师职业认同水平及其影响因素的重要工具。

■ 职业认同现状

作为量表开发过程中的预测试，本次调查涉及对象数量较少，就其反映的受访者情况来看，“双师型”教师职业认同的总体水平为 4.1941，整体水平较高。具体来看，在 26 个测量项目中，得分最高的三个项目分别是“从学生的进步看到我自己工作的成就，是最欣慰的事”“我愿意利用业余时间学习，提高自己的业务水平”和“在做自我介绍的时候，我乐意提到我是一名教师”，说明在受访者在情感上已经对自己的职业产生了较高的认同感，并且表现出了相应的行为倾向，愿意通过主动付出夹促进自身的成长。而得分最低的两个项目分别是“目前的工作报酬足以体现我的能力和付出”和“我认为目前学校的管理体系已经十分规范”，说明受访者对于包括工资报酬、制度环境等因素在内的职业环境整体满意度较低，未来如果没有明显改善，将会影响其职业认同感的形成。

■ 职业认同差异分析

考虑到人口统计学变量以及职业特征变量对“双师型”教师职业认同水平可能产生的

影响，本研究对性别、年龄、学历、职称、教龄、职业证书以及职业经历等可能产生影响的因素进行了检验。通过两独立样本 t 检验，性别、职业证书与职业经历在职业认同各因子上均不存在显著差异。通过单因素方差分析（ANOVA），不同年龄阶段、不同学历程度、不同职称以及不同的行业从业时间对于职业动机、职业价值观、职业情感、职业归属感、工作内容、职业行为倾向、职业环境和外部环境均不存在显著差异，而不同教龄对职业归属感呈现显著差异。LSD 事后检验表明教龄不足 1 年与教龄 1~5 年存在显著差异（$p < 0.05$），教龄不足 1 年与教龄 6~10 年存在显著差异（$p < 0.05$）。

■ 职业认同分类统计

综合具体分类统计结果来看，在年龄方面，26~30 岁的受访者对教师的职业认同感最强，其次是 41~50 岁，31~40 岁的职业认同感最低。而在职称方面，初级及未定级受访者的职业的认同感最强，其次是高级职称，中级职称的职业认同感最低。综合来看，这主要是因为在旅游职业院校中有一部分的“双师型”教师是在经历了一段时间的行业锻炼后重新进行职业选择而进入到学校，但因为受到年龄和职称因素的限制，在适应学校工作的过程中遇到了较大的挑战，因而产生了消极的情绪体验，进而降低了对教师职业的认同程度。

在学历方面，博士研究生的职业认同感最强，其次是本科，硕士研究生的职业认同感最低。究其原因，目前旅游职业院校中硕士的人数比例相对较高，而按照现行的学校绩效评价体系，他们往往需要承担相对繁重的工作任务，由此产生的压力在一定程度上降低了其对教师职业的认同程度。

另外，教龄方面，刚进校不足 1 年的“新”教师表现出较为强烈的职业认同感。而对比不同的职业经历，从行业到学校的“双师型”教师表现出更为明显的职业认同感。这主要是因为人们在进行职业选择时很容易受到职业声望的影响，而高校教师在这一方面具有很多职业都无法比拟的优势，使得很多“新”教师，特别是经过慎重的二次择业的行业“双师”，因为对高校的工作充满期待，进而促进了其职业认同度的提升。

表 5　旅游职业院校“双师型”教师职业认同的分类统计

类别		职业认同水平
年龄	26~30	4.3235
	31~40	4.1097
	41~50	4.2418
学历	本科	4.3385
	硕士研究生	4.1595
	博士研究生	4.3846

续表

类别		职业认同水平
职称	初级	4.2378
	中级	4.0923
	高级	4.2028
	未定级	4.4615
教龄	不足1年	4.5085
	1~5年	4.1154
	6~10年	4.1298
	10年以上	4.1795
职业经历	学校到学校	4.1778
	行业到学校	4.2308

三、研究结论与展望

（一）研究结论

1.旅游职业院校“双师型”教师职业认同的质性分析结果

围绕旅游职业院校“双师型”教师队伍建设过程中的职业角色定位及转换问题，研究者通过深度访谈的方式，对受访者的职业认同状态进行了整体性探究，结果发现：首先，在职业维度上的分类上，受访者会把自己归类为教师、高校教师和旅游职业院校教师三个群体，其中对于高校教师群体会产生较为强烈的归属感。其次，受访者对于高校教师职业表现出较为明显的行为倾向，并在一定程度上形成了职业胜任感。另外，无论是“行业到学校”，还是“学校到学校”，“双师型”教师的职业选择在很大程度上受到了职业声望的影响，在这一方面高校教师具有很多职业都无法比拟的优势。

而根据本研究的研究目的，按照扎根理论的基本步骤对原始资料进行编码分析，共分了三个级别：一级编码共抽取了 29 个基本概念，包括“职业期望”“职业吸引力”“角色归属感”“职业技能”“职业规范”等；二级编码在考虑实践意义的基础上将基本概念范畴化，共确定了 8 个范畴：职业价值观、职业动机、职业情感、职业归属感、工作内容、职业行为倾向、职业环境、外部支持；三级编码则是要找出能够统领已有概念和范畴的“核心类属”，经过分析，最终确定了四个“核心类属”：价值认同、情感认同、投入认同和社会认同。

在上述编码分析的基础上，本研究进一步构建了旅游职业院校“双师型”教师职业认同影响因素的理论框架雏形。其中，价值认同是指“双师型”教师对教师职业在社会中所处地位与存在价值的认知，情感认同是“双师型”教师对教师职业的感受与体验，投入认同是指“双师型”教师对教学科研等相关知识及相关活动的投入倾向，社会认同则是指社会对旅游职业院校“双师型”教师的期望和定位。

2. 旅游职业院校“双师型”教师职业认同的量化分析结论

根据质性研究的结果，研究者编制了《旅游职业院校“双师型”教师职业认同调查问卷》，不仅要检验已有理论的合理性和科学性，同时也期望通过定量研究发现旅游职业院校“双师型”教师职业认同的相关影响因素，以便提出针对性的职业认同干预策略。

初始问卷经过信度和效度分析后，保留了 26 个项目，与个人基本信息的调查部分一起，形成了旅游职业院校“双师型”教师职业认同的正式测量问卷。

而根据预调查的样本分析结果，受访的“双师型”教师职业认同水平为 4.1941，总体水平较高。通过人口统计学和职业特征的差异分析，发现教龄会在一定程度上带来“双师型”教师职业认同水平的差异，而性别、年龄、学历、职称以及行业的从业资历等因素对“双师型”教师职业认同水平的影响并不显著。另外，通过分类比较发现，受访者中 31~40 岁年龄段、中级职称、硕士研究生学历的“双师型”教师受工作压力等因素的影响，表现出的职业认同水平相对较低，而 26~30 岁、职称为初级或未定级、刚进校不足 1 年的“新”教师因为对学校工作充满期待，表现出更为强烈的职业认同感。此外，对比不同的职业经历，从行业到学校的“双师型”教师大多经过慎重的二次择业，因此表现出更为明显的职业认同感。

（二）对策与建议

1. 构建职业认同新场域

作为一个关系性概念，场域可以被看作不同位置之间的客观关系的空间，而这些位置是根据他们在争夺各种权力或资本的分配中所处的地位决定的①。对于旅游职业院校来说，“双师型”教师职业认同的形成便需要平衡各场域之间的关系，最终构建一个相对和谐的客观关系空间。

在这一空间中，充盈着各种形式的交往互动，教师作为绝对的主体，一方面肩负着传授知识和技能的责任，另一方面掌握着学生学习成绩、评优、利益分配等权力。因此，需要通过恰当的个人干预策略，建立正确的职业价值观，强化积极的职业情感，培养相应的行为习惯，充分发挥其自身的主观能动性，提升整体的职业认同水平。

学校，作为是教师的重要他人，具有很高的话语权。一方面，它为旅游职业教育活动提供场所和基地，教师的相关教学和科研活动都是在学校开展实施的；另一方面，它发挥着建立各种规章制度、主导发展方向、营造发展环境、调控资产配置、监督、认证和协调等功能。因此，需要通过积极的组织干预策略，充分利用其对教师的具有巨大影响，引导职业认知的形成，强化行为习惯的养成，促进整体职业认同水平的提高。

此外，在旅游职业教育的关系网络中，还存在着学生、家长、家人朋友、企业、教育主管部门等客观的社会关系，他们会通过场域中其他行动者的惯习与实践来实施影响，各种权益相互制衡，共同组成了相互支持、相互协调的旅游职业教育场域。因此，有必要实施相应的社会干预策略，进一步完善有助于提升“双师型”教师职业认同的强化干预体

① 刘生全 . 论教育场域［J］. 北京大学教育评论，2006（1）：78-91.

系，进而优化完善人才培养过程并进行推广应用。

2. 个人干预策略

（1）树立正确的职业价值取向

作为高校教师，必须保持自身在思想上的先进性和纯洁性，秉承职业精神，做到“有理想信念、有道德情操、有扎实知识、有仁爱之心”，时刻严格约束自己，主动加强教师的事业心和责任感建设。而对于需要经历角色认同和转换的“双师型”教师来说，更需要有意识地培养自己的专业兴趣和事业进取心，努力提高自己的教学和科研能力，扩展自己的理论知识，主动将新的职业角色建构到自身原有的经验中去，以积极的心态面对角色的转变，进而促进自身角色认同的建构，做到“干一行，爱一行”。

（2）构建积极的职业情感

首先，应形成明确的职业认知。旅游职业教育的任务是培养面向旅游行业一线的高素质应用型人才，因此，作为教师应明确所扮演的角色意义，逐步形成自己的职业意志和职业期望，而不受他人或社会偏见的左右。其次，要在明确职业定位的基础上主动强化自身的职业认同感，保持良好的职业心理状态。一方面，教师要对自己有合理定位，了解自身的优势和特长，培养积极心态；另一方面，教师要积极学习，将自己的观察、思考、经验融入教学和科研，从中收获乐趣与满足，并将其转化为推动自身前进的动力。

（3）提高自身的职业能力

旅游职业教育素来以行业零距离为导向，这对教师的职业能力提出了更高的要求。

第一步，教师应做好自身的职业分析。一方面应对自身的职业兴趣、性格特长、职业技能等有一个客观而清晰的认识，并与教师职业所需的基本素质和技能进行比较分析，明确自身的优势和不足；另一方面，应在正确的职业动机和职业价值观引导下，对自身的职业生涯进行合理的设计。

第二步，教师应通过提高专业素质来增强职业认同。行业“双师”可以积极参加各种形式的学习、培训和进修，重点补充熟悉自己所在领域的理论知识，掌握职业教育的规律，提高教学效率；院校“双师”也要学会自我“充电”，可以通过挂职、考证等方式提升自己的应用操作能力，补充行业的新知识新信息，也可以通过日常的交流、观察，结合判断，与不同专业、职业背景的同事保持良好的互动，互相切磋，取长补短。

3. 组织干预策略

（1）增强组织支持感

首先，学校应以岗前培训为契机，开展相应的职业认同教育，让“双师型”教师切身体会来自组织的支持和帮助，从而提高职业认同感。其次，立足于教师的长期职业发展需要，学校应开展系统的职业生涯管理，为教师们设定知识学习、能力发展、专业提升等方面的整体职业发展目标，并根据其所处的不同背景和特长，采取针对性的引导策略。此外，学校还可通过提供劳动合同、提供良好待遇与安全、建立公平公正的制度、围绕职业能力的专项培训、改善工作环境和人际环境等途径来提升“双师型”教师的组织支持感和总体的职业认同感。

（2）提高教师的工作满意度

对于行业“双师型”教师来说，学校可以在行业经验和行业丰富度方面给予相应的肯定，鼓励其将行业经历、经验和方法应用到教育教学当中，并在工作待遇、工作环境等方面给予相应的体现；而对于院校“双师型”教师来说，学校可在挂职锻炼、考取职业资格证书等环节也应给予相应的认定和鼓励；此外，对于教育教学技术、手段和方法的应用以及教师所承担的创新创业、竞赛指导等一些具有挑战性的工作，也应有相应的认证，以此来提高“双师型”教师的工作满意度。

（3）重视并提高工作幸福感

首先，在组织环境方面，可以用组织文化形成感召，让个人以加入高校感到自豪；可以组织形式多样的非正式活动来增强同事间的情感联系；还可以从“双师型”教师的需求出发，提供公平公正的竞争、升迁、奖励环境。其次，在员工人格方面，学校应提供学习和个人发展的多样机会，多角度提供挑战与趣味并存的工作，多方位提升教师工作成就感和自我效能感，全方位提供透明的晋升渠道、培训机会。第三，情感体验方面，学校应通过制度的建立，想办法增强“双师型”教师与学生、其他教师以及与学校各职能部门之间的沟通，方便学校多角度、多层次地了解员工的想法与体验，进而帮助和支持“双师型”教师的成长和发展。

（4）构建牢固的心理契约

首先，学校应把合适的人安置在合适的岗位上，确保人和人的关系正确，让教师舒服地感受到组织管理者的接近；其次，学校与教师间要有明确清晰的认识和适当的交流，确保教师的相关表现得到承认，这就需要规范“双师型”教师队伍的管理制度。一方面，学校要对教师的资格认证制度进行完善，并制定相应的职称评价制度，从而为“双师型”教师队伍培养奠定坚实基础；另一方面，要建立完善的“双师型”教师科学考评体系，以保证教师工作业绩符合要求，从而激活教师队伍。

4. 社会干预策略

（1）营造尊师重教的社会氛围

首先，各地政府要把教育事业摆在优先发展的战略地位，积极改善教师待遇、学校环境和生活条件。其次，可以发挥榜样带头作用，组织开展形式多样的主题活动，利用各种媒体、宣传栏、板报、学校网站等方式，将教师队伍中的先进事例向教师、学生、家长及社会公众进行广泛宣传，以增强教师的职业荣誉感、责任感和使命感，激发广大教师立德树人、教书育人的积极性和主动性，努力创办让人民满意的优质教育。此外，还可以引导学生发现和赞美身边优秀教师的高尚品质，培养和谐的师生关系，进而激励教师无私奉献，努力工作，形成尊师重教的良好风气。

（2）建立良好的社会支持系统

首先，在一般性层面上，要加强国家对教师职业的政策支持和经济支持，建立相应的制度保障机制，社会舆论也应为教师的成长和发展提供良好的社会环境。其次，为了给予旅游职业院校“双师型”教师专业发展的助力，可由教育主管部门或是学校牵头，建立专家支持系统，一方面邀请教学或学术见长的专家，通过示范、指导、组织研讨活动、讲座等方式来体现其引领作用，另一方面可根据需要成立学术指导委员会，对高校教师的科研课题进行指导。此外，可以发挥同事间的互帮互助优势，加强团队建设，搭建相关平台并提供制度保障，构建教师专业发展的内部支持系统。

（三）不足与展望

本研究围绕旅游职业院校“双师型”教师队伍建设过程中的职业角色定位及转换问题，尝试从教师职业认同构建的角度，运用扎根理论的研究方法，编制形成了相应量表，丰富了职业认同理论研究的成果，但依然存在一定的不足。

第一，本研究运用了扎根理论的研究方法，对旅游职业院校不同类型“双师型”教师的职业认同状态进行了整体性探究，过程中对搜集资料进行了内容分解、现象指认、现象概念化、范畴化，但由于研究者理论水平、科研能力等方面的水平所限，最终的编码结果可能无法全面、准确地解释所有内容，未来还需要在这方面进行更多地研究和探讨。

第二，受研究周期和研究对象等因素的影响，本研究所形成的教师职业认同量表仅在小范围内进行了预测试，虽然有较高的信效度，但是其评估对象扩展至其他旅游职业院校的“双师型”教师后是否同样具有适用性，这还有待在后续的研究中进行深入的验证、修正与完善。

第三，本研究按照“关系—结构—习惯”的逻辑范式，尝试构建了有助于提升旅游职业院校“双师型”教师职业认同的强化干预体系，但是仅靠一项研究尚不可能对该问题做出非常全面、准确的解释，还需要在未来的相关应用中针对旅游职业院校的实际情况进行修正和完善。

项目名称：高职院校旅游类专业绿色技能开发与研究
项目编号：LZW201722
项目负责人：刘雨涛
项目负责人所在单位：广州铁路职业技术学院

高职院校旅游类专业绿色技能开发与研究

一、研究背景

绿色技能的开发与培养已经成为国际社会教育改革发展的热点问题。2008 年，国际劳工组织、联合国环境署、国际雇主联盟等组织联合启动了“绿色工作行动”；2009 年，澳大利亚政府通过《绿色技能协议》；2012 年，欧洲职业培训发展中心发布《把绿色技能和环境意识纳入职业教育与培训》的研究报告，提出教育与培训的供给要满足绿色经济的发展需求，以促进欧盟到 2020 年实现智慧、可持续及包容性发展的目标。这些由政府机构和行业协会发起的研究，大部分从产业视角出发，研究绿色技能在新的历史条件下对国家经济发展的重要意义，并探寻国家、行业协会、大学、产业以及社会培训机构在提升专业人才的绿色技能的主要作用机制。国内对绿色技能的研究起步较晚。班理（2001）在 UNDP 妇女与环境国际研讨会上指出“提高妇女的环境保护意识和技能在促进可持续发展方面有重大作用”。任料（2010）提出发展低碳经济，建设生态文明，需要大量的技能人才，因此要将节能环保理念纳入教育体系，培养学生“低碳”发展能力。汤霓（2012）提出了绿色技能课程体系的构建与实施。李玉静（2013）较为详细地阐述了绿色技能发展的要求目标及实践策略选择。刘育锋（2014）较为完整地解释了绿色技能的具体内涵并明确提出高职院校应关注和开发绿色技能。2017 年，随着我国 21 世纪第一个亚太经济合作组织“职业教育与培训系统开发绿色技能”项目的实施，绿色技能的研究开始进入一个新的发展阶段。纵观国内外有关绿色技能的研究发现，国外绿色技能研究结果多以报告形式呈现，研究较为宏观，在研究方法上主要以定性的分析为主，较少采用定量研究方法；国内对绿色技能的研究则主要集中在对国外绿色职业教育模式及经验的介绍，对于绿色技能的培养研究比较零散，有关绿色技能开发的案例极为鲜见。

二、研究意义

（一）旅游业是当今世界上发展前景广阔、产业规模庞大的新兴产业之一

2010 年，全世界旅游就业人数超过 2.5 亿，预计到 2020 年，旅游业就业人口将超过 3.2 亿。绿色经济时代的到来，决定了绿色技能已经成为旅游人才必须掌握的技能之一。但根据

调查发现，目前国内外职业教育旅游类专业对于绿色技能的开发还处在“萌芽”阶段，美国、加拿大、澳大利亚等绿色技能开发较早的国家在职业教育阶段也较少有开设专门的绿色技能课程，许多绿色技能的培养内容都体现在旅游企业的岗位实践中，国内绿色技能的专门课程更是少见，部分院校的教师在调查中表示会在课堂上偶尔提及绿色环保等理念，但从没仔细完整地阐述过相关概念。人才是第一生产力，旅游业要实现可持续发展，首要任务就是要培养数以亿计的掌握绿色技能的旅游人才。因此，本项目选择职业教育旅游类专业绿色技能开发，研究绿色技能型人才的能力建设问题具有重要的现实意义；同时，课题计划研究的绿色技能培养机制、绿色技能能力模型是对技能型人才问题理论研究的重要补充，具有较强理论意义。

（二）“绿色经济”已成为世界经济发展导向，绿色技能人才是旅游业可持续发展的重要支撑

可持续发展是世界各国经济社会发展的根本目标，也是当今社会科技创新的驱动因素之一，“绿色经济”已经成为世界经济发展导向，习近平总书记多次强调，要“更加自觉地推动绿色发展、循环发展、低碳发展”“要切实做到经济效益、社会效益、生态效益同步提升。”旅游业作为第三产业的支柱产业，已经成为全球规模最大、发展最快的行业之一，也是我国“十三五”期间经济转型升级的重要推动力和生态文明建设重要的引领产业。“绿水青山就是金山银山”理论的提出，“善行旅游”理念的推广，现代科技的无缝对接都要求旅游行业的人才必掌握相应的绿色技能，旅游业要实现绿色发展，首要任务就是要培养数以亿计的掌握绿色技能的旅游人才。

（三）高职院校旅游类专业对于绿色技能的开发目前还处在起步阶段

经济引发的技术变革、职业变革对职业教育产生了直接影响，绿色技能已成为经济社会可持续发展的核心，绿色技能的培养也成了国际社会教育改革发展的重要关注点。2008 年，国际劳工组织旨在等组织联合启动“绿色工作行动”，旨在促进各国把环境、就业与技能开发方面的政策结合起来；2009 年，澳大利亚政府通过的《绿色技能协议》旨在加强职业教育与培训体系的能力构建，培养学习者实现可持续发展的技能、知识和责任感。旅游业是当今世界上发展前景广阔、产业规模庞大的新兴产业之一。旅游业的快速发展，以及绿色经济时代的到来，决定了旅游人才需求的变化和规格的提升也在不断加快，绿色技能已经成为旅游人才必须掌握的技能之一。但职业教育旅游类专业对于绿色技能的开发目前还处在“萌芽”阶段。美国、加拿大、澳大利亚等绿色技能开发较早的国家在职业教育阶段也较少有开设专门的绿色技能课程，许多绿色技能的培养内容都体现在旅游企业的岗位实践中。调查发现，中国的旅游类专业大部分在专业课程、实习实训、学生活动的过程中有绿色教育的体现，但距当今社会对绿色技能的培养要求还有较大差距。

三、研究方法、技术路线和研究计划

（一）研究方法

技能开发的研究既是教育学的范畴，也是管理学领域的研究，因此本项目将综合教育学、社会学和管理科学的研究方法对问题进行探讨和研究，具体的研究方法如下：

文献研究方法。通过图书馆藏书、电子期刊和网络数据库等渠道广泛搜索国内外绿色技能的相关研究资料，通过文献检索及总结，梳理绿色技能的已有研究成果，明确职业人才的绿色技能的内涵与要求。

案例研究法。在文献研究基础上，通过多种途径收集案例材料及数据，对不同层面的绿色技能的开发模式进行发掘、归纳和总结，提取每一个绿色技能开发模式的主要特点和适用范围，找到最佳培养方式。

运用独立样本检验的方法。探究职业院校人才培养目标和行业企业需求之间是否存在显著差异，基于契合度理论和差距分析方法，研究产学契合度指数。

内容分析方法。以社会学研究中的“扎根理论”为指导，基于对行业企业访谈资料的分析，开展内容分析的研究，对影响绿色技能培养的因素进行客观识别，并从出现的频次上简单分析其影响的强弱。

实证研究中的探索性因子分析、多元回归分析。通过问卷设计和实地调研，使用SPSS22.0 对绿色进行探索性技能就行因子分析，确定其技能框架。运用多元回归分析的方法对绿色技能的关键影响因素进行验证。

（二）技术路线

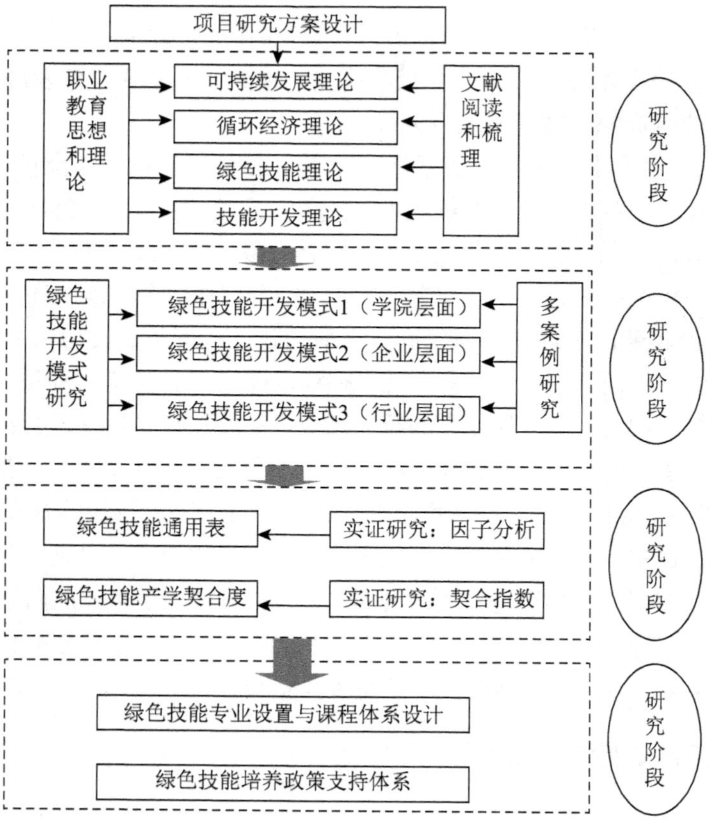

图 1　技术路线图

（三）研究计划

1. 课题小组成立阶段（2017.07—2018.08）

选定研究和实施人员，成立课题小组，根据需要将研究任务分为信息搜集、项目调研、项目创新、项目推广等任务，同时明确责任。

2. 人才培养模式设计阶段（2017.09—2017.11）

认真学习国内外绿色技能资料和已有研究成果；运用《旅游企业员工绿色技能调查问卷》进行广泛的调查研究，调查对象包括社会、行业企业、专业教师、旅游企业员工、往届毕业生等，了解学校和企业在绿色技能培养中的不同作用，找出旅游企业员工绿色技能培养的关键点和关键环节，明确绿色技能型人才的培养规格，提出（设计）旅游管理专业课程体系和人才培养模式。

3. 实施阶段（2017.12—2018.06）

旅游管理专业目前已开始在 2016 级开始进行基于绿色技能的人才培养模式的实践实验。课题组将结合旅游管理专业 2016 级人才培养方案实施经验，结合本课题研究成果，修订 2017 级旅游管理专业人才培养方案、改革课程体系、创新教学内容，并在具体实践中不停地跟踪研究，并随机修正。

4. 成果总结阶段（2018.07—2018.08）

按照课题的研究思路，采取边研究边实践边总结的研究办法，逐步推出旅游管理专业基于绿色技能培养的专业课程体系改革模式，制定出符合绿色技能培养的人才培养模式专业标准与课程标准，编写绿色技能特色鲜明的课程教材，建立一批适合绿色技能人才培养的校外实习基地。

5. 成果推广阶段（2018.09—2018.11）

全面总结实施效果，及时发现问题，针对存在的问题，对课程体系和教学内容进一步进行修订，并继续实施。根据具体情况在以绿色技能开发网为媒介，宣传、推广课题研究成果。

四、国内高职院校旅游类专业绿色技能开发的现状分析

（一）国内旅游类专业绿色技能的开发现状

1. 绿色知识和绿色技能在课程内容及设计中的体现不够

高职院校旅游类专业开发绿色技能的课程体系没有建立，在课程教学中嵌入绿色知识和绿色技能培养的专业有 3 个，分别是浙江旅游职业技术学院的酒店管理（智能化方向）专业、景区开发与管理专业和山东旅游职业技术学院的餐饮服务与管理专业。其中酒店管理（智能化方向）专业开设有《酒店智能化管理》，景区开发与管理专业开设有《智慧旅游》，餐饮服务与管理专业开设有《营养配餐》等课程，这些课程虽然没有明确提出绿色技能培养目标，但课程内容已经包含有绿色化的知识点。另外，在参与调查的 37 个专业中，有 9 个专业表示在教学环节中会注意到绿色知识的传授。如唐山工业职业技术学院酒店管理专业反映在课程中主讲教师在授课时会提及绿色饭店、经营环境生态设计、循环经济等概念，深圳职业技术学院旅游管理专业在导游业务的课程中会强调如何引导游客绿色

消费（如理性购物、文明观光），并有适当介绍旅游过程中生态环保、绿色出行、节能降耗的知识。但总体来说，这些绿色内容不仅在教学设计中没有制度保障，任课教师只是在相关授课中作为一般性认识来穿插教学，而且讲解深度较浅，内容也较零散。

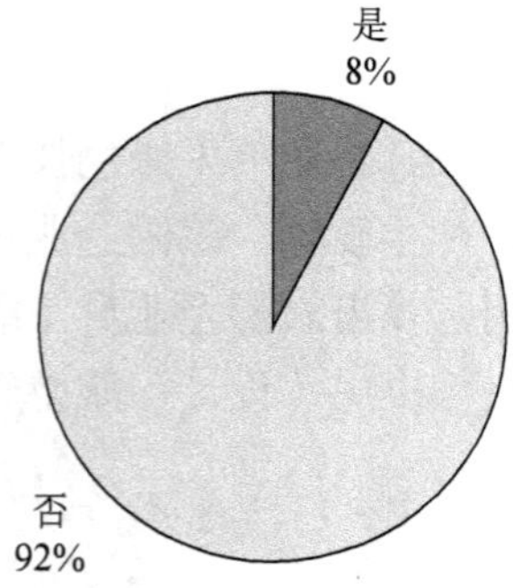

图 2　专业开设绿色课程的基本情况

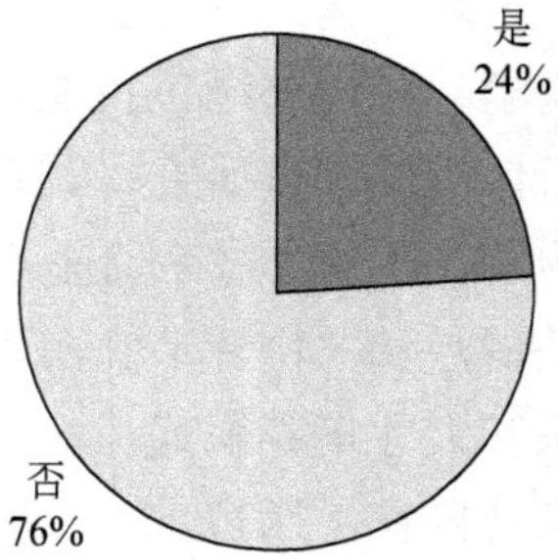

图 3　专业在教学环节中传授绿色知识的基本情况

2. 绿色技能在专业教学目标及课程实践教学中的体现不多

调查的 37 个专业中，只有浙江旅游职业技术学院的酒店管理（智能化方向）的专业教学目标明确提出了能耗控制的绿色目标。据调查，该专业始办于 2002 年，旨在为高星级酒店培养既懂得酒店管理，又具有技术特长的工程部管家，主要侧重于酒店能耗管理和酒店硬件的运行管理，目前就业情况良好，所培养的学生很受企业欢迎。另外，37 个专业中，有贵阳职业技术学院旅游管理专业、秦皇岛职业技术学院导游专业等 7 个专业反映出在实践环节有依托实习基地开展绿色技能的培养的情况。经过进一步追踪调查发现，这些专业在实践环节培养绿色技能都是停留在实习实训环节中依赖于绿色饭店等实习单位的培养，单方面认为学生在实习生培训和工作中能够接触到绿色环保、节能、成本控制等方面的知识和相关规章制度，至于学生是否掌握了这些绿色技能，培养了绿色意识，则没有任何考核和保障措施。

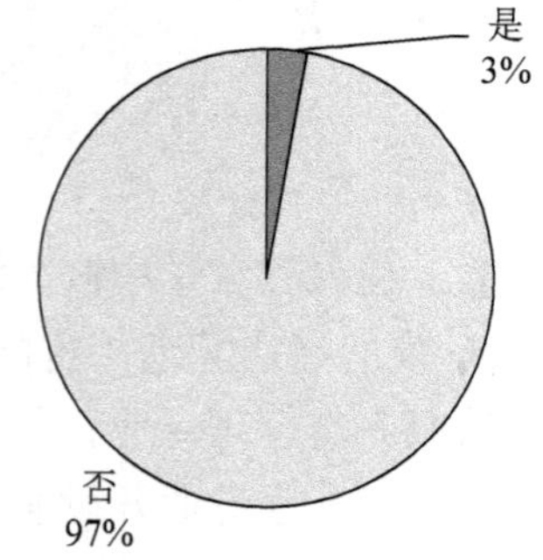

图 4　专业教学目标是否体现绿色技能

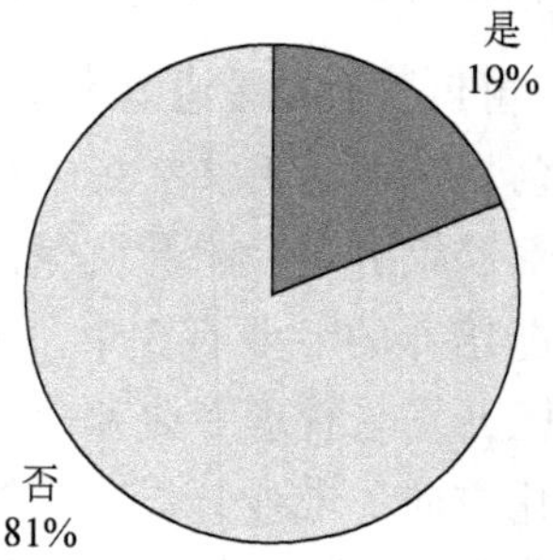

图 5　专业在实践环节中培养绿色技能的基本情况

3. 高职院校具有绿色技能教育背景的师资队伍建设情况堪忧

调查发现，大多数专业教师对绿色技能的概念理解不清晰，对绿色技能的认同感不强。在所调查的37个专业中，师资队伍中有了解绿色技能的教师的专业才4个，分别是深圳职业技术学院的旅游管理专业，浙江旅游职业技术学院的酒店管理（智能化方向）、国际邮轮服务和景区开发服务与管理。接受过绿色技能的系统训练，具有开展绿色课程或能够将绿色技能融入课堂的专业教师就更加缺乏。进一步调查发现，许多教师认为目前社会对绿色技能的重要性认识不够，绿色技能培养途径较少，教师即使想学也没有具体的途径。从当前职业教育师资队伍培养与培训的现状来看，除了与节能环保直接相关的专业外，其他专业开展的与“绿色”相关的培训、学术交流确实少见，参与调查的各高职院校也未能将绿色技能的培养列入师资培养计划。这些对下一步建立具有绿色意识和掌握绿色技能的师资队伍构成很大的挑战，对绿色技能的开发带来较大的影响。

4. 旅游类专业绿色技能构成要素的研究逐步得到重视

从参与调查单位反馈的调查报告来看，还没有专业开展过旅游类专业绿色技能构成要素的研究工作，以“旅游”“绿色技能”为关键词，分别从篇名和关键词方向在中国知网上搜索，没有发现相关论文，这说明旅游理论界目前对绿色技能的关注度还没有引起足够重视。基于新时期社会发展要求以及我国高职院校教育教学现状，高职院校旅游类专业要紧跟时代步伐，就必须调整专业教学目标、专业设置和课程内容，开发以可持续发展为内容的公共课，设计与绿色技能有关的项目，使绿色技能成为学生的基本素质和专业能力。本次参与调研的大部分专业表示在以后的人才培养方案中要明确提出绿色人才培养目标，要将绿色课程纳入教学计划中，要加强师资队伍绿色意识和绿色技能教学水平的提高。这说明绿色技能的开发已经赢得了各高职院校旅游类专业的共识。

（二）国外旅游类专业绿色技能的开发现状

1. 国外绿色技能开发现状

实现低碳经济、绿色经济，进行可持续发展，离不开绿色技能开发，世界各国及地区在促进绿色经济发展过程中，立足本国的国情，出台了相应的政策及规定，开发绿色技能：美国政府关注“绿色工作”，开发“能源与环境设计”资格证书，注重培养水资源保护、风能、生物燃料、光电、环境系统技术、能源保障和绿色建筑技术等“绿色工人”，大力资助高中、社区学院及职业教育开展“绿领工人”培养项目，并对教师进行“可持续性产业”相关知识与技能的培训。澳大利亚政府出台政策，在2008~2014年的六年时间内投资9400万澳元，新增5万个绿色工作和绿色技能培训岗位，2010年出台《绿色技能行动计划》及《国家职业教育培训系统可持续政策及行动计划（2009~2012）》。韩国政府为绿色经济发展的制订了两个五年计划，在第二个五年计划（2014~2018年）期间，政府将集中精力在重点企业建立绿色发展计划，此外，设定三个主要的政策目标：建立一个适合经济和社会结构的低碳排放体系，通过绿色技术和信息通信技术的集成实现创意经济，在气候变化中建立安全舒适的生活方式。印度尼西亚政府利用国家资助的方法，降低其经济的碳强度，到2020年，碳排量减少至41%。同时，印尼政府把绿色就业及绿色能源纳入课堂教学。加拿大政府着手建立21世纪绿色技能类型学校，开设绿色技术专业，规定新兴职业教育的目标是推动可持续发展，提高绿色技能培养质量，并对绿色技术教师进行环境问题培训，对绿色技术的未来需求进行预测。马来西亚在哥本哈根会议宣布，到2020

年国内生产总值排放强度方面自愿减少 40%的指标。马来西亚通过改变职业教育现状，实现绿色工业。国家根据绿色产业制定职业教育绿色技能标准、建立更多的认证培训中心，提供绿色模块培训，政府资助技术和职业学校升级为大学，促进职业教育发展，培养学生具有可持续发展的原则和价值观。新加坡政府通过制定了环境可持续发展战略，进行绿化技能的培训，把绿色技能课程列入选修课程，与行业建立合作进行技能培训，以提升绿色竞争力。

2. 国外旅游类专业绿色技能开发现状分析——以澳大利亚为例

澳大利亚是一个崇尚可持续发展的国家，社会成员的受教育程度普遍较高，对当今世界气候变换趋势比较关心，社会各个层面普遍对绿色技能持积极态度。绿色技能的观念也深入到澳大利亚旅游业的各方面。澳大利亚在 2009 年开始实施“绿色技能协议”，该协议通过澳大利亚政府理事会（COAG）正式签署之后，绿色技能培训内容与澳大利亚 TAFE 课程体系实现了有机结合。澳大利亚国内各组织机构互相配合，各司其职使绿色技能在全社会的普及更加迅速有效。联邦政府（中央政府）主要从战略层面对全国绿色技能发展进行宏观规划，还对绿色技能给予资金支持，州（领地）政府从战术层面对本州内绿色技能工作进行指导，行业对绿色技能的需求越来越大，TAFE 学院为绿色技能培训的主要提供方，社会各组织积极参与，普通百姓深入践行绿色技能理念。在《澳大利亚旅游技能包》里面，对于酒店客房服务、接待、清洁，餐饮菜品制作、酒水服务、宴会组织，导游讲解、旅游线路的制定等方面都有绿色技能的渗透，绿色技能理念体现在服务与管理细节中。但以开发绿色技能为核心的课程体系也没有完全建立，绿色技能的培养也主要体现在日常教学中，在专业教学目标及课程实践教学中也没有放在显著的位置标记出来。

五、国内旅游业绿色技能人才需求情况调查分析

（一）调查基本情况

调研时间：2017 年 10 月 10 日—2017 年 10 月 26 日

调研对象：旅游类专业教师，旅游企业中、基层管理者

调研方法：实地调研和网络问卷相结合

参与单位：广州铁路职业技术学院、邯郸职业技术学院、唐山工业职业技术学院、深圳职业技术学院、西安航空职业技术学院、南宁职业技术学院、贵阳职业技术学院、秦皇岛职业技术学院、东莞职业技术学院、美国饭店协会、广东省饭店协会。

（二）调研数据分析

1. 数据收集情况

实地调查发放问卷 400 份，回收有效问卷 237 份；网络问卷 80 份，有效问卷 79 份，合计有效问卷 316 份。其中企业 224 人，占 70.89%，学校 92 人，占 29.11%；男性 128 人，占 40.51%，女性 188 人，占 59.49%。基本情况见图 6–9。

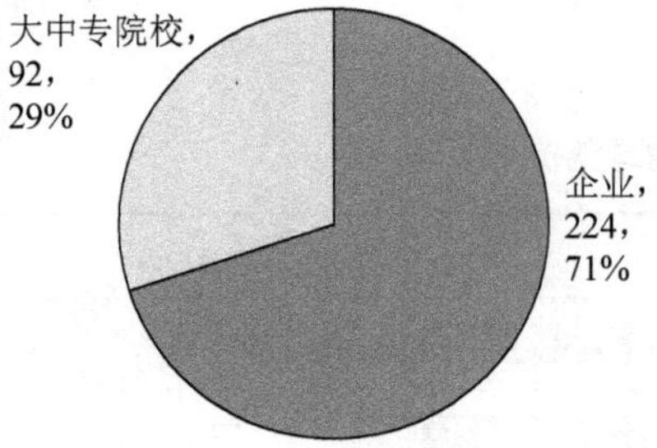

图 6　调研对象所在单位

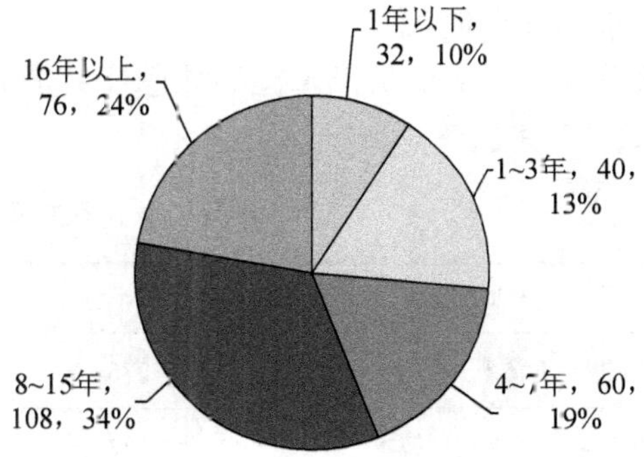

图 7　调研对象工作情况

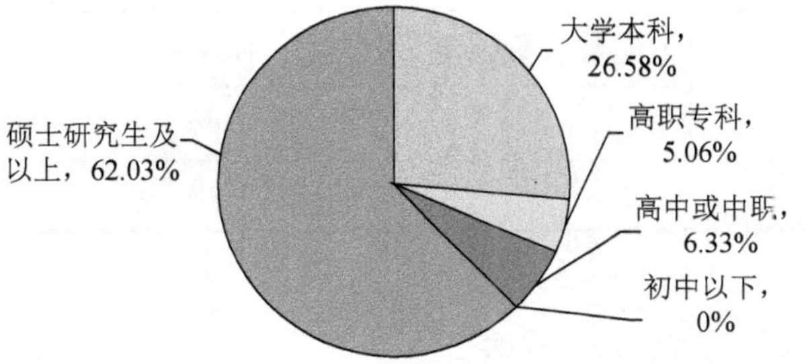

图 8　调研对象学历情况

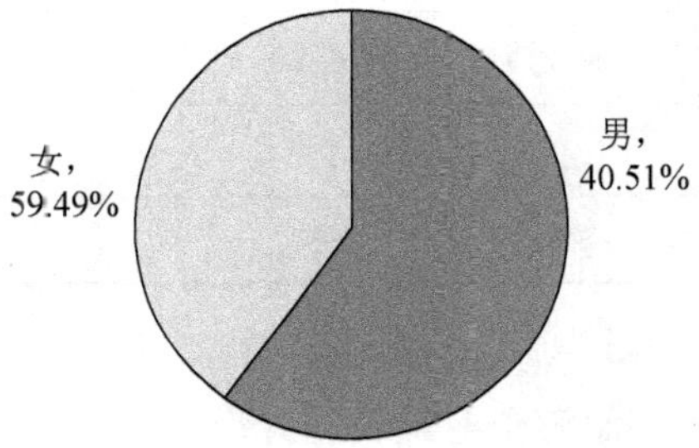

图 9　调研对象性别情况

2. 人才需求情况

根据调查显示，旅游企业亟须的绿色人才排在前 3 位的是企业能耗管理人才、企业绿色营销人才和企业信息化管理人才，见表 1。

表 1　企业绿色人才需求情况

选项	小计	比例
绿色建筑设计人才	184	58.23%
企业工程审计人才	108	34.18%
企业能耗管理人才	284	89.87%
企业信息化管理人才	204	64.56%
企业安全管理人才	112	35.44%
企业绿色营销人才	219	69.30%
其他	1	0.31%
本题有效填写人次	316	

3. 技能要求情况

旅游企业最需要员工掌握的绿色技术是节能与能源利用技术，其次是节水与水资源利用技术，见表 2。

表 2　企业员工需要掌握的绿色技术

选项	小计	比例
节能与能源利用技术	276	87.34%
节水与水资源利用技术	252	79.75%
节材与材料资源利用技术	236	74.68%
土地资源利用技术	104	32.91%
企业植物资源利用技术	141	44.62%
其他	3	0.94%
本题有效填写人次	316	

4. 专业开设期望

旅游企业最希望开设的绿色专业是绿色工程管理，见表 3。

表 3　企业希望开设的绿色专业

选项	小计	比例
绿色餐饮管理专业	180	56.96%
电子商务（营销）专业	164	51.9%
绿色工程管理专业	256	74.68%
其他	4	1.27%
本题有效填写人次	316	

5. 绿色技能人才培养关键要素

调查发现，影响在校学生绿色技能培养的关键要素排在前 3 位的是节能降耗和环保能力的训练，人生观、职业道德和绿色态度的培养，环境保护和可持续发展知识的学习，见表 4。

表 4　绿色技能培养的影响因素

选项	小计	比例
加强绿色企业工程设计能力的培养	184	58.23%
加强环境保护和可持续发展知识的学习	216	68.35%

续表

选项	小计	比例
加强信息化技术应用能力的训练	144	45.57%
加强人生观、职业道德和绿色态度方面的培养	220	69.62%
加强绿色宣传和绿色营销能力的训练	200	63.29%
加强安全管理知识的培养	120	37.97%
加强节能降耗和环保能力的训练	232	73.42%
其他	4	1.27%
本题有效填写人次	316	

六、项目研究的主要内容

（一）基于绿色技能开发设置高职院校旅游类新专业

根据绿色经济活动中以提供绿色产品或服务为主要工作任务的职业为绿色职业这一定义，发现中国的绿色职业主要集中在生态农业、绿色制造、绿色能源、绿色建造、绿色交通、循环利用、保护治理、绿色服务等8大绿色经济活动领域。随做绿色经济的发展，旅游业的发展也越来越绿色化，“生态旅游”“绿色旅游”“低碳旅游”“善行旅游”“智慧旅游”等以提供绿色产品和服务为主的新型业态不断出现，在“生态旅游”和“低碳旅游”的基础上提出来的“绿色旅游”是指具有亲近环境或环保特征的各类旅游产品及服务。奉行的是可持续发展之路，它包括实施垃圾冰冻与回收、建设绿色旅游设施、节约能源、开发绿色食品、构造绿色交通等各个方面。在“生态旅游”“绿色旅游”“低碳旅游”和“可持续旅游”基础上提出的“善行旅游”，它的目标是旨在倡导游客、政策制定者、企业、旅行商、管理者、景区景点和当地社区通过互利共赢的方式，共同推动旅游业的可持续发展。而“智慧旅游”是一种以物联网、云计算、下一代通信网络、高性能信息处理、智能数据挖掘等技术在旅游体验、产业发展、行政管理等方面的应用，它能使旅游物理资源和信息资源得到高度系统化整合和深度开发激活，并服务于公众、企业、政府等面向未来的全新的旅游形态。“绿色酒店”是指那些为旅客提供的产品与服务既符合充分利用资源、又保护生态环境的要求和有益于顾客身体健康的酒店。通过节能、节电、节水，合理利用自然资源，减缓资源的耗竭；通过减少废料和污染物的生成和排放，促进酒店产品的生产、消费过程与环境相容，降低整个酒店对环境危害的风险。

这些以提供绿色产品或服务为主要工作任务的旅游新业态都需要从事相应工作的旅游及公共游览场所服务人员、建筑工程技术人员和住宿服务人员。目前，他们所对应的专业分别为旅游管理、导游、景区开发与管理和酒店管理，但相应的在旅行社、酒店、景区等旅游企业，没有明显的岗位设置，但都需要从业人员具有可持续发展理念，掌握生态经济、绿色经济、低碳经济、安全管理、智能化管理和新型环保易耗品的相关知识，能使用互联网、物联网等技术开展绿色服务，能使用先进的能源计量分析系统，能无害化处理废弃物减少“三废”的排放能力。基于此，我们认为旅游管理类专业应该设置的绿色专业为“酒店工程（智能化）”这个专业方向。

（二）构建旅游行业从业人员绿色技能要素的“松树”模型

为找出旅游行业从业人员绿色技能的构成要素，项目组分析了《绿色饭店》（GB/T 21084—2007）国家标准和8家绿色饭店的《创绿细则》，深度访谈了包括大堂副理、餐厅经理、房务部经理、工程部经理、饭店行政管理人员、财务部经理、人力资源总监，旅游管理专业教师等来自旅游行业和美国饭店教育协会、浙江大学等高校的20多位专业人士，发现行业重视的绿色技能要素主要包括绿色态度、绿色设计、安全管理、节能管理、环境保护、健康管理、绿色宣传等7个方面，包含了环保知识、生态保护，建筑节能、清洁生产、安全控制、能源计量、能源控制、节能设施、水资源利用、可再生资源利用、三废管理、噪声管理、新风系统、绿色客房、绿色餐饮、绿色采购、绿色食品、绿色活动、绿色管理、可持续发展理念，环保知识、无纸化办公技能、突发事件处理、成本控制、服务质量、绿色产品设计、绿色营销、智能化管理、绿色生产、节能、节电、节水、减少废弃物排放、绿色出行、低碳包装等近30个项目出现的频率较高。综合上述分析，项目组构建了旅游行业从业人员绿色技能要素的“松树”模型（见图10），该模型认为，旅游行业的从业人员的绿色技能具有层次性，由绿色知识和态度、绿色管理技能和绿色操作技能组成。其中，绿色知识和态度是基础技能，包括环境保护知识、可持续发展知识、环境道德和环境意识；绿色管理技能是关键技能，包括绿色沟通技能、绿色学习技能和绿色创新技能；绿色操作技能是专业技能，包括绿色技术运用和绿色生产技能；在所有的技能中，绿色价值观犹如“松树”的树干，贯穿于这三个技能之中，为绿色技能的核心。

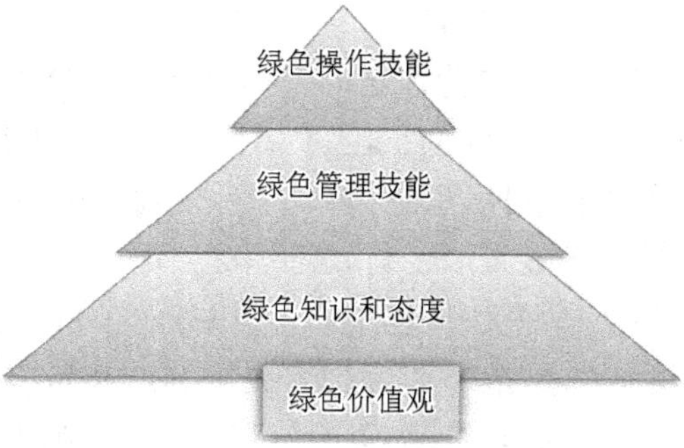

图10 “松树”模型图：旅游行业从业人员绿色技能要素的“松树”模型

（三）找出了高职院校旅游类专业通用绿色技能清单

结合旅游专业绿色技能内容，项目组编制了《旅游企业员工绿色技能调查问卷》，选择分布在华东、华南、华北、东北、西南和西北区域的高职院校旅游类专业教师和饭店业从业人员为受访对象，通过实地发放问卷240份，回收有效问卷231份，有效率为96.25%，网络发放问卷162份，回收有效问卷162份，共计收回有效问卷395份，其中对 82 名受访者进行了重测。受访者基本情况是男性占 42%，女性占 58%；城镇居民占 75.2%，农村居民占 23.8%；来自企业的占 44.3%，学校占 55.7%；年龄在 22 岁以下的占 22.8%，23~30 岁的占 20.5%，31~39 岁的占 35.9%，40 岁以上的占 20.8；工作年限在 1 年以下的占 192%，1~3 年的占 20.3%，4~7 年的占 15.7%，8~15 年的占 26.3%，15 年以上的占 17%；学历在初中以下的占 1.5%，高中或中职的占 7.6%，高职专科的占 23%，大学本科的占 25.1%，研究生及以上的占 41.3%；所在单位是绿色饭店（学校）的占 26.8%，不是绿色饭店（学校）的占 73.2%；曾经有过绿色工作经历的占 46.1%，没有绿色工作经历的占 53.9%。

采用 SPSS20.0 进行探索性因素分析，AMOS21.0 进行验证性因素分析。发现 KMO 值为 0.900，近似卡方为 5375.634，自由度为 300，Sig.<0.001，对采集到的数据采用标准化的正交旋转法进行主成分分析，得到旅游类专业绿色技能通用清单（见表 5）。

表 5　旅游类专业绿色技能通用清单

专业	维度	要素	绿色技能	通用清单
旅游类专业	管理	经济	1.能熟练解释绿色经济相关知识 2.能引导顾客循环使用客用物品 3.能引导客人参与企业环保活动 4.能准确理解顾客绿色消费的要求 5.能根据生产实际优化工作流程或服务产品	1.能开展绿色营销 2.能提供绿色服务 3.能营造绿色氛围 4.能引导绿色消费 5.能合理利用资源 6.能够使用企业能源计量分析系统 7.能控制企业能源成本 8.具备智能化设备管理和使用能力 9.能确保企业环境管理体系有效运行 10.会使用旅游企业节能减排设施设备 11.能熟练使用智能设备 12.能创新服务流程 13.能无害化处理企业废弃物 14.能开展绿色出行宣传 15.能提供绿色出行解决方案
		社会	1.能准确理解可持续发展理论 2.能开展绿色企业宣传 3.能指导团队成员开展绿色服务 4.善于学习绿色环保经验与技巧	
		环境	1.能熟练运用环境保护基本知识 2.能合理利用当地自然资源服务顾客 3.能引导顾客分类处理垃圾	
	技术	经济	1.能设计清洁生产服务流程 2.能有效管理信笺、纸张、铅笔等低值易耗品 3.能监测和对比分析企业的水、电、气、煤、油等能源使用情况	
		社会	1.能分类、回收处理企业废弃物 2.能设计具有鲜明绿色特征的旅游产品 3.能引导客人进行绿色消费 4.能预测和分析影响企业安全、绿色生产的因素	
		环境	1.掌握无害化处理饭店废弃物的技术 2.掌握节能环保新技术，新工艺，新设备和新材料	

续表

专业	维度	要素	绿色技能	通用清单
旅游类专业	操作	经济	1.能开展互联网、无纸化办公 2.会使用先进的节能设备、技术和管理方法 3.会合理使用化学用品和药剂	
		社会	1.掌握消防和食品安全知识 2.能按规程处理饭店内消防和食品安全等突发事故	
		环境	1.合理二次利用客人使用过的可回收的易耗品 2.掌握减少固体废弃物排放的技能 3.维护与保养内布草、木、瓷和金属等器皿 4.能合理使用环保洗涤清洁用品 5.能根据外界条件变化，合理调节灯光、空调等设备	

七、高职院校旅游类专业开发绿色技能的具体对策

（一）增设以培养绿色技能人才为目标的新专业（或方向）

根据旅游业绿色人才的需求现状，职业院校应考虑增设以培养绿色旅游人才为目标的专业。调查发现，当前绿色饭店最紧缺的是饭店能耗管理人才，最希望职业院校开设的专业是绿色餐饮管理和饭店工程（智能化）管理专业，最期待员工树立“绿色”的人生观和职业道德观，最希望员工加强环境保护和可持续发展知识的学习。因此，职业院校在培养应用型绿色人才时要特别关注能耗管理人才的培养，可以考虑开设以培养能耗管理为主、掌握水资源和能源利用最新技术、具备绿色价值观的绿色人才为目标的酒店工程智能化管理专业（方向）。

培养目标：面向旅游企业生产及管理一线岗位，培养具有良好的政治素质与道德修养，了解旅客心理、熟悉旅游企业规章制度和组织管理基本知识，熟练掌握酒店设施设备基本理论和实际操作技能；具有绿色服务意识，较强管理、协调和灵活应变能力、较高的英语口语和计算机应用能力，能为旅客提供高品位、高质量的服务的高素质技能型专门人才。

核心课程：酒店工程管理概论、酒店安全管理、酒店智能化管理、酒店基建装修、酒店设备运行管理等。

技能证书：电工上岗证书，智能楼宇管理员证书。

就业去向：主要在国内著名星级酒店、建筑施工单位、高档物业、政府建设主管部门、工程技术公司等从事设备的管理与维护、智能化管理、能耗控制、酒店硬件的运行管理等工作。

（二）依据绿色技能框架，改革旅游类专业人才培养的课程体系与课程内容

数据显示，旅游企业当前最重视的是节能降耗设备使用和引导客人消费、减少客耗的技能。从业人员应掌握的排在前 10 位的绿色技能，包含了提高资源利用率、减少废弃物

的排放，在生产过程中采用多种方式并反复使用物品、避免物品过早成为废弃物，物品在被使用之后能重新变成可以利用的资源等三个方面。可以考虑以这10项绿色技能作为职业院校旅游类专业绿色人才培养的基本技能框架，重构旅游类专业人才培养课程体系，改革课程内容，增加“酒店工程管理”“智慧旅游”“营养配餐”“旅游绿色环保实践课”“消防和安全知识实训”等课程，在授课过程中增加环境保护、循环经济、理性购物、文明观光、绿色出行等绿色知识。

（三）改革人才培养模式，推进产教深入融合

现代学徒制是高职院校旅游专业人才培养改革的有效途径，同时也是深化校企合作的有效方式。其培养人才的模式的特点就是工学交替，学校教师与企业师傅联合培养人才，使高职学生同时具有学校“学生”和企业“学徒”的双重身份，校内的绿色发展等理论知识学习和绿色生产等企业实践学习交替进行，可以真正实现“学中有做，做中有学”的校企合作模式，高职院校与企业共同开展现代学徒制人才培养模式，有利于旅游类专业绿色技能人才的培养。广州铁路职业技术学院旅游管理专业2016级28名学生在大二时期正式进驻正佳广场万豪酒店，开始实施“1+1+1”人才培养模式的改革与实践。

（四）培养一支熟练掌握旅游行业绿色技能的“绿色型”师资队伍

要想培养适应绿色经济发展的绿色人才，首要任务就是要培养一支具备绿色价值观，能够开发绿色课程或将绿色技能融入课堂教学的专业师资队伍。目前，职业院校中具备较强的绿色意识，在课堂教学中有意识地融入绿色知识和绿色技能的教师并不多。这一方面是因为目前社会对绿色技能的重要性认识不够，绿色技能培养途径较少，教师本身也不是特别重视培养这方面的相关技能；另一方面也与职业院校的师资队伍建设的侧重点有关，目前大多数职业院校都比较关注教师的专业技能，很少从绿色技能的角度去对师资队伍进行评估。职业院校要加强毕业生绿色技能的培养，不仅在考核专业教师时应该将绿色技能纳入其中，也要多开展与“绿色”相关的培训和学术交流，指导并鼓励教师将绿色技能的培养深度融入教学过程，开展教学改革。

（五）基于绿色技能培养，建立智慧旅游实训基地

实训基地是实践教学的基础，是实现绿色技能培养的有力保障。智慧旅游是在信息化技术条件下诞生的，是服务于游客和旅游企业的重要平台。智慧旅游的主要核心技术集中于信息技术、物联网技术、互联网技术、移动通信技术和传感技术等。基于绿色技能培养的智慧旅游实训基地是建立在智慧旅游的基础上各高职院校打造的科研、学习载体，是互联网时代背景下培养具备绿色技能的新一代旅游服务人才的摇篮。它可以实现学生、教师管理数字化，实训室服务智能化，教学体验个性化，实现“智慧旅游、智慧教学、智慧实训”的宗旨。

参考文献

［1］Greening TVET：Qualification Needs and Implementation Strategies［R］.Report of UNESCO-UNEVOC Virtual Conference，2013（11）：12-26.

[2] 刘育锋 . 高职院校应关注和开发“绿色技能”[J]. 中国高等教育，2014（1）：35-37.

[3] 李玉静 . 绿色技能开发：实践路径与政策建议——对澳大利亚 TAFE 理事会国际绿色技能网络主任 Linda Condon 的访谈 [J]. 职业技术教育，2015（15）：18-21.

[4] BIS. Skills for a green economy：A report on the evidence [R]. UK：The Departments for Business，Innovation and Skills，2011.

[5] Australian Federal Government：Green Skills Agreement [Z]. 2009.

[6] Australian Federal Government：Green Skills Action Plan [Z]. 2010.

[7] Australian Federal Government：National VET Sector Sustainability Policy and Action Plan [Z]. 2019-2012.

[8] Lucy Kaplan. Skills Development for Tourism in Alexandra Township，Johannesburg [J]. Urban Forum，2004（10）：380-398.

[9] Nadia Tzschentke，David Kirk and Paul Lynch. Ahead of their time? Barriers to action in green tourism firms [J]. The Service Industries Journal，2008（3）：167-178.

[10] José Pereira Lamelas，José António Filipe. Co-Leadership in the Tourism Sector Companies：Increasing Effectiveness and Efficiency [J]. International Journal of Academic Research，2011（7）：475-480.

[11] Gundega Dambe，Dzintra Atstaja. Knowledge，Skills and Attitude in Tourism Industry：Case Study of Latvia [J]. European Integration Studies，2013（7）：177-184.

[12] Michael H C. Framing behavioral approaches to understanding and governing sustainable tourism consumption：beyond neoliberalism，“nudging” and “green growth”？[J]. Journal of Sustainable Tourism，2013（7）：1091-1109.

[13] 胡斌武，肖韩，叶萌 . 绿色经济视阈中现代职业教育的发展主题：开发绿色技能 [J]. 职教论坛，2017（1）.

[14] 夏自军 . 促进绿色就业发展新探 [J]. 江南社会学院学报，2012（4）：47-50.

[15] 张丽宾 . 以绿色就业为方向积极扩大就业 [N]. 中国劳动保障报，2011.

[16] 李玉静 . 绿色技能发展：实践策略选择 [J]. 职业技术教育，2013（13）.

[17] 王金南，李晓亮，葛察忠 . 中国绿色经济发展现状与展望 [J]. 环境保护，2009（5）：53-56.

[18] 徐峰 . 绿色经济背景下职业教育的回应与变革 [J]. 职教通讯，2011（17）：33-37.

[19] 黄沫，田思路 . 绿色就业的国际探索 [J]. 闽江学刊，2013（6）：39-44.

[20] 孙慧丽 . 如何才能从事绿色职业——从绿色职业到绿色技能培训 [J]. 专题策划，2012（9）：65-68.

[21] 杨威 . 低碳经济视角下的绿色旅游实现方式探析 [D]. 中国地质大学，2013.

[22] 汤霓 . 技能促进可持续发展：绿色技能课程体系的构建与实施 [J]. 职教通讯，2012（22）：28-33.

[23] 张健华，余建辉 . 试论生态旅游的绿色技术创新 [J]. 经济与管理，2007（7）：38-40.

[24] UNEP/ILO/IOE/ITUC. Green jobs：Towards decent work in a sustainable，low-carbon world [R]. Washington，DC：World watch institute，2008.

[25] UNEP. Background paper on green jobs [EB/OL].（2011）. http://www.cfr.org/world.